Prozesse sozialer Positionierungen

Lisa Abbenhardt

# Prozesse sozialer Positionierungen

## Gründende zwischen Hilfebezug und Selbstständigkeit

Springer VS

Lisa Abbenhardt
München, Deutschland

Dissertation an der Ludwig-Maximilians-Universität München, 2017

ISBN 978-3-658-19171-9 ISBN 978-3-658-19172-6 (eBook)
DOI 10.1007/978-3-658-19172-6

Die Deutsche Nationalbibliothek verzeichnet diese Publikation in der Deutschen Nationalbibliografie; detaillierte bibliografische Daten sind im Internet über http://dnb.d-nb.de abrufbar.

Springer VS


Gedruckt auf säurefreiem und chlorfrei gebleichtem Papier

Springer VS ist Teil von Springer Nature
Die eingetragene Gesellschaft ist Springer Fachmedien Wiesbaden GmbH
Die Anschrift der Gesellschaft ist: Abraham-Lincoln-Str. 46, 65189 Wiesbaden, Germany

# Danksagung

Das vorliegende Buch wurde als Dissertation an der Ludwig-Maximilians-Universität München im November 2016 eingereicht. Der Weg bis hin zur Fertigstellung der Doktorarbeit war weitaus spannungsreicher und vielfältiger als ich mir das zu Beginn dieser Lebensphase vorstellte. Neben dem Erheben und Auswerten von Interviews und dem Schreiben der Arbeit, prägte diese Zeit auch die Auseinandersetzung mit der Wissenschaft und mit meinem eigenen Selbstverständnis als Wissenschaftlerin. Die Zeit war in dieser Hinsicht für mich fachlich und persönlich aufschlussreich und formend zugleich. Auf diesem Prozess haben mich viele großartige Menschen begleitet, denen ich an dieser Stelle meinen Dank aussprechen möchte.

Ein besonders großer Dank gilt meinem Doktorvater Hans J. Pongratz. In erster Linie möchte ich mich für das Vertrauen bedanken, das Hans Pongratz mir über all die Jahre schenkte. Sein Vertrauen, seine Wertschätzung und Unterstützung waren für mich immer wahrnehmbar. Hierdurch hatte ich die Freiheit und den Raum meine Position als Wissenschaftlerin zu finden. Nicht weniger dankbar bin ich Hans Pongratz für seine inhaltliche Unterstützung: Sein ehrliches Interesse an meiner Arbeit und der Entwicklung der Dissertation haben stets zu produktiven und ertragreichen Diskussionen geführt. Die kontinuierliche Begleitung meines Dissertationsprozess durch Hans Pongratz ist von großem Wert für mich.

Auch Hella von Unger, meiner Zweitbetreuerin gilt ein großer Dank. Ihr konstruktiv-kritischer Blick ermöglichte mir immer wieder eine neue Perspektive auf mein empirisches Material und trug zur Reflexion meiner eigenen Rolle als Wissenschaftlerin bei. In den inhaltlich ergiebigen Gesprächen mit ihr, vermittelte sie mir außerdem immer ihre grundlegende Anerkennung. Um die Unterstützung durch Hella von Unger bin ich sehr dankbar.

Ganz besonders möchte ich mich bei meinen Interviewpartner/-innen bedanken. Ohne sie, die mir ihre Lebensgeschichten erzählten und mich an ihren persönlichen Erfahrungen und Gedanken teilhaben ließen, ihre Offenheit und ihr Vertrauen, wäre diese Arbeit nicht möglich gewesen.

Ich hatte das große Glück in mehreren selbstorganisierten Interpretations- und Lesegruppen auf konstruktive, interessierte und wertschätzende Kolleginnen und Freundinnen zu treffen. Neben der Möglichkeit in diesen Zusammenhängen mein Datenmaterial zu besprechen und Theorien zu diskutieren, lernte ich hierbei tolle und kluge Menschen kennen, die auch für alle lebensweltlichen Fragen rund um das Schreiben der Doktorarbeit wichtige Bezugspersonen waren. Einen großen Dank hierfür möchte ich Aisha Ahmad, Flaminia Bartolini, Susanne Becker, Yvonne Berger, Jenni Brichzin, Gabriele Fischer, Marina Ginal, Johanna Leinius, Katharina Ruhland, Gianna Schlichte, Sarah Schönbauer, Lea Schütze, Jana Türk und Julia Wustmann aussprechen. Daneben gilt ein besonderer Dank meiner Mentorin Imke Schmincke, durch deren ermutigenden Ratschläge ich immer wieder neue Energie für die Arbeit finden konnte.

Sowohl im Oberseminar von Hans Pongratz als auch in der Forschungswerkstatt von Hella von Unger hatte ich die Möglichkeit mein Datenmaterial und erste schriftliche Entwürfe meiner Doktorarbeit in einem konstruktiven Rahmen zu besprechen. Mein Dank für die vielen aufschlussreichen Kommentare und Deutungen gilt: Pia Becker, Susanne Becker, Yvonne Berger, Thomas Birken, Jenni Brichzin, Ana Cardenas, Oskar Fischer, Anna Huber, Corinna Klinger, Holger Knothe, Johannes Kögel, Felix Marcinowski, Dennis Odukoya, Katrin Roller, Petra Schütt, Lea Schüze, Jana Türk und Daniela Wühr.

Die Leser/-innen meiner Arbeit, die sich viele Stunden mit meinen Texten auseinandersetzten, sie korrigierten, hilfreich und mitdenkend kommentierten, halfen mir sehr in dieser angespannten und stressigen Abschlussphase. Vielen herzlichen Dank an: Regina Becker, Jenni Brichzin, Gabriele Fischer, Laura Hanemann, Angela Roth, Lea Schütze und selbstverständlich an Frank Seiss, dem Lektor meiner Arbeit.

Dem Institut für Arbeitsmarkt- und Berufsforschung, insbesondere Stefan Bernhard, danke ich für die gute und kollegiale Zusammenarbeit im Forschungsprojekt „Selbstständig statt hilfebedürftig? Die Gründungsförderung durch Einstiegsgeld“. Ebenso möchte ich mich für die Möglichkeit bedanken, das Datenmaterial für die vorliegende Arbeit zu nutzen.

Nicht zuletzt gilt meinem privaten Umfeld – vor allem meinen Eltern, meinen beiden Schwestern, meinen Freundinnen und Freunden – ein großer Dank für ihre immer spürbare Unterstützung, ihre Geduld und schlicht: für ihr Da-Sein.

# Inhalt

# 1 Nur mit Biss und Phantasie? Gründen mit ‚Hartz IV'

*„Mir wurde auch schon gesagt, dass Leute, gerade die, die aus dem Hartz IV rauskommen, viel mehr Biss haben. Und wenn Sie kein Geld haben, brauchen Sie ne Menge Phantasie. Sonst läufts halt nicht.*" (Andrea Albert, Z. 41-44)

Als Selbstständige den „Hartz-IV"-Bezug zu beenden ist außergewöhnlich – so bringt es Andrea Albert im Interview zu ihrer Existenzgründung auf den Punkt. Der Aufbau einer selbstständigen, vom Leistungsbezug unabhängigen Existenz ist ihr zufolge vor allem eine Frage der Persönlichkeit und individuellen Fähigkeit. Gründer/-innen, die mit ihrer Unternehmung den Hilfebezug beenden, hätten mehr „Biss" als andere, seien also hartnäckiger, hätten mehr Durchhaltevermögen und Kampfbereitschaft. Für eine Gründung mit geringen finanziellen Ressourcen brauche es zudem „Phantasie". Da der Bezug von Arbeitslosengeld II (bzw. „Hartz IV") auf der Feststellung ökonomischer Bedürftigkeit beruht, müssen Gründer/-innen im Hilfebezug ihr Vorhaben ohne nennenswertes ökonomisches Kapital umsetzen. Dies zu bewerkstelligen bedarf es nach Andrea Alberts Erfahrung Vorstellungsvermögen und Kreativität. Abgesehen von der Frage, welche konkreten Eigenschaften erfolgreiche Selbstständige auszeichnen, macht das obige Zitat auf die besonders schwierige Aufgabe aufmerksam, eine selbstständige Existenz unter prekären Bedingungen aufzubauen. Das Nennen von Persönlichkeitsmerkmalen als notwendige Ressource impliziert: Die Bedingungen sind derart schwierig, dass Strukturen oder Kontextbedingungen keine bedeutsame Unterstützung darstellen, sondern die gründende Person in erster Linie auf sich selbst und ihre individuellen Persönlichkeitsressourcen gestellt ist. Dass auch das Jobcenter für sie keine (reine) Unterstützung in der Gründung darstellt, deutet sich in dem Satz an, der auf das obige Zitat folgt: „*Und ich hab* [...] *bei der*

*Arge regelrecht gebettelt, dass ich mich selbstständig machen darf*" (Andrea Albert, Z. 44-45). „Biss" und „Phantasie" brauchte Andrea Albert also nicht nur für den Aufbau der Selbstständigkeit mit geringen finanziellen Mitteln, sondern auch, um vom Jobcenter (das bis 2010 Arge hieß) sozusagen die Erlaubnis zu bekommen, sich selbstständig machen zu ‚dürfen'.

Andrea Albert deutet einerseits die besonderen Herausforderungen an, die mit Gründungen aus dem Arbeitslosengeld II-Bezug einhergehen. Andererseits bezieht sie sich auf Persönlichkeitsmerkmale, die häufig Unternehmertum und Selbstständigkeit im Allgemeinen zugeschrieben werden: Die Eigenschaften, die sie als besonders relevant für Gründer/-innen im Arbeitslosengeld II-Bezug benennt, „Biss" und „Phantasie" im Sinne von Durchsetzungsfähigkeit, Wille und Kreativität, werden in der Entrepreneurshipforschung, der Gründungsberatungsliteratur und der medialen Öffentlichkeit oftmals als charakteristische Merkmale von Unternehmer/-innen und nicht selten auch als Voraussetzungen für erfolgreiche Geschäftsideen angesehen (vgl. Bührmann 2012). In Anlehnung an die Figur des Unternehmers als *schöpferischer Zerstörer,* wie ihn Joseph Schumpeter Anfang des 20. Jahrhunderts kennzeichnete, werden Unternehmer/-innen und Selbstständige mit Attributen versehen, die ein Bild des Unternehmers als kreativer, innovativer, mutiger und hochgradig intrinsisch motivierter Erwerbstätiger ergeben. In einigen Wissenschaftszweigen und Medien gilt dieses Bild des „Normalunternehmers" (Bührmann/Hansen 2007) somit als Referenzfolie und Erfolgsindikator. Auf viele Gründende (unabhängig vom Arbeitslosengeld-II-Bezug) scheinen die Kategorien erfolgreichen Unternehmertums jedoch nicht recht zu passen. So machen sich bei Weitem nicht alle Gründer/-innen mit einer neuartigen, innovativen Geschäftsidee selbstständig (vgl. Sternberg et al. 2015: 18). Die Zuschreibung einer hochgradig intrinsischen Motivation verschleiert die zahlreichen und vielfältigen kontextuellen Bedingungen, die Menschen in ihrer Gründungsentscheidung prägen, etwa fehlende Erwerbsmöglichkeiten auf dem Arbeitsmarkt, strukturelle Veränderungen des Berufsfeldes oder das Versprechen einer besseren Vereinbarkeit von Familien- und Erwerbsarbeit in einer Selbstständigkeit. Forschungsarbeiten zur Vielfalt selbstständigen Erwerbs stellen die Idealtypisierung von Unternehmertum und Selbstständigkeit in Frage und betonen vielmehr, dass Menschen mit ganz unterschiedlichen biographischen Voraussetzungen und unter ganz unterschiedlichen kontextuellen Bedingungen in die Selbstständigkeit gehen (vgl. Welter 2010; Bögenhold/Fachinger 2015a). Nichtsdestotrotz gilt die Selbstständigkeit allgemein als Inbegriff selbstbestimmten Arbeitens und verspricht die Möglichkeit zur Selbstentfaltung und eigenen Sinnsetzung in der Arbeit (vgl. Gather et al. 2014b: 8). Dass sich das Bild selbstständiger Erwerbsarbeit in den vergangenen Jahren diversifiziert hat, ist zunächst in dem quantitativen Bedeutungszuwachs von Selbstständigkeit begründet: So ist die Zahl der Selbstständigen und insbesondere der Solo-Selbstständigen, also derjenigen, die ohne Mitarbeitende auf eigene Rechnung wirtschaften, in den vergangenen Jahren deutlich gestiegen (vgl. Mai/Marder-Puch 2013). Mit der Zunahme flexibilisierter Arbeitsverhältnisse und prekärer Beschäftigungsformen und im Zuge der Erfahrung von Phasen von Massenarbeitslosigkeit gelten Unternehmertum und Selbstständigkeit zunehmend als Lösungen für Arbeitsmarktprobleme und als Innovationsmotoren für eine stagnierende Wirtschaft (vgl. Bögenhold/Fachinger 2011: 254). Insofern ist der Anstieg von Gründungen und (Solo-)Selbstständigkeit auch politisch gewollt. Das wirtschafts- und sozialpolitische Interesse an Gründungen ist nicht zuletzt an der öffentlichen Förderung von Gründungen aus der Arbeitslosigkeit ablesbar, die in den vergangenen 20 Jahren ausgeweitet und mehrfach reformiert worden ist (vgl. etwa Bernhard/Grüttner 2015; Caliendo et al. 2011). Neben politischen Maßnahmen hat auch ein struktureller Wandel der Ökonomie und der Arbeitswelt zu einer Vervielfältigung selbstständiger Erwerbsarbeit beigetragen: So schafft die Expansion des Dienstleistungssektors neue Tätigkeitsfelder für Selbstständigkeit. Gerade für erwerbstätige Frauen scheint die Selbstständigkeit häufig besser mit Familienarbeit vereinbar zu sein. Neben diesen strukturellen Veränderungen, der Erosion von „Normalarbeit" und „Normalbiographien" (vgl. Mückenberger 1985, Osterland 1990) steigen im Zuge der sozial-kulturellen Individualisierung von Lebensweisen (vgl. Beck 1986) auch die Ansprüche von Erwerbstätigen an eine selbstbestimmte, kreative und selbstverwirklichende Tätigkeit. Die zunehmende Anzahl von Selbstständigen, insbesondere Solo-Selbstständigen, ist Ausdruck dieses strukturellen und kulturellen Wandels von Erwerbsarbeit in der modernen Gesellschaft und schlägt sich auch in der Heterogenität der Erwerbsrealität von (Solo-)Selbstständigen nieder (vgl. Gather et al. 2014a).

Dies impliziert, dass sich der kontextuelle und strukturelle Hintergrund für die Gründung einer selbstständigen Erwerbsarbeit gewandelt hat. Anders als das Bild des „Normalunternehmertums" nahelegt, gründen nicht nur Menschen mit ausreichend finanziellen Ressourcen und aus sicheren Erwerbspositionen heraus. So stellen etwa Gründungen für einige Erwerbslose eine Alternative zur abhängigen Beschäftigung dar und werden auch politisch gefördert. Zwar liegt das Hauptaugenmerk der öffentlichen Förderung auf der Unterstützung von Arbeitslosengeld-I-Beziehenden. Dennoch wurde mit den Arbeitsmarktreformen, den „Gesetzen für moderne Dienstleistung am Arbeitsmarkt", die zu Beginn der 2000er Jahre umgesetzt wurden, auch ein Förderinstrument für Bezieher/-innen von Arbeitslosengeld II eingeführt, das sie beim Aufbau einer selbstständigen Existenz unterstützen soll: das Einstiegsgeld. Ziel des Einstiegsgeldes ist es, Leistungsbeziehende bei der Überwindung der Hilfebedürftigkeit auf dem Wege einer Selbstständigkeit zu unterstützen. Es ist damit Teil und Ausdruck der aktivierenden Sozialpolitik, die mit den Arbeitsmarktreformen forciert wurde. Die von manchen Autor/-innen als „neoliberal" (z.B. Butterwegge 2014) oder „neosozial" (Lessenich 2008) gekennzeichnete reformierte Form sozialstaatlicher Sicherung führt zu einem neuen Verhältnis von Staat, Gesellschaft und Individuum (vgl. Dahme/Wohlfahrt 2003; Lessenich 2008). Dabei wird das Individuum selbst verstärkt in die Pflicht genommen, sich eigenverantwortlich und aktiv um die Überwindung der Hilfebedürftigkeit zu bemühen. Die Entscheidung für eine selbstständige Tätigkeit erscheint im Sinne der „aktivierenden“ Sozialpolitik als idealtypische Antwort der Leistungsbeziehenden: So ist die Gründung geradezu als Ausdruck eigenverantwortlichen und aktiven Bemühens um die Beendigung des Hilfebezugs zu lesen.

Gründungen aus dem Hilfebezug sind allerdings voraussetzungsvoll. „Biss‘ und „Phantasie“ aufzubringen, wie es Andrea Albert für notwendig hält, ist insbesondere unter den Bedingungen des „Hartz IV“-Bezugs in kontextueller und in biographischer Hinsicht eine besonders komplexe Anforderung. Dies spiegelt sich auch in der Anzahl von Gründungen wider, die mit dem Einstiegsgeld gefördert wurden: Im Jahr 2012 etwa waren es nur 8.000 Personen (vgl. Bernhard et al. 2013). Trotz des politischen Interesses an Gründungen und der kulturell positiv konnotierten selbstständigen Erwerbsarbeit scheinen Gründungen aus dem Arbeitslosengeld-II-Bezug keine Pauschallösung für strukturelle Probleme des Arbeitsmarktes zu sein.

Was aber zeichnet konkret die Herausforderungen von Gründungen aus dem Hilfebezug aus? Für Gründungswillige selbst besteht die Schwierigkeit, eine Selbstständigkeit aufzubauen, primär in der knappen ökonomischen Lage. Darüber hinaus sind viele Bezieher/-innen von Arbeitslosengeld II bereits infolge brüchiger Bildungs- und Erwerbsbiographien oder durch persönliche Krisen, etwa durch Krankheit oder familiäre Umbrüche, in den Leistungsbezug gekommen (vgl. etwa Promberger 2010). Bei vielen von ihnen führt der Leistungsbezug selbst zu einer tiefgehenden biographischen Krise (vgl. Hirseland/Ramos Lobato 2010: 31ff.). „Hartz-IV“-Beziehende/-r zu sein wird als Statusverlust wahrgenommen und geht (teilweise) mit Missachtungserfahrungen einher (vgl. z.B. Morgenroth 2003). Der Entscheidung, eine selbstständige Existenz aufzubauen, um den Leistungsbezug zu beenden, gehen häufig viele erfolglose Bewerbungen am Arbeitsmarkt voraus. Die Studie „Selbstständig statt hilfebedürftig. Die Gründungsförderung durch Einstiegsgeld“ etwa, auf der die Analysen der vorliegenden Studie beruhen (siehe Kapitel 2 und 4), zeigt, dass die meisten befragten Gründenden aufgrund höherer Einkommenssicherheit und der besseren Integration in Sozialversicherungen eine abhängige Beschäftigung vorziehen würden – auch wenn sie die Selbstständigkeit selbst, etwa aufgrund von individuellen Gestaltungsmöglichkeiten, positiv sehen. Zudem sind nicht nur die Ausgangsbedingungen von Gründungen aus dem Arbeitslosengeld-II-Bezug besonders schwierig, auch die Perspektiven, die prekäre Erwerbslage durch Selbstständigkeit dauerhaft zu überwinden, sind ungewiss. Dass eine Gründung nicht nur von Leistungsbeziehenden, sondern auch von den Jobcentern als besonders große Herausforderung angesehen wird, zeigt sich am Beispiel von Andrea Albert darin, dass sie im Jobcenter auf Widerstand gestoßen ist, als sie von ihren Plänen erzählte. Die Mitarbeitenden in der Arbeitsverwaltung sind in erster Linie damit befasst, Leistungsbeziehende in den Arbeitsmarkt zu vermitteln. Die Betreuung von Gründenden ist verhältnismäßig aufwändig und erfordert auch von den Sachbearbeitenden ein Verständnis für die Anforderungen von Selbstständigkeit und Marktbedingungen (vgl. Pongratz et al. 2013). Der Widerstand, den Andrea Albert bei ihrer Sachbearbeiter/-in im Jobcenter wahrnahm, ist nicht rechtlich begründet; er kann zum Beispiel aus der Arbeitsroutine des/der Jobcenter-Mitarbeiter/-in hervorgehen, der/die die Vermittlung in eine abhängige Beschäftigung als weniger aufwändig und für beide Seiten leichter umsetzbar angesehen haben könnte.

Im Spannungsfeld der schwierigen kontextuellen Bedingungen, der (möglicherweise vorliegenden) biographischen Krisenerfahrung und der tendenziell skeptischen Haltung in den Jobcentern stellt sich die Frage: Wie werden Gründungen aus dem Arbeitslosengeld-II-Bezug umgesetzt? Der Übergang von der Arbeitslosigkeit in die Selbstständigkeit kann als Statuswechsel gesehen werden: von dem mit stereotypen negativen Zuschreibungen behafteten „Hartz-IV“-Bezug hin zur mit positiven Attributen verbundenen Selbstständigkeit; vom kontrollierenden, fordernden und fördernden Kontext des Jobcenters hin zu einem Markt, der Gestaltungsfreiheit verspricht, dessen Regeln und Anforderungen aber nicht ohne weiteres von Beginn an erkennbar sind. Der Statuswechsel macht sich hier in erster Linie an der Tätigkeit und kontextuellen Einbindung der Gründenden fest, weniger an der ökonomischen Lage, da nicht sicher ist, ob durch die Selbstständigkeit eine spürbare und dauerhafte finanzielle Verbesserung erzielt werden kann. In der vorliegenden Arbeit möchte ich diesen Statuswechsel näher beleuchten. Anders als es der Begriff nahelegt, verstehe ich den *Wechsel* nicht als eine übergangslose Änderung des Status. Vielmehr erfolgt das Herstellen einer Erwerbslage als Selbstständige/-r unter Bedingungen der Gleichzeitigkeit von Leistungsbezug und (ersten) Markterfahrungen. Mit beiden Kontexten gehen unterschiedliche diskursive Zuschreibungen einher, konkrete Anforderungen, sich zu verhalten, können stark voneinander abweichen. Ich gehe der Frage nach, wie Gründungswillige, die im Arbeitslosengeld-II-Bezug stehen, ihre Selbstständigkeit vor dem Hintergrund (widersprüchlicher und) komplexer kontextueller Anforderungen und individueller biographischer Erfahrungen bewältigen. Um die Vielschichtigkeit, Komplexität und Prozesshaftigkeit dieser Gründungsprozesse zu verstehen, entwickle ich unter anderem auf der Grundlage von Judith Butlers Subjekttheorie und Norbert Rickens Konzept der Adressierung und Re-Adressierung theoretisch das Konzept der Positionierungen weiter. Im Sinne von Positionierungsprozessen reformuliert, ist es mein Forschungsinteresse zu untersuchen, wie Gründende den *Wechsel* von einer Subjekt-Position (Hilfebeziehende in der Grundsicherung) in eine andere (Selbstständige am ‚Markt‘) prozesshaft herstellen. Es geht also darum zu analysieren, wie Gründende vor dem Hintergrund biographischer Erfahrung und biographisch angeeigneter Selbstbilder, sozialer Narrative und normativ-gesellschaftlicher Diskurse für sich eine sozial positionierende Selbstbeschreibung erarbeiten. Der Prozess der sozialen Positionierung als Selbstständige impliziert einerseits, sich zu diskursiven Zuschreibungen (etwa „Hartz-IV“-Beziehende und „Unternehmer/-in“) und situativen Adressierungen (etwa im Jobcenter oder von Kund/-innen) ins

Verhältnis zu setzen, und andererseits, mit Anforderungen des Jobcenters umzugehen und sich Wissen um Anforderungen des ‚Marktes‘ anzueignen. Das Herstellen einer sozialen Position als Selbstständige/-r ist, so meine Annahme, nicht einfach ein *Wechsel* von einer Position in eine andere, sondern vielmehr ein Prozess der Auseinandersetzung mit gesellschaftlich-kulturellen Erwartungen und konkreten Erfahrungen im Leistungsbezug und am ‚Markt‘. Das Konzept sozialer Positionierungen erlaubt, den Prozess der Auseinandersetzung mit und des Ins-Verhältnis-Setzens zu den teils widersprüchlichen und sich verändernden Anforderungen und gesellschaftlichen Erwartungen zu erfassen.

Empirisch basiert die Arbeit auf narrativ-biographischen Interviews mit Gründer/-innen im Arbeitslosengeld-II-Bezug, die mit dem Einstiegsgeld gefördert wurden. Die Interviews wurden im Rahmen der Implementationsstudie „Selbstständig statt hilfebedürftig? Die Gründungsförderung durch Einstiegsgeld" geführt. In diesem Forschungsprojekt wurde sowohl die Perspektive der Jobcenter und externer Gründungsberatungseinrichtungen auf den Förderprozess mit dem Einstiegsgeld (siehe Bernhard et al. 2013; Pongratz et al. 2013; Bernhard/Pongratz 2014) als auch die Perspektive der geförderten Gründer/-innen erhoben.[1] Letztere Perspektive steht im Mittelpunkt der vorliegenden Arbeit. Aus den insgesamt 40 erhobenen Interviews habe ich sechs ausgewählt und intensive Fallanalysen durchgeführt, in denen mein zentrales Interesse den unterschiedlichen Positionierungsweisen galt.

Die Arbeit ist folgendermaßen gegliedert: Zunächst werde ich auf Forschungsarbeiten eingehen, die zentral für das Verständnis von Gründungen nach dem Sozialgesetzbuch (SGB) II sind. Da es zu Gründungen im

---

[1] Das Projekt wurde in Kooperation des Instituts für Arbeitsmarkt- und Berufsforschung Nürnberg (IAB), des Instituts für Sozialwissenschaftliche Forschung München e.V. (ISF) und der Ludwig-Maximilians-Universität München (LMU) zwischen 2010 und 2014 durchgeführt. In Kapitel 2 und Kapitel 4 gehe ich näher auf den Projektkontext (insbes. Kapitel 4) und auf einige Ergebnisse der Studie (insbes. Kapitel 2) ein. An dieser Stelle gilt ein herzlicher Dank den Kollegen des IAB Nürnberg, insbesondere Stefan Bernhard, die es mir ermöglicht haben, die Interviewdaten für diese Dissertation zu verwenden.

SGB II wenig Forschung gibt, schließe ich an Forschungsarbeiten zu (Solo-)Selbstständigkeit allgemein, zur Heterogenität (solo-)selbstständiger Erwerbslagen und zum Leistungsbezug im SGB II seit den Arbeitsmarktreformen an. Diese Forschungsergebnisse sowie eine Darstellung der Förderbedingungen und des Förderprozesses durch das Einstiegsgeld umreißen die kontextuellen Bedingungen von hilfebeziehenden Gründer/-innen und die Anforderungen an sie (Kapitel 2). Der hier dargestellte Stand der Forschung ist Hintergrund für die theoretischen Perspektiven auf das Untersuchungsfeld, die in Kapitel 3 vorgestellt werden. Anhand von Gesellschaftsdiagnosen, die den Wandel von Arbeit und wohlfahrtsstaatlicher Sicherung als kulturell-normativen und strukturellen Wandel charakterisieren, wird der diskursive normativ-gesellschaftliche Rahmen geschildert, innerhalb dessen sich Leistungsbeziehende im SGB II selbstständig machen (3.1). Die auf Michel Foucault zurückgehende Forschungsperspektive der Gouvernementalität und Judith Butlers Subjekttheorie erlauben es, einen Zusammenhang von gesellschaftlich-kulturellen Bedeutungen und subjektiver Selbstauslegung herzustellen (3.2). Die Weiterführung von Butlers Subjektkonzeption mit dem Konzept der (Re-)Adressierung von Norbert Ricken liefert die Grundlage für meine Konzeption von Positionierungen. Wie diese Perspektive im empirischen Material konkret angewendet wurde, ist unter anderem Gegenstand des vierten Kapitels, in dem ich die methodologische Perspektive und das methodische Vorgehen der Arbeit vorstelle. Die Verknüpfung der biographischen Fallrekonstruktion nach Gabriele Rosenthal mit einer Analyse von Positionierungen in narrativen Interviews in Anlehnung an Lucius-Hoene/Deppermann ermöglicht eine Verbindung der Auswertungsmethode mit der Fragestellung in der Arbeit nach sozialen Positionierungen von Gründenden. Im fünften Kapitel stelle ich die Ergebnisse dar. Kern dieser Darstellung sind sechs Fallanalysen von Gründer/-innen nach dem SGB II, in denen ich das präsentierte biographische Selbstbild und wechselseitige Positionierungen in Narrationen herausarbeite und als soziale

Positionierungen interpretiere. Ein Vergleich der Fälle schließt die Fallanalysen ab. Im letzten Kapitel (6) diskutiere ich die Ergebnisse vor dem Hintergrund der theoretischen Annahmen und bisheriger Forschungsarbeiten.

Mit den Analysen trage ich zum einen zum Verständnis von Gründungsprozessen vor dem Hintergrund widersprüchlicher Kontexte bei. Daraus lassen sich auch Schlussfolgerungen für den Prozess von Gründungen im Allgemeinen ziehen. Insofern schließe ich damit an die Forschung zur Heterogenität von Selbstständigkeit an (vgl. z.B. Bührmann/Pongratz 2010a; Gather et al. 2014a) und ergänze diese um die Perspektive des Aufbaus einer selbstständigen Existenz. Denn qualitative Forschungsarbeiten, die sich den Anforderungen und Verläufen von Gründungsprozessen widmen, sind bisher selten. Diese Forschungslücke möchte ich mit der vorliegenden Arbeit schließen. Die Erkenntnisse über Gründungsprozesse als soziale Positionierungen von Gründer/-innen sind auch aufschlussreich für die weitere Forschung zur biographischen und kontextuellen Lage von (Solo-)Selbstständigen. Denn, so die zugrundeliegende Annahme, auch in der (Solo-)Selbstständigkeit besteht die Notwendigkeit, sich immer wieder in Bezug auf kontextuelle und gesellschaftliche Bedingungen (neu) zu positionieren. Außerdem sind die Analysen anschlussfähig für das Verständnis der biographischen Bewältigung und institutionellen Einbettung von (prozesshaften) Statuswechseln. Neben der institutionellen Einbettung dieser Übergänge möchte ich hierbei insbesondere Formen biographischer Selbstarbeit vor dem Hintergrund kulturell-normativer Erwartungen verstehen. Theoretisch leiste ich mit der Arbeit einen Beitrag zum Verständnis sozialer Positionierungen, insofern verschiedene miteinander verwobene Einflussgrößen auf das *Werden* eines (Selbstständigen-)Subjekts konkret in den Blick genommen werden. Das Konzept dient einerseits dem konkreten Verständnis von Gründungsprozessen aus dem Arbeitslosengeld-II-Bezug, kann aber andererseits auch verallgemeinerbar für die Analyse und Erklärung von sozialen (Selbst-)Verortungen sein.

In der Arbeit verbinde ich die methodische Analyse von narrativen Positionierungen in biographischen Interviews und theoretische Perspektiven auf gesellschaftlich-sozialen Positionierungen.

# 2 Solo-Selbstständigkeit, Gründungen und Erwerbslosigkeit

Mit der Einführung der Grundsicherung für Arbeitsuchende im Sozialgesetzbuch (SGB) II hielt zu Beginn der 2000er Jahre das Leitbild der *Aktivierung* Einzug in das soziale Sicherungssystem in Deutschland. Eingebettet in einen normativen gesellschaftlichen und strukturellen Wandel von Arbeit, bündelt sich im Aktivierungs-Paradigma auch ein neuartiges Verhältnis von Arbeitslosen, Institutionen wohlfahrtstaatlicher Sicherung und Gesellschaft. So sind Erwerbslose, der Aktivierungslogik zufolge, in erster Linie selbst für die Überwindung ihrer Hilfebedürftigkeit verantwortlich. Demzufolge wurde eine Reihe von Maßnahmen eingeführt, um die Selbst-Aktivierung von Leistungsbeziehenden zu fördern. Eines dieser Instrumente ist das Einstiegsgeld, das (primär) eine finanzielle Förderung von Gründungsvorhaben darstellt. Gründungswillige können bei ihren Sachbearbeiter/-innen einen Antrag auf Förderung stellen; ob sie gefördert werden, wird von den Betreuenden im Jobcenter geprüft. Unabhängig davon, ob sie durch das Jobcenter gefördert werden oder nicht, stellen Existenzgründungen von Leistungsbeziehenden nach dem SGB II eine widerspruchsvolle und schwierige Aufgabe dar. In erster Linie ist dies in den geringen finanziellen Ressourcen von Leistungsbeziehenden begründet. Darüber hinaus kann ein langfristiger Leistungsbezug mit einer Erosion von erwerbsbezogenen Kenntnissen und mit biographischen Krisen einhergehen, was Existenzgründungen ebenfalls erschwert (vgl. Pongratz et al. 2013: 10). Gründungen im Rahmen des SGB II finden aber nicht nur unter besonders schwierigen Bedingungen statt, sondern es besteht auch die Gefahr, mit der Selbstständigkeit eine prekäre Erwerbsposition aufzubauen (vgl. Bührmann/Pongratz 2010a) und dauerhaft oder phasenweise auf zusätzliche Transferleistungen des Jobcenters angewiesen zu sein. Nichtsdestotrotz stellt eine selbstständige Erwerbstätigkeit eine Alternative zu abhängiger Beschäftigung dar, die einerseits eine autonome Gestaltung des Erwerbshandelns verspricht und andererseits oftmals weniger formale Hürden (etwa Bildungszertifikate) erfordert als der Arbeitsmarkt. Auch politisch ist die Selbstständigkeit in den vergangenen Jahren gezielt gefördert und als alternative Erwerbsform unterstützt worden (insbesondere für Arbeitslosengeld-I-Beziehende).

Wie gestaltet sich der Gründungsprozess unter prekären Bedingungen und mit Aussicht auf eine dauerhaft prekäre Erwerbslage? Wie erfolgt die Unterstützung durch die Jobcenter, wie werden „Leistungsbeziehende" zu „Marktakteuren"? In diesem Kapitel gebe ich einen Überblick über den derzeitigen Stand der Forschung zu diesem Themenfeld. Die Erforschung von Existenzgründungen aus soziologischer Perspektive ist bisher noch nicht weit gediehen. Noch weniger Forschung besteht zu Gründungen nach dem SGB II. Während sich durchaus Forschungsarbeiten mit den individuellen und gesellschaftlichen Bedingungen von abhängiger Beschäftigung[2], Arbeitslosigkeit[3] und zunehmend auch Selbstständigkeit[4] beschäftigen, ist die Gründung als Übergangsphase zwischen zwei Erwerbsstatus bzw. zwischen Arbeitslosigkeit und Erwerbstätigkeit bisher wenig in den Fokus der Forschung gerückt worden, vor allem was qualitative Forschung angeht.[5]

Aus wirtschaftswissenschaftlicher und psychologischer Perspektive beschäftigt sich die Entrepreneurshipforschung mit Existenzgründungen. Hierbei stehen häufig Persönlichkeitsmerkmale (etwa Entscheidungsfreude und Risikobereitschaft) und individuelle Ressourcen von (innovativen) gründenden Personen im Vordergrund (vgl. Gather et a. 2014b: 10).[6]

---

[2] Zur Übersicht siehe Böhle/Voß 2010; Mikl-Horke 2007.
[3] Siehe z.B. Jahoda et al. 1975; Bonß/Heinze 1994; Ludwig-Mayerhofer et al. 2009; Hirseland/Ramos Lobato 2010
[4] Etwa Bührmann/Pongratz 2010a; Gather et al. 2014a.
[5] Für quantitative Forschung siehe z.B. Caliendo et al. 2007, 2010; Wießner 2000; für qualitative Forschung siehe z.B. Siewert 2016; Pongratz et al. 2014; Bernhard 2016.
[6] Zur Entrepreneurshipforschung siehe z. B. Acs/Audretsch 2010; Bögenhold et al. 2016; Shane/Venkataraman 2000.

Da mich hier aber die biographischen, kontextuellen und gesellschaftlichen Bedingungen von Gründungen interessieren, schließe ich mich primär soziologischen Arbeiten zu Selbstständigkeit und Erwerbslosigkeit an. Insofern beziehe ich mich im Folgenden zunächst auf Forschungsarbeiten zu Solo-Selbstständigkeit, die in vielerlei Hinsicht Anknüpfungspunkte für das Verständnis von Gründungen nach dem SGB II liefern können: Die von mir interviewten Gründer/-innen bauen eine *Solo*-Selbstständigkeit auf, eine Selbstständigkeit also, in der sie ohne Angestellte auf eigene Rechnung wirtschaften. Deswegen ermöglichen die Forschungsarbeiten zu Solo-Selbstständigkeit ein Verständnis der kontextuellen Bedingungen und Prekaritätsrisiken von Gründenden nach dem SGB II. Nach einer Klärung der Begriffe der (Solo-)Selbstständigkeit der Gründung gehe ich auf die Vielfalt solo-selbstständiger Erwerbsrealität und Gründungen ein (2.1.). Anschließend stelle ich kurz die Arbeitsmarktreformen und die Regelungen des Leistungsbezugs nach dem SGB II dar, um die Bedeutung des Kontextes des Leistungsbezugs für diese spezifische Gruppe von Gründenden deutlich zu machen (2.2.1). Schließlich steht im Abschnitt 2.2.2 der Prozess der Gründungsförderung durch Einstiegsgeld aus Perspektive der Jobcenter im Mittelpunkt.

## 2.1 Solo-Selbstständigkeit und Gründungen im Wandel

Seit den 1980er Jahren hat die Selbstständigkeit als Erwerbsform an Bedeutung gewonnen. Trotz konjunktureller und durch Reformen sozialpolitischer Förderprogramme bedingter Schwankungen der Anzahl an Existenzgründungen ist eine strukturelle Bedeutungszunahme von Selbstständigkeit als Erwerbsform festzustellen (vgl. etwa Mai/Marder-Puch 2013). Mit dem kontinuierlichen Anstieg von Gründungen und Selbstständigkeit haben sich auch die Strukturen von Selbstständigkeit selbst verändert. Die Erwerbs- und Lebenssituation sowie das Markthandeln von Solo-Selbstständigen haben nur sehr wenig mit dem klassischen Bild von Selbstständigen als Unternehmer/-innen zu tun. Sie unterscheiden sich häufig auch erheblich von Berufsfeldern, in denen Selbstständigkeit als

Erwerbsform etabliert und institutionalisiert ist (etwa Handwerksbetriebe). Bevor ich näher auf die Bedeutungszunahme von (Solo-)Selbstständigkeit und den strukturellen Wandel eingehe, werde ich zunächst typische Begrifflichkeiten im Feld von Unternehmertum und Selbstständigkeit differenzieren und klären.

### 2.1.1 Begriffliche Differenzierungen: (Solo-)Selbstständigkeit und Gründung

Die Vielfalt selbstständiger Tätigkeit und Gründungskontexte sowie die Prekaritätsrisiken von Solo-Selbstständigkeit stehen in einem eigentümlichen Widerspruch zum Bild des „Normalunternehmertums“, das in der medialen Öffentlichkeit, in der Gründungsberatung und auch in vielen akademischen Forschungsarbeiten als Referenzfolie zur Darstellung von Selbstständigen dient (vgl. Bührmann/Hansen 2007; Bührmann 2007, 2012). Der „Normalunternehmer“ gilt als männlich, berufserfahren, ohne Migrationshintergrund, ist ausreichend mit Kapital und Fachkenntnissen ausgestattet, ist am Unternehmenswachstum orientiert und sein Vorgehen ist von seiner Rast- und Ruhelosigkeit bestimmt (siehe auch Kapitel 3.1.2). Durch die Konzentration der Forschung auf erfolgreiche Unternehmer/-innen reproduziert sich dieses einseitige und normative Bild in der öffentlichen und akademischen Wahrnehmung (vgl. Bührmann 2012: 131). Das Vorherrschen eines solchen undifferenzierten Begriffs von Unternehmertum und Selbstständigkeit ist auch der uneinheitlichen Verwendung und Vermengung der Begriffe Unternehmertum, Selbstständigkeit und Entrepreneurship in verschiedenen Forschungszusammenhängen geschuldet (vgl. Pongratz/Abbenhardt 2015). Unbestritten bestehen Überschneidungen zwischen diesen Begriffen So können Unternehmer/-innen und Selbstständige in einer breiten Definition als *„erwerbsorientierte Anbieter von Waren auf Märkten“*, die *„zu Erwerbs- und Gewinnzwecken in eigener Verantwortung Güter oder Dienstleistungen produzie*[ren] *(oder produzieren* [lassen]*) und vermarkte*[n]“ (Pongratz 2008: 461), gefasst werden. Der Markt stellt also für Selbstständige, Unternehmer/-innen und

Entrepreneure die zentrale Bezugsgröße ihres erwerbsbezogenen Handelns dar. Anhand des Kriteriums des *Marktbezugs* lassen sich die Begriffe Unternehmertum, Selbstständigkeit und Entrepreneurship voneinander unterscheiden und so lässt sich eine Konzeption selbstständigen Erwerbs herausarbeiten, die für die vorliegende Arbeit hilfreich ist. Marktbezug verweist auf die „*Art und Weise, wie Marktakteure ihr Handeln auf die anderen Beteiligten am Marktgeschehen sowie auf die institutionellen Regelungen eines Marktes ausrichten*" (Pongratz/Abbenhardt 2015: 211). Während für das Unternehmertum der Einsatz von Kapital zur Steigerung der Rendite im Mittelpunkt des Markthandelns steht, geht es bei Entrepreneurship in erster Linie um das projektförmige Kreieren und Umsetzen innovativer Ideen (vgl. Pongratz/Abbenhardt 2015). Beide Formen des Marktbezugs sind nicht unbedingt an einzelne Personen gebunden, die formal selbstständig sind, sondern können auch im betrieblichen Rahmen organisiert sein. Dagegen zeichnet die Erwerbsform Selbstständigkeit aus, dass Personen ihre eigene Arbeitskraft erwerbsorientiert zur Herstellung von Gütern und/oder Dienstleistungen nutzen und dabei auf einen spezifischen Markt gerichtet sind. Die eigene Arbeitskraft ermöglicht und limitiert zugleich den Umfang der Marktpartizipation. Insbesondere bei Solo-Selbstständigen sind die Möglichkeiten der Produktion oder Bearbeitung von Aufträgen zeitlich und durch das individuelle Arbeitsvermögen begrenzt (vgl. ebd.). Anders als abhängig Beschäftigte, deren aktive Marktposition (am Arbeitsmarkt) nach dem Eingehen eines Arbeitsvertrages in der Regel latent ist, befinden Selbstständige sich permanent auf dem Markt (vgl. Bologna 2006: 38). Die Abwesenheit eines Arbeitsvertrages, der Einkommen, Arbeitszeiten, Aufgabendefinition regelt und darüber hinaus den Zugang zum sozialen Sicherungssystem herstellt und reguliert, ist ein zentrales Differenzierungskriterium zwischen Selbstständigkeit und abhängiger Beschäftigung (vgl. Pongratz/Abbenhardt 2015: 210; Schulze Buschoff 2004). Selbstständige müssen nicht nur selbst ihren Erwerbszusammenhang organisieren, sondern tragen auch die Risiken ihres Erwerbshandelns selbst. Bei Solo-Selbstständigen sind diese Risiken hinsichtlich der Überbrückung von Phasen mit wenigen oder keinen Aufträgen besonders groß, wenn sie nur wenige Rücklagen haben (vgl. Candeias 2008: 73), was bei Gründer/-innen im Rahmen des SGB II der Fall ist.

Der Markt ist also die zentrale Bezugsgröße des Erwerbshandelns von Selbstständigen. Was aber ist der Markt, oder vielmehr: Was ist unter Märkten zu verstehen? Allein schon ein alltagsweltlicher Blick auf verschiedene Gütermärkte (etwa Handymarkt, Immobilienmarkt, Weinmarkt) offenbart, dass es sich bei Märkten keineswegs um einheitliche und neutrale Plattformen handelt, auf denen Anbietende und Nachfragende Güter, Dienstleistungen und Kapital tauschen. Vielmehr unterscheiden sich Märkte teils erheblich voneinander, ebenso wie die jeweiligen Marktteilnehmer/-innen. Sie differieren nicht nur hinsichtlich der gehandelten Güter, sondern auch hinsichtlich der rechtlichen Regulierungen, der formalen und informellen Erwartungen und der Wettbewerbsstruktur. Märkten sind als Orte und Institutionen zu verstehen, die den Tausch zwischen (meist) anonymen Marktteilnehmer/-innen regeln und formen (vgl. Aspers 2011: 4). Jens Beckert bezeichnet Märkte als *„hochgradig voraussetzungsvolle Arenen sozialen Handelns“* (Beckert 2007: 6). Demzufolge ist der Austausch auf Märkten letztlich nur aufgrund der institutionellen, strukturellen und kulturellen Einbettung von marktbezogenen Aktivitäten möglich, durch die wechselseitige Erwartungen der Marktteilnehmer/-innen kanalisiert werden. Die jeweiligen institutionellen, strukturellen und kulturellen Formen der Einbettung von Markthandeln dienen der Reduktion von Unsicherheiten, die mit dem Tausch von Gütern, Dienstleistungen und Kapital zwischen einander unbekannten Teilnehmenden einhergehen. Darüber hinaus macht Beckerts Konzeption von Märkten als Arenen sozialen Handelns darauf aufmerksam, dass das Agieren auf einem Markt eines vielfältigen expliziten und impliziten Wissens bedarf. Die einzelnen Märkte funktionieren nach je eigenen Logiken und Praktiken, die unterschiedliche Habitus erfordern.

Aus dieser Charakterisierung von (Solo-)Selbstständigkeit als Erwerbstätigkeit am Markt und in Abgrenzung zu Unternehmertum, Entrepreneurship und abhängiger Beschäftigung können Hinweise darauf erschlossen werden, was die *Gründung* einer Solo-Selbstständigkeit bedeutet. Sie stellt einen *Statuswechsel* dar, entweder zwischen abhängiger Erwerbsarbeit und Selbstständigkeit oder, wie in der vorliegenden Studie, zwischen Erwerbslosigkeit und Selbstständigkeit. Als Phase, in der eine Selbstständigkeit aufgebaut wird, ist die Gründung zeitlich nicht eindeutig zu bestimmen. Die Dauer bis zu einer Etablierung der Selbstständigkeit kann je nach Branche und persönlichem Kontext der Gründenden variieren (vgl. Pongratz et al. 2013: 119). Unscharf ist sowohl der Zeitpunkt des Beginns der Gründung (die erste Idee, das Schreiben eines Businessplans, die Gewerbeanmeldung, der erste Auftrag oder Verkauf?) als auch der Zeitpunkt des Abschlusses der Gründungsphase (ab einer bestimmten Auftragslage, nach einer bestimmten Anzahl von Monaten oder Jahren?). Beginn und Ende der Gründungszeit sind in hohem Maße von der subjektiven Wahrnehmung der Gründenden selbst abhängig. Angehende Selbstständige müssen sich, neben der Ausarbeitung ihrer Geschäftsidee, die expliziten rechtlichen und institutionellen, insbesondere aber auch die impliziten und undurchsichtigen Regeln des Marktes aneignen und die entsprechenden Verhaltensanforderungen habitualisieren (vgl. Bologna 2006: 39). Zu erarbeiten, worauf es für eine ertragreiche Marktteilnahme ankommt, „wo" der jeweilige Markt ist und welche Spielregeln bestehen, ist ein wesentlicher Bestandteil von Gründungen, neben der Konzeptentwicklung und der Güterproduktion. Darüber hinaus obliegt es den Gründenden selbst, ihren Erwerbs- und Lebensalltag zu organisieren (vgl. Candeias 2008: 67). Diese erste Konzeption von Gründungen, spricht dafür diese als Prozess zu verstehen, in dem kontextuelle (Lebens- und Familiensituation, Marktbedingungen) und individuelle (biographische Erfahrungen, Wissen, Ressourcen) Bedingungen neu zueinander in Beziehung gesetzt und immer wieder justiert werden.

Die in der vorliegenden Studie untersuchten Gründer/-innen antizipieren alle eine Solo-Selbstständigkeit. Da sich in den vergangenen Jahren das empirische Erscheinungsbild von Solo-Selbstständigen vervielfältigt hat, gehe ich im Folgenden auf Forschungsarbeiten ein, die diese Heterogenität beschreiben (siehe u.a. den Sammelband Gather et al. 2014a). Von der Vielfalt kontextueller und individueller Bedingungen von Solo-Selbstständigkeit lässt sich auf ebenso heterogene Bedingungen von Gründungszusammenhängen schließen.

### 2.1.2 Die Vielfalt von Solo-Selbstständigkeit

Wie eingangs dargestellt, nimmt die Bedeutung von Selbstständigkeit als Erwerbsform seit den 1980er Jahren zu. 2014 waren von ca. 40 Millionen Erwerbstätigen in Deutschland etwa 4,1 Millionen selbstständig, also ca. 10%. 2011, also zum Zeitpunkt der Erhebung der Daten für die vorliegende Studie, lag der Anteil der Selbstständigen an allen Erwerbstätigen bei etwas mehr als 11% (vgl. Statistisches Bundesamt 2012, 2015). Zwischen 1991 und 2008 ist die Selbstständigenquote von 8% auf 11% gestiegen (vgl. Bögenhold/Fachinger 2010: 72). Zu 93% ist die Zunahme von Selbstständigkeit auf den Anstieg der Zahlen Solo-Selbstständiger zurückzuführen (vgl. Mai/Marder-Puch 2013: 484). 2012 waren 57% aller Selbstständigen solo-selbstständig (2002: etwa 51%). Kennzeichnend für das Wachstum ist unter anderem die gestiegene Relevanz des Dienstleistungssektors für Erwerbsarbeit allgemein. Während also klassische Felder selbstständigen Erwerbs, wie die Landwirtschaft, an Bedeutung verlieren, erschließen sich insbesondere in den Dienstleistungen für Selbstständige neue Tätigkeitsfelder. 2012 waren 78% der Selbstständigen im tertiären Sektor tätig (gegenüber 17% im sekundären und etwa 5% im primären Sektor) (vgl. Mai/Marder-Puch 2013). Während sich die Anzahl von Unternehmensgründungen im verarbeitenden Gewerbe halbiert hat, haben sich die Gründungen im Dienstleistungsbereich in den letzten Jahrzehnten mehr als verdoppelt (vgl. Bögenhold/Fachinger 2011: 255).

Auch hinsichtlich soziodemographischer Merkmale und kontextueller Bedingungen hat sich die Struktur Selbstständiger gewandelt. Zwar ist die Mehrheit der selbstständig Tätigen männlich (etwa zwei Drittel), allerdings steigt die Anzahl gründender Frauen und insbesondere solo-selbstständiger Frauen. Zu einem bedeutenden Teil ist der Anstieg der Solo-Selbstständigkeit auf gründende Frauen zurückzuführen (vgl. Bögenhold/Fachinger 2011, 2015b). Auch der Anteil von Menschen mit Migrationshintergrund unter den Selbstständigen hat sich seit 1991 fast verdreifacht und ihr Anteil an den Selbstständigen ist höher als ihr Anteil an den abhängig Beschäftigten (11% gegenüber 9%) (vgl. Leicht et al. 2015). Ebenso hat die Zahl von Gründungen aus der Arbeitslosigkeit (insbesondere aus dem Arbeitslosengeld-I-Bezug) zugenommen (siehe auch 2.2.). Vor allem in konjunkturell schwachen Phasen erscheint die Selbstständigkeit als Alternative zur abhängigen Beschäftigung (vgl. Metzger 2016). In der Literatur werden Gründungen aus der Arbeitslosigkeit häufig als „Notgründungen" charakterisiert, die Arbeitslosigkeit gilt dann als ein „push-Faktor" in Selbstständigkeit (im Unterschied zu „pull-Faktoren", etwa „Selbstverwirklichung" oder Umsetzen einer Gründungsidee) (vgl. z.B. ebd.). Gründungen von Solo-Selbstständigen im Allgemeinen und Gründungen aus der Arbeitslosigkeit im Besonderen sind aber nicht nur als krisenhafte Bewältigungsformen und „Notlösungen" aufgrund fehlender abhängiger Beschäftigung zu verstehen. Selbstständigkeit ermöglicht aus der Perspektive der Gründenden eine individuelle Berufsgestaltung, die Verwirklichung einer eigenen Idee und eine Integration von Familien- und Erwerbsarbeit. Darüber hinaus gilt eine selbstständige Erwerbsarbeit häufig als Möglichkeit zur Selbstverwirklichung unabhängig von standardisierten Erwerbsverläufen (vgl. Schürmann 2014; Hanemann 2016).

Das Feld des selbstständigen Erwerbs und des Gründungsgeschehens wird also zunehmend von unterschiedlichen Personen aus verschiedenen ökonomischen und sozialen Kontexten besetzt. Zwar weisen Forschungsarbeiten darauf hin, dass es die Heterogenität von Gründungskontexten auch innerhalb der Gruppen nicht erlaubt, einen pauschalen Prekaritätsverdacht zu erheben oder generelle Charakterisierungen, wie „Notgründungen", vorzunehmen (vgl. Apitzsch/Kontos 2008; Bührmann 2015; Gather et al. 2014b; Gather et al. 2010; Leicht et al. 2015; Leicht 2016). Dennoch sind Solo-Selbstständige besonders stark Prekaritätsrisiken ausgesetzt (vgl. Bührmann/Pongratz 2010a). So zeigt etwa der Blick auf das Einkommen Solo-Selbstständiger, dass diese besonders häufig ein Einkommen am Rande der Armutsgrenze erwirtschaften: 2006 gaben rund 14% der Solo-Selbstständigen an, ein Nettoeinkommen von bis zu 1100 Euro aus ihrer Tätigkeit zu erzielen, und weitere 24,5% erwirtschafteten bis 2000 Euro. Legt man das Durchschnittsnettoeinkommen aller Erwerbstätigen von 2764 Euro in Deutschland 2006 zugrunde, galten 30% der Solo-Selbstständigen in diesem Jahr als arm (vgl. Bögenhold/Fachinger 2010: 76f.).[7] Solo-selbstständige Frauen verdienen besonders häufig Einkommen unterhalb der Armutsgrenze (vgl. Gather et al. 2010; Bögenhold/Fachinger 2012).[8] Für Solo-Selbstständige und insbesondere gering verdienende Solo-Selbstständige bestehen Prekaritätsrisiken nicht alleine darin, nicht genügend Einkommen zur Finanzierung des Lebensunterhalts zu erwirtschaften, sondern auch darin, dass sie unzureichend in das System sozialer Sicherung eingebunden sind (vgl. Betzelt 2002; Candeias 2008; Fachinger 2014; Schulze Buschoff 2010). Zwar war Selbstständigkeit hinsichtlich sozialer Sicherung immer schon prekär (vgl. Pongratz/Si-

---

7 Bei Selbstständigen zeigt sich aber auch eine besonders große Spreizung zwischen sehr gut Verdienenden und prekär Arbeitenden (vgl. Bögenhold/Fachinger 2010: 76). Insbesondere in professionalisierten Feldern, wie denen der Rechtsanwält/-innen und Ärzt/-innen, unterscheiden sich die Erwerbsbedingungen erheblich von prekär Wirtschaftenden in weniger institutionalisierten Erwerbsbereichen.

8 40% der solo-selbstständigen Frauen erwirtschafteten zwischen 2002 und 2007 weniger als 1300 Euro brutto. Der Gender Income Gap ist also bei Selbstständigen deutlich höher als bei abhängig Beschäftigten (vgl. Gather et al. 2010: 88f.). Zwar zeigen die Autorinnen auch, dass die Gruppe selbstständiger Frauen hinsichtlich des Einkommens ebenfalls heterogen ist. So erzielen selbstständige Frauen mit Beschäftigten teilweise Nettoeinkommen über 2000 Euro. Allerdings verdienen weit weniger Frauen als Männer in der Selbstständigkeit über 3500 Euro im Monat.

mon 2010: 28), allerdings werden, so zeigt Fachinger (2014), Selbstständige mit niedrigem Einkommen sowohl in Pflichtversicherungen (Krankheit und Pflege) als auch in freiwilligen Versicherungen (Alterssicherung, Arbeitslosigkeit, Unfallversicherung) überproportional stark belastet. Auch die Auftragslosigkeit trifft Selbstständige mit geringem Einkommen besonders stark, wenn (und weil) sie wenig Rücklagen haben (vgl. Betzelt 2002). Solo-Selbstständige befinden sich demzufolge, so eine Charakterisierung von Uwe Fachinger, in einem sozialpolitischen „Schwebezustand" und gelten als „Grenzgänger des Arbeitsmarktes" (vgl. Fachinger 2014). Für viele Solo-Selbstständige, so scheint es, ist Prekarität zu einem Normalzustand geworden, mit dem sie in ihrem Alltags- und Erwerbshandeln dauerhaft oder über einen längeren Zeitraum hinweg umgehen müssen (vgl. Bührmann/Pongratz 2010b: 12).[9] Qualitative Studien zeigen, dass der Umgang mit Unsicherheit und Krisen dem Arbeits- und Erwerbsleben vieler Solo-Selbstständiger inhärent ist, was einen eigenen, von institutionalisierten Lebensläufen abweichenden Lebensrhythmus erfordert (vgl. Hanemann 2016: 289).

Auch die Bedeutung von Selbstständigkeit im Erwerbsverlauf hat sich verändert. Zum einen werden Teilzeit- oder Nebenerwerbsgründungen wichtiger (vgl. Bührmann 2015), zum anderen besteht zwischen abhängiger und selbstständiger Erwerbsarbeit ein fließender Übergang, was sich etwa an den Zwischenformen Franchising und Scheinselbstständigkeit ausdrückt (vgl. Schulze Buschoff 2004). Phasen der Selbstständigkeit wechseln sich mit Phasen abhängiger Beschäftigung ab. Die Solo-Selbstständigkeit kann eine Möglichkeit eines (Wieder-)Einstiegs in Erwerbsarbeit sein (vgl. Candeias 2008: 71). Diese Tendenzen werden durch Zahlen des Statistischen Bundeamtes untermauert, die zeigen, dass nur etwas mehr als die Hälfte der Solo-Selbstständigen nach fünf Jahren immer

---

[9] Bührmann (2012: 141) unterscheidet zwischen objektiver und gefühlter Prekarität von Selbstständigen, die sich nicht unbedingt entsprechen. Prekär ist Unternehmertum insbesondere dann, wenn Selbstständige sowohl objektiv an der Armutsgrenze wirtschaften als auch subjektiv ihre Lage und Lebenssituation als problematisch empfinden.

noch solo-selbstständig war (vgl. Mai/Marder-Puch 2013). Manske (2015) charakterisiert die Erwerbsrealität von Solo-Selbstständigen (insbesondere in Kulturberufen) mit dem Ausdruck „Patchwork-Existenzen" und bezeichnet damit die Solo-Selbstständigkeit als Teil eines dynamischen biographischen Prozesses, in dem Phasen der Mehrfachbeschäftigung in verschiedenen Erwerbsfeldern, der Gleichzeitigkeit von abhängiger und selbstständiger Arbeit und des Wechsels zwischen diesen beiden Erwerbsformen vorkommen. Diese „Erwerbshybridisierung" (Bögenhold/Fachinger 2012) kann als eine Strategie der Unsicherheitsbewältigung im Zusammenhang prekärer selbstständiger Beschäftigung gesehen werden. Nichtsdestotrotz wird selbstständige Tätigkeit nicht alleine als Sicherheitsverlust wahrgenommen, sondern auch als Befreiung aus betrieblichen Arbeitsstrukturen und als Mittel der Selbstverwirklichung gesehen (vgl. Manske 2015). Solo-Selbstständigkeit bewegt sich häufig in einem Spannungsfeld zwischen Autonomiebedürfnis, Ungewissheit und den tatsächlichen Möglichkeiten der freien Selbstbestimmung (vgl. Candeias 2008: 71). Eine große Herausforderung bildet die Gestaltung des Lebenslaufs zwischen Sicherheitsbedürfnis und Standardisierungsaversion (vgl. Hanemann 2014: 224ff). Zudem ist die biographische Bedeutung und Bewertung von Selbstständigkeit nicht immer stabil, sondern kann sich im Zeitverlauf ändern. So kann die zunächst als Autonomiegewinn erlebte Selbstorganisation im Zusammenwirken mit fehlender wohlfahrtsstaatlicher Sicherheit auch zur Belastung werden (vgl. Hanemann 2016: 290ff.). Dass der Erwerbszusammenhang eigenverantwortlich gestaltet und stetig aufrechterhalten werden muss, konfrontiert die Selbstständigen zudem mit permanentem Optimierungsbedarf, was zu einem „Leben im Konjunktiv" (ebd.: 292) führen kann.

Insgesamt wird das Feld selbstständiger Erwerbstätigkeit also zunehmend divers (vgl. Bührmann 2007, 2012; Welter/Gröschl 2016; Bögenhold/Fachinger 2011, 2012). Die Erscheinungsform der „neuen Selbstständigen" (Schulze Buschoff 2004) stellt das Bild des „Normalunternehmertums" zunehmend in Frage (vgl. Bührmann 2012). Eine Heterogenität selbstständiger Erwerbstätigkeit hinsichtlich Lebenssituation und Einkommen hat es zwar immer schon gegeben (vgl. Schmidt 2014), mit der Zunahme von Solo-Selbstständigkeit, der Expansion der Dienstleistungen, der veränderten soziodemographischen Struktur von Selbstständigkeit und der veränderten Bedeutung der Selbstständigkeit im Lebensverlauf hat sich in den vergangenen Jahren das Bild selbstständigen Erwerbs aber insgesamt deutlich gewandelt.

Die Bedeutungszunahme von (Solo-)Selbstständigkeit als Erwerbsform ist auf miteinander verschränkte konjunkturelle, politische und soziale Gründe zurückzuführen (vgl. z.B. Bögenhold/Fachinger 2011). Auf gesellschaftlicher Ebene ist sie als ein Ausdruck des Wandels von Arbeit zu verstehen. Im Zuge der Wirtschaftskrisen der 1970er Jahre, der De-Regulierung und Flexibilisierung von Arbeitsverhältnissen und der Individualisierung von Lebensstilen (vgl. Beck 1986) änderte sich die institutionelle und sozialpolitische Einbettung von Erwerbsarbeit, und ebenso änderten sich die individuellen Ansprüche an Arbeit (vgl. etwa Baethge 1991). Die Erosion von „Normalarbeitsverhältnissen“ (Mückenberger 1985) geht einher mit der De-Institutionalisierung von Lebensläufen, auch die „Normalbiographie“ und die damit verknüpfte Zukunftssicherheit in der Lebensplanung wird brüchig (vgl. Osterland 1990).[10] Durch die Expansion des Dienstleistungssektors entstehen neue Berufe und Erwerbsmöglichkeiten für Selbstständige (vgl. Bögenhold/Fachinger 2010). Hierfür ist nicht zuletzt eine zunehmende Akademisierung und Erwerbsbeteiligung von Frauen bedeutsam. So ist die gestiegene Anzahl der von Frauen ins Werk gesetzten Gründungen als Ausdruck sich verändernder Geschlechterverhältnisse zu sehen. Während „Normalarbeitsverhältnisse“ in erster Linie

---

[10] Das „Normalarbeitsverhältnis“ wird definiert als ein arbeits- und sozialrechtlich abgesichertes Arbeitsverhältnis, eine dauerhafte, existenzsichernde Vollzeitbeschäftigung. Das Normalarbeitsverhältnis erlaubt die Herausbildung von „Normalbiographie“, also von institutionalisierten Lebensverläufen mit typischen Statuspassagen, wie Ausbildung, Erwerbseintritt, Familiengründung und Ruhestand. Obwohl die Vorstellung von Normalität auch schon vor der Erosion des Normalarbeitsverhältnisses fiktive Züge aufwies und nur auf eine spezifische männlich Gruppe der Erwerbsbevölkerung zutraf, versprach sie doch Planbarkeit des Erwerbs- und Lebensverlaufs (vgl. Mückenberger 1985; Osterland 1990).

für die Erwerbsrealität von Männern standen und Frauen immer schon eher in prekären Erwerbsverhältnissen tätig waren, gleichen sich nun tendenziell die Karriereverläufe der Geschlechter an (vgl. Gather et al. 2014b: 8f.; Aulenbacher 2009). Auch durch politische Reformen wird der Anstieg der Selbstständigkeit begünstigt. So ist die sozialpolitische Gründungsförderung für Erwerbslose seit den 1980er Jahren ausgeweitet und mehrfach reformiert worden (siehe auch Kapitel 2.2). Existenzgründungen aus der Arbeitslosigkeit werden als Möglichkeiten der Erwerbsintegration forciert und in konjunkturell schwachen Phasen steigt jeweils die Anzahl von Gründungen aus der Arbeitslosigkeit an. Auch die Lockerung des Meisterzwangs hat es erleichtert, eine selbstständige Tätigkeit aufzunehmen, und so die Bedeutungszunahme von Solo-Selbstständigkeit mitbedingt (vgl. etwa Mai/Marder-Puch 2013).

### 2.1.3 Die Vielfalt von Gründungen

Ebenso heterogen wie das Feld (solo-)selbstständigen Erwerbs sind die Gründungsprozesse selbst. Für den Weg in die Selbstständigkeit und die Gründungsprozesse bestehen keine einheitlichen Muster (vgl. Bögenhold/Fachinger 2012: 277). „Neue Selbstständige" gründen anders als „Normalunternehmer" (vgl. Bührmann/Pongratz 2010b: 10). Dies ist unter anderem kontextuell und biographisch bedingt. So kann etwa bei Personen, die sich aus der Erwerbslosigkeit heraus selbstständig machen, die Situation der Arbeitslosigkeit selbst eine biographische Krise darstellen; eine solche Gründung unterscheidet sich von einer Gründung, die parallel zu einem abhängigen Beschäftigungsverhältnis etabliert wird. Zudem haben Gründer/-innen aus der Arbeitslosigkeit häufig geringere eigene finanzielle Ressourcen und weniger Zugang zu Fremdkapital (vgl. Hinz/Jungbauer-Gans 1999). Grundsätzlich prägen die jeweiligen sozialen, räumlichen und – formalen wie informellen – institutionellen Kontexte Gründungen, etwa indem durch sie die Marktzugänge (etwa vorhandenes Kapital, Netzwerke) erleichtert oder erschwert werden (vgl. Welter 2011). Wie oben geschildert, erfordert eine Gründung die Aneignung von formalen und informellen Regeln des Marktes und die Herstellung einer eigenen Marktposition in Relation zu anderen Marktakteur/-innen. Auf individueller Ebene ist, neben fachlichem Wissen in dem jeweiligen Gründungsfeld, auch Wissen aus diversen biographischen Erfahrungen für die Aneignung des Marktes und für die Selbstorganisation relevant (vgl. Bologna 2006: 10). Andrea Siewert (2016) untersucht Gründungsprozesse als Lernprozesse und arbeitet heraus, dass der Weg in die Selbstständigkeit oft eine individuierte Umgangsweise mit kontextuellen und biographischen Bedingungen darstellt. Die häufig nicht-normalbiographischen Bildungs- und Erwerbsverläufe von Gründer/-innen einerseits und familiäre und biographische Bedingungen andererseits prägen die Vorgehensweisen und die biographische Bedeutung von Gründungen. So stellen Gründungen häufig selbst Bewältigungsformen von biographischen oder familiären Krisen dar (vgl. ebd.: 243ff). Vor dem Hintergrund spezifischer kontextueller Bedingungen und biographischer Erfahrungen wird in Gründungen eine Erwerbsposition antizipiert, deren Umsetzung gestaltet werden muss und deren Erfolg in hohem Maße ungewiss ist. Vor allem in der Phase der Planung einer selbstständigen Existenz ist der Erfolg der Unternehmung unsicher, aufgrund fehlender Erfahrungswerte und fehlenden Wissens um das Verhalten anderer Marktakteure und die künftige Entwicklung der Marktbedingungen. Eine Form des Umgangs mit der zukunftsbezogenen Ungewissheit in der Planungsphase der Gründung sind Fiktionalisierungs- und Substanzialisierungsstrategien, wie sie unter anderem im Businessplänen nahgelegt werden und auch in Gründungsberatungseinrichtungen von Gründenden eingefordert werden (vgl. Pongratz et al. 2014). Die Fiktionalisierung von Gründungsvorhabens ist *„als bewusste Stilisierung einer künftigen unternehmerischen Praxis als eines Markterfolges*" (ebd.: 400) zu verstehen. Von angehenden Selbstständigen wird erwartet, dass sie das Gründungskonzept als erfolgversprechende Idee entfalten und sich selbst narrativ als fähige und überzeugte Gründer/-innen präsentieren. Neben dieser erzählerischen Darstellung eines erfolgreichen Zukunftsprojekts werden Konkretisierungen in Form von Nachweisen gefordert, die die unternehmerische Fiktion als realistisch ausweisen. Als solche substanzialisierenden Dokumente gelten etwa Marktanalysen, Zertifikate über Fachwissen und kaufmännisches Wissen, Liquiditätspläne usw. (vgl. Pongratz et al. 2014). Fiktionalisierungs- und Substanzialisierungsstrategien fungieren unter anderem als Legitimation dafür, ein ungewisses Vorhaben zu planen, sowohl für die Gründenden selbst als auch gegenüber potenziellen Geldgebern. Vor allem aber bieten sie eine *Form,* ein ungewisses Vorhaben zu planen und Entscheidungen trotz vieler Unwägbarkeiten zu treffen. Beide Strategien werden in (mehr oder weniger) standardisierten Planungstools wie dem Businessplan eingefordert. Sie können als typische Bewältigungsformen zukunftsbezogener Ungewissheit von angehenden Selbstständigen verstanden werden. Die Perspektive auf Fiktionalisierungs- und Substanzialisierungsstrategien von Gründenden weist einerseits auf die Konstruktionsleistungen hin, die Gründungen in der Planungsphase zugrunde liegen. Zum anderen zeigt sie, dass von Gründenden – trotz der Heterogenität der Gründungskontexte – eine standardisierte Erzählform ihrer Zukunftsvorstellungen erwartet wird, so dass diese von Externen (etwa Geldgebern, Förderern) als realistisch und glaubwürdig nachvollzogen werden können (vgl. ebd.).

Nach diesem Einblick in die Vielfalt von Gründungsprozessen gehe ich im Folgenden auf den Kontext des Leistungsbezuges und der Gründungsförderung im SGB II ein. Diese Darstellung soll klären, wie die Gründungsförderung im SGB II organisiert ist, und damit das Verständnis dafür schärfen, was den Kontext des Leistungsbezugs auszeichnet, in dem sich die untersuchten Gründer/-innen bewegen. Nach einer kurzen Darstellung der Arbeitsmarktreformen Anfang der 2000er Jahre und der Bedeutung von „Hartz IV“ und aktivierenden Forderungen für Leistungsbeziehende und Sachbearbeitende gehe ich auf das Gründungsgeschehen im SGB II und insbesondere auf den Förderprozess durch das Einstiegsgeld ein.

## 2.2 Existenzgründungen im SGB II

### 2.2.1 Die Reformen des Arbeitsmarktes

Nicht nur die Arbeitsverhältnisse haben sich seit den Wirtschaftskrisen der 1970er Jahre gewandelt, auch Systeme wohlfahrtstaatlicher Sicherung haben in den vergangenen Jahren in Deutschland und in anderen westlichen Industrienationen Umbrüche erlebt. Forderungen nach einer „Verschlankung des Staates" in den USA und Teilen Europas waren in einen Paradigmenwechsel in den Wirtschaftswissenschaften von keynesianischen zu neoklassischen Erklärungsmodellen und Lösungsvorschlägen eingebettet und führten zu Reformen der Sicherungssysteme in Form von Einschnitten in Sozialprogramme und Privatisierungen (vgl. Ludwig-Mayerhofer/Promberger 2008). Durch zunehmend prekäre Erwerbsverhältnisse, Massenarbeitslosigkeit und Schulden des öffentlichen Haushalts geriet auch in Deutschland der „Versorgungsstaat" in die Kritik (vgl. Lessenich 2008). Die (anhaltende) „Krise des Sozialstaats" (Butterwegge 2014) führte zu einem Paradigmenwechsel und erheblichen Umgestaltungen des sozialen Sicherungssystems. In den „Gesetzen für moderne Dienstleistung am Arbeitsmarkt" (in der Öffentlichkeit besser als „Hartz-Reformen" [11] bekannt), die zwischen 2003 und 2005 umgesetzt wurden, drückt sich eine Abkehr von einem versorgenden und statuserhaltenden Wohlfahrtsstaatsprinzip (vgl. Esping-Andersen 1998) und eine Hinwendung zu einem vorsorgenden, auf Eigenverantwortlichkeit des Individuums setzenden Sozialstaat aus. Allerdings wird keine vollkommene Abkehr vom klassischen Versorgungsprinzip verfolgt, vielmehr kam es zu einer Vermengung verschiedener Paradigmen (vgl. Ludwig-Mayerhofer/Promberger 2008). Sozialpolitische Interventionen werden nicht unbedingt zurückgenommen, sondern vielmehr neubestimmt: Das neue Leitbild ist das der Aktivierung von Bürger/-innen, der Stärkung individueller

---

[11] Die Bezeichnung „Hartz-Gesetze" haben die Gesetze Peter Hartz zu verdanken. Der damalige Personalvorstand von VW leitete die Kommission, die die Vorlage für die Gesetzestexte erarbeitete.

Handlungsstrategien. Das Prinzip der Eigenverantwortung bzw. der geteilten Verantwortung für soziale Sicherung zwischen Staat und Individuum wird etabliert (vgl. Dahme/Wohlfahrt 2003: 76ff.). Die Reformen des Sozialstaats und insbesondere die Arbeitsmarktreformen zu Beginn der 2000er Jahre haben zu einer neuen Interpretation des Verhältnisses von Staat, Gesellschaft und Bürger/-innen geführt: Während sozialpolitische Ausgaben als wachstumsgefährdend und schädigend für die Gesellschaft gesehen werden, werden Arbeitslose und Hilfebedürftige zunehmend in die Verantwortung für die Bewältigung ihrer Lage genommen (vgl. ebd.: 75). In der Begründungslogik werden sozialstaatliche Verantwortlichkeiten also umgekehrt: Es ist weniger die Gesellschaft für das Wohl jedes Individuums verantwortlich, sondern das Individuum für das Wohl der Gemeinschaft (siehe auch Kapitel 3.1.3). Dies drückt sich im Leitbild der Aktivierung aus, das in den Arbeitsmarktreformen mit den Prinzipien des „Förderns und Forderns" von Leistungsbeziehenden verfolgt wird.

Die Vorlage für die Reformen wurde 2002 von der Kommission für „Moderne Dienstleistungen am Arbeitsmarkt" erarbeitet, die von der damaligen rot-grünen Bundesregierung beauftragt worden war. Der Einsatz der Kommission erfolgte unter dem Druck hoher Arbeitslosigkeit und des sogenannten „Vermittlungsskandals"[12]. Kurz nachdem die Kommission die Reformvorlage vorgestellt hatte, erfolgte auch schon deren Umsetzung in den vier „Gesetzen für moderne Dienstleistungen am Arbeitsmarkt": Zwischen 2003 und 2005 wurden diese schrittweise eingeführt. Das wohl bekannteste dieser Gesetze, das „Vierte Gesetz für moderne Dienstleistungen am Arbeitsmarkt" („Hartz IV"), wurde 2005 eingeführt. Es legte die Arbeitslosenhilfe und die Sozialhilfe zu einem bedarfsgeprüften Leistungs-

---

[12] Als Mit-Auslöser der relativ schnell umgesetzten Reform gilt der „Vermittlungsskandal" Anfang 2002. Im Zuge des „Skandals" wurde der Arbeitsverwaltung Ineffizienz vorgeworfen, nachdem der Bundesgerichtshof kritisiert hatte, dass Mitarbeitende der Arbeitsverwaltung die Leistungen und Zahlen ihrer Behörde beschönigt hätten (vgl. Ludwig-Mayerhofer et al. 2009: 13f.).

system im Sozialgesetzbuch (SGB) II (der Grundsicherung für Arbeitsuchende) zusammen.[13] Zur Sicherung des Lebensunterhaltes können „*erwerbsfähige Hilfebedürftige*“[14], die keinen Anspruch auf Arbeitslosengeld I haben, Arbeitslosengeld II beziehen. Als erwerbsfähig gilt, wer mindestens drei Stunden am Tag arbeiten kann (SGB II, § 8, Absatz 1), als hilfebedürftig, wer seinen Lebensunterhalt nicht oder nicht ausreichend aus Einkommen oder eigenem Vermögen bestreiten kann (§ 9, Absatz 1). Der Regelhöchstsatz lag 2011 bei 364 Euro für alleinstehende Erwachsene (seit 1. Januar 2016 liegt er bei 404 Euro). Zudem werden die Kosten für eine „angemessene“ Unterkunft und Heizung übernommen (§ 22). Einnahmen, die 100 Euro übersteigen (etwa aus geringfügiger Beschäftigung oder aus Selbstständigkeit), werden vom Regelsatz abgezogen. Ziel des Gesetzes ist es, die „*Eigenverantwortung von erwerbsfähigen Hilfebedürftigen* [...] *zu stärken und dazu bei*[zu]*tragen, dass sie ihren Lebensunterhalt unabhängig von der Grundsicherung aus eigenen Mitteln und Kräften bestreiten können*“ (§ 1, Absatz 2). Zur Stärkung der Eigenverantwortung und letztlichen Überwindung der Hilfebedürftigkeit werden monetäre, nicht-monetäre Leistungen und Sanktionen eingesetzt, die darauf zielen,

---

[13] Das Erste Gesetz für moderne Dienstleistungen am Arbeitsmarkt zielt auf die Dynamisierung des Arbeitsmarktes (Erleichterung von Zeitarbeit, höhere Anforderungen für Arbeitslose, Zumutbarkeitsregelungen). Das Zweite Gesetz für moderne Dienstleistungen am Arbeitsmarkt hat zum Ziel, die Arbeitsvermittlung zu verbessern (etwa Ermöglichung geringfügiger Beschäftigung). Das Dritte Gesetz für moderne Dienstleistungen am Arbeitsmarkt regelt die organisationale Struktur der Bundesagentur für Arbeit (vgl. Ludwig-Mayerhofer/Promberger 2008: 4).

[14] Für Bezieher/-innen von Arbeitslosengeld II kursieren verschiedene Bezeichnungen: etwa „erwerbsfähige Hilfebedürftige“, „Leistungsbeziehende“, „Leistungsberechtigte“, „Kund/-innen“. Insbesondere die beiden Begriffe „hilfebedürftig“ und „leistungsberechtigt“ verweisen auf die unterschiedlichen Zuschreibungen, mit denen die Position von Arbeitslosengeld-II-Beziehenden konnotiert ist: Während die erstere Bezeichnung auf die *Bedürftigkeit* abstellt, also auf die Notwendigkeit von Fürsorge, und damit einen paternalistischen Gestus transportiert, wird mit dem Begriff der Leistungsberechtigung auf das *Recht* auf Leistungen als Anspruch von Bürger/-innen verwiesen. Das Hervorheben der Leistung als einer *Berechtigung* impliziert auch, dass dieser Anspruch nicht per se gilt, sondern eben geprüft wird. Im Folgenden werden beide Begriffe gleichermaßen verwendet, um keine der beiden Konnotationen zu vernachlässigen, da davon auszugehen ist, dass Arbeitslosengeld-II-Beziehende mit beiden Zuschreibungen konfrontiert werden. Der Begriff des/der Kundin wird in der vorliegenden Arbeit nicht verwendet, da der Bezug von sozialstaatlichen Leistungen nicht der gängigen Bedeutung von Kunden als Konsument/-innen entspricht.

dass Leistungsbeziehende möglichst schnell erwerbstätig werden. Um dies zu forcieren, wurden zugleich die Zugänge zum Arbeitsmarkt flexibilisiert (etwa Erleichterung von Leiharbeit) und Zumutbarkeitsregelungen gelockert. Letzteres bringt eine Abkehr von Prinzip des Statuserhalts im System sozialer Sicherung zum Ausdruck, insofern die Stellensuche auch auf Felder unterhalb des Qualifikationsniveaus und über die Fachqualifikation hinaus ausgeweitet werden muss.

Kurz nach der Einführung der Grundsicherung für Arbeitsuchende empfand jeder dritte Leistungsbeziehende den Wechsel in das neue Sicherungssystem als Statusverlust und nur jeder fünfte erwartete sich davon eine Verbesserung der Lebenssituation (vgl. Achatz/Wenzig 2008: 2445f.). Nicht überraschend ist, dass die subjektive Lebenszufriedenheit Erwerbsloser generell unter dem Durchschnitt der Gesamtbevölkerung liegt und dass diese um den Zeitpunkt der Einführung des neuen Sicherungssystems noch weiter von der Lebenszufriedenheit der Gesamtbevölkerung abwich (vgl. Faik/Becker 2010). Eine Untersuchung der materiellen Lebensbedingungen zeigt, dass durch die Grundsicherung zwar die lebensnotwendigen Bedürfnisse (Nahrung, Wohnung, Kleidung) gedeckt werden können, die geringen finanziellen Ressourcen die Lebenssituation aber im Hinblick auf soziale und kulturelle Teilhabe deutlich einschränken (vgl. Christoph 2016: 352). Trotz der Wahrnehmung der eigenen ökonomischen Lebenssituation als Randlage in der Gesellschaft verorten sich Leistungsbeziehende im SGB II in sozialmoralischer Hinsicht in der „Mitte" der Gesellschaft. Die Distinktion zwischen (vermeintlich) „faulen" und „richtigen" Leistungsbeziehenden, die die Personen durch die Betonung der eigenen Leistungsbereitschaft vornehmen, hat für die Selbstverortung und Selbstbehauptung von Leistungsbeziehenden eine hohe Bedeutung (vgl. Hirseland 2016: 370). Studien zeigen ebenso, dass die Mehrheit der Leistungsbeziehenden eine hohe Erwerbsorientierung aufweist und die Beendigung des Leistungsbezugs weniger eine Frage der individuellen

Motivation als struktureller Bedingungen ist – etwa fehlender Bildungsvoraussetzungen, instabiler Beschäftigungen, gesundheitlicher und familiärer Probleme (vgl. Promberger/Ramos Lobato 2016: 329).

Seit der Einführung des Arbeitslosengeldes II löst sich zunehmend die Dichotomie von dauerhaftem Hilfebezug und stabiler Erwerbstätigkeit auf. Die Übergänge zwischen beiden sind fließend: Zum einen gibt es eine zunehmende Anzahl von Erwerbstätigen, die von ihren Einnahmen nicht leben können und zusätzlich mit Arbeitslosengeld II „aufstocken"[15] müssen. Zum anderen müssen Menschen zunehmend zwischen instabilen Beschäftigungsverhältnissen und Leistungsbezug wechseln. Nach den Befunden von Grimm et al. (2013) gibt es mittlerweile eine Stabilität solcher instabiler Erwerbsverläufen zwischen prekären Beschäftigungen und Leistungsbezug; die Autor/innen sprechen von einer neuen Zwischenzone am Arbeitsmarkt, in der die Betroffenen weder aus der Arbeitswelt exkludiert noch sicher und dauerhaft in sie integriert sind. Diese veränderte Bedeutung von Leistungsbezug und prekärer Beschäftigung im Lebensverlauf ist nicht alleine auf die Einführung des Arbeitslosengeldes II zurückzuführen, sondern ebenso auf Flexibilisierungen des Arbeitsmarktes und die Schaffung von prekären Beschäftigungsmöglichkeiten (vgl. Promberger/Ramos Lobato 2016). Eine qualitative Untersuchung von Petra Schütt (2014) zeigt, dass der Leistungsbezug im SGB II von Erwerbslosen widersprüchlich wahrgenommen wird: So gehen etwa mit den Zumutbarkeitsregelungen hohe Mobilitäts- und Flexibilitätserwartungen an die Erwerbslosen einher, ihre eigenen Erwerbsbemühungen und ihre hohe Erwerbsorientierung selbst finden aber im Jobcenter kaum Anerkennung und Wertschätzung. Darüber hinaus wird der Leistungsbezug selbst nicht als stabil und verlässlich erlebt (vor allem aufgrund der regelmäßigen Prüfung der Hilfebedürftigkeit). Die Alternative zum Hilfebezug ist für viele Leis-

---

15 Erwerbstätige Personen, deren Einkommen nicht zur Existenzsicherung ausreicht, können Transferleistungen beziehen. Sie werden als „Aufstocker/-innen" bezeichnet und erhalten Arbeitslosengeld II nicht in voller Höhe, sondern relativ zu ihrem (Erwerbs-)Einkommen.

tungsbeziehende ein geringfügig entlohntes und prekäres Beschäftigungsverhältnis, das allerdings noch mehr verunsichert als der Hilfebezug selbst. Hilfebezug und Erwerbsarbeit werden ambivalent erlebt: Der Hilfebezug wird als bedrohlich und autonomiegefährdend wahrgenommen, die Befreiung hieraus, also die Erwerbsarbeit, ist jedoch mit noch mehr Unsicherheit verbunden (vgl. ebd.).

Mit den Reformen des Arbeitsmarktes wurde nicht nur die Form der Integration Erwerbsloser neugestaltet. Auch die Arbeitsverwaltung sollte durch die Reformen ein neues Image bekommen. Sie sollte weniger paternalistisch und autoritär erscheinen, sondern vielmehr als Dienstleistungsgeber auftreten (was sich unter anderem im Begriff des/der „Kund/-in“ widerspiegelt, mit dem erwerbsfähige Hilfebedürftige im Jobcenter adressiert werden) (vgl. Ludwig-Mayerhofer et al. 2009: 16). Das neue Selbstverständnis der Agentur für Arbeit und das Leitbild der Aktivierung von Erwerbslosen haben einerseits Konsequenzen für die Leistungsbeziehenden selbst, andererseits aber auch für die Sachbearbeiter/-innen[16] in den Jobcentern und wirken sich auch auf die die Beratungs- und Vermittlungsgespräche zwischen Leistungsbeziehenden und Sachbearbeiter/-innen aus. Letztere werden ebenfalls „aktiviert“, und zwar zur „Arbeit am Kunden“ (vgl. Ludwig-Mayerhofer et al. 2008), was unter anderem die Durchführung regelmäßiger Gespräche impliziert. Sachbearbeitende vermitteln dabei zwischen Regelungen und Vorgaben der Jobcenter und ihren Klient/-innen. Sie sollen diese zur Eigenaktivität animieren und etwa in Arbeitsverhältnisse oder in Aus- und Weiterbildung vermitteln. Neben der Erwartung einer standardisierten Fallbearbeitung zur Sicherung der Gleichbehandlung aller Leistungsbezieher/-innen sind sie zugleich dazu

[16] Für die Sachbearbeiter/-innen der Jobcenter kursieren unterschiedliche Begriffe: ‚persönliche Ansprechpartner‘ (pAp), Fallmanager/-innen, Arbeitsvermittler/-innen, Leistungssachbearbeiter/-innen. Zum Teil kennzeichnen diese Bezeichnungen auch unterschiedliche Aufgabenfelder der Mitarbeitenden. Im Folgenden wird der Einfachheit halber von Sachbearbeiter/-innen gesprochen – auch weil in den Interviews nicht immer identifizierbar ist, ob die Befragten von Fallmanager/-innen, -vermittler/-innen oder anderen Tätigkeitsbeschreibungen sprechen.

angehalten, eine stärker an der individuellen Lebenssituation orientierte Förderung bereitzustellen (vgl. Wenzel 2008: 60; Tisch 2010). Für Betreuende im Jobcenter besteht ein Dilemma zwischen der Forderung, über Maßnahmen das Verhalten ihrer Klient/-innen zu steuern, und dem Auftrag, auf deren Eigenaktivität und Mitwirkung zu setzen (vgl. Wenzel 2008). Dieses Dilemma, das sich in einer widersprüchlichen Wahrnehmung des Leistungsbezugs aus Sicht der Leistungsbeziehenden äußert (siehe oben), spiegelt sich auch in der Aufgabenbewältigung der Sachbearbeitenden wider. Nichtsdestotrotz, so schreiben Ludwig-Mayerhofer et al. 2009, liegt der Beziehung zwischen Sachbearbeiter/-innen und Leistungsbeziehenden eine Machtasymmetrie zugrunde, in der sowohl Aspekte der Fürsorge also auch der Kontrolle zum Tragen kommen (vgl. ebd.: 52f). In ihren Studien arbeiten Ludwig-Mayerhofer et al. heraus, dass Sachbearbeiter/-innen in ihrer praktischen Tätigkeit durch implizite und explizite Zuschreibungen, ihre Klient/-innen würden nicht genug an der Überwindung des Hilfebezugs arbeiten, eine Praxis der „Subjektivierung von Arbeitslosigkeit“, also der Verantwortungszuschreibung für die Überwindung der Arbeitslosigkeit, verfolgen (vgl. Ludwig-Mayerhofer et al. 2008: 297).

Abschließend kann festgehalten werden, dass die häufige kritische Kennzeichnung der Reformen des Arbeitsmarktes als „neoliberal“ (etwa Butterwegge et al. 2007) und die Diagnose einer Re-Kommodifizierung von Arbeitskraft durch die Reformen nur bedingt zutreffen (vgl. Schütt 2014: 181). Die soziale Sicherung seitens des Staates wird nicht einfach durch Marktmechanismen ersetzt, der Einfluss des Staates auf Beziehende von Arbeitslosengeld II ist weiterhin groß (vgl. Lessenich 2008). Allerdings findet ein anderer Zugriff auf Erwerbslose statt: Die Eigeninitiative und Eigenverantwortung wird subjektiviert und die Überwindung des Hilfebezugs wird verstärkt als eigener „Wille“ von Arbeitslosen internalisiert. Dabei gelten Anforderungen an Selbstvermarktung, -management und -optimierung als legitime Erwartungen (vgl. Schütt 2014; siehe ausführlicher Kapitel 3.1.3). Befunde über die heterogenen Lebenslagen von Bezieher/-innen im SGB II stellen jedoch die pauschale „Aktivierungsanforderung" und eine Verallgemeinerbarkeit der Erwartung von individueller Eigenverantwortlichkeit und Selbstoptimierung in Frage, unter anderem weil diese Erwartung von einer grundlegenden Aktivierbarkeit, inklusive entsprechender Selbstmanagementpotenziale, ausgeht (vgl. Promberger/Ramos Lobato 2016: 329f.).

Im Folgenden gehe ich auf das Einstiegsgeld ein, durch das Gründer/-innen im SGB II unterstützt werden können. Im Vordergrund stehen dabei die Voraussetzungen und rechtlichen Bedingungen sowie die Handhabung dieses Instruments im Jobcenter. Zuvor gebe ich kurz einen Überblick über Zahlen und Daten von Arbeitslosen und Gründer/-innen im SGB II.

### 2.2.2 Arbeitslosigkeit und Existenzgründungen im SGB II in Zahlen

Laut Bundesagentur für Arbeit (2016) waren 2010 (also kurz vor der Datenerhebung der vorliegenden Studie) insgesamt ca. 3,2 Millionen Menschen in Deutschland erwerbslos, das entspricht einer Arbeitslosenquote (bezogen auf Erwerbspersonen) von ca. 8,6%.[17] Davon erhielten 2010 2,2 Millionen Personen Leistungen nach Sozialgesetzbuch (SGB) II (und ca. 1 Million nach SGB III).[18] Ein Blick auf die Zahlen der Gründungsförderung durch Einstiegsgeld im SGB II zeigt, dass im Vergleich zum SGB III[19] und

---

[17] 2011 waren etwas weniger, knapp 3 Millionen Menschen arbeitslos (7,9%), 2015 etwa 2,8 Millionen (7,1%) (vgl. Bundesagentur für Arbeit 2016).

[18] 2011 erhielten ca. 2 Millionen Personen Leistungen nach SGB II und ca. 900.000 nach SGB III; 2015: ca. 1,4 Millionen (SGB II) und ca. 900.000 (SGB III).

[19] Auf die Gründungsförderung im SGB III, also von Arbeitslosengeld-I-Beziehenden, wird an dieser Stelle nur sehr kurz eingegangen. Die Fördermöglichkeiten sind in den vergangenen Jahren mehrfach novelliert worden. Neben dem seit 1986 bestehenden Überbrückungsgeld wurde 2003 zusätzlich ein weiteres Förderinstrument zum Aufbau einer selbstständigen Existenz für Arbeitslose bereitgestellt: der Existenzgründungszuschuss, der unter dem Namen „Ich-AG" einer breiteren Öffentlichkeit bekannt wurde. Die Ich-AG wurde insbesondere zur Förderung von Gründungen mit geringerer Einkommenserwartung eingeführt. Bis zur Einführung des Einstiegsgeldes im SGB II im Jahr 2005 standen die Förderinstrumente sowohl Bezieher/-innen von Arbeitslosengeld als auch Bezieher/-innen von Arbeitslosenhilfe

im Verhältnis zur Zahl der Leistungsbeziehenden im SGB II insgesamt die Zahl der Gründer/-innen, die durch das Einstieggeld gefördert werden, relativ gering ist (vgl. Pongratz et al. 2013: 18f.).[20] Seit der Einführung im Jahr 2005 wurden bisher 2006 und 2007 die meisten Leistungsbeziehenden durch das Einstiegsgeld unterstützt (jeweils über 30.000 Eintritte in die Einstiegsgeldförderung). Im Anschluss daran nahm die Anzahl der Geförderten ab, 2010 waren es noch 17.000 Personen, 2012 etwa 8.000 (vgl. Bernhard et al. 2013: 2). Als Grund für den Rückgang der Förderung kann einerseits eine bessere Lage am Arbeitsmarkt aufgeführt werden, sodass mehr Leistungsbeziehende eine abhängige Beschäftigung aufnahmen, ebenso aber auch eine restriktivere Handhabung der Förderung in den Jobcentern (vgl. ebd.). Haller et al. (2010) untersuchten die Struktur der durch das Einstiegsgeld Geförderten zwischen 2005 und 2009.[21] Ihnen zufolge gründeten am ehesten gut ausgebildete Männer im ‚mittleren' Alter und mit einer anderen Staatsbürgerschaft als der deutschen. Männer erhielten die Förderung häufiger (zu 62% 2009, ihr Anteil entspricht damit dem 1,17-Fachen ihres Anteils am Arbeitslosenbestand). Zudem waren Gründende 2009 zu etwa 80% zwischen 25 und 50 Jahren alt (unter 25 waren etwa 5%, über 50 etwa 14%). Im Vergleich zur Verteilung von Bildungsabschlüssen bei den Arbeitslosengeld-II-Beziehenden insgesamt

---

zur Verfügung. 2006 wurden das Überbrückungsgeld und die Ich-AG durch den Gründungszuschuss ersetzt. Obwohl alle drei Förderinstrumente prinzipiell positiv evaluiert wurden (siehe z.B. Hinz/Jungbauer-Gans 1999; Caliendo et al. 2010; Caliendo et al. 2007), wurde der Gründungszuschuss 2012 reformiert und die Förderbedingungen restriktiver gestaltet. Die bedeutendste Änderung seit der Reform ist die Umstellung von einem Rechtsanspruch auf eine Ermessensleistung. D.h. Leistungsberechtigte nach SGB III haben nun keinen gesetzlichen Anspruch mehr auf eine Förderung durch den Gründungszuschuss, sondern die Förderung wird von verschiedenen Kriterien abhängig gemacht. In der Folge ist die Förderung um 80% zurückgegangen (vgl. Bernhard/Grüttner 2015: 8; zur Praxis der Förderung durch den Gründungszuschuss vor und nach der Reform siehe Bernhard/Wolff 2011 und Bernhard/Grüttner 2015).

[20] Insbesondere vor der Reform des Gründungszuschusses zum Jahreswechsel 2010/2011 hatte die Gründungsförderung im SGB III eine quantitativ größere Bedeutung. So wurden etwa 2010 über 140.000 Neu-Gründungen mit dem Gründungszuschuss gefördert (vgl. Bernhard/Wolff 2011: 16).

[21] Ähnlich verglichen Noll et al. (2006) bereits kurz nach der Implementation des Einstiegsgeldes die Teilnehmenden nach Merkmalen wie Geschlecht, Region, Alter, Berufsausbildung, Nationalität und Gesundheitszustand.

haben geförderte Gründer/-innen einen höheren Schulabschluss, ca. 18% von ihnen hatten 2009 Abitur (Fachhochschulreife: 9%, Mittlere Reife: 30%, Hauptschulabschluss ca. 26%, keinen Abschluss ca. 9%). Außerdem waren sie häufiger keine deutschen Staatsangehörigen (19%), als es für den Bestand aller Arbeitslosengeld-II-Beziehenden gilt (vgl. ebd.: 24ff.). Den relativ hohen Anteil von geförderten Gründer/-innen mit nichtdeutscher Staatsbürgerschaft führen die Autor/-innen zum einen auf Diskriminierungserfahrungen am Arbeitsmarkt und zum anderen darauf zurück, dass nicht-deutsche Bildungsabschlüsse den Eintritt in den Arbeitsmarkt erschweren oder verhindern (vgl. ebd.: 12).

Eine Schätzung des Erfolgs von geförderten Gründer/-innen im SGB II (Wolff/Nivorozhkin 2008) sieht die Förderung grundsätzlich als erfolgreich an. So erhöhte die Förderung durch Einstiegsgeld die Wahrscheinlichkeit, nach etwa zwei Jahren nicht mehr im Bezug von Arbeitslosengeld II zu stehen. In Westdeutschland war die Nachhaltigkeit der Förderung allerdings größer als in Ostdeutschland (vgl. ebd.). Ob die ehemals geförderten Gründer/-innen allerdings weiterhin selbstständig sind oder ob sie in einer abhängigen Beschäftigung stehen, geht aus den Daten nicht hervor. Eine Befragung von Leiter/-innen und Sachbearbeiter/-innen in Jobcentern zu einem späteren Zeitpunkt (2011) zeigte allerdings eine erhebliche Ernüchterung über die Erfolgsaussichten von geförderten Gründungen und eine Enttäuschung über die geringe nachhaltige Wirkung (vgl. Pongratz et al. 2013: 54). Eine restriktivere Handhabung der Einstiegsgeldförderung, vor allem durch eine strengere und gezieltere Auswahl von Gründerpersonen, kann ein Grund für den Rückgang der Anzahl geförderter Gründer/-innen sein (vgl. Bernhard et al. 2013). Während die Zahl geförderter Gründer/-innen im SGB II rückläufig war, ist die Zahl der bereits erwerbstätigen Selbstständigen im SGB II gestiegen, also derjenigen Personen, die zusätzlich zu ihren Einnahmen aus selbstständigem Erwerb mit Arbeitslosengeld II aufstocken. Die Anzahl selbstständiger „Aufstocker/-innen" lag 2011 bei 127.000. Sie können damit als typische Erwerbstätige in einer „Zwischenzone" gelten, deren Einnahmen trotz hoher

Arbeitszeiten gering sind und bei denen sich Tendenzen einer Verstetigung des Leistungsbezugs bzw. eines Wiederkehrens des Leistungsbezugs andeuten (vgl. Koller et al. 2011; Grimm et al. 2013). Auch dieser Befund spricht dafür, dass Gründende im SGB II Gefahr laufen, dauerhaft oder immer wieder im Leistungsbezug zu stehen – trotz selbstständiger Erwerbstätigkeit.

Was aber sind die Voraussetzungen dafür, dass Gründer/-innen überhaupt mit dem Einstiegsgeld gefördert werden, und wie gestaltet sich der Förderprozess? Hierauf gehe ich nun kurz ein.

### 2.2.3 Die Gründungsförderung durch Einstiegsgeld

Gründungswillige Leistungsberechtigte können Einstiegsgeld (SGB II, § 16b) zur Förderung ihres Vorhabens beantragen, sofern dieses hauptberuflich ausgeübt wird. Als Förderinstrument kann das Einstiegsgeld sowohl zur Unterstützung der Aufnahme einer sozialversicherungspflichtigen Beschäftigung als auch zur Gründungsförderung eingesetzt werden. Da für die vorliegende Arbeit letztere Funktion von Interesse ist, gehe ich nur auf die Förderbedingungen und den Förderprozess von Gründungsvorhaben durch das Instrument ein. Die folgenden Ausführungen beziehen sich auf die formalen Voraussetzungen für eine Förderung durch das Einstiegsgeld und auf die Frage, wie der Auswahl- und Vergabeprozess des Einstiegsgeldes im Zeitverlauf von Seiten der Jobcenter organisiert und von Seiten der Sachbearbeiter/-innen gehandhabt wird. Da es bisher wenig Forschung zum Prozess der Gründungsförderung durch Einstiegsgeld gibt,[22] beziehe ich mich insbesondere auf Ergebnisse der Implementationsstudie „Selbstständig statt hilfebedürftig. Die Gründungsförderung durch Einstiegsgeld", die auch als Datengrundlage für die vorliegende Arbeit dient. Für die folgende Beschreibung der Einstiegsgeldvergabe aus

---

22 Zur Struktur der geförderten Gründer/-innen in Relation zu Arbeitslosengeld-II-Beziehenden insgesamt siehe Noll et al. 2006 und Haller et al. 2010. Zum Erfolg geförderter Gründer/-innen siehe Wolff/Nivorozhkin 2008.

Sicht der Jobcenter sind Interviews mit Leiter/-innen der Institution, Sachbearbeiter/-innen und externen Gründungsberater/-innen sowie Beobachtungen von Beratungsgesprächen durchgeführt worden[23] (zur Darstellung des Studiendesigns siehe Kapitel 4.2.1; zur Samplebeschreibung und den Vorauswertungen der Interviews mit Gründer/-innen siehe Kapitel 4.4). Nach einer Schilderung der formalen Voraussetzungen der Einstiegsgeldvergabe gehe ich ausführlich auf die Vergabepraxis des Einstiegsgeldes in den Jobcentern ein. Dies soll dazu beitragen, den Kontext des Jobcenters für Gründende zu vermitteln, und dient als Hintergrund für die Fallanalysen (Kapitel 5).

Ziel des Förderinstruments Einstiegsgeld ist die Überwindung, nicht nur die Minderung der Hilfebedürftigkeit. Es ist zeitlich befristet und besteht in erster Linie aus monetären Leistungen, die zusätzlich zum Arbeitslosengeld II ausgezahlt werden. Darüber hinaus ermöglichen und erwarten einige Jobcenter vor der Gewährung der Förderung eine Teilnahme an einem Gründungscoaching. Insofern das Einstiegsgeld eine Ermessensleistung ist, obliegt es den Sachbearbeiter/-innen zu entscheiden, ob ein Gründungsvorhaben gefördert wird oder nicht. Hierfür sollen die *„persönlichen, fachlichen und unternehmerischen Voraussetzungen“* (Bundesagentur für Arbeit 2010: 7) der Gründungswilligen beurteilt sowie das Gründungsvorhaben selbst auf seine *„Tragfähigkeit“* (ebd.: 8) geprüft werden. Die Entscheidung, ob ein Vorhaben tragfähig, also rentabel ist oder nicht, fällen zwar formal die jeweiligen Sachbearbeiter/-innen, in der Regel aber basiert ihre Entscheidung auf der Beurteilung der Tragfähigkeit durch externe Stellen (etwa Industrie- und Handelskammern, Fachverbände, Gründerzentren), die eine Tragfähigkeitsbescheinigung ausstellen. Die Jobcenter wählen die jeweiligen Expert/-innen aus, die eine solche Bescheinigung ausstellen können; die meisten Jobcenter haben hierfür feste

---

[23] Für eine ausführliche Darstellung der Ergebnisse zur institutionellen Organisation des Gründungsprozesses siehe Pongratz et al. 2013; für eine Kurzfassung siehe Bernhard et al. 2013.

Kooperationspartner/-innen. Neben der Tragfähigkeitsbescheinigung können die Sachbearbeiter/-innen von Gründungswilligen weitere Unterlagen (wie Rentabilitätsvorschau, Liquiditätsplan usw.) als Grundlagen zur Entscheidung über die Bewilligung des Einstiegsgeld-Antrages einfordern. Die Sachbearbeiter/-innen entscheiden auch über die Höhe und die Dauer der Einstiegsgeldförderung. Maximal kann die Förderung für 24 Monate bewilligt werden, höchstens in Höhe des Regelsatzes (vgl. Bundesagentur für Arbeit 2010). Kriterien für den Umfang der Förderung sind die Dauer der Arbeitslosigkeit und die Größe der Bedarfsgemeinschaft (vgl. Haller et al. 2010). Die möglichen 24 Monate Förderdauer werden in der Regel deutlich unterschritten: Im ersten Jahr der Erhebung der Daten für die vorliegende Studie (2011) wurden die meisten Gründer/-innen (60%) zwischen fünf und sieben Monaten gefördert und erhielten im Durchschnitt 230 Euro im Monat (vgl. Pongratz et al. 2013: 20f). Neben der Förderung durch Einstiegsgeld haben angehende Gründer/-innen nach § 16c zudem die Möglichkeit, Darlehen und Zuschüsse für ihr Gründungsvorhaben zu beantragen. Dies ermöglicht es Gründenden im SGB II, die in der Regel kaum über finanzielle Rücklagen verfügen, größere Investitionen zu tätigen. Die Gewährung von Zuschüssen und Darlehen erfolgt nach ähnlichen Kriterien wie die Einstiegsgeldförderung (vgl. ebd.: 15f).

Die jeweiligen Sachbearbeiter/-innen haben also einen erheblichen Einfluss darauf, ob, und wenn ja, in welchem Umfang Gründungswillige mit dem Einstiegsgeld gefördert werden. Für die Sachbearbeiter/-innen selbst ist die Einschätzung der Erfolgsaussichten von Gründungen eine ungewöhnliche, komplexe und nicht ganz unproblematische Aufgabe. Die Einschätzung der Persönlichkeit und des Gründungskonzeptes erfordert ein Eindenken in das Gründungskonzept und in die Bedingungen und Anforderungen der jeweiligen Märkte sowie eine Einschätzung, ob der/die Gründende damit tatsächlich dauerhaft den Hilfebezug beenden kann. Für diese Aufgabe sind die Sachbearbeiter/-innen, die primär mit der Vermittlung von Leistungsbeziehenden in den Arbeitsmarkt beschäftigt sind, in der Regel nicht ausgebildet. Die Betreuung von Gründenden fällt also für die meisten Sachbearbeiter/-innen neben der Betreuung von Klient/-innen mit ganz unterschiedlichen Bedürfnissen an. Da die Überwindung des Hilfebezugs im Vordergrund steht, müssen Sachbearbeiter/-innen entscheiden, ob eine Gründung oder die Arbeitsvermittlung im Hinblick hierauf sinnvoller erscheint (vgl. ebd.: 11, 44f.). Wird ein Gründungsvorhaben zunächst unterstützt, so ist in der Regel ein hoher Betreuungsaufwand zu leisten, der sich insbesondere auf die Zeit von der ersten Äußerung eines Gründungsinteresses bis zur Entscheidung über die Bewilligung des Einstiegsgeldes bezieht. In erster Linie besteht also die Aufgabe der Sachbearbeitenden im Hinblick auf Gründungsförderung in der Selektion von Gründer/-innen, die gefördert werden. Der Prozess bis zu einer Entscheidung über eine Förderung kann mehrere Monate dauern. Es zeigt sich, dass Sachbearbeitende hierbei mit widersprüchlichen Erwartungshorizonten konfrontiert sind: zum einen der Erwartung einer Einzelfallorientierung, die die Unterstützung eines Gründungsvorhabens erfordert, und zum anderen der Erwartung einer formellen standardisierten Fallbearbeitung, die den Grundsätzen der Gleichbehandlung und der Verwaltungseffizienz zu folgen hat. Um diese Widersprüchlichkeit zu bewältigen, haben sich verschiedene Routinen in den Jobcentern etabliert (vgl. Bernhard/Pongratz 2014). Dies ist einerseits durch Entscheidungen über die Organisation des Vergabeprozesses seitens der Jobcenter, andererseits durch individuelle Praktiken der Sachbearbeiter/-innen geschehen.

#### 2.2.3.1 Prozess der (Selbst-)Selektion und Förderung in Jobcentern

Kriterien für die Selektion geeigneter Gründer/-innen, die durch Einstiegsgeld gefördert werden sollen, sind seitens des Gesetzgebers relativ vage formuliert. So soll die Idee konkurrenzfähig sein, Fach- und Branchenkenntnisse sowie kaufmännisches und unternehmerisches Know-how sollen vorhanden sein, die Zulassungsvoraussetzungen sollen gegeben sein, der Kapitalbedarf und die voraussichtlichen Ertrags- und Gewinnerwartungen sollen realistisch sein (vgl. Bundesagentur für Arbeit 2010: 8). In der oben genannten Studie (Bernhard/Pongratz 2014) zeigte sich, dass in den Jobcentern Verfahrensroutinen für die Einstiegsgeldvergabe entwickelt wurden, die entweder auf formale Vorgaben oder auf die Bearbeitungspraxis zurückzuführen sind. Insgesamt fanden sich drei Mechanismen: stufenweise Konkretisierung und Selbstselektion, externe Expertise als Entscheidungsgrundlage und Spezialisierung von Sachbearbeiter/-innen. Die ersten beiden kamen in allen untersuchten Jobcentern vor, für den dritten traf das nicht zu.

*Stufenweise Konkretisierung und Selbstselektion:* Ein wesentlicher Auswahlmechanismus von zu fördernden Gründungsvorhaben basiert auf Selbstselektion. Sachbearbeiter/-innen stellen an Gründungswillige verschiedene Anforderungen, über die sie die Ernsthaftigkeit der Vorhaben prüfen. Weniger engagierte Gründer/-innen sollen auf diese Weise frühzeitig selbst zur Aufgabe der Gründungsidee gebracht werden. Die Abfolge der verschiedenen Stufen ist in den Jobcentern unterschiedlich, in der Regel sind aber folgende Schritte enthalten (vgl. Pongratz et al. 2013: 47ff.):

- Initiative und Idee für die Gründung kommt von den Leistungsbeziehenden selbst
- Allgemeine Information über Anforderungen von Gründungen und Einstiegsgeldvergabe
- Nachweis persönlicher und fachlicher Voraussetzungen
- Weitere Konkretisierung des Vorhabens im Businessplan

Im Prozess der stufenweisen Konkretisierung des Gründungsvorhabens wird implizit die Ernsthaftigkeit und das Engagement des/der Gründenden geprüft. Die Gestaltung des Selektionsprozesses ist an Kriterien orientiert, die dem normativen Leitbild von Unternehmer/-innen entsprechen. Diese werden von Sachbearbeiter/-innen in eine Art implizite Checkliste übersetzt, die sie mittels einer Reihe von Fragen und der Beobachtung von Verhalten abarbeiten. Hierdurch prüfen sie etwa Eigeninitiative, Motivation, Zielstrebigkeit und Zuverlässigkeit (etwa anhand pünktlichen Erscheinens und der termingerechten Erledigung von Vorgaben), ebenso

Kommunikationsbereitschaft, Flexibilität und Lernbereitschaft der Gründungsinteressierten (vgl. ebd.: 82ff.; Pongratz/Bernhard 2014: 223f.). Die Orientierung an dem normativen Leitbild von Unternehmertum wird den Sachbearbeiter/-innen auch explizit in den institutionellen Vorgaben nahegelegt. So gilt das Anfertigen eines Businessplans als wesentliche Voraussetzung für die Tragfähigkeitsbescheinigung. Anhand dessen prüfen die Sachbearbeiter/-innen die Marktorientierung der Klient/-innen (vgl. Pongratz et al. 2013: 81). Die Orientierung am Unternehmer/-innen-Leitbild gibt den Sachbearbeiter/-innen Kriterien, um ihr Urteil über eine Förderung zu begründen. Die hieran orientierten Fragen und expliziten Anforderungen (etwa im Businessplan) stellen sowohl auf eine Verhaltensprüfung als auch auf eine Plausibilitätsprüfung der Geschäftsidee ab (vgl. Bernhard/Pongratz 2014: 224). Die stufenförmige Abfolge, die von Gründenden immer weitere Konkretisierungen erfordert, dient mithin einerseits der Einschätzung der Gründungsidee und der Gründer/-innenpersönlichkeit, andererseits soll hierdurch ein Prozess der Selbstselektion evoziert werden indem Gründende, die sich in ihrem Engagement oder ihren Fähigkeiten überfordert fühlen, von selbst aufgeben.

*Externe Expertise als Entscheidungsgrundlage:* Seitens der Agentur für Arbeit wird empfohlen, als Grundlage der Entscheidung über eine Förderung die Einschätzung einer „fachkundigen Stelle" hinzuzuziehen. In der Praxis folgen die allermeisten Sachbearbeiter/-innen den Empfehlungen, die in der Tragfähigkeitsbescheinigung von Fachorganisationen (Kammern, Gründungsberater/-innen etc.) gegeben werden. Faktisch wird somit die Entscheidung über eine Gründungsförderung an die externen Gründungsexpert/-innen ausgelagert, einerseits weil die Sachbearbeiter/-innen diesen eine höhere Sachkenntnis zuschreiben und andererseits weil eine Abweichung von der Empfehlung gegenüber Gründungswilligen nur schwer zu legitimieren wäre (vgl. Pongratz et al. 2013: 47).

*Spezialisierung von Sachbearbeiter/-innen:* Um die komplexen Aufgaben besser zu bewältigen, die mit Gründungsprozessen verbunden sind, setzen einige Jobcenter auf die Strategie der Spezialisierung einiger Sachbearbeiter/-innen auf die Betreuung von Gründungsanliegen. Sobald also Klient/-innen Gründungsinteresse äußern, werden sie bis zur Entscheidung über die Einstiegsgeldvergabe von diesen spezialisierten Sachbearbeiter/-innen betreut. Die Spezialisierung hat zum Vorteil, dass eine bessere Betreuung möglich ist und in der Regel auch eine bessere Kooperationsbeziehung zwischen externen Beratungsstellen und Jobcentern etabliert wird. Insbesondere ist der Selektionsprozess durch spezialisierte Mitarbeiter/-innen einheitlicher und die Entscheidung über eine Unterstützung des Gründungsprozesses weniger von der persönlichen Einstellung und Meinung der Sachbearbeiter/-innen abhängig (vgl. ebd.: 105). Für die Institution bedeutet dies allerdings, Ressourcen für ein Förderinstrument zu bündeln, das relativ wenig Bedeutung im Vergleich zu anderen Fördermaßnahmen der Jobcenter hat. Entsprechend ist diese Strategie weniger stark verbreitet.

Jobcenter und Sachbearbeiter/-innen haben also Verfahren entwickelt, um mit der komplexen Aufgabe der Entscheidung über eine Eignung von Gründer/-innen umzugehen. Dennoch zeigt sich in der Studie, dass (insbesondere nicht-spezialisierte) Sachbearbeiter/-innen Gründungen tendenziell eher skeptisch gegenüberstehen und ablehnend auf Anfragen reagieren. Einige bezweifeln grundsätzlich die Erfolgsaussichten von Gründungen im SGB II, oder sie vermuten, dass das geäußerte Gründungsanliegen lediglich eine Strategie ist, Bewerbungsforderungen für eine Weile zu umgehen. Andere Sachbearbeiter/-innen wiederum, insbesondere wenn sie nur sehr wenige Gründungsfälle zu betreuen haben, fühlen sich mit der Betreuung überfordert. Da die Förderung eines Gründungsvorhabens stets in Konkurrenz zur Arbeitsvermittlung steht, vermeiden Sachbearbeitende in manchen Fällen eine Entscheidung, indem sie einfach weiterhin der Arbeitsvermittlung Priorität einräumen (vgl. ebd.: 91). Das legt die Vermutung nahe, dass viele Gründungsideen bereits bei der ersten Interessenäußerung abgewiegelt und nicht ernsthaft geprüft werden. Weil die Entscheidung der Sachbearbeiter/-innen sich lediglich auf die Förderung bezieht und nicht auf die Frage, ob sich Personen selbstständig machen (dürfen) oder nicht, können diese auch trotz fehlender Unterstützung eine Selbstständigkeit begründen. Neben der fehlenden finanziellen Unterstützung haben diese Gründer/-innen aber den zusätzlichen Nachteil, dass sie weiterhin für die Vermittlung in den Arbeitsmarkt bereitstehen und entsprechend Bewerbungen schreiben bzw. an Maßnahmen teilnehmen müssen.

Tritt der Fall ein, dass das Einstiegsgeld bewilligt wird, beginnt für die Sachbearbeiter/-innen die Betreuungsphase in der Selbstständigkeit. Hierfür müssen Geförderte in regelmäßigen Abständen Einnahmen-Ausgaben-Abrechnungen abgeben, die dann wiederum von Leistungssachbearbeiter/-innen bewertet werden. Anhand der Abrechnungen wird bestimmt, ob eine Beendigung des Hilfebezugs realistisch erscheint. Dies ist Grundlage für eine etwaige Verlängerung der Förderung und, wenn die Förderung bereits abgelaufen ist, auch für die Entscheidung, ob Selbstständige wieder für die Vermittlung in den Arbeitsmarkt bereitstehen müssen. In der Regel werden auch dauerhaft prekäre Selbstständige von den Sachbearbeiter/-innen als „Aufstocker/-innen" akzeptiert, vor allem wenn „Vermittlungshemmnisse" wie ein hohes Alter oder eine schwierige familiäre Situation bestehen (vgl. ebd.: 76f.).

Die Jobcenter sehen die Gründungsberatung durch externe Expert/-innen grundsätzlich als förderlich für den Gründungsprozess an. Deren Beratungsverständnis unterscheidet sich primär durch eine optimistische Grundhaltung gegenüber Gründungen. Zudem prüfen sie die Erfolgsaussichten von Gründungsvorhaben weniger anhand von Verhaltenschecks, sondern verstehen sich als Dienstleister/-innen, die nach Entwicklungsmöglichkeiten der Gründungsvorhaben suchen. Zwar sind sie dabei inhaltlich ebenso am normativen Leitbild von Unternehmer/-innen orientiert wie die Sachbearbeiter/-innen in den Jobcentern, geben aber der Erzählung des Vorhabens in der Interaktion mehr Raum (vgl. Pongratz et al.

2013: 99). Die Erkenntnisse der genannten Studie lassen darauf schließen, dass Gründer/-innen bei externen Gründungsberater/-innen einerseits ein offeneres und weniger kontrollierendes Gesprächsklima erleben als im Jobcenter und andererseits hier eine Interaktionsumgebung vorfinden, in der sie nicht primär als Hilfebedürftige angesehen werden. Denn obwohl die Gründenden eine Selbstständigkeit antizipieren und praktizieren, stufen Sachbearbeiter/-innen sie anhand ihrer Kategorisierungen von Hilfebedürftigen ein und leiten das Gespräch entlang von Interaktionsroutinen, die an der Verwaltung von Hilfeleistungen orientiert sind (vgl. ebd.: 96). Das Stellen von Fragen ist dabei ein zentrales Mittel der Gesprächssteuerung. In dem Setting spiegelt sich damit das asymmetrisches Gefüge einer gewährenden Instanz einerseits und der bedürftigen Person, die ihr Anliegen begründen muss, andererseits wider (vgl. ebd.: 87). Das Gesprächssetting ist also formalistisch-distanzierend und das Verhalten seitens der Sachbearbeiter/-innen direktiv: Die bereits genannten impliziten und expliziten Checklisten dienen als Leitfaden, an dem orientiert Fragen gestellt und Informationen und Anweisungen vermittelt werden. Bedingt durch die enge Zeitbegrenzung und den kontrollierenden Prüfmodus im Gespräch, werden von Gründenden keine elaborierten Antworten erwartet. Die Leistungsbeziehenden selbst scheinen mit dem Interaktionsmodus vertraut und reagieren in der Regel defensiv und mit zurückhaltendem Informationsverhalten auf die Fragen der Verwaltungsmitarbeitenden. Meist sind beide Seiten an einem reibungslosen Ablauf der Interaktion orientiert, was unter anderem dazu führt, dass die Kommunikation nur phasenweise aufeinander abgestimmt ist. Während einige Klient/-innen die Gespräche dennoch zur Entwicklung ihrer Idee nutzen können, sehen sich andere durch die starren Vorgaben der Verwaltungslogik eher gehindert.

Von Seiten der Jobcenter und Sachbearbeiter/-innen ist also eine Reihe von Entscheidungsprozeduren und Routinen entwickelt worden, um die komplexe Aufgabe der Auswahl von geeigneten Gründer/-innen und der späteren Betreuung von Selbstständigen zu organisieren. Die Anwendung routinisierter direktiver Gesprächsführung bleibt dabei ein zentrales Mittel der Steuerung in konkreten Interaktionssituationen und der Fallbetreuung. Spezialisierungen und die faktische Externalisierung von Einschätzungen der Tragfähigkeit von Gründungen sind Möglichkeiten, die Einzelfallorientierung zu erhöhen (vgl. Bernhard/Pongratz 2014).

#### 2.2.3.2 Geförderte Gründer/-innen im SGB II

Im Prozess der Beantragung des Einstiegsgeldes müssen Gründende ihr Vorhaben mit einem gewissen Nachdruck darstellen, damit es seitens der Sachbearbeiter/-innen Unterstützungsbereitschaft erfährt. Im Zuge des stufenweisen Selektionsverfahrens ist es erforderlich, sowohl die Gründungsidee zu präsentieren als auch sich selbst als Unternehmer/-innen-Persönlichkeit. Dies bedarf einer Balance zwischen fiktionalisierenden und substanzialisierenden Strategien in der Präsentation der eigenen Persönlichkeit und des Vorhabens (siehe auch Abschnitt 2.1.3). Gefordert ist einerseits, dass Engagement, Willenskraft und Überzeugung von der Idee anhand eines überzeugenden Konzepts unter Beweis gestellt werden, und andererseits der Nachweis der Umsetzbarkeit anhand von diversen Dokumenten und Zertifikaten. Der Selektionslogik im Jobcenter (siehe Abschnitt 2.2.2.1) nach zu urteilen, ist Letzteres für die Überzeugung der Sachbearbeitenden besonders relevant, da diese primär einer Prüflogik folgen. Fiktionalisierende und substanzialisierende Strategien in der Besprechung des Gründungsvorhabens im Jobcenter können für Gründende und Sachbearbeitende zunächst Orientierung geben. Die Fiktion des Gründungsvorhabens kann als sinnvolle Zielsetzung fungieren, die Substanzialisierung kann Konkretisierungsformen darstellen. Der Businessplan als ein Planungstool spiegelt beide Strategien wider und ist, sofern die Erstellung des Businessplans von den Sachbearbeiter/-innen begleitet wird, für beide Seiten der Handlungsfokus. Auch wenn im Businessplan nicht immer ein realistisches Abbild der zukünftigen Selbstständigkeit gezeichnet wird, kann er zumindest als ein Gesprächsleitfaden zwischen Gründungswilligen und Sachbearbeiter/-innen fungieren.

Die Ungewissheit bezüglich der Zukunft und die begrenzte Planbarkeit der eigenen Marktposition, wie sie sich in der Fiktionalisierungs- und Substanzialisierungsnotwendigkeit von Gründungsvorhaben äußern, setzen sich auch nach ersten Erfahrungen am Markt weiter fort. Darauf machen Fallanalysen von Interviews mit Gründer/-innen aufmerksam. Bernhard (2016) zeigt, wie Marktidentitäten im Schnittfeld von Märkten und Biographien immer wieder hergestellt und in stetiger Einbettungsarbeit aufrechterhalten werden müssen. Marktidentitäten versteht Bernhard als *Stories*, die einerseits auf die eigene Persönlichkeit, die eigenen Beziehungen, Ressourcen und Erfahrungen verweisen und andererseits auf den jeweiligen Markt gerichtet sind und sein müssen. Anhand von zwei kontrastierenden Fallstudien arbeitet Bernhard heraus, wie der Aufbau von Marktidentität durch sowohl Äquivalenzsetzung als auch Distinktion zum Markt gelingen kann und wie er scheitern kann, wenn die Marktidentität nicht in Markt und Biographie eingebettet wird (vgl. ebd.: Abschn. 51). Die Analyse macht außerdem darauf aufmerksam, dass die eigene Biographie und die sich daraus ableitende individuelle Wahrnehmung von Markt für die Erarbeitung einer Marktposition prägend sind.

Aus der Darstellung des Forschungsstandes zu Solo-Selbstständigkeit, Gründungen, Hilfebezug und Gründungsförderung im Hilfebezug lässt sich festhalten, dass beide Felder – Markt und Selbstständigkeit einerseits und Hilfebezug andererseits – jeweils komplexe und teils sehr unterschiedliche Anforderungen an potenzielle Gründer/-innen stellen. Die Selbstständigkeit und der antizipierte Markt erscheinen ungewiss und (meist) intransparent. Kontextuelle Bedingungen, biographische Erfahrungen und Marktbedingungen müssen für den Aufbau einer Selbstständigkeit (neu) aufeinander bezogen werden, implizite und explizite Regeln des jeweiligen Marktes müssen angeeignet werden und eine Marktidentität muss etabliert und aufrechterhalten werden. Eine Möglichkeit, hiermit umzugehen, ist die Fiktionalisierung von Vorhaben und eigener Person als erfolgreiches Unternehmen bzw. erfolgreiche „Unternehmer/-innen“. Der

Hilfebezug hingegen erfordert das Anpassen an routinisierte Interaktionsprozesse und die Erfüllung formalisierter Erwartungen. Auch wenn mit der Gründungsförderung durch Einstiegsgeld durchaus Verfahren entwickelt wurden, mit denen eine Brücke zwischen beiden Feldern geschlagen werden soll, überwiegt doch in den Jobcentern eine Verwaltungslogik und Gründende werden primär als Hilfebedürftige angesehen. Es besteht also eine Gleichzeitigkeit zweier Felder mit unterschiedlichen Erwartungen und Logiken. Zudem macht die Forschung zu Solo-Selbstständigkeit auf die Gefahr aufmerksam, dass (ehemals) hilfebedürftige Selbstständige in eine dauerhaft prekäre Erwerbssituation geraten. Es ist anzunehmen, dass viele Gründende den Hilfebezug im SGB II nicht oder nicht dauerhaft beenden werden. Die Aussicht auf eine dauerhaft prekäre Existenz als Selbstständige/-r ist mit mehr Unsicherheiten verbunden als der Leistungsbezug selbst. Schließlich zeigen die Forschungsarbeiten, dass die beiden Felder Selbstständigkeit und Hilfebezug mit sehr unterschiedlichen gesellschaftlichen Bildern verknüpft sind („Unternehmer/-innen" und „faule Arbeitslose"; zu Letzteren siehe insbesondere Kapitel 3), die beide der empirischen Heterogenität in keiner Weise gerecht werden.

Auf der Basis des Forschungsstands lassen sich folgende Fragen stellen: Was bedeutet es, sich in diesem mit vielen Widersprüchlichkeiten und divergierenden Erwartungen verknüpften Gefüge selbstständig zu machen? Wie vollzieht sich der Gründungsförderungsprozess im SGB II aus Perspektive der Gründer/-innen selbst? Welche Rolle spielen stereotype Vorstellungen von „Unternehmertum" und „Hartz-IV"-Bezug für die Entscheidung, sich selbstständig zu machen, und für den Gründungsprozess insgesamt? Wie kann der Gründungsprozess als sozialer Positionierungsprozess verstanden werden? Diese und weitere Fragen sind Gegenstand der folgenden Kapitel. Zunächst setze ich mich mit der Frage nach Positionierungen von Gründer/-innen im Arbeitslosengeld-II-Bezug aus theoretischer Perspektive auseinander. Im Anschluss daran gehe ich den Fragen empirisch nach.

# 3 (Selbst-)Positionierungen in der „Aktivgesellschaft“

Was für eine Gesellschaft ist es, in der sich Menschen aus dem Arbeitslosengeld II-Bezug heraus selbstständig machen; was zeichnet in dieser Gesellschaft den normativen Zusammenhang aus, in dem Erwerbsarbeit und Nicht-Erwerbsarbeit bewertet werden? Welche Bedeutung haben Erwerbsarbeit im Allgemeinen und Unternehmertum und Selbstständigkeit im Besonderen? Und: Was bedeutet es in diesem Zusammenhang, nicht zu arbeiten und von Transferleistungen abhängig zu sein? Wie werden diese auf gesellschaftlicher Ebene wirksamen normativen Wertungen von Erwerbsarbeit und Erwerbslosigkeit subjektiviert und zur Grundlage subjektiver Selbstauslegung? Diesen Fragen nachzugehen, ist bedeutsam, um zu verstehen, wie sich Gründer/-innen, die im Leistungsbezug nach dem SGB II stehen, sozial positionieren. Im Folgenden erörtere ich, wie die gesellschaftliche Bedeutung von Erwerbsarbeit sich gestaltet, wie sie institutionell vermittelt wird und wie diese gesellschaftliche Vorstellung von den (gründenden) Individuen subjektiviert wird. Unter Bezugnahme auf theoretische Ansätze erarbeite ich ein Konzept von gesellschaftlichen (Selbst-)Positionierungen als Selbstständige/-r.

Hintergrund der folgenden Überlegungen sind Gesellschaftsdiagnosen, die einen strukturellen Wandel von Arbeitsverhältnissen einerseits und einen kulturell-normativen Wandel von Lebensweisen andererseits beschreiben. Diese sind eine Grundlage dafür, die diskursiven Kontexte zu verstehen, die für Gründer/-innen im Leistungsbezug von Arbeitslosengeld II wirksam sind. Diese diskursiven Kontexte umfassen stereotype gesellschaftliche Vorstellungen von arbeitslosen „Hartz-IV“-Beziehenden und „Unternehmer/-innen“. Leistungsbeziehende Gründer/-innen befinden sich gewissermaßen in einem sozialen Statuswechsel, in dem sie gleichzeitig mit Zuschreibungen und Erwartungen im Kontext Jobcenter und im Kontext Markt konfrontiert sind. Der Prozess des Gründens impliziert, so meine Annahme, die Notwendigkeit, mit (den teils sehr widersprüchlichen) diskursiven Zuschreibungen und Erwartungen, die mit diesen beiden Kontexten einhergehen, umzugehen. Den Statuswechsel untersuche ich als einen Prozess sozialer Positionierung. Mit der Perspektive sozialer Positionierung soll die Vielschichtigkeit, Ungewissheit und Prozesshaftigkeit eingefangen werden, die mit dem Statuswechsel einhergehen. Im Folgenden gehe ich unter anderem der Frage nach, wie der Zusammenhang von gesellschaftlichen Diskursen und individuellen Positionierungen konkret zu denken ist. Dabei gehe ich näher auf diskursiv-normative Erwartungen ein, die für Positionierungen von Gründer/-innen in der Grundsicherung des SGB II wirksam sind. Zentral ist die Frage, wie sich diese normativen Erwartungen an Individuen vermitteln und zur Grundlage ihrer jeweiligen Selbstdeutung und Selbstpositionierung werden. Dabei gehe ich von einer dezentrierten Subjektkonzeption aus und verstehe Subjekte nicht als autonom und rational Handelnde und mit sich selbst identische Akteure, sondern vielmehr als durch verschiedene Diskurse, gesellschaftlich-kulturelle Kontexte und Verhältnisse geformt. Die Vorstellung von selbstbestimmter und autonomer Subjektivität als historisches Konstrukt ist konstitutiv für moderne kapitalistische Gesellschaften. Gleichzeitig ist die Figur des autonomen Subjekts so wirksam, weil ihre Konstruktion Grundlage der Selbstauslegung und -wahrnehmung ist (vgl. Meißner 2010: 13f.). Hiervon ausgehend, erarbeite ich ein Verständnis von dem Zusammenhang zwischen Diskursen und diskursiven Erwartungen einerseits und subjektiven Selbstverhältnissen andererseits. Es stellt sich also die Frage, welche Subjektformen im Zuge des gesellschaftlichen Wandels von Arbeit und Lebensweisen hergestellt werden, wie sie für Formen subjektiver Selbstauslegung wirksam werden und wie diese in subjektive Selbstverhältnisse und Positionierungen übersetzt werden. Diesen Fragen möchte ich folgendermaßen nachgehen: Zunächst werde ich den normativen Wandel auf gesellschaftlicher Ebene charakterisieren und den diskursiven Zusammenhang schildern, der für Gründende im SGB II bedeutsam ist (3.1).

Im zweiten Teil des Kapitels gehe ich der Frage nach, wie die Vermittlung zwischen Diskursen und Individuen aus theoretischer Perspektive denkbar ist (3.2). Zunächst gehe ich auf Diagnosen von Gesellschaft im Wandel ein. Zentral sind hierbei Luc Boltanskis und Ève Chiapellos Analysen des „neuen Geists des Kapitalismus“, die ein Verständnis des Zusammenhangs von strukturellem Wandel der Arbeitsverhältnisse und gesellschaftlich-kulturellen Normen ermöglichen. Ihre Charakterisierung und Deutung des Wandels kapitalistischer Rechtfertigungsordnung bilden den Hintergrund für die Frage, was es eigentlich für eine Gesellschaft ist, in der sich Gründer/-innen im SGB II selbstständig machen. Sie bieten zugleich eine Erklärung für den Wandel selbst und dessen Wirkmächtigkeit. Hierauf werde ich unter 3.1.1 eingehen. Die folgenden Überlegungen, ermöglichen eine Konkretisierung des normativ-kulturellen Zusammenhangs, innerhalb dessen sich Gründer/-innen nach dem SGB II positionieren. So sind insbesondere zwei politische oder kulturelle Programme für individuelle Positionierungen zwischen Hilfebezug und Markt relevant, „Unternehmertum“ und „Aktivierung“. Zunächst betrachte ich die gesellschaftlich-diskursive und institutionelle Anrufung an Individuen im Allgemeinen und Erwerbstätige im Besonderen, „Unternehmer/-innen seiner/ihrer selbst“ zu sein (3.1.2). Hierzu stelle ich das gegenwärtige Bild von Unternehmertum (3.1.2.1), sowie die Theoreme des „unternehmerischen Selbst“ (3.1.2.2) und des „Arbeitskraftunternehmers“ (3.1.2.3) vor. Beide Theoreme machen deutlich, wie über Medien und betriebliche Institutionen die Figur des (autonomen und selbstverwirklichenden) Künstlers als Orientierung für die Selbstdeutung von Individuen vermittelt wird. Zum anderen setze ich mich mit dem Programm der „Aktivierung“ auseinander (3.1.3), das als zentrales Kennzeichen wohlfahrtsstaatlichen Wandels gilt. Anhand dessen arbeite ich heraus, wie im Rahmen der sozialstaatlichen Leistungsgewährung unter dem Aktivierungs-Leitbild von Leistungsbeziehenden – institutionell vermittelt – ebenfalls eine Orientierung an der Figur des „Künstlers“ erwartet wird. Anhand dieser Ansätze spanne ich den diskursiven und institutionellen Rahmen auf, der für Positionierungen von

Existenzgründer/-innen im SGB II relevant ist: institutionelle und kulturelle Erwartungen, den Erwerb und das Leben im Allgemeinen aktiv, selbstverwirklichend, eigenverantwortlich und letztlich *unternehmerisch* zu gestalten. Ziel des folgenden Unterkapitels (3.2.) ist es, den Zusammenhang zwischen Diskursen und subjektiven Selbstverhältnissen aus gesellschaftstheoretischer Perspektive zu denken. Letztlich geht es dabei um die Frage nach der wechselseitigen Konstitution von Gesellschaft und Individuum. Ausgangspunkt hierfür ist die auf Michel Foucault zurückgehende Forschungsperspektive der Gouvernementalität (3.2.1). Der Ansatz stellt eine Klammer zwischen gesellschaftlich-normativem Wandel und subjektiven Selbstverhältnissen her, indem er sie beide im Zusammenhang als Regierungsweisen fasst. Diese Perspektive macht insbesondere auf politische Institutionen und Medien aufmerksam, die Diskurse und (Normalitäts-)Erwartungen an Individuen vermitteln. Hierfür sind unter anderem Programme relevant, wie sie in 3.1 unter den Begriffen „Unternehmertum“ und „Aktivierung“ dargestellt wurden. Aus gouvernementalitätsanalytischer Perspektive sind solche Programme gewissermaßen Scharniere zwischen (politischen) Regierungstechnologien und subjektiven (Trans-)Formierungstechniken. Die Anrufungen, „Unternehmer/-in seiner/ihrer selbst“ und „aktivierungsbedürftig“ zu sein, sind aus der Gouvernementalitätsperspektive politische und ökonomische Regierungstechnologien, die vor allem deswegen so wirksam sind, weil sie Individuen dazu anhalten, sich entlang dieser Anrufungen selbst zu deuten und in diese Richtung zu verändern – sich also selbst zu regieren. Die über Programme vermittelten Bedeutungen richten sich als Erwartungen an Individuen, sich entsprechend zu verhalten und vor allem entsprechende Selbstverhältnisse auszubilden. Dies macht die Perspektive der Gouvernementalität verstehbar.

Um nachzuvollziehen, wie diese Anrufungen, sich als *unternehmerisch* und *aktiv* zu präsentieren und vor allem auch sich selbst so zu verstehen, zu subjektiven Selbstverhältnissen führen, in denen Individuen ‚verhaftet‘ sind, gehe ich unter 3.2.2 auf Judith Butlers Subjekttheorie ein. Mit ihrem

Ansatz lässt sich nachvollziehen, wie über Prozesse von Anerkennung und Adressierung Subjektpositionen entwickelt und diskursive Erwartungen und Formen der Selbstauslegung subjektiviert werden. Ausgehend hiervon, entwickle ich die Konzeption von Positionierungen im Sozialen weiter (3.2.3) und schließe das Kapitel mit einer Zusammenführung der verschiedenen Ansätze (3.3).

## 3.1 Die Gesellschaft unternehmerischer und aktiver Subjekte

### 3.1.1 Gesellschaft im Wandel und der „neue Geist des Kapitalismus"

Charakterisierungen und Diagnosen der Gegenwartsgesellschaft stellen einen normativen Wandel von Lebensweisen und von Arbeitsverhältnissen und zugleich einen Wandel der subjektiven Bedeutung von Arbeit fest. Mit Ulrich Beck (1986) kann dieser Wandel als Ausdruck der Individualisierung von Lebensweisen bezeichnet werden. In dem Maße, in dem sich typische industriegesellschaftliche Lebensformen ab- und auflösen und biographische Erwartbarkeiten bröckeln, sind Individuen dazu aufgefordert, ihre Biographie selbst zu gestalten. Die Individualisierung von Lebensweisen äußert sich sowohl in subjektiven Autonomie- und Selbstverwirklichungsansprüchen als auch in der Erosion von Normalarbeit und Normalbiographie (siehe auch Kapitel 2). Auf organisationaler und institutioneller Ebene wird, grob zusammengefasst, eine zunehmende „Ökonomisierung", „Vermarktlichung" oder „Neoliberalisierung" festgestellt, der sich kaum ein gesellschaftlicher Teilbereich entziehen kann. Demnach setzen sich zunehmend marktförmige Logiken auch in Feldern durch, die bisher unabhängig von Effizienz- und Produktivitätsdruck funktionierten (etwa Universitäten und Krankenhäuser) (vgl. z.B. Butterwegge et al. 2007; Evers/Heinze 2008; Endress/Matys 2010; Kuhlmann 2009; Schimank/Volkmann 2008). Ökonomisierungstendenzen verstärken sich in Betrieben und Unternehmen und setzen sich auch in Bildungseinrichtungen und in der wohlfahrtsstaatlichen Sicherung durch – also den zentralen Institutionen, die Berufe formen, Erwerbsarbeit vermitteln und vor den Risiken der Erwerbslosigkeit schützen. In diesem Zusammenhang wandeln sich die subjektive Bedeutung und die Organisation von Erwerbsarbeit selbst. Während einerseits Arbeit selbst zunehmend subjektiviert wird (vgl. Baethge 1991), führen andererseits Tendenzen einer Re-Kommodifizierung von Arbeitskraft zu einem neuen Verhältnis von Individuum, Institution und Gesellschaft (vgl. Dahme/Wohlfahrt 2003; Lessenich 2008). Der gesellschaftliche Wandel und der Wandel von Arbeit formen entsprechende Subjektivierungsweisen und gleichzeitig tragen und verstärken diese Subjektivierungsweisen den Wandel. Individuen sind nicht nur dazu angehalten, ihr Verhalten veränderten institutionellen Erwartungen (z.B. mobil zu sein) anzupassen, vielmehr ist der strukturelle Wandel mit Diskursen verschränkt, über die Aktivität, Kreativität, Autonomie, Flexibilität und Eigenverantwortung als Ideale individueller Lebens- und Erwerbsgestaltung vermittelt werden. Diskursiv, so kann festgehalten werden, werden Lebensweisen und Selbstverhältnisse als Ideale vermittelt, die zur kapitalistischen Produktionsweise „passen“. Der gesellschaftliche Wandel von Arbeitsbeziehungen, der Wandel von Lebensweisen und die subjektiven Selbstverhältnisse, so die Diagnose von Neoliberalisierungskritiker/-innen, stehen in einem Zusammenhang. Politische Reformen, die Marktprinzipien zunehmend Raum geben, und subjektive Selbstverhältnisse sind miteinander verwoben. Dabei verliert Erwerbsarbeit nicht etwa an Bedeutung – im Gegenteil, als Medium für Selbstverwirklichung, gesellschaftlichen Status und Anerkennung hat sich ihre Bedeutung sogar verstärkt (vgl. etwa Morgenroth 2003).

Den in verschiedenen Zeitdiagnosen konstatierten Wandel der Arbeits- und Beschäftigungsverhältnisse und Lebensweisen untersuchen Luc Boltanski und Ève Chiapello in ihrer Studie „Der neue Geist des Kapitalismus“ (vgl. Boltanski/Chiapello 2003; eine Kurzfassung: Boltanski/Chiapello 2001). Sie gehen dabei über eine pauschale „Neoliberalismus-Kritik“ an der Ausbreitung von Marktprinzipien hinaus und untersuchen die normative und kulturelle Einbettung und Legitimation des Wandels. Ausgehend von der Frage, warum Individuen eine zunehmende Prekarisierung ihrer Beschäftigungsverhältnisse mittragen, fragen die Autor/-innen danach, wie institutioneller Wandel von kapitalistischen Produktionsweisen in subjektiv sinnvolles Handeln seitens der Individuen übersetzt wird. Diesen subjektiven Sinn, mit dem Erwerbsarbeitshandeln ausgestattet wird, verstehen sie als (historisch wandelbaren) „Geist des Kapitalismus“[24]: Boltanski und Chiapello folgend wird dieser Sinn durch eine Rechtfertigungsordnung hergestellt, die kapitalistische Prinzipien als notwendig und sinnvoll erscheinen lässt und sie legitimiert (vgl. Boltanski/Chiapello 2001: 462). Den Wandel charakterisieren sie anhand der Metapher des Netzwerkes, die sich in den Organisationen seit den 1960er Jahren zunehmend durchsetzt. Statt der Vergabe innerhalb hierarchisch organisierter Strukturen werden für das Erreichen von sozialen Positionen zunehmend Kontakte zu möglichst vielen verschiedenen Personen und in verschiedenen Feldern wichtig. Soziale Ordnung und die Verteilung von Positionen wird zunehmend netzwerkartig statt hierarchisch hergestellt. Die netzwerkbasierte Gesellschaft bezieht ihre Legitimation aus einer projektbasierten Logik. Projekte dienen innerhalb von Unternehmen dazu, Menschen zusammenzubringen. Arbeitnehmer/-innen haben mehrere Projekte, es geht für sie darum, Projekte zu akquirieren, sich darin zu bewähren und vor allem hierüber die eigene Aktivität zum Ausdruck zu bringen. Anders als bei langfristiger und stetiger Bearbeitung von Arbeitsaufgaben werden in projektförmigen Arbeitsmodi Leistungen und (Miss-)Erfolge unmittelbar sichtbar und messbar. Sichtbare Leistungen werden zunehmend zur Grundlage der Bewertung von Erwerbstätigen und die Organisation

---

[24] Kapitalismus charakterisieren Boltanski und Chiapello folgendermaßen: „[...] als einen amoralischen Prozess unbeschränkter Anhäufung von Kapital durch Mittel, die formell friedlich sind. Es ist die ständig wiederholte Einspeisung von Kapital in den wirtschaftlichen Kreislauf mit dem Ziel, daraus Profit zu ziehen. [...] *Der Kapitalismus ist auch durch die Lohnarbeit gekennzeichnet: Die Mehrzahl der Bevölkerung, die kein oder nur wenig Kapital zur Verfügung hat, erhält ihr Einkommen aus dem Verkauf ihrer Arbeitskraft und nicht durch den Verkauf der Produkte ihrer Arbeit. [...] Das letzte Kennzeichen des Kapitalismus ist die Konkurrenz: Jede kapitalistische Einheit ist permanent bedroht durch die Handlungen anderer konkurrierender Einheiten. Diese Dynamik schafft eine permanente Unsicherheit und bietet den Kapitalisten ein sehr starkes Motiv der Selbst-Erhaltung, um ohne Unterlass den Prozess der Akkumulation fortzuführen.*“ (Boltanski/Chiapello 2001: 462)

von Erwerbshandeln (und anderen Handlungskontexten) wird in Projektmodi verallgemeinert. *„Das Leben erscheint dann als Abfolge von Projekten“*, so Boltanski (2007). In netzwerkartigen Organisationen, in denen Projektförmigkeit eine Art Grundprinzip ist, zählen vor allem Aktivität, Anpassung und Flexibilität, Mobilität und kurzfristige Bindungen und nicht zuletzt das Prinzip der Bewährung in Projekten als Indikatoren und Kriterien für die Verteilung sozialer Positionen. Auf gesellschaftlicher Ebene wird also das Maß an Aktivität und Anpassungsbereitschaft zum zentralen Differenzierungskriterium von Individuen und zur Grundlage gesellschaftlicher Positionierung. Stephan Lessenich bezeichnet die Unterscheidung von Aktivität und Inaktivität als *„Metadifferenz“*, unter die sich alle anderen Unterscheidungen subsumieren lassen: *„In dieser Welt sind Passivität und Stillstand nichts, Aktivität und Bewegung alles – bis hin zum Selbstzweck“* (Lessenich 2008: 76). Dies ist dann eben nicht nur in kapitalistisch produzierenden Unternehmen relevant, sondern auch in staatlicher Sozialpolitik. Die Arbeitsmarktreformen zu Beginn der 2000er Jahre sind eine Form der Materialisierung gesellschaftlicher und staatlicher „Aktiverwartung“. Mit der aktivierenden Arbeitsmarkt- und Sozialpolitik geht Lessenich zufolge ein neues Verhältnis von Geben und Nehmen in der Gesellschaft einher (vgl. ebd.: 88). In dieser Logik wird sozialstaatliche Hilfeleistung als Unterstützung zur Eigenverantwortung und Selbsthilfe, zur Herstellung von Arbeitsbereitschaft und Arbeitsfähigkeit gesehen. Gesellschaftliche Inklusion findet durch Erwerbsarbeit statt und nicht durch externe Gewährung von Statussicherung. In der aktivierenden Politik wird Arbeitskraft nicht dekommodifiziert, sondern kommodifiziert. Das Individuum wird gegenüber der Gemeinschaft in die Pflicht genommen, sich eigenverantwortlich um die Sicherung des Gemeinwohls zu bemühen. Die Anforderung, sich eigenverantwortlich um die Überwindung der Hilfebedürftigkeit zu bemühen, korrespondiert mit der Anforderung an Erwerbstätige, sich in Unternehmen aktiv, kreativ und eigenverantwortlich einzubringen. Die gesellschaftliche Erwartungshaltung einer Arbeit am Selbst, eines Selbstmanagements und einer Selbstökonomisierung richtet sich nicht nur auf die Gestaltung des Erwerbslebens, sondern auch auf die Freizeit, auf Beziehungen und auf die eigene Persönlichkeit. Die Sozialpolitik ist in diesem Sinne nur ein Baustein einer sich etablierenden „Aktivgesellschaft“ (Lessenich 2003a) (siehe auch 3.1.3).

Neben der Charakterisierung von gesellschaftlichem Wandel erklären Boltanski und Chiapello zudem, wie dieser Wandel möglich ist und weshalb Individuen ihn trotz zunehmender Kommodifizierung von Arbeit mittragen. Zentral hierfür ist, den Autor/-innen folgend, die kapitalistische Vereinnahmung der „Künstlerkritik“: Ihre Analysen zeigen, dass Kritik am Kapitalismus diesen nicht schwächt, sondern ihm im Gegenteil jeweils neue Formen der Rechtfertigung bietet. Sie zeigen, wie sich kapitalistische Produktionsprinzipien unter anderem deswegen bewähren und verstärken, weil Kritik an diesen vereinnahmt und integriert wird: Für den „neuen Geist des Kapitalismus“ wurde die „Künstlerkritik“ teilweise (etwa innerhalb von Unternehmen) umgesetzt und ihr so die Grundlage entzogen. Die „Künstlerkritik“ der 1970er Jahre forderte mehr Autonomie und Kreativität und kritisierte entfremdete Arbeitsformen (Boltanski/Chiapello 2001: 468). Unternehmen machten Mitarbeitenden Zugeständnisse, etwa in Form von mehr Selbstkontrolle, Verantwortung und Arbeitszeitflexibilität. Durch die Schaffung von Gestaltungsspielräumen und die Vereinbarung marktbezogener Leistungskriterien ändern sich auf Ebene der Erwerbstätigen auch die Kriterien für die Ausstattung des Arbeitshandelns mit subjektivem Sinn. Projektförmige Arbeitsorganisation ermöglicht und erwartet von Mitarbeitenden Einsatz und Aktivität und die Verknüpfung ihres Erwerbshandelns mit Selbstverwirklichungsansprüchen. Selbstverwirklichung wird zu einer Art „moralischem Imperativ“ (Boltanski 2007: 3). Die von einer künstlerischen Kritik ausgehenden liberalen Forderungen nach mehr Autonomie und Selbstbestimmung werden also zum Motor kapitalistischer Produktionsweise. Die neuartige Organisationsform des Kapitalismus begreifen Boltanski und Chiapello daher nicht schlicht als eine Ausbreitung von Marktprinzipien, sondern als „Erfolge“ der „Künstlerkritik“, die zu einer Transformation von Arbeitsverhältnissen und Produktionsverhältnissen geführt hat (vgl. Wagner 2007: 6f.). Die Figur des Künstlers und die mit ihr assoziierten Eigenschaften, wie Kreativität und Autonomie, werden gewissermaßen zu einer Idealfigur für Erwerbsarbeit im Allgemeinen (vgl. Alkemeyer et al. 2013: 14).

Was Boltanski und Chiapello für kapitalistische Gesellschaften allgemein beschreiben, konkretisieren Gesellschaftsdiagnosen, die sich mit der Verallgemeinerung unternehmerischer Handlungsrationalität oder der Aktivierung durch sozialpolitische Programmatik befassen. Im Folgenden gehe ich auf Ansätze ein, die im Kern ähnliche Diagnosen wie Boltanski und Chiapello stellen und für die Untersuchung von hilfebeziehenden Gründenden besonders relevant sind: die Anrufung, Unternehmer/-in seiner/ihrer selbst zu sein, und sozialpolitische Aktivierungserwartungen. Mit Ulrich Bröckling et al. (2013) können die Begriffe „Unternehmertum“ und „Aktivierung“ als *Programme* gelesen werden. Sie verstehen Programme als einen Rahmen, über den gesellschaftliche, politische und ökonomische Rationalitäten vermittelt werden und zur Grundlage individueller Selbstwahrnehmung und -beschreibung werden. Bröckling et al. (2013) kennzeichnen Programme folgendermaßen

*„Programme formen Realität, indem sie Diagnosen stellen und Therapien empfehlen. Sie prägen Wahrnehmungs-, Beurteilungs- und Handlungsweisen, indem sie Ziele anvisieren und Verfahren bereitstellen, um diese zu erreichen oder ihnen zumindest näher zu kommen. Sie rufen Menschen an, sich als Subjekte zu begreifen und sich in spezifischer Weise – kreativ und klug, unternehmerisch und vorausschauend, sich selbst optimierend und verwirklichend usw. – zu verhalten, und fördern so bestimmte Selbstbilder und Modi der ‚inneren Führung‘.“* (Bröckling et al. 2013: 12)

Programme[25] wirken, indem sie Probleme definieren und zugleich „ideale" Umgangsformen mit diesen empfehlen. Individuen werden über diese Programme in spezifischer Weise als Subjekte angerufen und dazu angehalten, sich nicht nur entsprechend den in ihnen produzierten Selbstbildern zu verhalten, sondern sich auch im Rahmen dieser Bilder selbst zu verstehen. Im „Glossar der Gegenwart" kennzeichnen Bröckling et al. 2013 verschiedene solcher Programme (etwa Empowerment, lebenslanges Lernen, Kreativität, Prävention), die sie als wirkmächtige Konstitutionsbedingungen der gegenwärtigen Gesellschaft ansehen. In diesem Sinne stelle ich mit „Unternehmertum" und „Aktivierung" zwei Programme vor, die nicht nur für leistungsbeziehende Gründer/-innen als Grundlage ihrer Selbstauslegung funktionieren, sondern für Individuen im Allgemeinen. Ich gehe davon aus, dass diese Programme den normativ-gesellschaftlichen Rahmen kennzeichnen, in dem sich die von mir untersuchte Gruppe bewegt. Sie sind also einerseits als Ausdruck institutionell und diskursiv hergestellter (kultureller) Kontexte verstehbar, andererseits reproduzieren sie gleichzeitig die Werte, Normen und Regeln dieses Diskurszusammenhangs und vermitteln diese über Anrufungen an die Individuen, darunter die Gründer/-innen nach dem SGB II.

### 3.1.2 Unternehmer/-innen ihrer selbst

Die sich in der Figur des Künstlers bündelnden Eigenschaften, wie Kreativität, Selbstbestimmung und Autonomie, die Boltanski und Chiapello zufolge zum Bestandteil der Rechtfertigung kapitalistischer Produktionsweisen wurden, finden sich ähnlich auch in Diagnosen wieder, die von einer

---

[25] Der Begriff des Programms ist m.E. irreführend. Er suggeriert einerseits Eindeutigkeit und andererseits die Vorstellung eines schematischen Ablaufs und mehr oder weniger konkreten Ziels. „Aktivierung" und „Unternehmertum" sind aber weniger konkret, als es der Begriff des Programms vermittelt. Man kann sie als eine Art „Orientierungsdimensionen" verstehen, an denen sich Individuen in ihrer Selbstwahrnehmung orientieren. Allerdings ist auch dieser Begriff nicht ganz treffend, da Programme weitergehend wirken als Orientierungsdimensionen. In eine ähnliche Richtung weist Lemkes Kritik, die allerdings weniger auf den Begriff zielt als auf die Handhabung der theoretischen Konzeption. So seien Programme etwa nicht widerspruchsfrei zu Regierungsrationalität und seien nicht derart in sich geschlossen, wie es die theoretische Konzeption nahelegt (vgl. ebd. 2000: 42).

Verallgemeinerung unternehmerischer Handlungsrationalität ausgehen. Die Erwartung an Individuen, sich in ihrer Selbstpräsentation und Selbstauslegung unternehmerisch zu verstehen, wird in dem Konzept des „unternehmerischen Selbst" (vgl. Bröckling 2007; Miller/Rose 1995; Rose 2000) greifbar und beschreibbar gemacht. Vergleichbares gilt für das Theorem des „Arbeitskraftunternehmers" (vgl. Voß/Pongratz 1998; Pongratz/Voß 2004), in dem aus arbeits- und industriesoziologischer Perspektive im Kern eine ähnliche Diagnose der Verallgemeinerung unternehmerischer Handlungsmaximen gestellt wird. Trotz ähnlicher Erkenntnisse argumentieren beide Konzepte vor unterschiedlichem theoretischem Hintergrund. Bevor ich beide Konzepte vorstelle, gehe ich kurz auf das Bild des Unternehmers[26] ein, um deutlich zu machen, welche Eigenschaften mit unternehmerischem Handeln assoziiert werden.

#### 3.1.2.1 Das Bild vom Unternehmertum

Eine verstärkte Ausrichtung des Handelns an unternehmerischen Prinzipien gilt gegenwärtig in betrieblichen Kontexten, in der medialen Öffentlichkeit und politischen Äußerungen als Lösungsprogramm für wirtschaftliche Stagnation, verknöcherte Betriebsstrukturen und subjektive Entfremdung von der (Arbeits-)Tätigkeit. Die Figur des Unternehmers, mit Attributen wie Unabhängigkeit, Durchsetzungsvermögen und Selbstverwirklichung ausgestattet, ist zur Leitfigur für Verhalten in diversen Institutionen (Betrieben, Universitäten, Krankenhäusern) und in der individuellen Lebensgestaltung geworden (vgl. z.B. b/w 2000: 59). Anders als in Kapitel 2 möchte ich an dieser Stelle keine begriffliche Unterscheidung von Unternehmertum, Selbstständigkeit und Entrepreneurship vornehmen, sondern

---

[26] Den Begriff des „Unternehmers" verwende ich an dieser Stelle bewusst ausschließlich in der männlichen Form, da das Bild des Unternehmers, beispielsweise in Joseph Schumpeters Konzeption, eindeutig männlich ist. Wie das Bild des *männlichen* „Normalunternehmers" in der Öffentlichkeit, aber auch in der Praxis der Gründungsberatung weiter vorherrscht, zeigen Andrea Bührmann und Katrin Hansen (vgl. Bührmann 2007; Bührmann/Hansen 2007, 2012). Nichtsdestotrotz adressiert die Figur des unternehmerischen Selbst Männer und Frauen gleichermaßen (vgl. Bröckling 2002: 184), allerdings nicht immer in derselben Weise, wie sich etwa in Ratgebern zeigt, die sich spezifisch an Frauen richten.

vielmehr der Frage nachgehen, was diskursiv mit der Figur des Unternehmers einhergeht und welche Attribute mit ihr verknüpft sind. Ulrich Bröckling zufolge hielt der Begriff des Unternehmers im 17. und 18. Jahrhundert – übersetzt aus dem englischen *undertaker* – Einzug ins Deutsche (Bröckling 2013b: 271). Ab dem 19 Jahrhundert verdrängte der *entrepreneur* im Englischen den *undertaker;* der Entrepreneur gilt seitdem als *„Inbegriff der Vitalität“* (ebd.). Im Deutschen wurde der Begriff des Unternehmers unter anderem von Joseph Schumpeter geprägt. Dem Unternehmer als *schöpferischem Zerstörer* kommt in Schumpeters Perspektive aufgrund seiner Innovationsfunktion für die Wirtschaft eine wesentliche Bedeutung zu. (Zunächst) Unabhängig von der Erwerbsform (selbstständig oder abhängig beschäftigt) zeichnet ihn in erster Linie das Durchsetzen von Innovationen am Markt aus, wodurch er wesentlich zur wirtschaftlichen Entwicklung beiträgt (vgl. Schumpeter 1952: 100ff.). *Schöpferisch* und *zerstörerisch* ist sein Wirken insofern, als mit der Innovation bestehende Strukturen aufgelöst und neue geschaffen werden. Für diese Funktion bedarf es insbesondere der Charaktereigenschaften Initiative, Willenskraft, Voraussicht und Durchsetzungsfähigkeit (vgl. Schumpeter 1987: 149). In wirtschaftswissenschaftlicher Literatur werden zudem Risikobereitschaft und Wachstumsorientierung von unternehmerisch Handelnden hervorgehoben (vgl. Bröckling 2013b). Aus den Grundfunktionen unternehmerischen Handelns resultiert ein ständiges Vergleichen mit anderen Anbieter/-innen und eine permanente Orientierung an der Optimierung des unternehmerischen Wirkens. Dem Unternehmer wird in der medialen Öffentlichkeit und der wirtschaftswissenschaftlichen Rezeption eine Orientierung an Konkurrenz, autonomem Handeln, Eigenverantwortung, Selbstverwirklichung und Kreativität zugeschrieben. Andrea Bührmann und Katrin Hansen machen in ihren Arbeiten zur Wirkung eines einseitigen Unternehmer/-innen-Bildes auf Selbstständige und Unternehmer/-innen darauf aufmerksam, dass das Bild unternehmerischen Handelns, das in solchen Zuschreibungen zum Ausdruck kommt, der empirischen Realität tatsächlich unternehmerisch oder selbstständig Tätiger kaum entspricht (vgl. Bührmann/Hansen 2007; Bührmann 2007, 2012, 2015). Bührmann zufolge (etwa 2015: 216f.) prägt das Bild des Unternehmers als schöpferischer Zerstörer gegenwärtige wissenschaftliche Diskurse und mediale Darstellungen und dient als Orientierungsfolie in Beratungseinrichtungen für Gründer/-innen und Unternehmer/-innen. Bührmann charakterisiert dieses Bild des „Normalunternehmers" als männlich, berufserfahren, ohne Migrationshintergrund, mit Fachkenntnissen und ausreichendem ökonomischem Kapital. Seinen Charakter zeichnet seine Rast- und Ruhelosigkeit aus, er ist in Vollzeit tätig, am Unternehmenswachstum orientiert und in der Lage, ausreichend Einkommen zu erwirtschaften (vgl. Bührmann 2012: 131f.). Bührmann konstatiert einen Theorieeffekt des Bildes vom „Normalunternehmer". In der Forschung bleiben andere, oftmals prekäre Formen von Unternehmertum weitgehend unbeachtet (vgl. ebd.: 150). Eine weitere Konsequenz ist, dass Individuen vor dem Hintergrund dieses Idealbildes adressiert werden und es zum Maßstab unternehmerischer Praxis wird – Gründer/-innen, die dem Bild nicht entsprechen, werden von einer selbstständigen Tätigkeit abgeschreckt oder finden keine Unterstützung. Neben der spezifischen Wirkung auf Gründende und Selbstständige wirkt sich das diskursiv erzeugte Bild des Unternehmers auch als idealtypische Charakterisierung einer *allgemeinen* Handlungsorientierung aus. Ja mehr noch: *„Der Unternehmer wird* [...] *zum Leitbild zeitgenössischer Subjektivität"* (Bröckling 2013b: 271). Das idealtypische Leitbild unternehmerischen Handelns und eines unternehmerischen Selbstverhältnisses richtet sich also nicht nur an Selbstständige bzw. formal als Unternehmer/-innen Tätige, sondern an Individuen allgemein. Es ruft sie an, ihre Erwerbstätigkeit und ihre Lebensgestaltung insgesamt eigenverantwortlich zu gestalten, ihre Leistungen zu optimieren und das Unternehmerische als Ausdruck ihres Selbsts zu verstehen.

*„'Unternehmen' bezeichnet hier nicht nur eine Organisationsform, mit auf dem Markt konkurrierenden Individuen, sondern allgemeiner ein Bild eines Aktivitätsmodus, der in verschiedenen Lebensbereichen gefordert*

*werden soll – in Schulen, Universitäten, Spitälern, Ärztesprechzimmern, Fabriken und Unternehmensorganisationen, der Familie und in der Wohlfahrtsverwaltung.*" (Rose 2000: 11)

Rose zufolge wird mit dem Leitbild des Unternehmers also ein spezifischer *Aktivitätsmodus* verknüpft, der sich in Form eines Idealmodus auf die gesamte Gestaltung des Lebenszusammenhangs bezieht. Die mit dem unternehmerischen Leitbild verknüpften Eigenschaften werden zu einem Ideal „guter" Subjektivität und dadurch zu einem ethischen Anspruch (vgl. Rose 2000). Das Bild vom „Normalunternehmer" ist zwar nicht eins zu eins in ein Leitbild *zeitgenössischer Subjektivität* übersetzbar (etwa bzgl. der soziodemographischen Verortung), die dem Unternehmer zugeschriebenen Eigenschaften, wie Rast- und Ruhelosigkeit und Orientierung an Optimierung und Neuschöpfung, sind aber Teil des Leitbildes zeitgenössischer Subjektivität. Aus der Forschungsperspektive der Gouvernementalität (siehe 3.2.1) gilt das Leitbild als Teil einer Regierungspraktik (vgl. ebd.: 12). Im Konzept des unternehmerischen Selbst wird dem Zusammenhang von Regierungsprogramm und subjektiver Selbststeuerung nachgegangen. Dieses Konzept stelle ich im Folgenden vor. Auch das Konzept des Arbeitskraftunternehmers geht von einer Verallgemeinerung unternehmerischen Handelns aus, darauf gehe ich im Anschluss ein.

#### 3.1.2.2 Das unternehmerische Selbst

In der deutschsprachigen Theorielandschaft gilt Ulrich Bröckling (2007) als zentraler Autor einer Theorie des unternehmerischen Selbst. Mit Bezug auf die Forschungsperspektive der Gouvernementalität (siehe 3.2.1) interessiert er sich für das Leitbild des unternehmerischen Selbst als eine Form des Fremd- und Selbstregierens. Die Aufforderung, unternehmerisch zu handeln, ist dabei eine Maxime, eine Orientierungsfolie, an der Individuen ihr Handeln ausrichten und ein entsprechendes Handeln von anderen einfordern. Darüber hinaus wird Unternehmer/-in-seiner/ihrerselbst-sein als Subjektivierungsfigur, als eine Grundlage der Selbstauslegung und -bewertung verstanden. Ratgeberliteratur, Trainingsprogramme, Therapien etc. bieten Anleitungen, sich dem Leitbild des unternehmerischen Selbst anzunähern. Bröckling analysiert für seine Studie dementsprechend unterschiedliches empirisches Material, wie sozialwissenschaftliche Theorien, Managerratgeber oder Ratgeber für Kreativitäts- und Kommunikationstechniken (vgl. ebd.: 10). Anhand der Ratgeberliteratur der 1990er Jahre arbeitet er heraus, wie Anleitungen, zum/-r Unternehmer/-in seiner/ihrer selbst zu werden, in den Texten zum Ausdruck kommen und Individuen zur Ausrichtung ihres Handelns und ihrer Selbstauslegung an unternehmerischen Idealen angehalten werden (vgl. ebd.: 66ff.). Das unternehmerische Selbst ist dabei kein Verhaltens- oder Charaktertypus und auch kein Rollenskript, das sich empirisch eindeutig bestimmt identifizieren ließe:

*„Das unternehmerische Selbst bezeichnet überhaupt keine empirisch beobachtbare Entität, sondern die Weise, in der Individuen als Personen adressiert werden, und zugleich die Richtung, in der sie verändert werden und sich verändern sollen.“* (Bröckling 2007: 46)

Vielmehr impliziert das Leitbild des unternehmerischen Selbst eine Reihe normativer Anforderungen, an denen sich das Handeln orientieren soll, ein Bündel an Deutungsschemata, um sich selbst zu verstehen, sowie Selbst- und Sozialtechnologien, um das Verhalten zu steuern (vgl. ebd.: 7). In der Figur des unternehmerischen Selbst kommt ein normatives Menschenbild zum Tragen: Ein unternehmerisches Verhaltensmodell dient als Fluchtpunkt für die Ausrichtung der gesamten Lebensführung (vgl. ebd.: 47). Bröckling zeichnet dabei nicht nach, wie Subjekte konkret mit dieser Anrufung umgehen, sondern ihm geht es vielmehr darum, das „Kraftfeld“ (ebd.: 8) dieses Leitbilds zu beschreiben.[27] Das unternehmerische Selbst

---

[27] In einem später erschienenen Artikel (2008) beschreibt Bröckling unterschiedliche Formen, auf die unternehmerische Anrufung zu reagieren. Seine Typologie umfasst drei Formen: enthusiastisch, ironisch, melancholisch. Wie er selbst schreibt, sind diese Charakterisierungen allerdings „karikaturenhaft“ zusammengefasst, sie beschreiben nicht etwa konkrete Subjektivierungsprozesse.

wird als eine hegemoniale Subjektivierungsweise analysiert, als ein Modus der Formierung und Transformierung des Selbst. Diese Subjektivierungsweise zeichnet sich durch die Interpretation und Organisation des eigenen Selbst und der eigenen Lebensweise nach Effizienzkriterien aus (vgl. Bührmann 2005: Abschn. 3). In Erfolgs- und Selbstmanagementratgebern finden sich diverse Techniken, Arbeitstätigkeit und Alltag zu managen und sich selbst zu deuten. Lesende werden etwa dazu angehalten, sich selbst als Produkt zu begreifen, zu optimieren und vermarkten. Das aktive Managen seiner selbst geht weit über das Erwerbsfeld hinaus, es wird als *Lebenseinstellung* gekennzeichnet. Hierzu zählen Redeweisen wie die vom lebenslangen Lernen und der stetigen, körperlichen und geistigen Selbstoptimierung (vgl. Bröckling 2007: 71f.). Das Leitbild des Unternehmertums, das für Initiative, Aktivität, Ehrgeiz, Berechnung, Selbstverantwortung steht, gilt also für alle Lebensbereiche (Arbeit, Familie, Freizeit etc.):

„*Das Selbst hat ein subjektives Wesen zu sein, es hat nach Autonomie zu streben, es hat persönliche Erfüllung in seinem irdischen Leben anzustreben, es hat seine Realität und sein Schicksal als Angelegenheit individueller Verantwortlichkeit zu interpretieren, es hat Lebenssinn durch Gestaltung seines Lebens durch Akte der freien Wahl zu finden. Diese Art und Weise, den Menschen als ein ‚Selbst' zu denken und zu beurteilen, hängt mit einer bestimmten Art des Wirkens auf dieses Selbst zusammen.*“ (Rose 2000: 9).

Nikolas Rose geht der Frage nach, wie dieses Denken des Menschen als ein *Selbst* durch die *Arbeit am Selbst* auf dem Wege von Therapien und Expertenwissen vermittelt wird und auf welche Weise Individuen zu Autonomie, Erfüllung und Verantwortlichkeit durch *Selbsthilfe* angehalten werden. Eine Orientierungsfigur ist dabei die Vorstellung, aus sich selbst ein *Projekt* zu machen und dadurch ein *Ganzes* zu werden: Therapien und ratgebende Expert/-innen versprechen, sich durch die Arbeit an sich selbst aus den eigenen „psychischen Fesseln“ (ebd.: 16) befreien zu können, Verantwortung zu übernehmen und so zu einem *ethischen Wesen* zu werden (vgl. ebd.: 13ff.). Der Arbeitsplatz gilt in diesem Kontext als ein zentraler Ort der Selbsterfüllung durch Maximierung der Leistung und des Erfolgs. Niklas Rose zufolge ist das unternehmerische Leitbild Teil einer Regierungsweise. Das Menschenbild von autonomen und frei wählenden Individuen stützt in liberalen Demokratien das politische Regieren (vgl. ebd.: 9). Diese auf das individuelle Leben bezogenen Werte korrespondieren mit Werten, die das Gemeinwohl betreffen, wie Wohlstand, Effizienz, Gesundheit und Wohlfahrt (vgl. ebd.: 13). Die Kultur des Unternehmers als Mentalität verbindet drei Regierungsdimensionen (politische, organisationale und die Arbeit am Selbst). Für die Arbeit am Selbst etabliert sich die Regierungsweise, wie oben beschrieben, in einem Bündel von Ratschlägen, die nahelegen, wie der Alltag gestaltet werden soll und in welche Richtung Individuen sich selbst optimieren sollen. Rose spricht in diesem Zusammenhang von einer „ethischen“ Herrschaft, denn in den Ratschlägen wird vermittelt, was als „gute“ Lebensform und Lebensgestaltung gilt. Unternehmerisches Selbst zu sein ist also nicht nur eine Frage einer effizienten Erwerbsgestaltung, sondern vor allem auch eine normative Frage der „richtigen“ Lebensgestaltung.

Das Theorem des unternehmerischen Selbst wird zunächst primär als „Kraftfeld“ beschrieben, ohne dass darauf eingegangen wird, wie Subjekte die unternehmerische Anrufung konkret beantworten oder ausfüllen. Dies kritisiert unter anderem Andrea D. Bührmann. Daher bleiben die konkreten sozialen Praktiken, durch die das unternehmerische Selbst hervorgebracht wird, letztlich eine theoretische Annahme. Mit der Auswertung von Ratgeberliteratur bleibt die Analyse Bröcklings einer diskursiven Ebene verhaftet, die konkreten Subjektivierungsweisen selbst müssen vorausgesetzt werden. Die Kritik Bührmanns richtet sich also darauf, dass die konkreten Selbsttechnologien und die am Leitbild des unternehmerischen Selbst ausgerichtete konkrete Arbeit am Selbst bei Bröckling im Dunkeln bleiben. Der Frage nach der Subjektivierung diskursiver Erwartungen gehe ich unter 3.2 nach.

Eine weitere Analyse, die die These der Verallgemeinerung einer unternehmerischen Handlungslogik herausstellt, geht auf G. Günter Voß und Hans J. Pongratz zurück. Ihr zentrales Konzept ist das Theorem des Arbeitskraftunternehmers. Die Autoren analysieren konkret die Ausbreitung unternehmerischer Anforderungen in der Arbeitswelt und wie sich, vermittelt durch und über Betriebe, eine neuartige – *unternehmerische* – Form der Vergesellschaftung von Subjekten durchsetzt. Insofern in diesem Ansatz die institutionelle Vermittlung des unternehmerischen Leitbildes hervorgehoben wird, lassen sich hieraus konkretere Hinweise auf die Formen der Subjektivierung ableiten.

#### 3.1.2.3 Der Arbeitskraftunternehmer

Ähnlich wie Ulrich Bröcklings Ausführungen zum unternehmerischen Selbst basiert das Konzept des Arbeitskraftunternehmers von G. Günter Voß und Hans J. Pongratz (Voß/Pongratz 1998; Pongratz/Voß 2004) auf der Feststellung einer Ausweitung unternehmerischer Handlungslogik auf andere, typischerweise nicht unternehmerische Bereiche. Die Analysen sind in diesem Sinne auch als Ausdruck einer Ökonomisierung des Sozialen zu lesen. Unternehmerisches Handeln als Maxime – so die These, ähnlich wie beim Theorem des unternehmerischen Selbst – verändert das Verhältnis von Subjekten zu sich selbst, zur Arbeitstätigkeit und zur Lebensführung:

„*Der Arbeitskraftunternehmer repräsentiert mit seiner veränderten Logik des Verhältnisses der Arbeitenden zu sich selbst und zum Betrieb eine sich aktuell vollziehende Veränderung der Verfassung von Gesellschaftlichkeit überhaupt. Im Arbeitskraftunternehmer zeigt sich in fast idealtypischer Weise der Übergang von einer primär normativen oder direktiven Form der Vergesellschaftung zu einem Modus der Sozialregulierung und -integration, die auf einer zunehmenden Selbstvergesellschaftung von Individuen beruht.*“ (Voß/Pongratz 1998: 153)

Mit dem Konzept des Arbeitskraftunternehmers analysieren die Autoren den Wandel der betrieblichen Nutzung von Arbeitskraft und sehen diesen als Ausdruck und Teil eines gesellschaftlichen Wandels, der zu einer neuartigen Form der Vergesellschaftung von Individuen führt. Der Arbeitskraftunternehmer gilt als Idealtypus, der den Typus des verberuflichten Arbeitnehmers ergänzt. Die Autoren argumentieren in erster Linie theoretisch und nicht empirisch. Sie gehen dabei von einer indirekten, durch *Selbst*-Arbeit sich vollziehenden Vergesellschaftung statt von einer disziplinierenden Formung von Subjekten aus. Verknüpft mit der These der Individualisierung, gerät darin die allgemein gesellschaftliche Ausrichtung auf eine aktive, selbstverantwortete Lebensführung in den Blick. Die Ähnlichkeit zum Konzept des unternehmerischen Selbst ist auch in dieser Perspektive auf die Gesamtgesellschaft erkennbar. Die gewandelte Nutzung von Arbeitskraft ist Teil und Ausdruck normativer gesellschaftlicher Verschiebungen. Einen spezifischen Ertrag bringt die Perspektive von Voß und Pongratz aber durch die Veranschaulichung der *institutionellen*, betrieblichen Vermittlung von gesellschaftlichem Wertewandel und subjektiven Selbstverhältnissen. Ausgangspunkt der betrieblichen Verwertung von Arbeitenden ist die klassische Marx'sche Frage nach der Transformation der seitens der Unternehmen eingekauften Arbeitskraft der Individuen in produktive, für die Unternehmen verwertbare Arbeitsleistung. Wurde die Transformation in tayloristischen und fordistischen Formen der Arbeitsorganisation primär durch Kontrolle der Arbeitsleistung gesteuert, wird nunmehr direkte Kontrolle zunehmend durch Selbstorganisation der Arbeitenden ersetzt. Damit wird das Transformationsproblem von den Unternehmen externalisiert und zur Aufgabe der Arbeitnehmer/-innen gemacht. Betriebe und Unternehmen geben ihre Kontrolle damit aber nicht etwa gänzlich ab, vielmehr steuern sie Arbeitstätigkeit indirekt über Rahmenvereinbarungen, Erhöhung quantitativer und qualitativer Leistungsanforderungen und Verschärfung von Arbeitsbedingungen (Kürzung von Personal und Ressourcen etc.) (vgl. ebd.: 137ff.). Voß und Pongratz gehen also von einer gewandelten Nutzung von Arbeitskraft aus. Der Typus des verberuflichten Arbeitnehmers des Fordismus wird ergänzt und langfristig ersetzt durch einen neuen Typus, den Arbeitskraftunternehmer. Diesen zeichnen drei Merkmale aus: 1.) eine Erweiterung der Selbstkontrolle, 2.) die Notwendigkeit einer zunehmenden Ökonomisierung der eigenen Arbeitsfähigkeiten und 3.) eine zunehmende Verbetrieblichung der alltäglichen Lebensführung. Mit der Zunahme der Eigenverantwortung und Selbstkontrolle der Arbeitenden über die Arbeitstätigkeit geht einerseits ein Autonomiegewinn für sie einher. Andererseits wird zugleich der Leistungsdruck erhöht. Die Logik der Aufgabenbewältigung wird zunehmend zu einer der „Auftragsbearbeitung“, die abgelieferte Leistung wird zum Gegenstand der Tätigkeitsbewertung, nicht mehr in erster Linie die investierte Zeit und Arbeitsleistung. Arbeitnehmer/-innen sind vermehrt zur Selbststeuerung und -überwachung angehalten:

„*Der Arbeitskraftunternehmer ist die gesellschaftliche Form der Ware Arbeitskraft, bei der Arbeitende nicht primär ihr latentes Arbeitsvermögen verkaufen, sondern (inner- oder überbetrieblich) vorwiegend als Auftragnehmer für Arbeitsleistungen handeln – d.h. ihre Arbeitskraft weitgehend selbstorganisiert und selbstkontrolliert in konkrete Beiträge zum betrieblichen Ablauf überführen, für die sie kontinuierlich funktionale Verwendungen (d.h. Käufer) suchen müssen.*“ (Voß/Pongratz 1998: 139f.)

Arbeitnehmer/-innen sind also zunehmend selbst für die Kontrolle ihrer Arbeitskraft zuständig: zeitlich, räumlich, fachlich, motivational und technisch (1). Mit der zunehmenden Ökonomisierung von Arbeitskraft geht die Notwendigkeit der individuellen Vermarktung innerhalb von Betrieben und Unternehmen einher. Das Selbstverhältnis zur Arbeitsfähigkeit ändert sich ebenso zu einer zunehmenden Orientierung an ökonomischen Zwecken und Vermarktbarkeit von Arbeitsfähigkeiten (2). Diese zunehmende Anforderung, die eigene Arbeitsfähigkeit zu ökonomisieren, bringt die Notwendigkeit mit sich, die eigene Lebensführung systematisch zu organisieren (3). Dies betrifft die Gestaltung von Arbeitszeit und Freizeit, Bildungsentscheidungen, Freunde und Netzwerke, Mobilität usw., Bereiche, die aufeinander abgestimmt und aktiv aufeinander bezogen und organisiert werden müssen (vgl. ebd.: 140ff.). Mit dem Begriff Arbeitskraft-*Unternehmer* heben Voß und Pongratz hervor, dass die Art und Weise, wie die

Beschäftigten mit ihrer Arbeitskraft umgehen (sollen), strukturell einem unternehmerischen Umgang mit Arbeitskraft entspricht. Dies wird sowohl seitens der Betriebe erwartet und institutionell ermöglicht als auch von den Arbeitnehmer/-innen subjektiviert.[28] Julia Egbringhoff (2004) zeigt, dass Selbstkontrolle, Selbstökonomisierung und insbesondere Verbetrieblichung der Lebensführung insbesondere bei Solo-Selbstständigen deutlich werden. Im Hinblick auf den Untersuchungsgegenstand der vorliegenden Arbeit – Gründer/-innen im SGB II – ist dies besonders relevant und verweist darauf, dass Selbstständigkeit, über die Ausführung der Arbeitstätigkeit hinaus, seitens der Individuen Eigenverantwortung, Selbst-Vermarktung und eine rationale, um die Selbstständigkeit herum organisierte Lebensführung erfordert. Anders als bei abhängig beschäftigten Arbeitskraftunternehmer/-innen, die sich „fremdorganisiert selbstorganisieren“ (Voß/Pongratz 1998: 143) müssen, müssen Gründer/-innen diese Selbstorganisation in Abwesenheit betrieblicher oder organisationaler Strukturen selbst herstellen. Für meine Argumentation ist hier wichtig, dass die unternehmerische Nutzung von Arbeitskraft durch Arbeitstätige, im Sinne einer zunehmenden Vermarktlichung von Arbeitskraft, verallgemeinert wird und dass dies Ausdruck eines gesellschaftlichen Wandels ist. Institutionen, Betriebe und Unternehmen vermitteln die Anforderung an die Individuen, die eigene Arbeitskraft unternehmerisch einzusetzen und die eigene Lebensführung daran auszurichten.

Was Voß und Pongratz anhand der betrieblichen Nutzung von Arbeitskraft zeigen, wird im Theorem des unternehmerischen Selbst als eine allgemeine Subjektivierungsform konzipiert. Es kann festgehalten werden, dass über verschiedene gesellschaftliche Institutionen und Medien – Be-

---

[28] Pongratz und Voß machen deutlich, dass der Arbeitskraftunternehmer den verberuflichten Arbeitnehmer nicht gänzlich ablöst, sondern dass Selbstkontrolle, Selbstökonomisierung und Selbstrationalisierung für spezifische Berufsfelder besonders kennzeichnend sind, wie etwa die Informations- und Kommunikationstechnologie oder den Beratungssektor (vgl. Pongratz/Voß 2004).

triebe, Zeitschriften, Beratungseinrichtungen etc. – Individuen als Unternehmer/-innen ihrer selbst adressiert werden: Selbstverantwortung, -rationalisierung, -ökonomisierung und -flexibilisierung werden als Ausdruck einer „guten" Subjektivität vermittelt. Individuen werden dazu angehalten, individuelle Eigenschaften als „Potenziale" zu deuten und zu nutzen. Dies gilt nicht nur als erstrebenswert, sondern als Notwendigkeit einer gelungenen Lebensgestaltung und eines gelungenen Subjekt-Seins. Vor allem Voß` und Pongratz' Analyse der Verallgemeinerung einer unternehmerischen Handlungslogik, vermittelt über betriebliche Erwartungen, macht deutlich, dass das Programm des „Unternehmertums" nicht allein diskursiv bedeutsam ist, sondern in der alltäglichen Lebensführung, der Arbeitsgestaltung und Subjektivierung von Arbeitstätigkeit seinen ‚realen' Ausdruck findet.

Das Leitbild, ein unternehmerisches Selbst zu sein, hat über die Neuausrichtung der Sozialpolitik unter dem Paradigma der „Aktivierung" und dem Prinzip des „Förderns und Forderns" Einzug in die politische Programmatik gehalten. Anhand von Stephan Lessenichs Arbeiten lässt sich zeigen, wie das Leitbild der Aktivierung institutionell über Jobcenter als Erwartung an Leistungsbeziehende vermittelt wird.

### 3.1.3 Aktivierung im Wohlfahrtsstaat

#### 3.1.3.1 Wohlfahrtsstaat im Wandel

Die Verschiebung der Bedeutung von Erwerbsarbeit in Richtung eines Mediums für Selbstverwirklichung wirkt sich auch auf wohlfahrtsstaatliche Sicherung aus. Die Arbeitsmarktreformen zu Beginn der 2000er Jahre gelten als Spiegel und auch als Motor dieser Entwicklung (siehe auch Kapitel 2). Unter anderem Stephan Lessenich (Lessenich 2003a, 2003b, 2008, 2009) hat diesen Zusammenhang untersucht. Lessenich zufolge setzt sich der von Boltanski und Chiapello charakterisierte „neue Geist des Kapitalismus", der Geist der Aktivität, Flexibilität, Kreativität und Selbstverantwortung, im Sozialstaat und durch Sozialpolitik fort (vgl. Lessenich

2008: 16). In seiner Studie „Die Neuerfindung des Sozialen“ macht er deutlich, dass Sozialpolitik formend auf Gesellschaft einwirkt und damit soziale Ordnung herstellt. Sozialpolitik reagiert also nicht nur ausgleichend auf soziale Probleme, sondern durch ihr Einwirken formt sie Beziehungen zwischen Staat, Gesellschaft und Individuum. Welche Sozialpolitik umgesetzt wird und werden kann, hängt mit Rechtfertigungsordnungen wie der des „neuen Geists des Kapitalismus“ zusammen. Sozialpolitik bezieht also ihre Legitimation aus gesellschaftlichen Rechtfertigungsordnungen und ist an den damit einhergehenden gesellschaftlichen Idealbildern orientiert. Zugleich forciert Sozialpolitik aber auch die Ausbreitung der Rechtfertigungsordnung, in diesem Falle die Verallgemeinerung der „Metadifferenz“ von Aktivität und Inaktivität. So gesehen, wird die Aufgabe, Erwerbslosigkeit zu überwinden, selbst zum Projekt und damit zur Angelegenheit des Individuums und nicht der Gesellschaft. Mit dieser Perspektive hebt Lessenich die Bedeutung des staatlichen Einflusses auf den gesellschaftlichen Wandel hervor und betont die Bedeutung des Begriffs des „Gemeinwohls“ in der mit dem Wandel einhergehenden Rechtfertigungsordnung. Die Diagnose eines sich ausbreitenden „Neoliberalismus“ ist seiner Argumentation zufolge fehlgeleitet: Zwar wird mit der Erwartung von Aktivität und Eigenverantwortung auf ein Konzept autonomer Individuen verwiesen, aber dieses Konzept wird nicht im Sinne von mehr Selbstbestimmung umgesetzt. Zudem zieht sich der Staat in diesem Prozess keineswegs zurück:

*„Denn während die Rede von einer ‚neoliberalen‘ Gouvernementalität oder dem ‚neoliberalen‘ Umbau des Sozialstaates immer auch Vorstellungen vom Rückzug des Staates im Interesse individueller Autonomie evoziert, beinhaltet die veränderte sozialpolitische Regierungsweise tatsächlich weder das eine (staatliche Enthaltsamkeit) noch das andere (persönliche Selbstbestimmung): der ‚neoliberale‘ Sozialstaat ist in höchstem Maße aktivistisch mit der Produktion sozialverantwortlicher Subjekte beschäftigt.*“ (Lessenich 2008: 84)

Den oftmals als „neoliberal“ gekennzeichneten Wandel charakterisiert Lessenich vielmehr als „neosozial“ (Lessenich 2008: 14). Der Wandel ist insofern „neosozial“, als dem „Gemeinwohl“ als Bezugsgröße und Legitimationsdimension eine zentrale Bedeutung zukommt. Der Sozialstaat fordere nicht Aktivität und Eigenverantwortung zum Wohle des Einzelnen, sondern zum Wohle der Gemeinschaft ein. In der Begründungslogik der Erwartungen von Aktivität und Eigenverantwortung sind sozialpolitische Interventionen deshalb legitim, weil sie letztlich dem Wohl der Gesellschaft dienen. Wer sich nicht aktiv und vorsorgend um eine Erwerbsposition und den Erhalt der eigenen Erwerbsfähigkeit kümmert, fällt in diesem Begründungszusammenhang der Gesellschaft zur Last. Vorsorgende und aktive Individuen dagegen gelten als verantwortlich und im Sinne des Gemeinwohls Handelnde. Lessenich zufolge drückt sich in dieser Rechtfertigungslogik, unter anderem vermittelt durch Sozialpolitik, eine neue Form der Vergesellschaftung aus: Nicht mehr die Gemeinschaft ist für das Wohl der einzelnen Bürger/-innen verantwortlich, die Individuen sind für das Wohl und den Zustand der Gemeinschaft verantwortlich. Der „paternalistische“, „versorgende“ Sozialstaat wird zum „aktivierenden“ und „vorsorgenden“ Staat (ebd.: 17). In diesem Begründungszusammenhang wird nicht nur die Verantwortlichkeit für die Erwerbslosigkeit in das Individuum verlagert und werden strukturelle Begründungen in den Hintergrund gerückt, vielmehr wird das Individuum für das „gute“ und „richtige“ Funktionieren der Strukturen in Verantwortung genommen. Ähnlich wie Lessenich argumentiert Gabriele Wagner (2007), dass „*die gesellschaftlich anerkannte Sozialfigur des selbstverantwortlichen Individuums* […] *traditionelle Ansprüche an sozialstaatliche Leistungen* [delegitimiert]“ (Wagner 2007: 15). Im Anschluss an Boltanskis und Chiapellos Analysen der kapitalistischen Vereinnahmung der „Künstlerkritik“ argumentiert sie, die Individualisierungssemantik, übersetzt in wohlfahrtsstaatliche „Aktivierungspolitik“, habe wesentlich dazu beigetragen, dass Staat und Gesellschaft von der Verantwortung für die Existenzsicherung im Wohlfahrtsstaat entlastet wurden und die Individuen per Selbstverantwortung stärker in die Pflicht genommen wurden.

#### 3.1.3.2 Aktivierung durch „Fördern und Fordern“

Was konkret aber bedeutet „Aktivierung“ mit wohlfahrtstaatlichen Mitteln? Hermann Kocyba zufolge herrscht gegenwärtig ein *„Kult der Aktivität“* (2013:17), der sich nicht nur in Erwerbsarbeit, sondern auch in privaten Beziehungen, im Reisen und in der Arbeit am Selbst (z.B. Kommunikationstraining) niederschlägt (vgl. ebd.). Aktivität, Leistung und Erfolg sind Kriterien für soziale Statuspositionen. Die (sozialpolitische) Forderung nach Aktivierung selbst unterstellt einerseits Passivität der „zu aktivierenden“ Subjekte. Andererseits setzt sie voraus, dass Aktivität möglich ist, dass sich also in den „zu Aktivierenden“ ein Kern verbirgt, der nur geweckt werden muss. Aktivierung setzt in diesem Sinne ihre eigene Potenzialität voraus (vgl. ebd.: 18). Im Kontext wohlfahrtsstaatlicher Sicherheit wird Aktivität zur Voraussetzung für soziale Unterstützung und Förderung: *„Inzwischen wird Aktivität beziehungsweise die glaubhaft vermittelte Bereitschaft zur Aktivität bereits zur Voraussetzung dafür, überhaupt soziale Anrechte geltend machen zu können“* (ebd.: 17). Gemäß Kocyba, der sich an dieser Stelle auf Erwerbslose bezieht, wird nicht nur die Verantwortung für Erwerbslosigkeit individualisiert, sondern die Unterstützung der Gemeinschaft erfolgt überhaupt nur bei eigener Aktivität oder erkennbarem Willen zur Aktivität. Das aktive Bemühen muss vor allem *sichtbar* und *glaubhaft,* also nachvollziehbar sein und mehr oder weniger messbaren Kriterien genügen. Im SGB II wird eine solche Bereitschaft zur Eigenverantwortung und Aktivität konkret eingefordert. Seinen Ausdruck findet dies in den im Zuge der „Gesetze für moderne Dienstleistungen am Arbeitsmarkt“ eingeführten Grundsätzen des „Förderns und Forderns“. Im Gesetzestext heißt es zum Grundsatz des „Forderns“:

*„Erwerbsfähige Leistungsberechtigte […] müssen alle Möglichkeiten zur Beendigung oder Verringerung ihrer Hilfebedürftigkeit ausschöpfen. Eine*

*erwerbsfähige leistungsberechtigte Person muss aktiv an allen Maßnahmen zu ihrer Eingliederung in Arbeit mitwirken.*" (SGB II: § 2 (1))

Weiter heißt es:

„*Erwerbsfähige Leistungsberechtigte [….] haben in eigener Verantwortung alle Möglichkeiten zu nutzen, ihren Lebensunterhalt aus eigenen Mitteln und Kräften zu bestreiten. Erwerbsfähige Leistungsberechtigte müssen ihre Arbeitskraft zur Beschaffung des Lebensunterhalts für sich […] einsetzen.*" (SGB II: § 2 (2))

Im Gesetz werden Leistungsbeziehende explizit dazu aufgefordert, keine Option, den Leistungsbezug zu beenden oder zu verringern, ungenutzt zu lassen. Institutionell vermittelte Maßnahmen müssen *aktiv* ausgefüllt werden. Das Ausschöpfen aller Möglichkeiten liegt in der Verantwortung der Individuen selbst. Leistungsbeziehende werden dazu aufgefordert, für die Suche ihre „Arbeitskraft" einzusetzen: Die Suche nach Beschäftigung wird also für sie zur „Arbeit" und wird zum zentralen Ziel der Grundsicherung für Arbeitsuchende erklärt. Wie Kocyba in seinen Ausführungen zur „Aktivierung" deutlich macht, spiegelt sich auch im Gesetzestext die grundsätzliche Annahme einer „Aktivierbarkeit". Indem die Forderung nach Eigenverantwortung und aktiver Suche nach Beschäftigung zu einem Grundsatz im Gesetz erhoben wird, wird implizit Passivität unterstellt. Dem Wandel hin zu einer „aktivierenden" Sozialpolitik ging seit den 1990er Jahren ein öffentlicher Diskurs um Aktivierung voraus (vgl. Lessenich 2008: 86ff). Konzepte wie „from welfare to workfare" (im Deutschen: „Fördern und Fordern") und „Employability" (Beschäftigungsfähigkeit) kursierten in der Öffentlichkeit und hielten Einzug in politische Konzepte. Unter anderem spiegelt ein Papier des damaligen Bundeskanzlers Gerhard Schröder und seines Amtskollegen in Großbritannien, des damaligen Premierministers Tony Blair (vgl. Blair/Schröder 1999), die gewandelte Perspektive auf die Rolle des Staates und des Individuums im Wohlfahrtsstaat wider. In diesem Papier („Der Weg nach vorne für Europas Sozialdemokraten") sehen die beiden Politiker eine „aktive Arbeitsmarktpolitik", die an die Förderung der Selbsthilfe und Eigenverantwortung Erwerbsloser appelliert, als solidarische Leistung der Gemeinschaft an (vgl. ebd.: Abschn. IV). Das Sozialsystem soll Kreativität, Initiative und unternehmerisches Handeln fördern (vgl. ebd.: Abschn. II). Dies sind für Schröder und Blair Bausteine einer notwendigen Anpassung der Politik, um dem *„neoliberalen Laisser-faire“* (Abschn. III) Einhalt zu gebieten, ohne dabei den Staat mit übermäßigen Sozialausgaben zu strapazieren. Auch wird in dem Papier von einer Gemeinschaft ausgegangen, die durch Sozialausgaben Schaden nehmen kann bzw. die der Gefahr ausgesetzt ist, übermäßige und unnötige Sozialausgaben zu tätigen. Parallel zum Aktivierungsdiskurs wurde zu Beginn der 2000er Jahre die Figur des/der Arbeitslosen als „Drückeberger“ (alternativ: „Sozialschmarotzer“, „Scheinarbeitslose“) wiederbelebt (vgl. Oschmiansky 2003; Uske 2000). In dem medial und politisch bedienten Bild werden erwerbslose Leistungsbeziehende dem Verdacht ausgesetzt, faul zu sein und Leistungen auszunutzen, um sich ein „schönes Leben“ auf Kosten der steuerzahlenden Bevölkerung zu machen.[29] *„In dieser Betrachtungsweise wandelt sich die Vorstellung vom sozialen Netz für die Verlierer des Kapitalismus zum Bild der Hängematte für die Arbeitsunwilligen“* (Lehnert 2009: 248). Auch im Zusammenhang der Figur des/der „arbeitsunwilligen Erwerbslosen“ wird die Gemeinschaft, „die Steuerzahler“, als die geschädigte Seite dargestellt. Dabei wird Bezug genommen auf denselben Begründungszusammenhang wie bei den Programmen der Aktivierung und Eigenverantwortung: Der Sozialstaat sei für die Unterstützung der nicht Erwerbsfähigen zuständig, alle Leistungsbezüge Erwerbsfähiger seien illegitim (vgl. Lehnert 2009). Die „Drückeberger“-Debatte ist nicht neu und hatte in der Bundesrepublik immer wieder Konjunktur (vgl.

---

[29] Besonders öffentlichkeitswirksam wurden die Figuren „Florida-Rolf“ und „Karibik-Klaus“ medial als Sinnbilder des staatlich finanzierten Lebens in der „sozialen Hängematte“ stilisiert (vgl. Lehnert 2009: 248). Der damalige Außenminister Guido Westerwelle schlug 2010 in eine ähnliche Kerbe mit seiner Kritik, Leistungen des Sozialstaates würden „anstrengungslosen Wohlstand“ versprechen und zu „spätrömischer Dekadenz“ einladen. Sozialstaatliche Leistungen würden insbesondere die Anstrengungen der Mitte missachten (Westerwelle 2010). Westerwelle vermittelte in seinem Artikel den Eindruck, Leistungsbeziehende würden sich auf Kosten gesellschaftlicher „Leistungsträger“ ein schönes Leben machen.

Oschmiansky 2003). Zu aktivierende Leistungsbeziehende werden nicht nur diskursiv zunehmend für ihre Lage und für die Änderung der Lage verantwortlich gemacht. Mit der Figur des/der „Sozialschmarotzer/-in“ wird zudem prinzipiell das Potenzial des bewussten Ausnutzens der gemeinschaftlichen Solidarität unterstellt. Der Rückgriff auf die Gemeinschaft als die geschädigte Instanz ist dabei besonders wirkmächtig, da die „zu aktivierenden“ Subjekte theoretisch allen erwerbstätigen Freund/-innen, Familienmitgliedern, Nachbar/-innen usw. „schaden“. Im Aktivierungsdiskurs wird also die Verantwortung für Arbeitslosigkeit und für die soziale Sicherung primär in das Individuum verlagert. Konkret äußert sich die diskursive Aktivierungserwartung in Jobcentern in Erwartungen an Leistungsbeziehende, an Maßnahmen teilzunehmen, mobil und flexibel hinsichtlich des Arbeitsorts und der beruflichen Orientierung zu sein und stets die eigene Beschäftigungsfähigkeit zu optimieren (siehe auch Kapitel 2).

Mit den Begriffen des Gouvernementalitätskonzepts, das im Folgenden vorgestellt wird, lässt sich die aktivierende Sozialpolitik als eine Regierung durch Selbstführung verstehen (vgl. Lessenich 2003b: 86f.): In der Adressierung und Herstellung von Individuen als eigenverantwortliche, vorsorgende und selbsttätige Subjekte wird einerseits eine Figur autonomer Subjektivität bedient und die Rechtfertigungsordnung der „Künstlerkritik“ legitimiert. Eigenverantwortung, Aktivität und Vorsorge sind dabei vor allem auch eine *moralische* Erwartung an Subjekte. Die „Gemeinschaft“ ist die Instanz, der gegenüber Subjekte verpflichtet sind, sich eigenverantwortlich zu verhalten. Individualisierung gilt damit nicht nur als Ausdruck eines „lebenswerten“ Lebensstils, sondern wird zu einer Art sozialmoralischer Pflicht. Mit Stephan Lessenichs Verbindung der Analysen aktivierender Sozialpolitik und der Gouvernementalitätsperspektive wird die Vermittlung gesellschaftlicher Diskurse über politische Programme nachvollziehbar:

*„Die Signale des flexiblen Kapitalismus aufnehmend und, verstärkt um ihre soziale Aufladung, an die Subjekte weiterleitend, ist der Sozialstaat zentrales institutionelles Scharnier einer gesellschaftlichen Bewegung,*

*der es um die Bewegung der Gesellschaft zu tun ist.*“ (Lessenich 2008: 77)

Der Sozialstaat ist in diesem Sinne eine zentrale Institution der Vermittlung gesellschaftlicher Normen und Diskurse mit spezifischen Subjektivierungsweisen. Die „Aktivgesellschaft“, die Gesellschaft in Bewegung, ist das normative Leitbild. Die Aktivierung der „Nicht-Aktiven“ und die unternehmerische Ausgestaltung der Arbeitskraft und Lebensführung sind zentrale Integrationsprinzipien und Ausdruck gelungener Subjektivität. Soziale Positionen werden entlang der Metadifferenz Aktivität/Nicht-Aktivität verteilt.

Die oben umrissenen Programme „Unternehmertum“ und „Aktivierung“ richten sich zunächst an das erwerbsfähige Individuum und rufen dieses an, sich jeweils so zu verstehen und zu verhalten, wie es einer liberalen Rationalität entspricht. Allerdings bezieht sich die Anrufung nicht nur auf das Subjekt in der Arbeit, sondern umfasst auch die Ausrichtung der Lebensführung insgesamt. So adressieren beide Programme Individuen als aktive oder zu aktivierende Subjekte, die ihre Lebensweise auf den Erhalt einer flexiblen, aktiven und verantwortlichen Arbeitskraft ausrichten (sollen). Die beiden Programme sind auch nicht unabhängig voneinander: In beiden werden ähnliche Formen des Selbstbezugs nahegelegt und in beiden werden auf Eigenverantwortung, Selbstverwirklichung und Aktivität beruhende Selbstbilder als Ausdruck „guten“ Lebens hervorgebracht.

Mit diesen theoretischen Überlegungen kann der gesellschaftlich-normative Kontext charakterisiert werden, in dem sich Gründer/-innen nach dem SGB II bewegen. Wie aber ist aus sozialtheoretischer Perspektive der Zusammenhang zwischen diskursiven gesellschaftlichen Normen einerseits und individuellen Selbstverhältnissen andererseits zu verstehen? Michel Foucaults Forschungsperspektive der Gouvernementalität ermöglicht es, eine gesellschaftsanalytische Klammer zwischen normativen Diskursen und subjektiven Selbstverhältnissen herzustellen, indem sie diese als Formen der Regierung fasst. Die Erwartungen an die „Aktivgesellschaft“, die sich in der Figur des Künstlers bündeln, sind in der im Folgenden vorgestellten Foucault'schen Forschungsperspektive Bestandteil eines Macht-Wissens-Komplexes und Element von (politischer) Regierung. Im Sinne Foucaults tragen Programme wie „Unternehmertum" und „Aktivierung" dazu bei, individuelle Bewertungen und politische Ziele in Einklang zu bringen (vgl. Rose 2000). Judith Butlers Subjekttheorie ermöglicht ergänzend ein Verständnis der subjektivierenden Wirkungsweise von Anrufungen, d.h. dem Appell, sich selbst in spezifischer Weise zu verstehen und dem ‚verhaftet' zu bleiben. Hierauf gehe ich im Folgenden ein.

## 3.2 Gouvernementalität, Subjektivation und Positionierung

### 3.2.1 Das Regieren von Denkweisen

In dem zu seinem Spätwerk zählenden Ansatz der Gouvernementalität entwickelt Michel Foucault seine Analyse von Macht und Wissen weiter. Seine Überlegungen hierzu hat er in erster Linie im Rahmen zweier Vorlesungen am Collège de France zwischen 1977 und 1979 dargelegt (vgl. Foucault 2004a, 2004b), allerdings hatte er vor seinem Tod nicht mehr die Möglichkeit, diese systematisch auszuarbeiten und zu verschriftlichen. In den 1990er Jahren wurde der Gouvernementalitätsansatz insbesondere in den angelsächsischen Ländern wieder aufgegriffen und weiter ausgearbeitet (vgl. Burchell et al. 1991). Später hat er auch im deutschsprachigen Forschungskontext Anwendung gefunden (vgl. u.a. Bröckling et al. 2000). Die Verwendung des Ansatzes ist nicht einheitlich, er stellt vor allem eine „Forschungsperspektive" (Bührmann 2005: Abschn. 2)[30] dar. Wie

---

[30] In ihrer Einführung zur Dispositivanalyse erläutern Andrea D. Bührmann und Werner Schneider (2008), was sie unter einer Forschungsperspektive verstehen: „[...] der Begriff *Forschungsperspektive* [...] [umfasst] für uns die erkenntnistheoretischen Grundlagen und begrifflich-theoretischen Bestandteile, die den mit einem näher zu bestimmenden Analysekonzept – hier dem Dispositiv*konzept* – verbundenen ‚Denkstil' (Fleck 1935) charakterisieren und von anderen Forschungsperspektiven abheben" (ebd.: 15, Herv. i. Orig.). Gouvernementalität kann also, in Anlehnung an Bührmanns und Schneiders Verwendung des Dispositivkonzepts, als ein *Denkstil* gesehen werden, mit dem erkenntnistheoretische und begriffliche Annahmen und Entscheidungen einhergehen. Die methodologische Ausrichtung und

schon in seinen vorhergehenden Arbeiten befasst Foucault sich mit Macht- und Herrschaftsverhältnisse in ihrer historischen Entstehung. In den Vorlesungen rekonstruiert er die Geschichte der Gouvernementalität, des Regierens, von der Antike bis zum Neoliberalismus und interessiert sich dabei für historische Formen der Regierungs*rationalität*, für die Frage also, wie Macht und Herrschaft legitimiert, argumentiert und begründet werden. Nach seinen Überlegungen zum Diskurs – im Sinne historischer Ordnungen von Denk- und Sagbarem bzw. im Sinne geregelter Aussagesysteme, in denen Klassifikationen und Wahrheiten (re-)produziert und legitimiert werden – und zum Dispositiv-Konzept – in dem er das Verhältnis diskursiver und korrespondierender nicht-diskursiver Praktiken erfasst – setzt er mit der Untersuchung der Gouvernementalität seine Machtanalytik fort. Diskurse und Dispositive bleiben dabei Leitlinien seiner Arbeit, er verschiebt allerdings den Akzent in der Analyse auf Machttechniken und Wissensformen (vgl. Lemke 2000: 32). Wesentlich in seinem Gouvernementalitätsansatz ist die Untersuchung von *Regierung,* die er allerdings nicht alleine als politische Regierung im gängigen Sinne versteht. Regierung vermittelt zwischen Macht und Subjektivität. Anhand des Regierens kann analysiert werden, wie etwa Wissen, politische Machttechniken und Selbsttechniken verknüpft sind (vgl. Lemke et al. 2000: 8). Diesen Zusammenhang bringt der Begriff Gouvernementalität zum Ausdruck, insofern er Regieren („gouverner“) und Denkweise („mentalité“) verbindet (vgl. ebd.). In seiner Analyse von Regierung untersucht Foucault also den Zusammenhang von Macht-Wissens-Komplexen, (politisch-institutionellen) Führungstechniken und Selbsttechnologien. Im Anschluss an seinen Diskurs- und Dispositiv-Begriff erweitert er das machtanalytische Instrumentarium, um dem Zusammenhang von Herrschaftsformen und Subjektivierungsweisen bzw. Selbsttechnologien als Regierungstechniken nachzugehen.

---

das methodische Instrumentarium sind von der Forschungsperspektive zunächst zu unterscheiden; Bührmann/Schneider charakterisieren diese als *Forschungsstil* (vgl. ebd.).

Die Konstruktion von Subjektivität, Subjektivierungsweisen und der Subjekt-(Trans)Formierung durch Macht-Wissens-Komplexe versteht er also als einen Teil der Regierungspraktiken.

Gesellschaft gerät dabei in einer spezifischen Weise in den Blick: Sie wird nicht als eine makrostrukturelle Grundordnung oder anhand eines zentralen Integrationsprinzips beschrieben, von dem aus Prozesse und Handlungen auf Meso- und Mikroebene erklärbar wären. Vielmehr werden (machtförmige) Praktiken in und durch Institutionen, durch Verfahren und durch (politische) Programme als Mittel der Führung und Machtausübung verstanden. Institutionen etc. leiten Individuen insofern, als sie Kontexte schaffen, in denen Menschen sich verhalten (müssen), und indem sie Deutungsmuster anbieten, anhand derer diese sich beschreiben und an denen sie ihr Handeln ausrichten. In dieser Perspektive ist Gesellschaft das Produkt von Praktiken und Denkweisen, die sich zu Diskursen verdichten (vgl. Bröckling et al. 2013: 9ff.). Mit Gouvernementalität gerät demzufolge die Komplexität von Regierungsweisen in den Blick. Die Mechanismen auf der Ebene der Machttechniken anhand einer spezifischen Regierungsrationalität beschreibt Foucault in der Vorlesung vom 1. Februar 1978 folgendermaßen:

*„Ich verstehe unter ‚Gouvernementalität' die aus den Institutionen, den Vorgängen, Analysen und Reflexionen, den Berechnungen und den Taktiken gebildete Gesamtheit, welche es erlauben, diese recht spezifische, wenn auch sehr komplexe Form der Macht auszuüben, die als Hauptzielscheibe die Bevölkerung, als wichtigste Wissensform die politische Ökonomie und als wesentliches technisches Instrument die Sicherheitsdispositive hat."* (Foucault 2004a: 162)

Mit Gouvernementalität untersucht Foucault also politische Macht, die allerdings nicht im staatlichen Wirken alleine aufgeht. Vielmehr sind politische Regierungsweisen mit ökonomischen Prinzipien und der Wissensform der politischen Ökonomie verknüpft. In Institutionen und über statistische Analysen und politische Programme halten ökonomische Logiken und ökonomisches Wissen Einzug in verschiedene gesellschaftliche Felder. Politökonomisches Wissen und Logiken erhalten Plausibilität und Normalität. „Bevölkerung“ wird daher nicht (bzw. nicht primär) über rechtliche Ver- und Gebote oder disziplinierende Maßnahmen geführt, sondern indem soziale Kontexte geformt und auf ökonomischem Wissen beruhende Deutungsmuster und Subjektpositionen konstituiert werden. Die wesentlichen Mittel dieser komplexen Form der Führung sind Foucault zufolge „Sicherheitstechnologien“. In dem Maße, in dem Gesellschaft weniger an einem normativen Ideal ausgerichtet wird und vielmehr die statistisch analysierte und dargestellte „Realität“ zum Ausgangspunkt gesellschaftlicher Beschreibung wird, werden empirische Berechnungen zur Grundlage der Definitionen von Normalität und ihren Abweichungen (vgl. ebd.: 87ff.). Dabei erhält die Definition und Berechnung von Risiken eine zentrale Bedeutung (ebd.: 95). Risiken verweisen hier weniger auf konkrete Bedrohungen, sondern kennzeichnen vielmehr das gesellschaftliche Denken über Ereignisse und das gesellschaftliche Bewerten von Ereignissen (vgl. Lemke 2000: 35f.). Jedes Ereignis kann als Risiko definiert werden und Versicherungsstrategien, die zur Handhabung der Risiken entwickelt werden, treten als Versprechen der Kalkulierbarkeit von Gefahren und der Optimierung von Sicherheit auf. Durch die Rationalität von Versicherungen und von Prävention werden in diesem Sinne Risiken überhaupt erst produziert und zugleich werden mit den Versicherungen und politischen Programmen gleichsam die Lösungen bzw. das Versprechen der Kalkulierbarkeit mitproduziert.[31]

In der modernen Regierungsweise wirkt, unter Rekurs auf empirische Beschreibungen der „Realität“, ein *„flexibles Regime des ‚Normalismus‘“* (Reckwitz 2008: 36). Das produzierte Wissen im Rahmen des „Normalismus“ stellt damit einen diskursiven Kontext bereit, in dessen Rahmen sich

---

[31] François Ewald (1993) hat untersucht, wie die Konzeption von *Risiken* aus den Berechnungen von Wahrscheinlichkeiten und Regelmäßigkeiten entsteht, wie sie zum Ausgangspunkt für eine Versicherungsrationalität wird und wie sie sich hierdurch als eine politische Machttechnik etabliert.

Individuen selbst deuten und entsprechende Selbstverhältnisse zu sich bilden. Das, was als ‚normal' gilt, steht nicht immer schon fest, sondern ändert sich im Zuge von statistischen Gesellschaftsbeschreibungen und Deutungen von Ereignissen. Foucault interessiert sich in diesem Zusammenhang insbesondere für die produktive Seite von Macht, indem er Subjektivierung als einen Vorgang beschreibt, bei dem Individuen durch spezifische Regierungsrationalitäten dazu angehalten werden, auf sich und andere in einer spezifischen Weise Bezug zu nehmen (vgl. Bührmann 2005: Abschn. 2). Dadurch werden immer wieder neue Formen, sich selbst und andere zu deuten, hergestellt. Foucault macht darauf aufmerksam, dass durch Macht Wissen hergestellt und in Praktiken eingeschrieben wird und dass dabei jeweils historisch-spezifische intelligible Subjektformen produziert und reproduziert werden. Dies bedeutet allerdings nicht, dass er repressive Machtformen negiert. Im Gouvernementalitätsansatz betont er – anders als in seinen Untersuchungen zur Disziplinarmacht –, wie eine Art flexibler Führung in Form von Selbst-Führung in Individuen hineinverlagert wird. So zeigt die Untersuchung von Subjektivierung als Disziplinierung, wie Individuen durch die Internalisierung von Fremdkontrolle in disziplinierenden Institutionen (Schulen, Kasernen, Gefängnisse) geformt werden. Hier werden „gelehrige" (Foucault 1994: 173ff.) Körper und Seelen hergestellt, die die Fremdbeobachtung – den Blick der anderen – so weit internalisiert haben, dass sie sich ohne *sichtbares* Einwirken von Macht selbst kontrollieren. Das Panoptikum ist Sinnbild dieser Disziplinarmacht (vgl. Foucault 1994). Im Gouvernementalitätsansatz ist es hingegen nicht in erster Linie die Disziplin, durch die die Macht wirkt:

*„Regierung im Sinne Foucaults bezieht sich somit nicht in erster Linie auf die Unterdrückung von Subjektivität, sondern vor allem auf ihre ‚(Selbst-)Produktion', oder genauer: auf die Erfindung und Förderung von Selbsttechnologien, die an Regierungsziele gekoppelt werden können. Sie operiert nicht ausschließlich und notwendig über explizite und implizite Verbote von Handlungsoptionen, sondern auch und gerade durch ihre Macht,*

*Subjekte zu einem bestimmten Handeln zu bewegen.*“ (Lemke et al. 2000: 29)

In disziplinierenden Institutionen wird präskriptiv ein „normales“ Subjektideal durch Klassifikationen dessen, was als normal und was als anormal gilt, gesetzt und Individuen werden durch Disziplinierung zu eben solchen normalen/anormalen Subjekten geformt. Die diskursive Bedeutung von vorab normativ klassifizierter „Normalität“ geht jedoch zurück (vgl. Foucault 2004a: 89f.). Vielmehr werden (flexible) Modelle des Normalen im modernen westlichen Staat durch „Sicherheitstechnologien“ hergestellt. Individuen führen sich entlang der hergestellten „Normalität“ selbst. Die Gouvernementalität erlaubt eine Regierung von Subjekten, in der Subjekte sich „selbst produzieren“. Selbsttechnologien bezeichnen demnach keine Unterwerfung, sondern eine „Führung“ durch „Selbst-Führung“.

Welche Art von Wissen ist es, das im modernen Staat einerseits das „flexible Regime des ‚Normalismus‘“ ermöglicht und andererseits durch dieses selbst reproduziert wird? Foucault und seine Nachfolger/-innen sehen die spezifische Form der Regierung und der Rationalität der „Sicherheitstechnologien“ mit der liberalen Idee der Freiheit des Individuums verknüpft. Denn „Freiheit“ besteht nicht per se, sondern der liberale Staat organisiert Bedingungen von Freiheit und stellt sie damit erst her. Gleichzeitig steht der Staat vor dem Problem, dass unbegrenzte individuelle Freiheit die Gemeinschaft gefährden kann. Sicherheitskalküle und das Definieren von Gefährdungen sind dann ein Mittel, das Maß an Wahlfreiheit wieder zu beschränken (vgl. Lemke et al. 2000: 14). Im modernen „Neoliberalismus“ verschiebt sich die Organisation der Freiheit. Anders als den frühen Liberalismus zeichnet den „Neoliberalismus“ aus, dass Markt nicht mehr staatlich definiert wird. Vielmehr ist es „*die Form des Marktes, die als Organisationsprinzip des Staates und der Gesellschaft dient*“ (Lemke et al. 2000: 15). Marktmechanismen führen also zu einem neuartigen Verhältnis von Staat und Gesellschaft. Ebenso ist die Freiheit, die durch das „neoliberale“ Regieren organisiert wird, keine natürliche Freiheit, sondern eine spezifisch organisierte, und in diesem Fall eine primär unternehmerisch orientierte ökonomische Freiheit (vgl. ebd.: 15). Ökonomie stellt in diesem Kontext nicht mehr nur einen Teilbereich des Handelns dar, sondern jedes menschliche Handeln ist an ökonomischen Rationalitäten ausgerichtet. Damit einher geht eine Ausweitung der Bewertung verschiedener gesellschaftlicher Bereiche sowie politischer Programme nach ökonomischen Kriterien. „Neoliberalismus" bedeutet daher nicht einfach eine Ausweitung von Marktlogiken unabhängig vom Staat oder gar zu Lasten des Staats. Staat und Markt sind nicht getrennt, vielmehr ändert sich ihr Verhältnis hin zu einer Ökonomisierung von Politik (vgl. ebd.: 25). Der Einzug marktförmiger Funktionsweisen in verschiedene Teilbereiche der Gesellschaft ist Teil eines politischen Prozesses. Die Politik wird also nicht von der Ökonomie verdrängt, sondern beide sind ineinander verwoben. Die Vorstellung von Staat, Ökonomie und Privatem als getrennte Sphären ist selbst Teil einer liberalen Denkweise, vielmehr bedingen sich die Bereiche wechselseitig. Die Idee autonomer Subjekte ist hierfür konstitutiv. Sie wird als Referenzfolie vertreten und zugleich indirekt über politische Programme, Definition von Gefahren und Risiken und Versicherungsformen wieder eingeschränkt. Statt ein spezifisches Handeln oder Verhalten einzufordern, werden verschiedene Handlungsoptionen erzeugt, zwischen denen Subjekte wählen können; die Entscheidungsmöglichkeit wirkt dann wie eine Wahlfreiheit und wie der Ausdruck eines freien Willens. Mit dem Konzept der Entscheidungsfreiheit wird die Verantwortung über die Entscheidung Individuen zugeschrieben. Der Erhalt der Gesundheit und der Arbeitskraft, das Verhindern von Arbeitslosigkeit und finanzieller Not gilt als Verantwortungsbereich des selbstsorgenden Subjekts. Selbstbestimmung, Verantwortung und Wahlfreiheit sind dann als Prinzipien des Liberalismus letztlich Instrumente des Regierens und bedingen das subjektive Selbstverhältnis. Das Durchsetzen eines Leitbildes autonomer, selbstverantwortlicher und freier Subjekte kann als eine effiziente Form des Regierens interpretiert werden. Politische und ökonomische, an Effizienzkriterien gekoppelte Ziele lassen sich mittels des Versprechens auf Selbstverwirklichung erreichen (vgl. ebd.: 30). Zwar gibt es in dieser Form der Regierung auch disziplinäre Machtformen, in erster Linie wird Macht allerdings durch Techniken der Selbstführung ausgeübt: Regierungstechnologien schaffen den Rahmen, in dem sich Individuen selbst (im Sinne der Ökonomie) führen. Regierung bedeutet damit auch das Einwirken der Institutionen auf das Handeln von Individuen (vgl. van Dyk/Angermüller 2010: 10).

Zusammenfassend lässt sich festhalten, dass Foucault mit Regierung nicht alleine „politische“ oder „staatliche“ Regierung meint. Vielmehr macht er auf Regierung als komplexe Verbindung verschiedener Fremd- und Selbstführungstechniken aufmerksam. Souveräne Staatlichkeit und die Idee autonomer Subjektivität konstituieren sich dabei wechselseitig. Neben der Definition eines Raumes als „Gesellschaft“, in die Formen politischer Rationalität eingeschrieben sind, sind Techniken des Fremd- und Selbstregierens zentrale Herrschaftstechniken. Für die vorliegende Arbeit ist Foucaults Perspektive der Gouvernementalität vor allem deswegen hilfreich, weil damit auf das Zusammenwirken von Wissen, politischen Programmen und Verfahren und Selbsttechnologien hingewiesen wird. Ergänzend zur diskursiven Perspektive, die stärker die kommunikative Form von Vergesellschaftung und die situationsübergreifende Sinnproduktion in den Blick nimmt, wird mit der Gouvernementalitätsperspektive die politische Konstitution des Sozialen und die gleichzeitige Herausbildung von Macht, Staatlichkeit und Subjektivität analysiert (vgl. van Dyk/Angermüller 2010: 9; Lemke et al. 2000: 10). Bedeutsam an dem Ansatz ist unter anderem, dass darin Regieren und Macht nicht als repressives, auf konkrete Positionen zielendes Machtwirken konzipiert werden. Vielmehr ist die Wirkung von Macht komplex, die Führung wird in Individuen hineinverlagert. Politisches Führen ist dann „Führung der Führungen“ (Lemke 2000: 33). Über Programme wie „Unternehmertum“ und „Aktivierung“ (siehe Unterkapitel 3.1) werden Formen von Subjektivität geschaffen, indem Individuen angerufen werden, sich selbst auf eine spezifische Weise zu beschreiben und auszulegen. Die Gouvernementalitätsperspektive macht darauf aufmerksam, dass normative Bilder und Narrative vermittelt über Institutionen Teil einer Regierungspraxis sind. Forschungsarbeiten zum „unternehmerischen Selbst“ und zu „Aktivierung“ zeigen konkreter, *wie* normative Bilder und Narrative als Erwartungen an Individuen vermittelt werden. Sie drehen sich um die Fragen, wie die Programme, die das Leitbild eines aktiven, selbstverantworteten Lebensstils und korrespondierende Selbstdeutungen nahelegen, konkret auf Individuen wirken und wie diese Anrufungen von den Subjekten ausgelegt und verarbeitet werden. Zwar wird auch in der Gouvernementalitätsperspektive auf Selbsttechnologien als wesentlichen Bestandteil von Regierungspraxis verwiesen. Wie Andrea Bührmann am Konzept des unternehmerischen Selbst kritisierte, bleibt dabei aber unklar, wie die konkrete Praxis der unternehmerischen Selbstauslegung stattfindet. Auch Alkemeyer et al. (2013) machen darauf aufmerksam, dass diskursiv erzeugte Subjektpositionen per se noch nichts darüber aussagen, *wie* gesellschaftliche Erwartungen verarbeitet werden. Festzuhalten ist zunächst, dass Unternehmer/-in seiner/ihrer selbst zu sein ebenso wie Aktivierung Anrufungen sind, sich in einer spezifischen Weise zu verhalten und selbst zu verstehen. Über betriebliche oder institutionelle (Jobcenter-)Praktiken werden diese Erwartungen teilweise konkret eingefordert, teilweise wirken sie auch als Idealbilder, an denen die eigene Selbst-Optimierung ausgerichtet wird. Die Programme „Unternehmertum“ und „Aktivierung“ können als diskursive und institutionelle Dimensionen verstanden werden, auf die sich Individuen für das Einnehmen von sozialen (Subjekt-)Positionen beziehen. Im Folgenden gehe ich aus theoretischer Perspektive auf die Frage ein, wie ausgehend von dem beschriebenen diskursiven Feld das Ausbilden eines „aktiven“, „unternehmerischen“ Selbstverhältnisses verstehbar wird, wie also das „unternehmerische“ und „aktive“ Leitbild subjektiviert und Teil von Selbstwahrnehmung und -deutung wird. Hierfür beziehe ich mich unter anderem auf Judith Butlers Überlegungen zu Subjekt und Subjektivation. Ihre Theorie in Verbindung mit anerkennungstheoretischen

Überlegungen erlaubt es, den Prozess als Adressierungsgeschehen zu fassen. Auf diese Weise wird eine Konzeptionalisierung von sozialen Positionierungen möglich.

### 3.2.2 Subjekt und Subjektposition

Wie im Unterkapitel 3.2.1 dargestellt, interessiert sich Michel Foucault für das politische Regieren von Subjekten durch Selbstregierung. Sein Interesse daran beruht auf der Annahme, dass Menschen mit Erwartungen konfrontiert werden, sich in spezifischer Weise zu verändern. Der „neoliberale“ oder „neosoziale“ Wandel geht demzufolge mit neuen Formen der Vergesellschaftung und Subjektivität einher. Neben diskursiven geht er auch nicht-diskursiven Techniken der (Trans-)Formierung von Subjekten durch die Selbst-Arbeit nach. Anders als in seinen Arbeiten zur Disziplinargesellschaft versteht er das diskursive Wirken von Macht in seinem Gouvernementalitätskonzept nicht primär als repressive Verhaltensanordnung, sondern als einen Komplex von Wissen und Macht, was jeweils historisch-spezifische Subjektformen hervorbringt und Individuen dazu anhält, sich anhand dieser Subjektformen selbst zu deuten. Im Gouvernementalitätsansatz entwickelt er also nicht nur seine Machtanalytik weiter, sondern auch sein Verständnis von Subjektivierung durch Selbstarbeit. Wie oben dargestellt, wirken in seinem Verständnis von gouvernementaler Regierung Institutionen, politische Programme, Diskurse und Selbsttechnologien zusammen. Kulturelle diskursive Kontexte schaffen einen Rahmen, sich in spezifischer Weise selbst zu verstehen und sich selbst als Subjekt durch spezifische Praktiken erst zu erzeugen. Trotz der Verknüpfung von diskursiver Wissensordnung mit Selbsttechnologien in der Produktion von Selbstverhältnissen bleibt unklar, wie sich „im“ Individuum Subjekt-Werdung vollzieht. Judith Butler schließt an Foucault an und geht an dieser Stelle über ihn hinaus, indem sie seine Theorie der Machtwirkung in der Herstellung von Subjekten unter anderem mit einer Theorie der Psyche verbindet (vgl. Butler 2001).

#### 3.2.2.1 Subjektivation

Subjekt und Subjekt-Werdung – in der Sprache Butlers: Subjektivation[32] – denkt Judith Butler, wie Foucault, als einen Prozess der Machtwirkung. Macht versteht sie dabei, ebenso wie Foucault, nicht (nur) als eine repressive, von außen auf Individuen ausgeübte Macht, sondern (auch) als eine produktive Macht, die Subjekte hervorbringt und damit selbst eine Voraussetzung für Subjektbildung ist (vgl. Butler 2001: 7f.). Sie interessiert sich zunächst dafür, welche Diskurse, Praktiken, Redeweisen und Interessen Subjekte formen. Zudem stellt sie die Frage, wie überhaupt das Vorherrschen der Idee eines autonomen, vernunftbegabten Subjekts zustande kommt (vgl. Villa 2012: 45). Foucault und Butler wenden sich beide gleichermaßen gegen die Annahme eines autonomen, natürlichen, mit sich selbst identischen Subjekts. Vielmehr wird die Annahme von Subjekten, die zwar wechselnde Identitäten annehmen, aber einen die verschiedenen Rollen integrierenden Kern haben, selbst zum Gegenstand ihrer theoretischen Überlegungen (vgl. auch Hauskeller 2000: 36). Die dekonstruktivistische Subjektperspektive entlarvt die Vorstellung autonomer Subjektivität als Erfindung der Neuzeit und als besonders wirkmächtige Figur der Selbstauslegung (vgl. Ricken 2013: 70). Besonders wirkmächtig ist die Annahme einer universalen Natürlichkeit von Subjekten im Denken von Zweigeschlechtlichkeit. Butler kritisiert unter anderem, dass auch feministische Theoretikerinnen im Grunde von einem universalen, unveränderlichen Kern des Subjekts ausgehen, insofern sie eine ursprüngliche, authentische Weiblichkeit annehmen, die durch patriarchale Strukturen überformt ist. Die Annahme einer ursprünglichen und nicht-entfremdeten Subjektivität verschleiere die Kontingenz der Subjektkonstitution selbst und trage letztlich zur Reproduktion des Diskurses um eine natürliche

---

[32] Ich ziehe für die folgende Darstellung den Begriff der Subjektivation dem der Subjektivierung vor, da mit dem Subjektivierungsbegriff nicht immer ein poststrukturalistisches Subjektverständnis im Sinne Butlers einhergeht. Mit dem Begriff der Subjektivation soll betont werden, dass es hierbei um die Frage geht, wie Subjekte zu Subjekten gemacht werden (vgl. Ricken 2013: 71).

Zweigeschlechtlichkeit bei (vgl. Butler 1991: 63ff.). Die Auseinandersetzung mit Geschlechtsidentität ist in Butlers Subjekttheorie eine zentrale Bezugsdimension. Ihre konsequente Dekonstruktion der Vorstellung einer subjektiven Authentizität denkt sie aber von einer allgemeinen Subjekt-Konzeption her. Das Subjekt will sie damit also nicht abschaffen, sondern neu begründen (vgl. Villa 2012: 38). Im Anschluss an Foucault, die Psychoanalyse von Freud, die Sprechakttheorie von Austin und Derridas Dekonstruktivismus denkt sie Subjekt zunächst von der Subjektivation und vom Subjekt-Werden her:

*„'Subjektivation' bezeichnet den Prozeß des Unterworfenwerdens durch Macht und zugleich den Prozeß der Subjekt-Werdung. Ins Leben gerufen wird das Subjekt, sei es mittels Anrufung oder Interpellation im Sinne Althussers oder mittels diskursiver Produktivität im Sinne Foucaults, durch eine ursprüngliche Unterwerfung unter die Macht."* (Butler 2001: 8)

Subjektivation versteht Butler als einen Macht-Prozess, in dem Subjekte durch die Unterordnung unter diskursive Zuschreibungen gebildet werden. Erst durch das Unterwerfen, die Subjektivation, wird das Subjekt zu einem Subjekt. Die Wirkung von Macht ist demzufolge ambivalent: Sie unterwirft das Subjekt und ist gleichermaßen Grundbedingung des Subjekts. Erst als Subjekt ist es als ebensolches handlungsfähig. Indem also, anders gesagt, Individuen anhand von Identitätskategorien, Namen oder Zuschreibungen (Frau, Lehrer, Busfahrerin, Kunde) angesprochen werden, werden sie erst zu Subjekten und können aus diesen Positionen heraus handeln. Dieses Paradox von Macht, das gleichzeitige Unterwerfen und Ermöglichen, macht es notwendig, das Subjekt vom Prozess des Subjektwerdens, der Subjektivation, her zu denken. Denn die Verinnerlichung der Anrufung als ein spezifisches Subjekt ist erst nach der Anrufung möglich. Zur Erklärung dieses Gedankengangs beruft sich Butler auf Louis Althussers Szene einer Anrufung: Ein Polizist ruft eine Person mit „He, Sie da!" an. In dem Moment, in dem sich die Person umwendet, nimmt sie die Adressierung an und wird zu dem angerufenen Subjekt. Butler zufolge bezieht sich Foucault, der das Subjekt als diskursiv Erzeugtes versteht, ebenso auf die Figur der Anrufung und betont damit – über die konkret ausgesprochene Interpellation hinaus – die Wirksamkeit von Diskursen für die Subjekt-Konstitution (vgl. ebd.: 10f.). Demnach wird in Diskursen der Rahmen geschaffen für das, was sinnvoll sagbar ist. So sind Begriffe, Klassifikationen, Adressierungen etc. immer nur im Rahmen bestimmter Diskurse intelligibel, also sinnvoll und nachvollziehbar und können in unterschiedlichen diskursiven Zusammenhängen Unterschiedliches bedeuten (vgl. Villa 2012: 20f.).

*„Das Subjekt ist die sprachliche Gelegenheit des Individuums, Verständlichkeit zu gewinnen und zu reproduzieren, also die sprachliche Bedingung seiner Existenz und Handlungsfähigkeit."* (Butler 2001: 15)

Sprachliche Anrufungen bezeichnen nicht nur Subjekte (z.B. als Frau), sondern statten diese auch immer mit Eigenschaften aus, die damit sowohl Handlungsrahmen als auch -möglichkeit schaffen (vgl. Hauskeller 2000: 42). Individuen werden durch diskursive Zuschreibungen also geformt und erhalten eine spezifische Bedeutung, die sich dann, Butler zufolge, durch performative Sprechakte materialisiert. Das Subjekt ist demnach doppelt abhängig: einerseits von der konkreten Anrede, der Anerkennung durch andere, andererseits von diskursiven Zusammenhängen, in denen Subjektpositionen hergestellt werden. Gleichzeitig muss die Anrufung als ein spezifisches Subjekt-Sein immer wieder bestätigt werden und kann sich verändern. Demzufolge ist Subjekt-Sein ein stetiger, nie aufhörender Prozess des Werdens (vgl. Villa 2012: 44). Butler interessiert sich in ihrer Theorie der Subjektivation besonders für die Frage, warum sich der/die Angerufene überhaupt umwendet, die Adressierung annimmt und sich damit der Zuschreibung als Jemand unterwirft. Zur Erklärung bezieht sie sich auf die Psychoanalyse und stellt heraus, dass das Subjekt, dessen Existenzbedingung die Anrufung ist, seiner Anrufung ‚leidenschaftlich verhaftet' ist (vgl. Butler 2001: 11ff.). Anders gesagt, das Subjekt ist von der Anrufung abhängig und an die Subjektivierung gebunden. Denn erst durch die Umwendung ist Selbstwahrnehmung als Subjekt in der zugeschriebenen Identität möglich.[33] Trotz dieser Bindung an das eigene Adressiert-Werden findet durch die Anrufung als Subjekt keine vollkommene Determinierung des spezifischen subjektiven So-Seins statt. Was die Adressierungen konkret bewirken, ist offen, insofern die adressierten Subjekte ihre Adressierung zwar zitieren (z.B. Wissenschaftlerin, Patient etc.), aber diese Wiederholung nie identisch mit der Anrufung ist. Die Bedeutung der Adressierung ändert sich also in ihrer performativen Materialisierung, und so kann sich die Bedeutung einer Anrufung situativ verschieben und auch auf diskursiver Ebene kann sich die Bedeutung einer Kategorie oder Klassifikation ändern. In der Möglichkeit der semantischen Verschiebung durch Wiederholung liegt auch subversives Potenzial (vgl. Villa 2012: 33ff.). So kann sich durch eine bewusst politische semantische Verschiebung von Begriffen deren kollektive, diskursive Bedeutung ändern. Aber auch auf subjektiver Ebene liegt in der Figur der Zitation und Wiederholung das Potenzial für Handlungsmächtigkeit. Agency ist also nicht „außerhalb“ diskursiver Zuschreibungen denkbar, wohl aber innerhalb des das Subjekt produzierenden Diskurses. Voraussetzung ist die Anerkennung der eigenen Verstrickung in Diskurse und der Abhängigkeit von anderen. Agency des Subjekts verortet Butler damit zwischen diskursiver Konstitution und sprachlicher Wiederholung (vgl. Villa 20012: 54ff.), hier besteht die Möglichkeit einer widerständigen Aneignung einer hegemonialen Anrufung (vgl. Graefe 2010: 300ff.). Diese widerständige Praxis als kritische Handlungsfähigkeit nennt Stefanie Graefe auch Eigensinn. Darunter versteht sie ein situatives, konkret-praktisches und nicht-normatives Handeln (vgl. ebd.: 291ff.). Die das Subjekt erzeugenden Strukturen bringen gleichzeitig auch immer ein Element hervor, das über sie hinaus weist und die Möglichkeit für Veränderung in sich trägt. Widerständige

---

33 Mit Bezug auf Freuds Theorie der Melancholie hebt Butler hervor, dass das Einnehmen einer Subjektposition durch Subjektivation auch immer mit Verlust einhergeht: Es gibt einen psychischen Rest, der mit der Anrufung/Umwendung ausgeschlossen wird, also alle anderen Subjektpositionen, die möglich wären, aber eben durch die Identifikation mit der einen verworfen werden. Am augenscheinlichsten ist dies bei der Verwerfung der Subjektposition „Mann“ durch Anrufung als „Frau“. Dies führt zu einer unbewussten Trauer über den Verlust – einer Melancholie (vgl. Butler 2001: 27ff.).

Handlungsfähigkeit ist demzufolge immer (aber auch immer *nur*) im Rahmen der sie erzeugenden Strukturen möglich (vgl. Meißner 2010: 11).

Judith Butlers Subjektverständnis ist aus folgenden Gründen für die vorliegende Arbeit relevant: Mit ihrer Theorie wird deutlich, dass Subjekt-Sein immer mit Macht verbunden ist. Die diskursiv erzeugten Positionen sind gleichermaßen Möglichkeit und Rahmen der subjektiven Selbstauslegung und der Subjektposition. Butler stellt die Bedeutung der Anrufung als Jemand für das subjektive So-Sein heraus. Subjekt-Sein ist damit immer von konkreten Anderen und von diskursiven Prozessen abhängig. Mit der Psychoanalyse zeigt sie, dass Subjekte an dieses Subjekt-Sein gebunden und darin verhaftet sind. Die Figur der Wendung macht außerdem die Bedeutung des Annehmens einer spezifischen Adressierung verstehbar: die Identifikation mit der Anrufung und der zugewiesenen Subjektposition. Durch das performative Darstellen und Präsentieren des Subjektstatus wird das Subjekt körperlich und sprachlich ausgefüllt, wiederholt und fortwährend neu hervorgebracht. Die Wiederholungen diskursiv erzeugter Subjektpositionen sind nicht immer identisch, sondern verschieben sich. Butler betont darin das widerständige Potenzial, die Möglichkeit der widerständigen Aneignung hegemonialer Anrufung (vgl. Graefe 2010: 300ff.). Subjekte sind also nie auf diskursive Effekte reduzierbar. Dies kann sich in nicht-reflexiven Reaktionen äußern und auch in politischen Akten zeigen (vgl. ebd.: 303).

Im Folgenden möchte ich konkreter auf den Mechanismus der Anrufung in der Subjekt-Werdung eingehen. Denn wenn über Anrufungen Formen subjektiven So-Seins vermittelt werden, dann gilt dies auch für Anrufungen an Leistungsbeziehende im SGB II, sich als Unternehmer/-innen ihrer selbst und als aktiv zu verstehen. Um nachzuvollziehen, wie in Interaktionen Individuen als spezifische Subjekte angesprochen und in Subjektpositionen hineingerufen werden, beziehe ich mich auf eine Konzeption von Anrufung als Adressierung. Norbert Ricken verknüpft Judith Butlers Subjekttheorie mit Axel Honneths Anerkennungstheorie und erarbeitet hieraus ein Konzept der Anerkennung als Adressierung. Über Adressierungen werden diskursive, intelligible Subjektpositionen vermittelt. Unabhängig davon, ob eine Adressierung so angenommen und verstanden wird, wie sie gemeint war, oder ob sie re-interpretiert oder abgewiesen wird, sind Subjekte von Adressierungen anderer abhängig. Adressierungen sind also als Ausgangsbedingungen für Subjekt-Sein zu verstehen. Adressierungen und Re-Adressierungen können als Anerkennungspraktiken innerhalb diskursiver Kontexte (Fischer 2015) und als wichtige Mechanismen für das Einnehmen von Subjektpositionen verstanden werden. Um diese Zusammenhänge nachzuvollziehen, gehe ich zunächst kurz auf Axel Honneths (1992) Anerkennungstheorie ein und stelle im Anschluss Norbert Rickens Verbindung von Butlers Subjektverständnis und Honneths Konzeption von Anerkennung dar, die den Begriff des Adressierungsgeschehens entwickelt.

#### 3.2.2.2 Anerkennung und Anerkennung als Adressierung

Mit Bezug auf Georg F. W. Hegel und George H. Mead konzipiert Axel Honneth eine Anerkennungstheorie, in der er Prozesse intersubjektiver Identitätsbildung und die normativ gesellschaftliche Anerkennungsordnung miteinander verknüpft (vgl. Honneth 1992; Fraser/Honneth 2005). Er betrachtet die intersubjektive Anerkennungsinteraktion als einen wesentlichen Mechanismus für die Ausbildung subjektiven Selbstwertes und zugleich als Medium für die Vermittlung moralischer Grundsätze gesellschaftlichen Zusammenlebens (vgl. Holtgrewe et al. 2000b: 9). Was in Gesellschaften als anerkennungswürdig gilt und welche Rechte für welche Personengruppen gelten, wird in Kämpfen um Anerkennung ausgehandelt und ist damit Ergebnis gesellschaftlichen Wandels. Auf subjektiver Ebene versteht Honneth, unter Bezug auf Mead, Identitätsbildung als einen reziproken Prozess. Anerkennung durch konkrete und verallgemeinerte Andere gilt dabei als eine wesentliche Voraussetzung für die Ausbildung eines Selbstwertes und für subjektive Selbstwahrnehmung überhaupt. Honneth unterscheidet drei Sphären der Anerkennung: Liebe, Recht und Solidarität bzw. soziale Wertschätzung. In diesen drei Sphären werden Individuen in unterschiedlichen Dimensionen ihrer Identität anerkannt und bilden durch „gelungene“ Anerkennungsbeziehungen spezifische Selbstverhältnisse aus: In der Anerkennungssphäre der Liebe wird grundlegendes Selbstvertrauen ausgebildet, in der Sphäre des Rechts Selbstachtung, und durch Anerkennung in der Sphäre sozialer Wertschätzung können Individuen Selbstschätzung ausbilden (vgl. Honneth 1992: 148ff.). Anhand der drei Anerkennungssphären differenziert Honneth den Prozess der Identitätsbildung und der Selbst-Wahrnehmung als vergesellschaftetes und gleichzeitig besonderes Subjekt. Missachtungserfahrungen in den drei Anerkennungssphären können die jeweiligen Selbstverhältnisse erschüttern und dazu führen, dass missachtete Individuen in einen Kampf um Anerkennung eintreten und damit zur moralischen Entwicklung der Gesellschaft beitragen.[34] Für die folgenden Ausführungen ist insbesondere die Sphäre der sozialen Wertschätzung relevant. Durch das Anerkennungsverhältnis der Solidarität oder der Wertschätzung erfahren Individuen Anerkennung für ihre Besonderheit, für konkrete individuelle Eigenschaften und Fähigkeiten. Im Rahmen normativ-gesellschaftlicher Ordnung gilt nicht jegliche individuelle Besonderheit als anerkennungswürdig, vielmehr werden Individuen für ihren individuellen Beitrag, den sie zu den abstrakt formulierten Zielen einer Gemeinschaft leisten, anerkannt. Anerkennung der individuellen Besonderheit und Nützlichkeit für die Gemeinschaft finden Individuen in der gegenwärtigen Gesellschaft primär

---

[34] In Honneths Theorie hat der Kampf um Anerkennung eine wichtige Bedeutung. Hegel habe die Bedeutung des Kampfes für die moralische Entwicklung von Gesellschaft zwar gesehen, ihm aber keinen zentralen Stellenwert eingeräumt. Honneth räumt dem Kampf um Anerkennung einen solchen zentralen Stellenwert ein. Ausgangspunkt von Kämpfen sind Missachtungserfahrungen von Subjekten oder Kollektiv-Subjekten. Entsprechend den drei Anerkennungssphären unterscheidet er drei Missachtungsformen, durch die die jeweiligen Selbstverhältnisse erschüttert werden können: In der Sphäre der Liebe kann physische Integrität durch Misshandlung und Vergewaltigung bedroht werden; in der Anerkennungssphäre Recht die soziale Integrität durch Entrechtung und Ausschließung; in der Sphäre der sozialen Wertschätzung die Würde durch Entwürdigung und Beleidigung (vgl. Honneth 1992: 212ff.). Missachtungserfahrungen können zu Kämpfen um Anerkennung führen und letztlich zu gesellschaftlich-moralischer Entwicklung beitragen (z.B. zur Ausweitung bestehender Rechte auf einen größeren Personenkreis). Siehe auch die Auseinandersetzung zwischen Nancy Fraser und Axel Honneth (Fraser/Honneth 2005) um die Frage, ob Verteilungskämpfe als Kämpfe um Anerkennung oder als Gerechtigkeitsfragen behandelt werden sollten.

durch erwerbsförmige Leistungen. In einer Arbeitsgesellschaft ist demnach soziale Identität von dem Beitrag der Individuen zur arbeitsteiligen Gesellschaft und dessen Anerkennung abhängig (vgl. Honneth 2009: 213f.). Je bedeutender Arbeit für den Erhalt von Anerkennung in Form sozialer Wertschätzung ist, desto eher führt der Verlust von Arbeit zu einer Anerkennungskrise und bedroht die biographisch erworbene Identität (vgl. Holtgrewe et al. 2000b: 19).[35] In Axel Honneths Theorie wird also der Zusammenhang individueller Identität und Selbstwertschätzung mit gesellschaftlichen Normen und Wertvorstellungen hervorgehoben. Anerkennung ist einerseits das Medium, über das gesellschaftliche Normen vermittelt werden, andererseits können sich Individuen nur durch intersubjektive Anerkennungsinteraktionen sowohl als Teil einer Gemeinschaft als auch als besondere Individuen wahrnehmen. Norbert Ricken (2009, 2013) kritisiert an Axel Honneths Konzeption von Anerkennung, dass er Anerkennung primär als bestätigendes Geschehen begreift und damit das Bestehen eines spezifischen Selbstverhältnisses, einer Art „präsozialer Subjektivität" (Ricken 2009: 82), voraussetzen muss. Ricken entwickelt in Anlehnung an Honneth das Konzept der Anerkennung als Bestandteil von Subjektivation weiter. Mit Bezug auf Butler geht er von einem dezentrier-

---

35 Aufgrund der Verbindung der individuellen Ebene der Anerkennungskommunikation mit einem gesellschaftstheoretischen Anspruch, nämlich der Analyse gesellschaftlichen Wandels und der Bedeutung von Erwerbsarbeit für soziale Anerkennung und Identitätsbildung, wurde Honneths Anerkennungstheorie in arbeits- und industriesoziologischen Forschungsarbeiten viel rezipiert (vgl. z.B. Holtgrewe et al. 2000a; Voswinkel 2000, 2001, 2011; Wagner 2004, 2008; auch Wimbauer 2012). In den verschiedenen Arbeiten werden u.a. Folgen veränderter Produktionsregime und Vermarktlichung von Betrieben unter anerkennungstheoretischen Gesichtspunkten untersucht (vgl. z.B. Wagner 2008). Voswinkel (2000) etwa hat herausgearbeitet, dass sich innerbetriebliche Anerkennungsordnungen von dem Prinzip der Würdigung (anerkannt wird insbesondere langjährige Solidarität zu Betrieben) hin zum Prinzip der Bewunderung (anerkannt werden primär sichtbare Leistungen und messbarer Erfolg) verschieben. Wimbauer (2012) untersucht Paarbeziehungen und Erwerbsarbeit vor dem Hintergrund veränderter Anerkennungsordnungen. Für Wohlfahrtsstaaten hat Stephan Lessenich den Ausbau des „aktivierenden" Sozialstaates auch aus anerkennungstheoretischer Perspektive analysiert. Maßstab wohlfahrtsstaatlicher Anerkennungsordnung ist die „Aktivität" der Bürger/-innen. „Nicht-Aktive" sind die Verlierer der neuen Anerkennungsökonomie (vgl. Lessenich 2009).

ten Subjektverständnis aus und interessiert sich über bestätigende Anerkennungskommunikation hinaus dafür, wie über Anrufung oder Anrede überhaupt ein subjektives Selbstverständnis gestiftet wird. Mit der Konzeption von Anerkennung als sowohl bestätigendes als auch stiftendes Geschehen hebt er die Produktivität, den performativen Charakter von Anerkennung hervor: Die Anerkennung *als jemand* (vgl. Fischer 2015: 42) macht den/die Anerkannte/n zu diesem Jemand (vgl. Ricken 2013: 90). Ricken argumentiert, dass Anerkennung nicht allein als Medium für die Ausbildung eines positiven Selbstverhältnisses und einer gelungenen Identität verstanden werden kann. So gelesen, ist die Funktion von Anerkennung nicht konsequent genug gedacht: Vielmehr ist Anerkennung eine Voraussetzung für das Selbst-Sein als solches und nicht allein für Selbstwertschätzung. Durch Anerkennungsinteraktion lernen sich Individuen als Selbst und als unabhängig von Anderen, den Fremden, verstehen – wenn auch vermittelt über diese Anderen (vgl. ebd.: 88ff.). Zudem versteht Ricken im Anschluss an Butler Anerkennung machttheoretisch als Unterwerfungsgeschehen (vgl. ebd.: 91ff.). Über Anerkennung werden Individuen *als konkrete/-r Jemand* angerufen und dadurch im sozialen Raum positioniert. Innerhalb sozialer Regeln und Normen gelten Formen von Anerkennbarkeit, und Individuen werden im Rahmen dieser Formen anerkannt. Selbst-Sein ist also prinzipiell nicht unabhängig von Anderen und unabhängig von Normen und Regeln denkbar. Das über Anerkennung vermittelte Selbstsein versteht Ricken auch als Positionierungsgeschehen, das jeweils mit der Ausbildung von Selbstverhältnissen entlang sozialer Kategorien einhergeht (vgl. ebd.). Ricken schlägt entsprechend vor, Anerkennung als ein Adressierungsgeschehen zu verstehen. Adressierung versteht er nicht allein als einen kommunikativ vermittelten Prozess, sondern als Bestandteil von sozialen Praktiken überhaupt. Über eine rein positive Bestätigung hinaus wird mit der Frage nach Adressierungen zunächst analysiert, wie ein Individuum von wem adressiert wird und zu *jemandem* in einem sozialen Raum gemacht wird. Neben Formen expliziten

Ansprechens bewirken auch implizite Adressierungspraktiken Positionierungen und Selbstverhältnisse. Ricken unterscheidet vier Aspekte von Adressierung: 1: *Selektion und Reaktion*: Adressierung markieren jemanden (und andere nicht). Die Markierung wiederum ist mit der Notwendigkeit einer Antwort, einer Re-Adressierung, verknüpft. 2. *Definition und Normation*: Adressierungen beziehen sich nicht nur auf konkrete Individuen, sondern hierüber etablieren und reproduzieren sich auch soziale Ordnungen. So wird über Adressierungen die Situation definiert und bestehende Normen werden bedient, beansprucht und behauptet. Die beanspruchten Normen legen jeweils nahe, was als anerkennbar gilt und was nicht. 3: *Position und Relation*: Der durch das Adressierungsgeschehen entworfene normative Rahmen impliziert verschiedene Positionierungen und Positionszuweisungen. Neben den Verortungen (Positionen) bestehen in diesem Rahmen verschiedene Formen, sich zu sich und anderen ins Verhältnis zu setzen (Relationen). 4. *Valuation*: In den normativen Ordnungszusammenhang gestellt, gehen mit den durch Adressierungen zugewiesenen Positionen immer Bewertungen einher (vgl. ebd.: 94ff.). Ricken betont den prozessualen Charakter von Adressierungen und Re-Adressierungen: Alle vier Aspekte werden im Prozess aufeinander bezogen und es werden auch frühere Adressierungen dabei einbezogen. Die Verknüpfung von Butlers machttheoretischer Konzeption dezentrierter Subjekte mit Honneths Anerkennungstheorie als Adressierungsgeschehen ist für die vorliegende Arbeit besonders ertragreich, da sich hieraus eine Konzeption von Positionierungen ableiten lässt. Diese Konzeption stelle ich im Folgenden als Abschluss dieses Unterkapitels dar.

### 3.2.3 Positionierungen

Aus den vorhergehenden Überlegungen lässt sich zusammenfassen, dass Subjekt-Sein die Folge eines Unterwerfungsprozesses ist, in dem Individuen als *jemand* adressiert werden und innerhalb eines spezifischen Kontexts einer Subjektposition zugewiesen werden. Im Annehmen (und auch im Re-Interpretieren) der Adressierung legen sich Individuen gewissermaßen auf die Position fest und schließen andere Subjektpositionen und Formen des Subjekt-Seins aus. Gleichzeitig ermöglichen Subjekt-Positionen erst Handlungsfähigkeit – als eben diese/-r *Jemand*. Adressierungen als *jemand* finden innerhalb diskursiver Zusammenhänge statt, in denen über Normen und Werte intelligible, anerkennbare Subjektpositionen hergestellt werden. In Praktiken der Adressierung und Re-Adressierung werden die jeweiligen Normen wiederum reproduziert (vgl. Fischer 2015: 47). Das Einnehmen von Subjektpositionen kann also als Folge sprachlicher und nicht-sprachlicher Adressierungs- und Re-Adressierungspraktiken innerhalb eines sozialen Raums erfasst werden, in dem jeweils spezifische Normen und Werte gelten. Butler macht darauf aufmerksam, dass Adressierungen niemals das Subjekt als Ganzes anrufen und Anrufungen nie ganz eindeutig sind. Sie können unterschiedlich gedeutet werden und in verschiedenen Kontexten unterschiedliche Bedeutung haben. Selbstverhältnisse und Subjektpositionen können demnach auch im Widerspruch zueinander stehen (vgl. ebd.: 47). Die Perspektive auf Subjektpositionen im oben genannten Verständnis von Subjektivation als Unterwerfungsgeschehen betont, dass mit dem Einnehmen von Subjektpositionen die Ausbildung von Selbstverhältnissen einhergeht und Individuen den jeweiligen Subjektpositionen verhaftet sind. Wie aber lässt sich das Einnehmen von Subjektpositionen und das Ausbilden von Selbstverhältnissen verstehen, wenn keine sprachlichen Kategorien bestehen, die auf ‚eindeutige' Subjektpositionen verweisen (also anders, als es etwa bei Klassifikationen wie Bäckerin, Tennisspieler, Frau der Fall ist)? Denn für Gründer/-innen im Leistungsbezug des SGB II steht nicht immer von Beginn an eine kontextübergreifende sprachliche Kategorie und Subjektposition bereit, die beschreibt, was sie ‚sind', und die sie unmittelbar einnehmen könnten. Der Gründungsprozess, der für Hilfebeziehende einen Statuswechsel vom Hilfebezug zu einer Position als Erwerbstätige bedeutet, impliziert zunächst die Gleichzeitigkeit der beiden Positionen. Im Jobcenter werden sie vorerst primär als Hilfebedürftige adressiert; die Adressierung als

Selbstständige ist, wenn überhaupt, als antizipierte Subjektposition relevant. Gegenüber anderen Marktteilnehmer/-innen (Kund/-innen, Konkurrent/-innen, Lieferant/-innen) müssen sich Gründende zunächst in spezifischer Weise präsentieren, um als Anbieter/-innen von Waren oder Dienstleistungen sichtbar zu werden. Es ist anzunehmen, dass die sprachlichen Kategorien hierfür erst im Laufe des Gründungsprozesses hergestellt werden oder sich im Prozess der Gründung verschieben bzw. präzisieren. Außerdem ist anzunehmen, dass mit der Adressierung *als jemand* nicht unmittelbar ein entsprechendes Selbstverhältnis einhergeht, sondern dieses erst im praktischen Tun hergestellt wird. Um die Prozesshaftigkeit der Einnahme von Subjektpositionen und der Subjektwerdung zu betonen, ziehe ich für die vorliegende Arbeit den Begriff der Positionierung vor. Aus psychologischer Perspektive wurde eine Konzeption von Positionierungen von Luk van Langenhove und Rom Harré (1999) erarbeitet. Mit dem Positionierungsbegriff möchten sie sich von Rollenkonzepten abgrenzen und demgegenüber eine dynamischere Alternative formulieren. Ähnlich wie in den bereits vorgestellten theoretischen Konzepten gehen die Autoren unter Bezug auf Wendy Hollway davon aus, dass Positionen diskursiv hergestellt werden und Subjekte diese einnehmen und sich hierüber positionieren. Sie interessieren sich insbesondere dafür, wie Individuen in Konversationen, Erzählungen und Interaktionen Positionen beziehen und wie sie dabei Andere in Interaktionen positionieren. Van Langenhove und Harré gehen davon aus, dass Individuen sich permanent wechselseitig positionieren und dass die jeweils konkrete Ausgestaltung der Positionierung situativ variiert (vgl. ebd.: 30). Michael Bamberg (z.B. 2003) bezieht sich unter anderem auf van Langenhove und Harré, betont aber stärker eine situative, interaktive *Herstellung* von Positionen (statt von bereits bestehenden eindeutigen Positionen auszugehen, zwischen denen gewählt wird). Mit dem Begriff der Positionierung im Anschluss an van Langenhove/Harré und Bamberg kann die Prozesshaftigkeit der Einnahme von Positionen in Interaktionen und verschiedenen Kontexten erfasst werden. Norbert Ricken versteht Positionierung etwas anders und hebt gegenüber van Langenhove/Harré und Bamberg stärker die soziale Bedeutung von Positionierung hervor:

"*Bedeutsam scheint daher zu sein, Positionierung ihrerseits doppelt relational zu denken: einerseits – im Gegensatz zu einer bloßen Lokalisierung und Verortung – als eine In-Verhältnis-Setzung; und andererseits – aufgrund der bei Plessner formulierten Exzentrizität der menschlichen Positionalität – als ein (Selbst)Verhältnis zu dieser sozialen In-Verhältnis-Setzung.*" (Ricken 2013: 84)

Norbert Ricken fasst Positionierungen als Formen von (Selbst-)Verortungen in einem Feld (vgl. ebd.). Über die Vorstellung von Positionierung als Lokalisierung in einem Feld hinaus betont er, dass dies immer im Verhältnis zu dem Feld und den darin bestehenden Positionen geschieht. Außerdem macht er deutlich, dass diese relationalen Verortungen immer mit der Ausbildung subjektiver Selbstverhältnisse zu diesen Positionen verbunden sind. Der Verweis auf das In-Verhältnis-Setzen macht deutlich, dass sich Positionen in einem sozialen Kontext mit Normen und Werten befinden und seitens der Individuen, die sich hierzu ins Verhältnis setzen, vor dem Hintergrund ihrer eigenen Perspektive und biographischen Erfahrung interpretiert werden.

Während Ricken also von einem Feld ausgeht, in dem Positionen bestehen, zu denen sich Individuen ins Verhältnis setzen, möchte ich die Perspektive weiterdenken und fruchtbar machen für Zusammenhänge, in denen Subjekt-Positionen nicht schon per se bestehen, sondern vielmehr verschiedene und unter Umständen widersprüchliche kulturell-normative Erwartungen miteinander verwoben sind und sich an Individuen richten. Es soll dabei der Blick für Formen, sich zu diesen Erwartungen ins Verhältnis zu setzen, geschärft und die Prozesshaftigkeit der (Selbst-)Herstellung von Positionen analysierbar gemacht werden. Mit dieser Weiterentwicklung mache ich einerseits darauf aufmerksam, dass Adressierungen *als jemand* und die damit initiierten Positionierungen ein fortlaufendes Geschehen sind und positionierende Adressierungen nicht immer auf (vermeintlich) eindeutigen Klassifikationen beruhen (Bäckerin, Tennisspieler, Student), dennoch aber Teil sozialer Positionierungen sind. Zudem gehe ich davon aus, dass auch diskursive Bilder und Narrative als Orientierungsfolien für Positionierungen relevant sind, aber nicht unbedingt über konkrete Adressierungen in Interaktionen vermittelt werden. Individuen adressieren sich selbst, bezugnehmend auf diskursive Bilder und Narrative. Zusammengefasst möchte ich mit dem Begriff der Positionierung herauszuarbeiten, wie sich Individuen in ihren Selbstbeschreibungen auf welche gesellschaftlich-normativen Erwartungen beziehen, wie sich diese mittels Selbst-Adressierung oder interaktiver wechselseitiger (Re-)Adressierung vermitteln und wie sie vor dem Hintergrund individueller biographischer Erfahrungen interpretiert und angeeignet werden. Ich verstehe Positionierungen also als prozesshafte Formen, sich zu Diskursen, Kontexten und Positionen mittels sprachlicher und nicht-sprachlicher (Re-)Adressierungen und Selbst-Adressierungen in Beziehung zu setzen und (eine) Position(en) einzunehmen oder herzustellen. Das impliziert einerseits die Frage, wie Individuen sprachliche und sie sozial positionierende Selbstbeschreibungen und Kategorien für sich finden. Andererseits geht es mir auch darum, den Zusammenhang mit der praktischen Tätigkeit an und in dieser/-n Position/-en sichtbar zu machen. Im Zuge des praktischen Tuns wird, so die Annahme, ein Selbstverhältnis zu diesen Positionen gebildet. Mit der Perspektive auf Positionierungen wird darauf aufmerksam gemacht, dass Individuen sich

fortwährend in Bezug auf normative und kulturelle Regeln und Werte in einem sozialen Raum verorten und sich hierüber selbst auslegen und deuten. Damit wird der Blick auf die Selbstarbeit von Individuen und ihre Form, sich zu Diskursen, Narrativen und Erwartungen ins Verhältnis zu setzen und dadurch eine sozial verortbare Position herzustellen, fokussiert. Hiermit kann besser analysiert werden, dass das Sich-Ins-Verhältnis-Setzen nicht immer ein einmaliges oder geradliniges Ergebnis von Adressierungen ist, sondern variabel, prozesshaft und instabil sein kann.[36]

## 3.3 Zusammenfassung

In den dargestellten theoretischen Überlegungen wurde zunächst der gesellschaftliche Kontext charakterisiert, in dem Bezieher/-innen von Arbeitslosengeld II sich für eine Existenzgründung entscheiden. Im folgenden Schritt wurde der Frage nachgegangen, wie Subjektpositionierungen innerhalb dieses Kontextes denkbar sind. Im „neuen Geist des Kapitalismus" wird eine projektbasierte Rechtfertigungsordnung zur Legimitationsgrundlage gesellschaftlicher Integration und der Verteilung von Positionen. Die sich in der Figur des Künstlers bündelnden idealtypischen Eigenschaften, wie Selbstverantwortung, Effizienzorientierung, Leistungssteigerung, Optimierung und Aktivität, sind normatives Leitbild für das Handeln von Institutionen und Individuen gleichermaßen. In der Wirkung dieses Leitbildes für Individuen werden Eigenschaften wie Selbstverantwortung, Autonomie, Selbstverwirklichung, Aktivierung und Selbsthilfe zur moralischen Bewertungsgrundlage für ein „gutes" Leben (vgl. Rose 2000). Dabei ist das Leitbild nicht nur deshalb so wirksam, weil es verspricht, zu individueller Autonomie und Selbstverwirklichung zu führen, sondern auch weil Selbstverantwortung und Selbsthilfe als individuell verantwortliches Handeln gegenüber der Allgemeinheit gelten. Die Nicht-Erfüllung eines selbstorganisierten und -verantworteten Lebens schadet in diesem Begründungzusammenhang vor allem der Gemeinschaft (vgl. Lessenich 2008). Mit dem Konzept des unternehmerischen Selbst wird sichtbar, wie

---

[36] Was ich hier unter dem Begriff der Positionierung zusammenfasse, die diskursiven Erwartungen und Subjektpositionen und die individuelle Selbstwahrnehmung und -deutung dieser Subjektpositionen, unterscheiden Bührmann/Schneider (2007: Abschn. 30) in Subjekt-Formierung und -Positionierung einerseits und Subjektivierungsweise andererseits. Beides zusammen verstehen sie als Subjektivierung. Die analytische Unterscheidung zwischen diskursiven Subjekt-Formierungen und individuellen Subjektivierungsweisen ist durchaus sinnvoll. Für diese Studie ziehe ich es allerdings vor, beide Mechanismen im Begriff der Positionierung zusammenzufassen, um hervorzuheben, dass individuelle Subjektivierungsweisen, die mit Selbst-Adressierungen einhergehen, selbst positionierende Mechanismen sind und nicht ohne weiteres von diskursiven Subjekt-Formierungen zu trennen sind.

das Leitbild einer ökonomisierenden Lebensgestaltung und Selbstdeutung über verschiedene Programme (Literatur, Trainings, Therapien etc.) kanalisiert wird und Subjekte in verschiedenen Kontexten dazu angehalten werden, sich daran auszurichten und sich selbst daran orientiert zu deuten (vgl. Bröckling 2007; Rose 2000). Die Wirkung der Verallgemeinerung unternehmerischer Handlungsrationalität wird mit dem Konzept des unternehmerischen Selbst auf andere soziale Felder übertragen. Unternehmerisches Handeln wird demzufolge zum Bestandteil eines universalen Menschenbilds, eines Menschenbilds, in dessen Konzeption eines individuell „guten“ und sozial „richtigen“ Lebens die Erwerbstätigkeit eine wichtige, wenn nicht die wichtigste Institution ist, um sich selbstverantwortlich und aktiv selbst zu verwirklichen. Mit dem Theorem des Arbeitskraftunternehmers wird deutlich, wie in abhängigen Beschäftigungsverhältnissen unternehmerische Handlungsrationalität auf Arbeitnehmer/-innen verlagert wird, begründet einerseits mit einer betriebsstrukturellen Notwendigkeit und andererseits mit dem Versprechen von Autonomie und Selbstverwirklichung (vgl. Voß/Pongratz 1998). Die unternehmerische Anrufung richtet sich nicht nur an Erwerbstätige, sondern auch an Erwerbslose. In der Verantwortung gegenüber der Gemeinschaft werden soziale Transferleistungen weniger als individuelles Recht, sondern als eine Art Beihilfe konzipiert, um die aktive Suche nach Beschäftigung zu unterstützen. In der Arbeitssuche geht die Arbeit am Selbst also weiter; Techniken der Selbsterkenntnis und Selbstpräsentation, des Erkennens und Ausbildens von Kompetenzen werden in Maßnahmen vermittelt. Die Arbeitssuche wird darin der Gestaltung der Erwerbsarbeit ähnlich und wie diese am unternehmerischen Leitbild orientiert (vgl. Rose 2000: 19). Während Voß und Pongratz die Vermittlung über Betriebe im Auge haben, zeigt Stephan Lessenich, wie gesellschaftliche Normen und Wertvorstellungen über politische Institutionen vermittelt werden. Im sozialpolitischen Aktivierungsprogramm spielt sich das Leitbild des unternehmerischen Selbst wider und wird durch konkrete Forderungen an Leistungsbeziehende herangetragen. In allen diesen theoretischen Ansätzen wird deutlich, dass Erwerbsarbeit die zentrale Institution ist, über die sich soziale Erwartungen an eine aktive, selbstverantwortete und selbstverwirklichende Lebensgestaltung verwirklichen lassen. Die aktive, selbsterfüllende Gestaltung anderer Lebensbereiche ist letztlich der Verwirklichung über Erwerbstätigkeit nachgeordnet oder dient gar dem Erhalt und der Entwicklung von Arbeitskraft selbst (die Idee des „lebenslanges Lernens“ etwa impliziert das Versprechen ökonomischer Verwertbarkeit; körperliche Fitness dient unter anderem der Steigerung der Leistungsfähigkeit im Beruf etc.). Vor diesem Hintergrund gilt Erwerbslosigkeit einerseits als Last für die Gemeinschaft und andererseits als individuelles Scheitern und verpasste Chance auf Selbstverwirklichung. Im Hilfebezug zu stehen ist zwar sozialpolitisch legitim, aber stellt gesellschaftlich-kulturell keine anerkennbare Position dar. Selbstständigkeit ist dann das genaue Gegenteil: Eine selbstständige Erwerbstätigkeit gilt geradezu als idealer Ausdruck einer autonomen Lebensgestaltung, als Ausdruck von Selbstverwirklichung. Sie vermittelt insbesondere Aktivität. Vor diesem Hintergrund erscheint das Bestreben von Leistungsbeziehenden im SGB II, selbstständig zu sein oder zu werden, nicht nur nachvollziehbar, sondern als geradezu ideale Lösung, sich entgegen der positionierenden Zuschreibung als „faule Leistungsbeziehende“ als besonders aktiv zu präsentieren.[37] Wie im Vorhergehenden immer wieder deutlich wurde, sind für die Vermittlung diskursiver Bedeutungen und gesellschaftlicher Erwartungen Institutionen wichtig, über die Individuen ebenso angerufen werden.

Die Gouvernementalitätsperspektive bietet einen theoretischen Rahmen, um den Zusammenhang normativer Erwartungen und Subjektivierungs-

[37] Die Selbstständigkeit kann als ideales Medium für eine projektförmige Gestaltung von Erwerbshandeln gelesen werden, eine Konnotation, die insbesondere mit „Start-ups“ verbunden wird, deren Erfolg gerade an der Bewährung von Ideen festgemacht wird. Ist eine Idee nicht erfolgreich, so schließt sich das nächste Projekt an. Statt um die Ideen selbst geht es in erster Linie um die Bewährung der Ideen.

weisen deutlich zu machen. Die zunehmende Ökonomisierung des Sozialen wirkt sich auf Institutionen und Individuen gleichermaßen aus. Mit Foucaults Perspektive wird deutlich, dass Diskurse vor allem deswegen wirksam sind, weil sie Individuen dazu anhalten, sich in spezifischer Weise auszulegen und zu verstehen. Anrufungen, Unternehmer/-in seiner/ihrer selbst und aktiv zu sein, liefern in erster Linie Formen, sich selbst zu deuten und sich in diese Richtung zu verändern. Um zu verstehen, wie die diskursiven Anrufungen an Individuen, sich in spezifischer Weise auszulegen und zu präsentieren, subjektiviert werden, liefert Judith Butlers Konzeption von Subjekt und Subjektivation eine Erklärung. Subjektivation, der Mechanismus der Subjekt-Werdung, stellt immer einen Unterwerfungsprozess dar. Über Anrufungen werden Individuen in Subjektpositionen hineingerufen. Durch das Annehmen dieser Anrufung akzeptieren Individuen die Zuschreibung. Gleichzeitig erhalten sie gerade hierdurch Handlungsfähigkeit als eben jenes Subjekt, denn *„[j]ede Subjektposition eröffnet oder verschließt* [...] *Möglichkeiten des Handelns, Sprechens, Denkens, Fühlens und der Selbstthematisierung"* (vgl. Alkemeyer et al. 2013: 20). Mit einer Subjektposition geht also mehr einher als eine Selbstbezeichnung oder das Einnehmen einer Rolle, vielmehr legt die Subjektposition auch die Form der Selbstwahrnehmung und Selbstthematisierung nahe. Butler weist damit auch darauf hin, dass Individuen ihrer Subjektposition verhaftet sind. Mit der Konkretisierung von Subjektivation als Praktik der Adressierungen und Re-Adressierungen (Norbert Ricken) wird analysierbar, wie Individuen von dem Hintergrund kulturell-normativer Werte situativ angerufen werden und wie ihnen Subjektpositionen zugewiesen werden. Adressierungen verweisen also, in Anlehnung an Althussers Begriff der Anrufung, einerseits auf Diskurse und andererseits darauf, dass sie jeweils situativ und kontextabhängig vermittelt werden. Auf der Basis dieser Überlegungen habe ich das Konzept der Positionierung neu gefasst, um der Vielschichtigkeit, Prozesshaftigkeit und Ungewissheit in der Subjekt-Werdung bzw. dem Einnehmen von Subjekt-Positionen nachgehen zu können. Die Betonung der Prozesshaftigkeit des Positionierungsgeschehens ist für die Analyse von Gründer/-innen nach dem SGB II besonders relevant, da diese mit ihrer Gründung einen Statuswechsel von Hilfebezug zu Erwerbstätigkeit vollziehen, im Gründungsprozess selbst aber mit unterschiedlichen und teils widersprüchlichen Adressierungen und Zuschreibungen konfrontiert sind. Außerdem bestehen nicht immer ‚eindeutige' Klassifikationen, die auf Subjektpositionen verweisen. Die Jobcenter und die ‚Märkte' bieten jeweils unterschiedliche Positionen an, teilweise überschneiden sich die Erwartungen auch. Um zu analysieren, wie mittels situativer und interaktiver (Re-)Adressierungen und Selbst-Adressierungen unter Bezugnahme auf Diskurse und Narrative Positionierungen vorgenommen werden, habe ich das Konzept der Positionierung erweitert. Ich verstehe Positionierungen nicht nur als eine Form des Ins-Verhältnis-Setzens zu (bestehenden) Subjektpositionen, sondern als prozesshafte Formen des Einnehmens und *Herstellens* von Subjektpositionen. Über (Re-)Adressierungen und Selbstadressierungen setzen sich Individuen zu Diskursen, Narrativen, Zuschreibungen vor dem Hintergrund ihrer biographischen Erfahrungen und ihrer biographisch angeeigneten Selbstbilder ins Verhältnis und positionieren sich so im Sozialen. Ich gehe davon aus, dass sich Formen der Adressierung und (Selbst-)Zuschreibungen bewähren müssen, sowohl im Interaktionsgeschehen als auch im Selbstverhältnis. Auf (Re-)Adressierungen und Selbst-Adressierungen beruhende soziale Positionierungen können sich kontextuell oder im Zeitverlauf ändern und anpassen.

Von Positionierungen auszugehen erscheint für die vorliegende Arbeit sinnvoll, da so die (kontextuelle) Veränderbarkeit, die Prozesshaftigkeit und die Selbst-Arbeit der Individuen im Positionierungsgeschehen eingefangen werden kann. Einerseits ist damit die situative wechselseitige Zuschreibung von Positionen in Interaktionen gemeint, andererseits verweist der Begriff auch auf die soziale Dimension des Sich-ins-Verhältnis-Setzens zu gesellschaftlichen Normen und Diskursen. Im Folgenden wende ich diese Konzeption in der Analyse des empirischen Materials an. Die

Konzeption der Positionierung stellt eine Möglichkeit dar, die Bedeutung von diskursiven Erwartungen an das Selbstverständnis und die Selbstpräsentation mit Selbstpräsentationen in narrativen Interviews und wechselseitigen Positionierungen in diesen Interviews zu verbinden. Bamberg hat in Bezug auf van Langenhove/Harrè ein methodisches Instrumentarium zur Analyse von Positionierungen in empirischen Daten erarbeitet. Gabriele Lucius-Hoene und Arnulf Deppermann greifen diese Vorgehensweise in ihrem methodischen Vorgehen auf, woran ich im folgenden Kapitel 4 anschließe. Der in diesem Sinne konzipierte Positionierungsbegriff erlaubt es, eine Brücke zwischen gesellschaftlich-normativen Erwartungen, die in Diskursen zum Ausdruck kommen, und narrativen Selbstpräsentationen und wechselseitigen Positionierungen im Interview herzustellen. In der Darstellung der Ergebnisse im fünften Kapitel interpretiere ich die Positionierungen im Interview als soziale Positionierungen im Sinne der theoretischen Konzeption.

# 4 Biographien und Gründungen: Methodologie und Methode

Im Folgenden stelle ich dar, wie ich in der vorliegenden Studie der Forschungsfrage nach Positionierungen von Existenzgründenden im Rechtsbereich des SGB II nachgegangen bin. Das Datenmaterial beziehe ich aus der Implementationsstudie „Selbstständig statt hilfebedürftig? Die Gründungsförderung durch Einstiegsgeld" (vgl. Pongratz et al. 2013; Bernhard et al. 2013; Bernhard/Pongratz 2014; Pongratz/Abbenhardt 2012; Pongratz/Abbenhardt 2014), an deren Durchführung ich mitgearbeitet habe. Fallanalysen von sechs der insgesamt 40 narrativ-biographischen Interviews mit Gründer/-innen stellen die empirische Basis der Arbeit dar. Anhand der sechs Interviews habe ich herausgearbeitet, wie sich Befragte über die Selbstständigkeit sozial positionieren. Dies impliziert die Rekonstruktion von Selbstpräsentationen im Interview und von Narrativen und Normalitätsfolien, auf die sich Erzählende in ihrer Selbstbeschreibung beziehen. Mein Auswertungsinteresse richtet sich außerdem auf die Frage, wie sich Selbstpräsentationen in den erzählten Biographien entfalten und welchen Einfluss der Forschungszusammenhang auf die Selbstpräsentationen hat. So ist davon auszugehen, dass durch den Forschungskontext selbst Befragte sich dazu angehalten sehen, sich zu unternehmerischen Narrativen und Aktivierungserwartungen ins Verhältnis zu setzen. In diesem Kapitel stelle ich mein methodisches Vorgehen dar, begründe die Wahl dieses Instrumentariums und reflektiere mein Vorgehen. Es soll dabei in den Blick genommen werden, inwieweit das Forschungssetting insgesamt Einfluss auf die erhobenen Daten und die anschließenden Analysen genommen und damit zur Konstruktion des Untersuchungsgegenstandes beigetragen hat (vgl. Günther 2008; Günther/Kerschgens 2016; Jensen/Welzer 2003; Welzer 1995). Trotz vorhergehender intensiver Überlegungen zur Wahl eines möglichst gegenstandsangemessenen Forschungssettings (vgl. Steinke 2000; Strübing 2013: 19) war es im Laufe des Forschungsprozesses nicht immer möglich, das methodische Vorgehen anzupassen. Umso wichtiger erscheint es, den Forschungskontext, die eigene Positionierung als Forschende im Feld und forschungsethische Probleme und Herausforderungen, die sich im Zuge des Untersuchens einer „vulnerablen“ Gruppe zeigten, zu reflektieren. Das Kapitel gliedert sich folgendermaßen:

Zunächst gehe ich unter 4.1 auf Prinzipien und Annahmen ein, die den Hintergrund des qualitativen Forschungsdesigns darstellen, mein methodologisches Verständnis widerspiegeln und so den Rahmen für methodische Entscheidungen im Forschungsprozess bilden. Unter 4.2. stelle ich das Forschungsprojekt und die dort gemachten Erfahrungen im Feldzugang und Erhebungsprozess dar, in dessen Rahmen ich die Daten für die vorliegende Arbeit erhoben habe. Außerdem gehe ich hierbei auf das methodische Vorgehen in der Erhebung (narrativ-biographische Interviews) und Auswertung (in Anlehnung an die biographische Fallrekonstruktion nach Rosenthal und die Rekonstruktion narrativer Identität nach Lucius-Hoene und Deppermann) ein. Das Vorgehen in der Erhebung und Auswertung reflektiere ich anschließend unter forschungsethischen Gesichtspunkten (4.3). Zuletzt werde ich das im Projekt erhobene gesamte Datenmaterial (40 Interviews) kurz vorstellen und einen Überblick über das Gesamtsample geben. Hierbei greife ich auf inhaltsanalytische Auswertungen des Gesamtsamples zurück, die ich im Rahmen des Projektzusammenhangs durchgeführt habe. Diese Darstellung dient als Grundlage für die Auswahl der sechs Fälle, die ich für die vorliegende Studie fallrekonstruktiv ausgewertet habe.

## 4.1 Qualitatives Forschungsdesign: Prinzipien und Annahmen

### 4.1.1 Prinzipien interpretativen Forschens

Bevor das methodische Vorgehen der vorliegenden Arbeit vorgestellt und reflektiert wird, möchte ich zunächst Grundannahmen meiner qualitativen Forschungsperspektive erläutern. Gabriele Rosenthal stellt in ihrer Einführung in die „Interpretative Sozialforschung" (2015) Prinzipien – das Prinzip der Kommunikation und das Prinzip der Offenheit – der interpretativen Sozialforschung vor, an die ich mich großenteils anlehne (siehe auch z.B. Bohnsack 2014; Kleemann et al. 2009; Strübing 2013).

Interpretative Sozialforschung geht grundlegend von der Annahme aus, dass die Gesellschaft und damit auch das jeweils untersuchte Phänomen das Ergebnis wechselseitiger Interpretationen sind. Diesem Ansatz zugrunde liegt das auf Thomas P. Wilson zurückgehende interpretative Paradigma, das eine Forschungshaltung bezeichnet, die – im Gegensatz zum normativen Paradigma – gegenüber ihrem Forschungsgegenstand interpretativ offen ist. Insofern Bedeutungen in der Gesellschaft sequenziell in interpretativen Prozessen entstehen und sich verändern, folgt daraus für die Forschungshaltung, dass sich auch Begrifflichkeiten und Erkenntnisse über das Soziale nur sequenziell-interaktiv rekonstruieren lassen. Dies impliziert den Verzicht auf ein deduktives, hypothesengeleitetes Vorgehen (vgl. Rosenthal 2015: 14f., 40ff.).[38] In diesem Sinne sind wissenschaftliche Erkenntnisse, mit Alfred Schütz, Konstruktionen zweiten Grades, insofern die (auf biographisch angeeigneten kollektiven Wissensbeständen basierenden) Deutungen und Interpretationen der Forschungsteilnehmenden wiederum deutend (re-)konstruiert werden (vgl. Schütz 1971). Die sich in Interviews konstituierende „Wirklichkeit" beruht

---

38 Ähnlich verstehen Hitzler und Honer sozialwissenschaftliche Analysen als hermeneutisches Verstehen. Für das Hinterfragen von Selbstverständlichem und von Routinen, für das Zurückstellen vorschneller Deutungen ist grundsätzlich eine verstehende Haltung Voraussetzung, die gerade darauf beruht, nicht schon vorab zu wissen, worum es geht (vgl. Hitzler/Honer 1997: 25).

also auf interaktiven Prozessen der Situationsdeutung. Wie welche „Wirklichkeit" hierbei hervorgebracht wird, ist dann wieder nur interpretativ erschließbar (vgl. Strübing 2013: 3). Aus diesem Grundverständnis folgt einerseits die Annahme, dass der Forschungsprozess ein kommunikativer Prozess ist. Andererseits erfordert der Prozess eine größtmögliche Offenheit gegenüber dem Forschungsgegenstand, der Empirie.

#### 4.1.1.1 Das Prinzip der Kommunikation

Der Prozess der Datengewinnung ist ein kommunikativer Prozess (vgl. Hoffmann-Riem 1980). Interpretative Sozialforscher/-innen fordern mit dem Prinzip der Kommunikation, die Datenerhebung strikt an den Strukturen der Alltagskommunikation auszurichten (vgl. Rosenthal 2015). Das Prinzip bezieht sich also insbesondere auf die Haltung der Forscher/-innen in der Erhebungssituation. Denn in allen Erhebungskontexten und insbesondere im Interview wird Bedeutung interaktiv ausgehandelt. Die jeweiligen Situationsdeutungen beruhen zunächst auf alltäglichen Verständigungsprozessen, also auf wechselseitigen Interpretationen des Verhaltens und der Reaktionen der Anwesenden (vgl. Rosenthal 2015: 46). Im Interview entfalten Befragte ihre Erzählung insofern in Abhängigkeit von ihrer Situationsdeutung und den Deutungen, die sie den Interviewenden zuschreiben. In diesem Sinne prägt die Interpretation der Situation in narrativ-biographischen Interviews die Erinnerung und Erzählung der Biographie (vgl. ebd.: 49). Die Datengewinnung an den alltäglichen Kommunikationsregeln auszurichten erfordert eine Orientierung an den Strukturen des Alltagshandelns, nicht die Konstruktion einer künstlichen Erhebungskonstellation. Es stellt sich allerdings die Frage, inwieweit dies in Interviews eingehalten werden kann. Auch wenn Interviews, wie es in narrativen Interviews der Fall ist, möglichst offen und an den Relevanzsetzungen der Befragten ausgerichtet geführt werden, sind es doch außeralltägliche Situationen, in denen Erzählende sich selbst in bestimmter Weise entwerfen (vgl. Mey 2000: 137). Anders als in den meisten Alltagssituationen sind Befragte im Interview dazu angehalten, ihre eigene Geschichte umfassend zu erzählen, und dies – gemäß den Zugzwängen des Erzählens (vgl. Schütze 1984) – in kohärenter, nachvollziehbarer Weise. Das narrative Interview ist gerade keine spontane und natürliche Situation, sondern konstruiert und konstruierend. Dennoch können die Interviews als aussagekräftige Daten für den Forschungsgegenstand angesehen werden, wenn den situationsbedingten Besonderheiten der Erzählungen Rechnung getragen wird. Dazu zählt die Reflexion des Forschungssettings und des Kontextes der Befragten, die Reflexion der Adressierung als „zu Beforschende" und die Beachtung der kommunikativen Dynamik im Interview.[39] Die Erzählungen sind entsprechend als spezifische, unter den jeweiligen situativen und kontextuellen Bedingungen entstandene Konstruktionen zu verstehen.

#### 4.1.1.2 Das Prinzip der Offenheit

Gabriele Rosenthal bezeichnet das Prinzip der Offenheit als das zweite zentrale Prinzip interpretativer Sozialforschung. Das Prinzip der Offenheit bedeutet *„in erster Linie eine Haltung der SozialforscherInnen, die der Bereitschaft zur Entdeckung von Neuem, der Offenheit zum Sich-Einlassen auf das empirische Feld und zur Veränderung des Vorwissens bedarf"* (Rosenthal 2015: 52). Die Offenheit der Forscher/-innenhaltung ist demzufolge in allen Phasen des Forschungsprozesses relevant: hinsichtlich der Bereitschaft, den Forschungsplan zu modifizieren, in der Erhebungssituation und bei der Interpretation der Daten. Um Offenheit in der Daten-

---

39 Verschiedene Autor/-innen haben sich intensiv mit dem Einfluss der Interviewsituation auf das Erzählte im Interview auseinandergesetzt. Olaf Jensen und Harald Welzer (2003) etwa gehen grundsätzlich von einem konstitutiven Einfluss der Interviewinteraktion auf das Erzählte aus und plädieren dafür, dies nicht als Problem qualitativer Datengewinnung anzusehen, sondern vielmehr als Erkenntnisquelle zu nutzen. Auch Welzer (1995) verdeutlicht anschaulich, wie die Interaktionsdynamik im Interview in die Interpretation einfließen kann. Marga Günther (2008) bezieht ebenso die Analyse der Forschungssituation in die rekonstruktive Fallanalyse ein und sieht diese nicht nur als Bestandteil einer Reflexion des Forschungsprozesses an, sondern auch als Erkenntnisinstrument (siehe auch Günther/Kerschgens 2016).

auswertung zu gewährleisten, führt sie die Verfahrensweisen der Rekonstruktion, des abduktiven Vorgehens, der sequenziellen Analyse und der theoretischen Verallgemeinerung ein (vgl. ebd.: 50ff.).

Anders als in deduktiven Verfahren sind theoretische Vorannahmen über das Feld für eine qualitativ interpretative Forschungsperspektive hinderlich. Gerade in der möglichst unvoreingenommenen Haltung gegenüber dem Feld liegt die Möglichkeit, sich von Prozessen, Praktiken und Wissen im Feld überraschen zu lassen und nicht nur das eigene Wissen zu bestätigen oder zu verwerfen. Die Fragestellungen richten sich in erster Linie an das Wie sozialer Vorgänge und nicht an das Was. Forschungsfragen können insofern vorab nur vage formuliert werden und werden im Laufe des Prozesses modifiziert und präzisiert (vgl. Strübing 2013: 20). Statt von einem hypothesengeleiteten spricht Rosenthal von einem hypothesengenerierenden Vorgehen: Hypothesen werden im Laufe des Forschungsprozesses aufgeworfen, geprüft und gegebenenfalls angepasst oder verworfen (vgl. Rosenthal 2015: 50f.). Mit der Forderung des Zurückstellens eigener Vorannahmen wird nicht angenommen, Forscher/-innen könnten jegliches Wissen und alle Annahmen über den Forschungsgegenstand ohne weiteres ignorieren. Durch das hypothesengenerierende Vorgehen wird allerdings das bereits gebildete Wissen über das Feld als grundsätzlich zu hinterfragendes Wissen verstanden. Mit der Haltung geht also die Bereitschaft einher, sich der eigenen expliziten und impliziten Vorannahmen bewusst zu werden und sie gegebenenfalls zu revidieren. Das Prinzip der Offenheit gegenüber dem Forschungsgegenstand schlägt sich in der Offenheit in der Erhebungssituation nieder. Grundlegend bedeutet dies, nicht vorab festzulegen, welche Themen für den Forschungsgegenstand relevant sind und welche nicht, sondern den Relevanzsetzungen der Befragten Raum zu geben (vgl. ebd.: 55ff.). In der Interviewforschung ist es am ehesten das narrative Interview, das an den eigenen Bedeutungssetzungen der Befragten orientiert ist (siehe 4.2). Was wie thematisiert wird, ist dabei nicht unabhängig vom Interviewsetting selbst. Die Interviewsituation als eine Kommunikationssituation wird durch die wechselseitige Interpretation der Situation und der Erwartungen des jeweiligen Gegenübers seitens der Interviewenden und der Befragten hervorgebracht (vgl. Jensen/Welzer 2003: Abschn. 5). Günther (2008) spricht in diesem Zusammenhang von einer gemeinsamen Praxis der Realisierung der Forschungssituation. Sie geht davon aus, dass die wechselseitigen Deutungen der Situation des Forschers/der Forscherin und des Auto-Biographen/der Auto-Biographin einerseits bedingt sind durch objektiv bestehende Normen und Erwartungen und andererseits durch subjektive biographische Erfahrungen (vgl. ebd.: 55f.). Die dritte Ebene der Offenheit gegenüber dem Forschungsgegenstand bezieht sich nach Rosenthal auf die Textanalyse. Verschiedene Auswertungsverfahren legen eine offene, nicht hypothesengeleitete Haltung gegenüber den Daten nahe. In der Regel geht es dabei um die Rekonstruktion subjektiver Sichtweisen und subjektiven Sinns in „geronnener Form“, also in schriftlich fixierten Texten, die fixierte Momentaufnahmen sozialer Prozesse darstellen (vgl. Helfferich 2011: 21). Es sind allerdings nicht die vergangenen Prozesse selbst, die in den Daten gespiegelt werden, sondern *erzählte* Prozesse, die als solche durch methodisch kontrollierte Interpretationsformen rekonstruiert werden. Zudem ist das Erzählen im Interview selbst eine prozessuale Form der Wirklichkeitskonstruktion. Die Interpretation beginnt dann nicht erst mit der Analyse selbst, sondern schon mit dem Fixieren des Geschehenen – im Falle von Interviews: dem Verschriftlichen verbaler Äußerungen. In Transkripten lassen sich non-verbale Ausdrücke wie Tonfall, Gestik und Mimik nur in sehr begrenztem Maße festhalten. Symbole und Zeichen, die hierfür verwendet werden, müssen von den Forschenden und den Rezipient/-innen wiederum in irgendeiner Form interpretiert werden. Somit ist auch die Vertextung von Daten immer schon Interpretation, die insoweit kontrolliert werden kann, als der Herstellungsprozess möglichst transparent gemacht und die Bedeutung der Symbole – so wie sie von den Forschenden interpretiert werden – benannt wird (vgl. Hitzler/Honer

1997: 11f.). In diesem Sinne ist das Datenmaterial in seiner textuellen Verfasstheit als Bestandteil einer prozesshaften Bedeutungskonstitution im Sozialen zu verstehen.[40] Da ich mich in der Auswertung der Daten an dem von Gabriele Rosenthal erarbeiteten Konzept der biographischen Fallrekonstruktion orientiere, beziehe ich mich auch auf ihre Auslegung des Prinzips der Offenheit in der Auswertung (vgl. Rosenthal 2015: 58ff.). Die Offenheit in der Auswertung wird Rosenthal zufolge durch ein rekonstruktives, abduktives und sequenzielles Vorgehen ermöglicht. Sie bezieht sich dabei unter anderem auf die objektive Hermeneutik, in der davon ausgegangen wird, dass sich hinter den manifesten Sinnstrukturen, wie sie im Interview zum Ausdruck kommen, latente Sinnstrukturen verbergen (z.B. Oevermann et al. 1979). Latente Sinnstrukturen zu rekonstruieren bedeutet, bedeutungsgenerierende Bedingungen der Erzählenden nachzuvollziehen, die ihre Sichtweisen und Deutungen hervorbringen, die den Individuen im Moment des Erzählens und Handelns aber nicht unbedingt bewusst sind. Rosenthal interessiert sich in ihrem Vorgehen für die prozesshafte Genese manifesten und latenten Sinns im Interview. Dies bedeute, einen Fall sowohl in seiner Gesamtstruktur als auch in deren Genese im Interview in den Blick zu nehmen. Das hat zur Konsequenz, dass einzelne

---

[40] Die Frage der schriftlichen Fixierung von Daten verweist darauf, dass die Interpretation des Forschungsgegenstandes schon lange vor den Forschungsphasen beginnt, die explizit als Analysephasen bezeichnet werden. Letztlich beginnt die Interpretation auch schon vor der schriftlichen Fixierung von Daten: mit der Wahl des Forschungsfeldes als ein in irgendeiner Form erklärungs- und interpretationsbedürftiges Feld und der Wahl der Daten als für diese Erklärung und Interpretation relevante und aussagekräftige Fixierungen. Zudem endet die Interpretation des Gegenstandes nicht mit der Interpretation und Verschriftlichung der Ergebnisse durch den/die Forschenden, sondern auch dieser Text wird von den Leser/-innen wiederum interpretiert. Andrea Ploder und Johanna Stadlbauer (2013) betonen, dass auch der Prozess des Lesens als bedeutungskonstitutiv anzusehen ist (377f.). Ihr umfassend reflektierender Ansatz der Position des/der Forschenden, den sie selbst in Autoethnographien offenlegen, ist nicht in allen Forschungssettings umsetzbar. Dennoch machen Ploder und Stadlbauer damit darauf aufmerksam, dass der Prozess des Interpretierens nicht auf eine abschließbare Phase beschränkt werden kann und Forschungsergebnisse mit ihrer schriftlichen Fixierung nicht universell verstehbare Bedeutung haben, sondern wieder als interpretationsbedürftige Dokumente in den Prozess der Bedeutungskonstitution eingehen. Siehe hierzu auch den Abschnitt 4.3 zu den forschungsethischen Herausforderungen.

Abschnitte und Sequenzen nicht aus dem Zusammenhang genommen interpretiert werden, sondern in Relation zum Vorher und Nachher analysiert werden. So wird auch vermieden, vorab formulierte Kategorien an das Material als Analyseraster anzulegen und einzelne Aussagen diesem Raster zuzuordnen. In diesem Sinne ist ein wesentlicher Bestandteil des rekonstruktiven Vorgehens in der Analyse das Prinzip der Sequenzialität: Die Analyse der Sinnsetzungen in ihrer Abfolge wird der prozessualen Herstellung sozialer Wirklichkeit gerecht, insofern analysiert wird, was zu was geführt hat, wie Sinnsetzungen in der jeweiligen Gesprächssituation erfolgt sind (vgl. Rosenthal 2015: 76ff.). Hiermit verschränkt ist auch das Prinzip abduktiven Schlussfolgerns (Hypothesengenerierung und Hypothesenprüfung am Fall) (vgl. Peirce 2004). Rosenthal zufolge erlaubt es diese Art des dreistufigen Schlussfolgerns[41] – anders als induktives und deduktives Schließen –, der Struktur des Falls in seiner Gesamtgestalt und der Genese des Falls, wie sie sich im Interview darstellt, gerecht zu werden (Rosenthal 2015: 58ff.). Unter dem Prinzip der Offenheit im Auswertungsprozess verhandelt Rosenthal auch die Verallgemeinerung von Erkenntnissen und die Typenbildung (vgl. ebd.: 79ff.). Hierbei geht es um die Frage, was mit Einzelfallanalysen über ein interessierendes Phänomen ausgesagt werden kann. Es wird davon ausgegangen, dass sich in allen Einzelfällen Hinweise auf allgemeine Zusammenhänge finden (vgl. Rosenthal 2009). Ansprüche auf numerisch „belegte" und „repräsentative" Aussagen werden nicht erhoben, vielmehr wird in einem theoretischen Sinne verallgemeinert. Die theoretische Verallgemeinerung kann durch kontrastive Vergleiche zu anderen Fällen und theoretischen Annahmen stattfinden. Im Vergleich zu anderen Fällen lässt sich die Regelhaftigkeit des Falls und damit seine Typik herausarbeiten. Die Typik eines Falls lässt

---

[41] In einem ersten Schritt werden, von dem empirischen Phänomen ausgehend, mehrere Hypothesen über alle zum Interpretationszeitpunkt mögliche Lesarten des Phänomens gebildet. Ausgehend von den Hypothesen werden zweitens Folgehypothesen gebildet. Es wird also überlegt, was passieren müsste, träfe die Ausgangshypothese zu. Schließlich werden drittens die Hypothesen am weiteren Verlauf der Erzählung geprüft und gegebenenfalls verworfen oder modifiziert (vgl. Peirce 2004; Rosenthal 2015: 63ff.).

sich in den Regeln erkennen, die diesen erzeugen. Daraufhin können strukturell ähnliche und verschiedene Fälle miteinander verglichen und Typen zugeordnet werden (vgl. Rosenthal 2015: 79ff.). Auf welcher Basis ein Typus konstruiert wird, ergibt sich Rosenthal zufolge aus dem Forschungsinteresse: Die (bis dahin in der Auswertung zurückgestellte) Forschungsfrage wird an die rekonstruierten Fälle gerichtet und diese werden zur Beantwortung der Frage verallgemeinernd typisiert.

Vertreter/-innen der Prinzipien interpretativen qualitativen Forschens arbeiten häufig mit biographischen Interviews, nicht zuletzt deshalb, weil narrativ-biographische Interviews als maximal offene erzählgenerierende Verfahren der Datengewinnung die Bearbeitung unterschiedlicher Forschungsfragen erlauben und dabei durch die Forschung selbst ein möglichst geringer Einfluss auf die Empirie ausgeübt wird. Interpretative Sozialforschung und Biographieforschung überlagern sich; interpretative Sozialforscher/-innen haben die Biographieforschung im deutschsprachigen Raum geprägt und umgekehrt. Im folgenden Abschnitt gehe ich kurz auf die Geschichte und die Strömungen in der Biographieforschung ein. Anschließend mache ich, 4.1.1 und 4.1.2 zusammenfassend, meine eigene methodologische und methodische Perspektive deutlich (4.1.3).

### 4.1.2 Biographieforschung

Das methodologische und methodische Vorgehen der Biographieforschung schlägt sich im Kontext der vorliegenden Studie insbesondere in der Erhebung und der Auswertung von Daten nieder. Auch wenn Biographien selbst nicht Gegenstand meiner Forschungsfrage sind, sind die in der Biographieforschung entwickelten Methoden und Perspektiven für meine Arbeit zentral. Dies soll im Folgenden verdeutlicht werden.

Die Anfänge der soziologischen Biographieforschung gehen auf die Studie „The Polish Peasant in Europe and America“ von William Isaac Thomas und Florian Znaniecki zurück, die um die 1920er Jahre entstanden ist (vgl. Thomas/Znaniecki 1958). Den Kern der Studie stellt die Lebensgeschichte eines polnischen Migranten in den USA dar, die die Autoren als Ausdruck allgemeiner sozialer Wandlungsprozesse ansehen. Anhand seiner Lebenserzählung gehen sie der Frage nach, wie katholische polnische Bauern zu amerikanischen Industriearbeiter/-innen werden. Fuchs-Heinritz (2009) sieht die Studie als eine wichtige Grundlage für eine empirisch orientierte Sozialforschung, in der subjektiven Sichtweisen Bedeutung zugemessen wird (vgl. ebd.: 94). Einflussreich war die Studie für die sich etablierende Chicago School (etwa für Robert E. Park und Clifford R. Shaw), die sich unter Verwendung unterschiedlicher Materialien mit Kriminalität und Devianzen in Chicago auseinandersetzt und deren Arbeiten nicht zuletzt zu einer Vielzahl methodischer Innovationen geführt haben (vgl. Bornat 2008: 345). Ab den 1930er Jahren nimmt die Bedeutung der Biographieforschung ab. Die Verallgemeinerbarkeit einzelner Fallgeschichten wird zugunsten standardisierter quantitativer Forschung in Frage gestellt (vgl. Fuchs-Heinritz 2009: 100f.). In den 1970er Jahren erfährt sie allerdings einen erneuten Aufschwung (vgl. ebd.: 119ff.). Der Sammelband „Soziologie des Lebenslaufs" von Martin Kohli (1978), die Publikation „Biographie und soziale Wirklichkeit" von Martin Kohli und Günther Robert (1984) sowie die Buchveröffentlichung „Biographie in handlungswissenschaftlicher Perspektive" (Matthes/Pfeifenberger/Stosberg 1981) spiegeln das gestiegene Interesse wider.[42] Unter anderem zeigt sich in den Forschungsarbeiten das zunehmende wissenschaftliche Interesse an subjektiven Perspektiven und Deutungen, also daran, wie Individuen vor dem Hintergrund ihrer Lebenssituation ihre Lebenswelt konstruieren. Diese Forschungsperspektive wird auch verfolgt, um dem vorherrschenden Positivismus in der Wissenschaft alternative Er-

---

[42] Fuchs-Heinritz (2009) nennt folgende Gründe für ein gestiegenes Interesse an der Biographieforschung: Neben dem Bedürfnis, sich subjektive Deutungen in gesellschaftlichen Umbruchzeiten (Individualisierung) zu erschließen, sei im Zuge der Oral History das Interesse an Erfahrungen von Zeitzeugen gestiegen; nicht zuletzt seien technische Möglichkeiten ausschlaggebend für die Entwicklung gewesen: die Möglichkeit, Erzählungen auf Tonband aufzunehmen (vgl. ebd.: 120ff.; vgl. auch Bornat 2008).

klärungen der Sozialwelt entgegenzusetzen (vgl. Fischer-Rosenthal/Rosenthal 1997: 135). Untersucht werden unter anderem deviante Lebensformen oder das Verwobensein von Berufserfahrungen, Migration oder Geschlecht mit biographischen Erfahrungen und Positionierungen (vgl. z.B. Alheit/Dausien 1983; Dausien 1996; Lutz/Davis 2009). Mit dem erneuten Interesse an Biographien in der Forschung geht die Entwicklung eines vielseitigen methodischen Instrumentariums (Narrationsanalyse, Konversationsanalyse, hermeneutische Verfahren) einher (vgl. Fischer-Rosenthal/Rosenthal 1997). Unter anderem hat Fritz Schütze in den 1980er Jahren zur Entwicklung der interviewbasierten interpretativen Biographieforschung in hohem Maße beigetragen (vgl. Bornat 2008: 346). Mittlerweile werden biographische Methoden in diversen Forschungszweigen angewendet, entweder um die Emergenz sozialer Strukturen und sozialen Wandels zu untersuchen oder um Erfahrungen und Bewältigungsprozesse Einzelner zu analysieren (vgl. Bornat 2008: 344; Völter et al. 2009b: 7). Der Aufschwung der Biographieforschung ist nicht nur wissenschaftshistorisch erklärbar, sondern auch bedingt durch die Bedeutungszunahme biographischer Selbstthematisierung in diversen Alltagskontexten (vgl. z.B. Alheit 2010; Bukow et al. 2006).

#### 4.1.2.1 Biographien in der interpretativen Sozialforschung

Aus Sicht der Vertreter/-innen der interpretativen Biographieforschung sprechen folgende theoretische Annahmen für die Auseinandersetzung mit Biographien: Es wird davon ausgegangen, dass psychische oder soziale Phänomene nur in ihrer Genese, also aus ihrem Entstehungsprozess heraus erklärbar sind. Neben der Perspektive der Biograph/-innen interessieren vor allem die Handlungsabläufe und wie sie vor dem Hintergrund der Situation des Erlebens zu verstehen sind. Aussagen von Biograph/-innen seien zudem nicht für sich versteh- und erklärbar, sondern nur vor dem Hintergrund des Gesamtzusammenhangs des gegenwärtigen Lebens (vgl. Rosenthal 2015: 193). Das Konzept der Biographie verweist also neben dem konkreten Leben immer auch auf *„gesellschaftliche*

*Strukturen, auf Orientierungsmuster, institutionalisierte Prozeduren, geronnene interaktive Formen und Regeln"* (Alheit 2010: 227) und damit auf die soziale Verfasstheit ihrer Genese und Präsentation. Dabei wird in der Regel von einem systematischen Zusammenhang individueller Erfahrungen und gesellschaftlicher Strukturbildung ausgegangen (vgl. Völter et al. 2009b: 7). Interpretative Biographieforscher/-innen interessieren sich einerseits für die Genese eines Phänomens in der Gegenwart des Erzählens und andererseits für die Ausbildung eines Erlebens in der Vergangenheit (vgl. Rosenthal 2015: 193f.). Relevant wird dabei die Frage nach dem Verhältnis von Erlebtem, Erinnertem und Erzähltem. *„Erzählungen über die Vergangenheit sind an die Gegenwart des Erzählens gebunden"* (ebd.: 195). Erinnerungen an vergangene Erlebnisse sind sowohl durch spätere Erlebnisse überformt[43] als auch durch die Situation, in der sie erinnert werden, gerahmt. Die gegenwärtige Perspektive bedingt die Auswahl dessen, was erinnert und erzählt wird. Die Vergangenheit wird in der Gegenwart neu konstruiert. Rosenthal zufolge ist diese Konstruktion aber nicht unverbunden zum Erleben in der Vergangenheit zu verstehen. Sie weist aber den Vorwurf der Homologie-Annahme von Erfahrung und Erzählung zurück (vgl. Rosenthal 2009: 52, 2010; Nassehi/Saake 2002). Elisabeth Tuider folgert in diesem Zusammenhang: „Individuen *haben* nicht eine Biographie, sondern diese wird in konkreten gesellschaftlichen Kontexten als Biographie *produziert*" (Tuider 2007 Abschn.: 19, Herv. i. Orig.).[44] Einerseits also bedingen gesellschaftlich-diskursive Normalitätskonzepte das Denken von Erfahrungen in einem biographischen Zusammenhang. In der Interviewsituation wird andererseits die Einordnung von Erfahrungen in einen nachvollziehbaren und sinnvollen Verlauf implizit

---

[43] Beispielsweise kann eine negative Erfahrung mit einem/-r Lehrer/-in in den letzten Schuljahren die positiven oder neutralen Erfahrungen in den Schuljahren zuvor überlagern. Die Erinnerung an die früheren Schuljahre wird dann vor dem Hintergrund späterer negativer Erfahrungen anders bewertet und überformt.

[44] Peter Alheit spricht in diesem Zusammenhang vom Konzept der Biographizität. Er beschreibt dies als eine Art notwendiger Fähigkeit, verschiedene Kontexte auf die eigene Biographie zu beziehen und sich selbst im Bezug hierauf auszulegen, insofern Soziales nur selbstreferenziell anzueignen ist (vgl. Alheit 2010).

eingefordert und damit Biographie situativ hergestellt. Verschiedene theoretische Positionen in der Biographieforschung verstehen Biographie nicht als ein psychologisches Konzept, sondern als ein soziales Konstrukt (vgl. Völter et al. 2009b: 7).

#### 4.1.2.2 Diskurse in der Biographieforschung

Seit einiger Zeit wird dem Einfluss von Diskursen auf biographische Erzählungen in der Biographieforschung zunehmend Beachtung geschenkt (vgl. Spies 2009; Tuider 2007, 2015; Völter et al. 2009a). Die Verbindung eines diskurstheoretisch dezentrierten Subjektbegriffs mit der Biographieforschung ist auf den ersten Blick nicht ganz widerspruchsfrei. So wird aus Foucault'scher Perspektive die Konzeption von Subjekten, die mit einem Kern fixierbarer und einzigartiger Eigenschaften ausgestattet sind, (unter anderem) durch die Humanwissenschaften selbst hervorgebracht (vgl. Schäfer/Völter 2009: 162f.). Die Biographieforschung, so Schäfer und Völter, ist ihrerseits (zumindest epistemologisch) an *„die Erschaffung des Individuums als Erkenntnissubjekt gebunden"* (ebd.: 163). Mit Foucault ist das biographische Erzählen allerdings nicht Ausdruck eines authentischen Selbst, sondern vielmehr Bestandteil des vorherrschenden Subjektdiskurses, in dem der Imperativ einer verinnerlichten Selbsterkenntnis und -prüfung vorherrsche. Trotz der (latenten) Re-Produktion von Individuen als mit sich selbst identischen Subjekten kann die Biographieforschung auch zur Erforschung von diskursiver Machtwirkung auf Subjekte angewendet werden (vgl. ebd.: 164). Mit einer dezentrierten Subjektperspektive sind biographische Erzählungen nicht als Verweise auf mit sich selbst identische Subjekte zu lesen, es ist also nicht zu unterstellen, dass sich in ihnen ein innerer Kern biographischer Erfahrungen widerspiegelt, der kontext- und zeitübergreifend stabil ist. Es wird vielmehr davon ausgegangen, dass biographische Selbstbeschreibungen nicht alleine auf subjektiven Erfahrungen beruhen, sondern vor dem Hintergrund *„gesellschaftliche*[r], *institutionelle*[r] *und* familiale[r] *Regeln bzw.* [...] *unterschiedlicher Dis-*

*kurse*" (Rosenthal 2009: 51) erzeugt werden. Biographische Selbstbeschreibungen hängen also auch immer davon ab, was in bestimmten sozialen Situationen gesagt werden kann und was nicht. In dieser Perspektive wird die moderne Subjektvorstellung in biographischen Selbstbeschreibungen vielmehr umgekehrt: „*Durch seine Sprechakte wird das Individuum nicht seines eigenen Selbst, seiner vermeintlich tiefen ‚Wahrheit' über sich inne, sondern es gerät in einen performativen Prozess der Selbstpräsentation […]*" (Schäfer/Völter 2009: 167). Individuen produzieren sich also in biographischen Erzählungen selbst, und die sich darin spiegelnde Kohärenz ist Ergebnis sozialer und situativer Erwartungen. Anhand biographischer Erzählungen kann herausgearbeitet werden, wie Subjektpositionen nicht nur eingenommen, sondern auch „*gefühlt und gelebt werden*" (Tuider 2007: Abschn. 26). Tina Spies (2009) geht in diesem Zusammenhang der Frage nach, wie wirkmächtig Diskurse für biographische Selbstpräsentationen sind und wie sie sich auf Subjektpositionierungen auswirken. Zudem stellt sie die Frage, ob in biographischen Erzählungen auch Handlungsmacht liegt. Unter Bezug auf Stuart Halls Konzept der Artikulation erarbeitet sie eine Verbindung von Diskurs- und Biographieforschung. Demzufolge müssen Subjekte zwar diskursive Subjektpositionen einnehmen, um sprechen zu können, aber die Subjekte bzw. das Einnehmen von Subjektpositionen sind nicht allein als Effekt von Diskursen zu sehen, sondern Subjekte investieren auch selbst in diese Positionen und verändern sie (vgl. ebd.; Spies 2015: 148f.). Zudem geht Spies davon aus, dass sich ein „*Subjekt nicht nur innerhalb eines Diskurses* [verortet], *sondern* […] *unterschiedliche Subjektpositionen innerhalb verschiedener, intersektionell verschränkter Diskurse* [einnimmt]" (Spies 2009: Abschn. 46). Subjekte sind also nicht mit einer Position identifiziert, sondern sie beziehen sich auf zur Verfügung stehende Positionen, um sprechen zu können. Die Positionen können sich überlagern, einander widersprechen, miteinander verschränkt oder unverbunden sein (vgl. Schäfer/Völter 2009: 177). An Biographien kann rekonstruiert werden, welche Positionierungen relevant sind und wie diese eingenommen werden. Spies zieht den Schluss: „*[E]ine Biografie wird nicht nur durch die individuelle Erfahrungsgeschichte und durch situative und kommunikative Bedingungen strukturiert, sondern eben auch durch Diskurse, die quer zu den übrigen Konstitutionsprozessen liegen*“ (Spies 2009: Abschn. 70). Ob und wie Diskurse sich in biographischen Selbstpräsentationen niederschlagen, ist ebenso eine empirische Frage wie etwa die Rekonstruktion institutioneller Einflüsse auf biographische Verläufe und situativer Einflüsse des Interviewkontextes. Tina Spies‘ Forschungen zur Subjektpositionierung sind für die vorliegende Arbeit insofern relevant, als sie sowohl auf die Bedeutung von Diskursen aufmerksam macht als auch die Seite des Individuums in den Blick nimmt, das diskursive Subjektpositionen interpretiert und in diese investiert. Anders als Tina Spies gehe ich in meinen Analysen nicht in erster Linie der Frage nach der Einnahme bestehender Subjektpositionen, sondern auch der Herstellung von Subjektpositionen und Selbstverhältnissen im Sinne sozialer Positionierungsprozesse nach (siehe Kapitel 3).

Biographien sind also Konstrukte. Das Konstrukt Biographie ist eine Orientierungsfolie, um eigenes Erleben zu erzählen. Die Lebensgeschichte wird jeweils situativ neu produziert unter dem Einfluss kontextueller Merkmale, Diskurse und Normalitätsfolien. In dieser Perspektive kann z.B. gefragt werden, wie welche Subjektpositionen eingenommen werden und wie auf diskursiv erzeugte Normalitäten Bezug genommen wird.

### 4.1.3 Was wird sagbar und was wird lesbar?

Die vorhergehenden Ausführungen lenkten den Blick darauf, dass die in Forschungszusammenhängen produzierten Daten Versionen sozialer Realität sind. Das Forschungssetting sowie die Kommunikationsdynamiken im Interview und in der Auswertung prägen die späteren Ergebnisse (vgl. Strübing 2013: 82). Helfferich (2011) zufolge spricht das nicht für die Beliebigkeit von Daten und Aussagen, sondern verweist vielmehr darauf, dass unterschiedliche Kontexte verschiedene Interpretationen des Erlebten in Erzählungen (im Falle von biographisch-narrativen Interviews) bedingen. Dies hat zur Konsequenz, dass die Analyse des Erhebungskontextes in die Interpretation einfließen muss (ebd.: 155). Die Reflexivität des Forschungsprozesses ist damit ein zentrales Prinzip qualitativer Forschung, insofern alle Äußerungen und Gegenstände in Relation zueinander stehen und keine Äußerung und kein Gegenstand aus sich heraus Bedeutung hat (vgl. Strübing 2013: 21f.). Die Frage nach der Wahrhaftigkeit von Aussagen ist in diesem Sinne nur wenig ertragreich. Dem Thomas-Theorem folgend, nach dem Situationen deswegen wirklich sind, weil sie als wirklich definiert werden und dadurch in ihren Konsequenzen real sind, besteht die Aufgabe vielmehr darin, das zu rekonstruieren, was die Befragten in der Situation als „Wahrheit" darstellen, und dies im situativen und diskursiven Entstehungszusammenhang nachvollziehbar zu machen (vgl. Thomas/Thomas 1928: 572). Das Interview sehe ich als eine Situation an, die einen Rahmen für Erzählungen stellt. Die konkrete Bedeutung der Situation wird von den beteiligten Subjekten interpretiert und interaktiv ausgehandelt. Die Darstellung des Erlebten findet vor diesem Hintergrund statt. Die Interviewsituation selbst ist in der Regel eine nichtalltägliche Situation, ebenso wie die ausführliche Erzählung von Erfahrungen. Umso bedeutender sind die latente und explizite Verständigung darüber, was überhaupt im Interview erwartet wird – im Falle narrativ-biographischer Interviews wird z.B. gerade kein Frage-Antwort-Spiel erwartet, aus einem Alltagsverständnis heraus kann aber gerade dies unter einem „Interview" verstanden werden (vgl. Mey 2000: 137) –, und der Aufbau von Vertrauen. Insoweit das Dargestellte von situativen Verständigungsprozessen und Interpretationsleistungen abhängt, gehe ich nicht von einer Homologie von Erlebtem und Erzähltem aus. Dies bedeutet auch, dass ich nicht von der Annahme einer generativen Struktur von Biographie, die kontextuell und zeitlich unabhängig bestünde, ausgehe. Die Konzeption von Biographie als eines nachvollziehbaren, logischen Gesamtzusammenhangs von Erlebtem würde letztlich auch die Annahme eines mit sich selbst identischen Subjekts implizieren (vgl. Schäfer/Völter 2009: 175).

Vielmehr verweist das Verständnis von Biographie als Konstrukt einerseits auf die gesellschaftlich-diskursive Konstruktion, dass das Vergangene in einen sinnvollen Ablauf zu bringen sei, und andererseits darauf, dass die konkrete Ausführung der biographischen Konstruktion in der Situation des Erzählens selbst hergestellt wird.

Welche Art von Sinn wird also in den Interviews rekonstruierbar? Anders als in der interpretativen Sozialforschung angenommen, gehe ich nicht davon aus, dass Forschende den Erzählenden nicht bewusste latente Sinnstrukturen herausarbeiten können. Von latenten Sinnstrukturen auszugehen impliziert, zugespitzt formuliert, die Annahme eines objektivierbaren, kontextunabhängigen, aber den Erzählenden nicht bewussten Sinns. Ertragreicher als die Frage, wieviel das Erzählte mit dem „wahrhaft" Erlebten zu tun hat, erscheint mir die Frage, was Forschende anhand vertexteter Daten über soziale Zusammenhänge ‚lesen' können. Was herausgearbeitet werden kann, sind beispielsweise Formen biographischer Selbstpräsentation und wie diese unter Bezugnahme auf Themen, Narrative und Diskurse hervorgebracht werden. Welche Themen, Narrative und Diskurse in der Selbstpräsentation bedient werden, ist nicht unabhängig vom Kontext der Forschungssituation, und dennoch können die herausgearbeiteten Selbstpräsentationen Hinweise darauf sein, wie sich Befragte in anderen Kontexten präsentieren. Themen und Narrative, auf die in spezifischen Formen von Selbstpräsentationen Bezug genommen wird, sind wiederum Hinweise auf die Bedeutung von Diskursen für Selbstbeschreibungen und -positionierungen, Bezüge also, die Schlüsse darauf zulassen, welche Narrative und Diskurse in einem sozialen Feld relevant sind. Die Textsorte der Erzählung sehe ich in diesem Sinn nicht per se als aussagekräftiger an als Beschreibungen oder Argumentationen. Auch anhand von Beschreibungen und Argumentationen können Bezugnahmen auf gesellschaftliche Deutungsmuster und Eigentheorien sichtbar werden.[45] Aufgrund der Vielschichtigkeit diskursiver Einflüsse und der Überlagerung biographisch erworbener und kontextuell bedingter Bezugnahmen, sehe ich es im Hinblick auf meine Fragestellung als ergiebiger an, von der Zuordnung einzelner Fälle zu Typen abzusehen und vielmehr im abstrahierenden Vergleich von Bezugnahmen in biographischen, durch den gegenwärtigen Kontext beeinflussten Selbstpräsentationen zu einer theoretischen Verallgemeinerung der Ergebnisse zu kommen.

Die vorangehenden Überlegungen fließen in unterschiedlicher Hinsicht in mein Vorgehen ein. Der Einfluss der Interviewsituation wird etwa in der Text- und thematischen Feldanalyse und der Feinanalyse von Interviewsequenzen mitreflektiert (siehe 4.2). Nicht zuletzt, um die Interviewsituation (und deren Einfluss auf die Auswertungen) nachvollziehbarer zu machen, schildere ich im Folgenden das Forschungssetting und den Erhebungsprozess der Studie. Auf die jeweils konkreten Interviewsettings und den Interviewablauf gehe ich zu Beginn der jeweiligen Fallanalyse ein (Kapitel 5). Im Unterkapitel 4.3 (Forschungsethische Herausforderungen) reflektiere ich ebenfalls Aspekte des Forschungszusammenhangs. Meine Forschungsfrage richtet sich zudem generell nicht auf das biographisch Erlebte, sondern auf die Darstellung des Erlebten im Interview und auf die wechselseitigen Positionierungen im und durch das Interview. In der Darstellung des Vorgehens in der Auswertung wird dies ausführlicher erörtert. Bevor ich auf das methodische Vorgehen in der Arbeit eingehe, stelle ich das Forschungsprojekt vor, in dessen Rahmen die sechs Interviews erhoben wurden, die die Datengrundlage dieser Studie darstellen. Ich gebe dabei auch Aufschluss über den Feldzugang und die Felderfahrungen.

---

45 Günter Mey (2000) kritisiert die Vorannahmen in Bezug auf die Wirkung des narrativbiographischen Interviews. Mit dem Anspruch, im Interview primär Erzählungen generieren zu wollen, geht die Annahme einher, in dieser Textsorte besonders gut Zugang zur „biographischen Wirklichkeit" der Erzählenden zu erhalten. Von den Zugzwängen des Erzählens nach Schütze auszugehen bedeutet in diesem Sinne auch, situative Bedingungen der Erzählsituation zu übergehen.

## 4.2 Forschungskontext

### 4.2.1 Implementationsstudie „Selbstständig statt hilfebedürftig? Die Gründungsförderung durch Einstiegsgeld“

Für die vorliegende Arbeit verwende ich sechs narrativ-biographische Interviews mit Gründer/-innen, die im Rahmen des Forschungsprojekts „Selbstständig statt hilfebedürftig? Die Gründungsförderung durch Einstiegsgeld“ erhoben wurden (vgl. Bernhard et al. 2013; Pongratz et al. 2013; Bernhard/Pongratz 2014; Pongratz et al. 2014; Bernhard 2014, 2016; siehe auch Kapitel 2). Die Implementationsstudie wurde in Kooperation des Instituts für Arbeitsmarkt- und Berufsforschung Nürnberg (IAB), des Instituts für Sozialwissenschaftliche Forschung e.V. München (ISF) und des Instituts für Soziologie der LMU München zwischen Dezember 2010 und Januar 2014 durchgeführt.[46] Koordiniert wurde das Projekt am IAB, wo auch die erhobenen Daten aufbewahrt werden. Für den Zeitraum des Erstellens der vorliegenden Arbeit hatte ich Zugang zu den Interviews.

Ziel der Studie war es, die Praxis der Einstiegsgeldvergabe zu analysieren, ein Instrument zur Förderung von Arbeitslosengeld-II-Beziehenden, das diese dabei unterstützen soll, eine selbstständige Erwerbstätigkeit aufzunehmen. Die Wirkungsweise und Bedeutung des Einstiegsgeldes untersuchten wir auf unterschiedlichen Ebenen: Es wurden (1) das Gründungsvorhaben, (2) die organisationalen Entscheidungsstrukturen und (3) die Praxis der Fallbearbeitung untersucht. Neben der Wirkungsweise des Förderinstruments als solchen kam dabei auch der Prozess der Existenzgründung unter prekären Bedingungen selbst in den Blick. Den ausführlichen Interviews (Expert/-innen-, problemzentrierte und narrative Interviews) für die jeweiligen Untersuchungsdimensionen der Studie ging eine Telefonerhebung voraus, in der in 22 Grundsicherungsstellen die Bedeu-

[46] An dem Projekt beteiligte Personen waren neben mir (LMU): Stefan Bernhard (IAB), Hans J. Pongratz (ISF), Markus Promberger (IAB), Petra Schütt (ISF), Joachim Wolff (IAB).

tung der Gründungsförderung und die jeweiligen Förderstrategien ermittelt wurden. Diese Vorerhebungen dienten dann als Grundlage für die Auswahl von sechs Jobcentern, die sich in der Höhe der Förderzahlen, der regionalen Arbeitsmarktsituation, der Förderstrategie (auf Gründungen spezialisierte Sachbearbeiter/-innen vs. nicht spezialisierte Sachbearbeiter/-innen) und dem Stellenwert des Einstiegsgeldes im Verhältnis zu anderen Maßnahmen voneinander unterschieden (vgl. Pongratz et al. 2013: 38f.). Die erste Untersuchungsdimension (Gründungsvorhaben) und die dafür erhobenen Interviews sind Gegenstand der vorliegenden Arbeit. Ziel war es, die Perspektive von geförderten Gründenden in den Blick zu nehmen. Neben der Wahrnehmung des Förderprozesses interessierten wir uns für den biographischen Hintergrund und den lebensweltlichen Kontext der Befragten. Wir führten narrativ-biographische Interviews mit 40 Gründerinnen und Gründern in den sechs ausgewählten Regionen in Deutschland. Zwei Jahre später führten wir mit der Hälfte der Befragten Folgeinterviews, auch diese waren narrativ. Im Rahmen des Forschungsprojektes wertete ich die Interviews mit Gründer/-innen inhaltsanalytisch aus (vgl. Pongratz/Abbenhardt 2012, 2014).[47] Diese Aufbereitung des Gesamtsamples diente als Grundlage der Auswahl von sechs Interviews, die die Datengrundlage der vorliegenden Studie darstellen und die ich hierfür fallrekonstruktiv auswertete. Die Interviews der zweiten Erhebungswelle sind nicht Gegenstand dieser Arbeit. Für die zweite Untersuchungsdimension führten wir in den jeweiligen Grundsicherungsstellen Expert/-innen-Interviews mit den Leiter/-innen der Jobcenter (insgesamt acht Interviews) und in den mit den Jobcentern kooperierenden Gründungsberatungseinrichtungen (sieben Interviews). Unser primäres Interesse hierbei war, die institutionellen Regelungen der Vergabe von Einstiegsgeld und die formalen Routinen in den Auswahl- und Förderprozessen zu ermitteln (vgl. ebd.: 35). Wie sich die formalen Regelungen der Einstiegsgeldvergabe in der

---

[47] Zu den Interviews mit Gründer/-innen haben wir keinen Forschungsbericht publiziert, aber zu beiden Erhebungswellen projektinterne unveröffentlichte Forschungsberichte erstellt (Pongratz/Abbenhardt 2012, 2014).

Arbeitspraxis der Sachbearbeiter/-innen in den Jobcentern widerspiegeln, war Interessensschwerpunkt der dritten Untersuchungsdimension. Hierzu führten wir problemzentrierte Interviews mit Sachbearbeiter/-innen in Jobcentern (16 Interviews) und beobachteten (Beratungs-)Gespräche zwischen Gründungsinteressierten und ihren Sachbearbeiter/-innen (sieben Interaktionsbeobachtungen) (vgl. Pongratz et al. 2013; Bernhard et al. 2013). Während Hans Pongratz primär die Erhebungen in den Jobcentern und den externen Beratungseinrichtungen durchführte (Dimensionen 2 und 3), führte ich den Großteil der Interviews mit Gründer/-innen. Im Folgenden gehe ich auf den Erhebungsprozess der Interviews mit Gründer/-innen ein.

### 4.2.2 Feldzugang und Felderfahrung

Vermittelt über das IAB Nürnberg erhielten wir von der Bundesagentur für Arbeit Zugang zu Adressdaten von Arbeitslosengeld-II-Beziehenden, die mit dem Einstiegsgeld gefördert wurden.[48] Wir kontaktierten die Interviewpartner/-innen per Anschreiben und anschließendem Telefonat. Darin informierten wir über das Forschungsvorhaben und den Ablauf der Erhebungen. Die meisten Kontaktierten stellten im Telefonat Nachfragen zum Anliegen der Studie und Ablauf des Interviews. Das Interesse an Gründungsprozessen war wesentliches Begründungsmoment unseres Forschungsanliegens. Wie sich im Laufe des Erhebungsprozesses zeigte, führte dies dazu, dass Interviewte ihre Biographien als „Selbstständigen-Biographien" erzählten, vergangene Erlebnisse und Prozesse also im Hinblick auf ihre Bedeutung für die gegenwärtige Gründung deuteten und darstellten. Methodisch ist dies deshalb relevant, weil es ein Hinweis darauf ist, dass Art und Umfang der Vorabinformationen einen erheblichen Einfluss darauf haben, entlang welcher Themen die Befragten vornehmlich

[48] Die kontaktierten Gründer/-innen wurden entlang soziodemographischer Merkmale ausgewählt, um möglichst verschiedene biographische und kontextuelle Bedingungen vergleichen zu können. Folgende Merkmale wurden hierfür herangezogen: Wohnort/Region, Geschlecht, Migrationshintergrund und Bildungsabschluss.

ihren biographischen Verlauf schildern. Zudem wurde den Kontaktierten eine Aufwandsentschädigung in Höhe von 25 Euro für die Teilnahme am Forschungsprojekt angeboten. Welchen Einfluss die 25 Euro auf die Teilnahmebereitschaft hatten, ist im Nachhinein schwer festzustellen. Da alle Interviewten das Geld annahmen und teilweise auch ihre Freude darüber ausdrückten, ist davon auszugehen, dass es zumindest einen zusätzlichen Anreiz für die Teilnahme darstellte. Allerdings wird das Verteilen von Incentives – insbesondere Geld – für Interviews durchaus widersprüchlich beurteilt, ein Thema, das unter 4.3 (Forschungsethische Herausforderungen) noch einmal aufgegriffen wird. Die Resonanz auf die Interviewanfrage differierte stark: Während einige ihre Freude über die Anfrage deutlich machten, lehnten viele andere die Interviewanfrage am Telefon strikt ab.[49] Viele derjenigen, die der Interviewanfrage zustimmten, begründeten dies politisch: Sie würden gerne zur Verbesserung des Gründungsförderprozesses im SGB II beitragen. Viele fragten nach, wie die Interviewdaten verarbeitet würden, und einige baten um Bedenkzeit, bevor sie ein Interview zu- oder absagten. Einige äußerten auch ihre Skepsis darüber, ob sie für die Studie interessant seien, da sie mit ihrem Vorhaben (noch) nicht erfolgreich seien. Diese Reaktionen sind Hinweise darauf, dass das Forschungsanliegen ungewöhnlich war und zu Verunsicherungen führte. Viele konnten das Anliegen erst nach dem Telefonat und einer Internetrecherche besser einordnen. Zudem schienen Kontaktierte uns zuzuschreiben, Interesse an erfolgreichen Unternehmungen, etwa Start-ups, zu haben. Sie bezogen sich also auf gesellschaftliche Narrative über Gründungen, ohne sich selbst dazu zu zählen. Soweit dies möglich war, führten wir die Interviews in den Wohnräumen der Befragten, lehnte diese dies ab, verabredeten wir uns entweder im ISF München e.V., oder trafen

[49] Mit etwa einem Viertel aller Kontaktierten kam ein Interview zustande. In den meisten Fällen des Nichtzustandekommens waren die Adressdaten falsch oder die Personen wurden nicht erreicht. Die Zahl der Personen, die einem Interview zustimmten, war etwa ebenso groß wie die Zahl derer, die ein Interview ablehnten (ca. 40). Die Gründe für eine ablehnende Haltung blieben weitgehend diffus: Die meisten gaben an, kein Interesse oder keine Zeit zu haben. Einige meinten, sie seien mit der Gründung noch nicht weit gekommen und wollten deshalb nicht darüber reden (vgl. Pongratz/Abbenhardt 2012: 69f.).

uns in einem Café. Die Interviews dauerten zwischen 70 und 160 Minuten. Bei etwa der Hälfte der Interviews waren zwei Interviewende anwesend, wobei wir jeweils eine/-n Hauptinterviewende/-n festlegten. Interviews zu zweit zu führen hatte den Vorteil, im Anschluss gemeinsam über Erzähldynamiken im Interview und die Inhalte reflektieren zu können. Zu den Interviews erstellten wir Feldnotizen bezüglich des Interviewsettings und -verlaufs sowie Protokolle zum Erzählten. Zu Beginn jeder Fallanalyse (Kapitel 5) beschreibe ich das Interviewsetting und den Verlauf des Interviews, da ich, wie oben dargestellt, davon ausgehe, dass das Setting konstitutiv für das Erzählte ist. Das Setting und die Dynamik des Interviews fließen dann auch in die Interpretation ein. Etwa zwei Jahre nach den Erstinterviews kontaktierten wir den Großteil der Befragten erneut für ein zweites Interview. Es war vorgesehen, mit der Hälfte der Interviewten ein weiteres Mal zu sprechen. Bei der Auswahl orientierten wir uns einerseits an dem Ziel einer gleichmäßigen regionalen Verteilung der erhobenen Daten und andererseits an inhaltlichen Forschungsinteressen. Sofern die Befragten erreichbar waren, war die Bereitschaft in den meisten Fällen groß, ein zweites Interview zu geben. Allerdings gab es auch gelegentliche Absagen (insgesamt vier), die mit Zeitknappheit oder der Aufgabe der Selbstständigkeit begründet wurden, über die sie nicht sprechen wollten.

### 4.2.3 Narrative Interviews mit Gründer/-innen im SGB II

Für die Erforschung der biographischen Bedeutung und des lebensweltlichen Kontexts von Gründungsvorhaben im SGB II wurden im Rahmen des unter 4.2.2 dargestellten Forschungsprojektes narrativ-biographische Interviews (vgl. u.a. Schütze 1983; Küsters 2009; Rosenthal 2015; Fischer-Rosenthal/Rosenthal 1997) mit Gründer/-innen geführt. Die erzählgenerierende Interviewform räumt den Befragten größtmögliche Offenheit in der Darstellung ihrer Erfahrungen ein. So können sie darin am ehesten selbst setzen, welche Themen, Lebensbereiche und Erfahrungen für ihre biographische Selbstbeschreibung in der Gegenwart wichtig sind (vgl. Rosenthal 2015: 164ff; Fischer-Rosenthal/Rosenthal 1997: 140ff.). Offene

Erzählaufforderungen und eine zurückhaltende Interviewführung sollen den Erzählenden möglichst wenig vorgeben, Vorannahmen und konkrete Forschungsinteressen der Interviewenden weitgehend zurückgestellt werden.[50] Das von Fritz Schütze (1983; zur Analyse: Schütze 1981, 1984) entwickelte Verfahren findet insbesondere in der Biographieforschung Anwendung, da es hier darum geht, die Genese der erzählten Biographie aus der Perspektive der Biograph/-innen selbst zu verstehen. Das Interview gliedert sich in der Regel in drei Phasen: 1) Zu Beginn wird eine offene Erzählaufforderung gesetzt. Die Eingangsnarration ist unterschiedlich lang und ausführlich. In den folgenden immanenten Nachfragen (2) werden unklare Interview-Passagen oder nicht erzählte biographische Phasen durch den/die Interviewende/-n aufgegriffen, hierzu erneute Erzählaufforderungen gesetzt und so neue Narrationen generiert. Erst im Anschluss daran werden exmanente Nachfragen gestellt (3), konkrete Fragen also, die Forschende an den Forschungsgegenstand haben und die in der Erzählung nicht oder nicht ausführlich genug thematisiert werden (vgl. Fischer-Rosenthal/Rosenthal 1997; Rosenthal 2015; Schütze 1983).

Die narrative Interviewform wurde gewählt, weil sie den Befragten am ehesten den Rahmen bietet, selbst zu setzen, welche biographische Bedeutung die geplante Selbstständigkeit für sie hat und welche Felder und Themen sie selbst als relevant für ihre Selbstständigkeit ansehen. Da die Existenzgründung im Kontext des SGB II und nicht die Biographie als solche im Mittelpunkt des Forschungsinteresses steht, wählten wir im For-

---

50 Günter Mey (2000) kritisiert Vorannahmen, die ihm zufolge mit der Erhebungsform narrativ-biographischer Interviews häufig einhergehen, nämlich die Annahmen, dass eine ‚authentischere' Darstellung erreicht werden kann, wenn die Interviewenden die Interviewten über das Forschungsanliegen im Unklaren lassen und die Interviews zurückhaltend geführt werden. Dabei werde ausgeblendet, dass Interaktionsdynamiken das Gesagte in hohem Maße beeinflussen. Das Zurückhalten von Informationen könne auch zu Missverständnissen führen, so dass Zentrales nicht erzählt wird, weil es von den Interviewten als irrelevant angesehen wird. Wichtiger als eine gelungene Erzählaufforderung sind demzufolge die Dynamiken in der sozialen Situation des Interviews.

schungsprojekt eine halboffene Erzählaufforderung. Statt nach der Lebensgeschichte zu fragen, baten wir um die Darstellung des Berufsverlaufs. Die Erzählaufforderung lautete folgendermaßen:

„*Uns interessieren Ihre beruflichen Erfahrungen, die Sie bisher in Ihrem Leben gemacht haben. Bitte erzählen Sie mir Ihre eigene berufliche Geschichte seit dem Ende der Schulzeit bis zum heutigen Tag.*"

Der Wahl einer Erzählaufforderung, die nicht die die gesamte Biographie, sondern Erfahrungen seit dem Ende der Schulzeit adressiert, gingen unterschiedliche Überlegungen voraus: Da nicht Biographien per se im Mittelpunkt des Forschungsinteresses standen, sondern die gegenwärtige Gründungsgeschichte im Kontext (berufs-)biographischer Erfahrungen, konnten wir damit zum einen die Erzählung auf den (berufs-)biographischen Verlauf fokussieren – ohne dabei das Thematisieren anderer Felder grundsätzlich auszuschließen. Dadurch entstanden Erzählungen, in denen die Selbstständigkeit primär erwerbsbiographisch gerahmt wurde. Des Weiteren gingen wir davon aus, dass die stärkere Fokussierung der Erzählaufforderung den Interviewten eine Hilfestellung geben würde, ins Erzählen hineinzukommen. Dass es dennoch für einige Befragte ungewöhnlich war, einen weiten biographischen Bogen zu schlagen, zeigt sich z.B. an der Reaktion von Luisa Lucas:

„*Ach, du Schreck. Ende der Schulzeit? Ich habe ne Lehre angefangen als (I: mhm)* [Lehrberuf]. *(I: mhm) Und (räuspert sich) habe die dann nach etwas über einem Jahr wieder abgebrochen. (I: mhm) Und bin dann umgezogen. (I: mhm) Also wollen Sie jetzt ganz genau, von wo nach wo, warum, weshalb? Oder?*" (Luisa Lucas, Z. 12-15).

Trotz ihrer anfänglichen Verunsicherung erzählte sie später durchaus ausführlich von ihren Erfahrungen seit der Schulzeit. Das Beispiel zeigt dennoch, dass die relativ abstrakte Erzählaufforderung irritieren kann; eine zusammenhängende biographische Selbstthematisierung ist eine nichtalltägliche Situation und kann durchaus eine Überforderung darstellen. Die etwas stärker fokussierte Erzählaufforderung bietet hier eine gewisse

Hilfestellung, die Darstellung der eigenen Geschichte zu rahmen – auch wenn dies, wie am obigen Beispiel deutlich wird, auf Ungläubigkeit oder Verunsicherung stoßen kann. Schließlich schien uns die gewählte Erzählaufforderung auch deswegen von Vorteil, weil sie mit unserem bisherigen Auftreten am ehesten konsistent war. So hatten wir unser Forschungsanliegen bis zu diesem Zeitpunkt mit unserem Interesse an Selbstständigkeit begründet – im Interview dann ganz vorne in der Biographie anzusetzen erschien uns weit entfernt von den vorab vermittelten Erwartungen. Allerdings gingen mit dieser Erzählaufforderung auch Begrenzungen des Prinzips der Offenheit einher, nämlich insofern wir damit implizit von der Annahme ausgingen, dass die Selbstständigkeit primär in ihrer erwerbsbiographischen Bedeutung zu verstehen sei. Damit schlossen wir andere Rahmungen (etwa familiale) zwar nicht aus, aber adressierten diese zumindest nicht direkt. Der Eingangsnarration folgte eine Reihe immanenter Nachfragen (vgl. Rosenthal 2015: 176ff; Schütze 1983; Küsters 2009): Die Befragten wurden aufgefordert zu Lebensphasen oder Ereignissen, die in der Erzählung nur angedeutet worden waren, oder zu Situationen, die unklar geblieben waren, erneut zu erzählen. Auch diese Erzählaufforderungen waren möglichst offen und nicht als Fragen formuliert. In vielen Interviews, in denen die Eingangsnarrationen kurz ausfielen, kamen die Befragten im Zuge der immanenten Nachfragen zunehmend ins Erzählen. Es entstand hierdurch der Eindruck, dass sie zunehmend Vertrauen in die Situation und die interviewende Person fassten und/oder zunehmend ‚verstanden', was wir erwarteten, also eine ausführliche Schilderung ihrer eigenen Perspektive und Erfahrungen. In diesem Sinne ist der Prozess, in eine erzählende Haltung zu kommen, Teil des kommunikativen Prozesses im Interview. Dieser Interviewphase folgte – je nach Inhalt und Umfang der bisherigen Schilderungen – eine Phase exmanenter Nachfragen, in denen relativ konkrete Fragen zu Themen wie der Einstiegsgeldförderung oder Markterfahrungen gestellt wurden. Für narrative Interviews untypisch, ergänzten wir die biographischen Schilderungen um den Einsatz einer Netzwerkkarte, in die die Interviewten alle Personen eintragen sollten, die für ihre Gründung eine Rolle spielten. Der Einsatz der Netzwerkkarte ermöglichte es, die Einbettung der Selbstständigkeit im sozialen Gefüge zu vertiefen.[51] Eine Reihe von geschlossenen Fragen zur Soziodemographie und den in der Netzwerkkarte genannten Personen stellte den Abschluss des Interviews dar.

### 4.2.4 Biographische Fallrekonstruktionen

In der Auswertung der Interviews lehnte ich mich in erster Linie an die Methode der biographischen Fallrekonstruktion nach Gabriele Rosenthal (Rosenthal 2015; Rosenthal/Fischer-Rosenthal 2000; Schulze 2010) an. Da sich meine Fragestellung nicht per se auf die Genese von Lebensgeschichten richtet, zog ich zudem Auswertungsschritte der von Gabriele Lucius-Hoene und Arnulf Deppermann (2004a, 2004b) entwickelten „Rekonstruktion narrativer Identität" heran, anhand derer sich unter anderem Positionierungen in Narrationen rekonstruieren lassen.

Rosenthal entwickelt die biographische Fallrekonstruktion unter Bezugnahme auf Fritz Schützes (1983) Textanalyse, die Feinanalyse der strukturalen Hermeneutik und die thematische Feldanalyse, mit der die Haupterzählung im Interview rekonstruiert wird. Die Auswertungsschritte werden integriert und folgen den Prinzipien eines rekonstruktiven und sequenziellen Vorgehens (vgl. Rosenthal 2015: 202). Rosenthal unterscheidet in der Analyse zwischen der Rekonstruktion der erzählten und der erlebten Lebensgeschichte, also der Darstellung des Erlebten in der Gegenwart und der Genese der biographischen Erfahrungen in der Vergangenheit. Während sich bei der *erzählten* Lebensgeschichte das Auswertungsinteresse auf die Funktion einer bestimmten Selbstpräsentation des Vergangenen in der Gegenwart konzentriert, wird bei der Auswertung der *erlebten* Lebensgeschichte nach der Bedeutung der Erfahrungen in der Vergangenheit gefragt (vgl. ebd.: 203). Ziel der Analyse ist es, in einer Kon-

51 Die Netzwerkkarten wurden vornehmlich von Stefan Bernhard (IAB) ausgewertet.

trastierung der erzählten und erlebten Lebensgeschichte zu erklären, welche biographischen Erfahrungen zur gegenwärtigen Selbstpräsentation geführt haben, und schließlich wieder unter Rückgriff auf die (bis zu diesem Auswertungsschritt zurückgestellte) Forschungsfrage Typen zu bilden (vgl. ebd.: 225). Die Fallrekonstruktion sieht sechs Auswertungsschritte vor, die in einer festgelegten Reihenfolge unternommen werden, bis auf Schritt 4, der jederzeit stattfinden kann (vgl. ebd.: 204):

1. Analyse der biographischen Ereignisdaten
2. Text- und thematische Feldanalyse (erzähltes Leben/Selbstpräsentation)
3. Rekonstruktion der Fallgeschichte (erlebtes Leben)
4. Feinanalyse einzelner Textstellen
5. Kontrastierung der erzählten und der erlebten Lebensgeschichte
6. Typenbildung

In meiner Analyse der Interviews bezog ich nicht alle Auswertungsschritte ein, sondern beschränkte mich auf die Schritte 1,2 und 4. Grund hierfür ist zum einen, dass sich meine Forschungsfrage nicht an das Erleben in der Vergangenheit richtet, sondern vielmehr die gegenwärtige Bezugnahme auf biographische Erfahrung und deren Bedeutung im Hinblick auf die Selbstpräsentation als Gründer/-innen oder Selbstständige in der Gegenwart adressiert. Um hierbei explizite Positionierungen im Interview in den Blick nehmen zu können, bezog ich zudem Analyseschritte der Rekonstruktion narrativer Identität (Lucius-Hoene/Deppermann 2004a) ein (ähnlich gingen auch Tina Spies (2010) und Gabriele Fischer (2015) vor). Hierauf gehe ich später ein. Von einer Analyse der erlebten Lebensgeschichte wurde auch deswegen abgesehen, weil es fraglich erscheint, ob das ‚tatsächliche' Erleben in der Vergangenheit in Interviews überhaupt rekonstruierbar ist (vgl. Spies 2010: 95). Insofern die Erinnerung der Vergangenheit durch spätere Erfahrungen überlagert wird und die Perspektive auf die Vergangenheit situativ beeinflusst ist, sind Erzählungen von Erfahrungen vielmehr als unterschiedliche Versionen der Erfahrungen zu lesen, von denen eine nicht ‚wahrer' ist als eine andere. Von einer Typenbildung habe ich abgesehen, da meine Fragestellung nicht auf eine Typologie von Gründer/-innen-Biographien im SGB II abzielt, sondern sich vielmehr für Positionierungsprozesse interessiert. Ein Vergleich der Fälle erschien hier als eine ertragreichere Form der Abstrahierung. Im Folgenden erläutere ich kurz die angewendeten Auswertungsschritte.

#### 4.2.4.1 Analyse biographischer Ereignisdaten

Als erster Auswertungsschritt werden in der biographischen Fallrekonstruktion die ‚objektiven' Ereignisdaten (Geburt, Ausbildungsdaten, Heirat, Jobwechsel etc.) analysiert (vgl. Rosenthal 2015: 204ff.). Die Daten trug ich aus dem Interview zusammen und listete sie in chronologischer Reihenfolge in einer Tabelle auf. Bei diesem Auswertungsschritt können weitere Materialen und Daten für die Analyse hinzugezogen werden. Mir standen keine Archiv-, Familien- oder sonstigen ‚objektiven' Dokumente über die Biograph/-innen zur Verfügung, aber ich nahm zeithistorische Ereignisse (wie etwa den Fall der Mauer) in die Tabelle auf, wenn ich annahm, dass diese für den/die Interviewte/-n von Bedeutung sein könnten. Die Ereignisdaten analysierte ich dann sequenziell in ihrer chronologischen Reihenfolge. Zu jedem Ereignis wurden Hypothesen gebildet, entlang der Fragen: Welche Handlungsoptionen hatte die Person in der Situation? Welche Handlungsprobleme lagen vor? Was war der Kontext des Ereignisses? Die Hypothesen sollen verschiedene Lesarten des Ereignisses widerspiegeln; es wurden zudem Folgehypothesen und Gegenhypothesen gebildet. Das Bilden von Gegenhypothesen hat unter anderem die Funktion, die eigenen interpretativen Scheuklappen aufzubrechen. Im Verlauf der Ereignisdatenanalyse prüfte ich die verschiedenen Lesarten, verwarf oder verfeinerte sie. Mit diesem Schritt ist es möglich, sich an den biographischen Verlauf anzunähern, und es treten die Besonderheiten des spezifischen Verlaufs – vor dem Hintergrund der verworfenen Hypothesen und der Frage, wie das Leben auch hätte verlaufen können – in den Blick. Die Ereignisdatenanalyse dient unter anderem als Kontrastfolie für die folgende Text- und thematische Feldanalyse, insofern anhand ihrer sichtbar wird, welche Ereignisse erzählerisch ausgebaut und welche nur kurz oder gar nicht erwähnt werden. Dies wiederum kann als Hinweis auf das Präsentationsinteresse der Erzählenden gedeutet werden.

#### 4.2.4.2 Text- und thematische Feldanalyse

In diesem Auswertungsschritt steht die Rekonstruktion der Gegenwartsperspektive der Biograph/-innen auf die eigene Lebensgeschichte im Mittelpunkt (vgl. Rosenthal 2015: 213ff.). Es wird analysiert, welches biographische Selbstbild im Interview präsentiert wird, indem gefragt wird, wie und weshalb ein/eine Biograph/-in das eigene Leben und die eigene Person so und nicht anders erzählt. Konkreter wird herausgearbeitet, anhand welcher Themen in welcher Ausführlichkeit und in welcher Reihenfolge die eigene Biographie geschildert wird und welche Funktion die Wahl der Themen für das im Interview präsentierte Image hat. Es wird dabei auch die Frage gestellt, welche anderen Themen für die Selbstpräsentation möglich gewesen wären, aber nicht angesprochen wurden. Für den theoretischen Hintergrund dieses Auswertungsschritts bezieht sich Rosenthal auf Aron Gurwitschs thematische Feldanalyse und Wolfram Fischers Übersetzung dieses Ansatzes in eine methodische Praxis (vgl. Rosenthal 1995). Gurwitsch unterscheidet zwischen thematischen Feldern und Themen, die in die Felder eingebettet sind (vgl. ebd.: 214ff.). Thematische Felder stellen die Rahmen dar, in die die Themen eingebettet werden (vgl. Rosenthal 1995). Beispielsweise kann das Thema ‚Arbeitslosigkeit' in das Feld ‚familiäre Konflikte', ‚psychische Belastung' oder ‚berufliche Neuorientierung' eingebettet sein. Mit der Analyse lässt sich herausarbeiten, welche thematischen Felder für die Selbstpräsentation besonders wichtig sind und welche vermieden werden. In die Analyse einbezogen wird auch die Textsorte, in der Erfahrungen geschildert werden (vgl. Schütze 1983). Die Textsorten (Erzählung, Beschreibung, Argumentation, ferner die Unterkategorien des Erzählens: szenisch-episodisch, berichtend, chronikartig)[52] geben Hinweise darauf, ob der/die Biograph/-in stärker an dem Relevanzsystem, das der/dem Interviewenden zugeschrieben wird (Argumentation) oder am eigenen Relevanzsystem orientiert ist (Erzählung). Für die Text- und thematische Feldanalyse gliederte ich zunächst das Interview in seiner Abfolge nach Sequenzen. Der Beginn und das Ende einer Sequenz können Themenwechsel, Änderungen der Textsorte oder Sprecher/-innenwechsel sein. In der Regel gliederte ich die Eingangsnarration und ggf. die Phase immanenten Nachfragens tabellarisch und konzentrierte mich damit auf die Haupterzählung (vgl. Spies 2010: 97). Von einer Sequenzierung der Interviewabschnitte, in denen exmanent nachgefragt wurde, sah ich weitgehend ab, da hier die Themensetzung nicht mehr durch die Biograph/-innen erfolgte, sondern durch uns Interviewende festgelegt wurde. Zu den Sequenzen generierte ich dann wiederum Hypothesen, Folgehypothesen und Gegenhypothesen entlang folgender Fragen: 1. Weshalb wird dieser Inhalt an dieser Stelle eingeführt? 2. Weshalb wird dieser Inhalt in dieser Textsorte präsentiert? 3. Weshalb wird dieser Inhalt in dieser Ausführlichkeit/Kürze dargestellt? 4. Was könnte das Thema dieses Inhalts sein bzw. was sind die möglichen thematischen Felder, in die sich dieses Thema einfügt? 5. Was ist das Präsentationsinteresse der/des Biograph/-in? 6. Wie müsste er/sie demnach weiterreden? Herausgearbeitet wurde damit also das Präsentationsinteresse der Biograph/-innen anhand der thematischen Einbettungen ihrer Lebensgeschichte. Zum Tragen kamen bei der Hypothesenbildung und

---

52 Die Textsorte der *Erzählung* ist als Wiedergabe einer Ereignisabfolge strukturiert. In der *szenisch-episodischen* Form werden kurze zeitlich abgeschlossene Episoden aus der damaligen Handlungsperspektive heraus detailliert dargestellt. In einer *berichtenden* Erzählform werden längere Phasen gerafft und zusammenfassend beschrieben, die Darstellungsperspektive ist rückblickend aus der Gegenwart. Die *chronikartige* Erzählform umfasst ebenfalls längere Zeiträume, die aber nicht in einem Zusammenhang, sondern in Form einer Schilderung lose verbundener Ereignisse präsentiert werden. Eine eigene Beteiligung an den Ereignissen wird nicht geschildert. *Beschreibungen* sind unabhängig von Zeitangaben und dienen dem Ausschmücken und Charakterisieren eines Ortes, einer Person oder von Personengruppen, einer Situation etc. *Argumentationen* sind Wertungen, Begründungen und Erklärungen von Standpunkten oder Ereignissen. An ihnen wird die Position des/der Erzählenden am ehesten erkennbar (vgl. Lucius-Hoene/Deppermann 2004a: 145ff.; Kleemann et al. 2009: 66).

Analyse auch die Einflüsse des Forschungssettings und der Interviewsituation auf das Thematisieren der eigenen Biographie.

#### 4.2.4.3 Feinanalyse

Der Auswertungsschritt der sequenziellen Feinanalyse ist am Vorgehen der objektiven Hermeneutik (vgl. Oevemann et al. 1979) orientiert und dient in der Methode der biographischen Fallrekonstruktion der Überprüfung und Verfeinerung gewonnener Hypothesen (vgl. Rosenthal 2015: 224). Einzelne Textstellen werden dabei detailliert, Wort für Wort, sequenziell und entsprechend der abduktiven Hypothesenbildung analysiert. Dahinter steht die Annahme, dass auch anhand einzelner Textsequenzen Handlungs- und Entscheidungsmuster des Falls zum Ausdruck kommen. In der objektiven Hermeneutik wird die Feinanalyse insbesondere angewendet, um latente Sinnstrukturen des Falls zu erarbeiten. Da es mir nicht darum ging, latente Sinnstrukturen zu rekonstruieren, nutzte ich diesen Auswertungsschritt erstens dazu, einen ersten Zugang zum Interview zu bekommen, also durch die Analyse der Eingangssequenzen einen Einblick in die relevanten Themen der Selbstpräsentation im Interview zu erarbeiten. Zweitens war die Feinanalyse wichtig zur Prüfung und Verfeinerung der Hypothesen, die ich zum präsentierten biographischen Selbstbild gebildet hatte. Und drittens waren die sequenziellen Feinanalysen Grundlage der Analyse von Positionierungen der Befragten im Interview. Anhand einzelner Sequenzen arbeitete ich Bezugnahmen auf Narrative und Diskurse in Erzählungen von Abläufen, in argumentativen Passagen und in re-inszenierten Interaktionen heraus. Die sequenzielle Feinanalyse führte ich weitgehend in Interpretationsgruppen durch.[53] Grundlage der

---

[53] Ich hatte die großartige Möglichkeit, das Interviewmaterial in drei verschiedenen Gruppen zu diskutieren: In einer Interpretationsgruppe am Institut für Soziologie der LMU, die auf Initiative qualitativ arbeitender Doktorand/-innen zusammengekommen war und die sich in unregelmäßigen Abständen und in wechselnder Besetzung traf, konnte ich insbesondere zu Beginn meiner Auswertungen Interviewmaterial besprechen. In einer kleineren Doktorand/-innen-Gruppe mit Yvonne Berger, Lea Schütze und Julia Wustmann hatte ich vor allem in späteren Auswertungsphasen die Möglichkeit, intensiv und ausgiebig Textsequenzen zu interpretieren. Und nicht zuletzt: Über den gesamten Auswertungszeitraum hinweg konnte ich

Diskussionen waren die *„Basisstrategien der Feinanalyse“* (Lucius-Hoene/Deppermann 2004a: 177ff.) entlang der folgenden Fragen: 1) Was wird dargestellt? 2) Wie wird es dargestellt? 3) Wozu wird es dargestellt? Die Auswertung in Gruppen war besonders hilfreich, um möglichst viele Lesarten zu diskutieren und so eine extensive Sinnauslegung der Sequenzen zu erarbeiten (vgl. Kleemann et al. 2009: 125ff.). Bei allen sechs Fällen wertete ich die die erste(n) Sequenz(en) der Eingangsnarration sowie weitere Textstellen aus, die aufschlussreich für die Prüfung von Hypothesen, die ich in vorangegangenen Auswertungsschritten aufgestellt hatte, erschienen oder die auf den ersten Blick unverständlich wirkten. Die Eingangsnarration ist besonders aufschlussreich, weil in ihr Eigentheorien der Erzählenden und die thematische Aufschichtung des erzählten Lebens mehr Raum haben als in durch Nachfragen generierten Erzählungen (vgl. Fischer-Rosenthal/Rosenthal 1997: 142ff.; Schäfer/Völter 2009). Die Feinanalyse führte ich zu unterschiedlichen Zeitpunkten der Fallauswertung durch. Die Eingangssequenz interpretierte ich meist nach der Analyse der Ereignisdaten oder nach der Text- und thematischen Feldanalyse. Hypothesen, die ich während der Ereignisdatenanalyse und der Text- und thematischen Feldanalyse gebildet hatte, prüfte ich durch Feinanalysen zwischendurch. Die Positionierungsanalyse führte ich als letzten Schritt durch, auch hier war das Vorgehen feinanalytisch. Anders als bei den vorhergehenden Feinanalysen waren die Fragen an das Material weniger allgemein, sondern konkreter auf Positionierungen im Interview gerichtet.

#### 4.2.4.4 Positionierungsanalyse

Für die Analyse von Positionierungen im Interview bezog ich mich in erster Linie auf Auswertungsstrategien von Gabriele Lucius-Hoene und Arnulf Deppermann, wie sie sie für eine „Rekonstruktion narrativer Identität“

---

immer wieder in der Forschungswerkstatt von Prof. Dr. Hella von Unger Interviewmaterial in lebhafter und diskussionsfreudiger Runde analysieren und diskutieren. Allen Beteiligten bin ich für die stets produktiven und interessierten Auswertungssessions sehr dankbar.

(2004a, 2004b; siehe auch Bamberg 2003) beschrieben haben. Die Autor/-innen interessieren sich dafür, wie Identität im Interview performativ hergestellt wird. Biographie wird, wie Identität, als eine Konstruktion verstanden, auf die Erzählende zur Herstellung von Identität im Interview zurückgreifen. Biographische Selbstdarstellung wird also als Medium der Selbstpräsentation gesehen und als funktionale Bezugsgröße für eine interaktive sprachlich-kommunikative Identitätsdarstellung und -konstruktion verstanden (vgl. Lucius-Hoene/Deppermann 2004a: 10f., 2004b: 168). Positionierungen im Interview – verstanden als *„die diskursiven Praktiken, mit denen Menschen sich selbst und andere in sprachlichen Interaktionen aufeinander bezogen als Personen her- und darstellen"*, indem sie *„Attribute, Rollen, Eigenschaften und Motive* […] *mit ihren Handlungen in Anspruch nehmen und zuschreiben"* (Lucius-Hoene/Deppermann 2004b: 168) – sehen die Autor/-innen als Bestandteil von Identitätsherstellung an. Solche Attribute, Rollen, Eigenschaften und Motive können etwa persönliche Merkmalszuschreibungen sein (unsicher, kreativ, kontrolliert etc.), soziale Identitäten (Arzt/Ärztin, Verkäufer/-in, Skateboardfahrer/-in etc.), sie können mit rollenbedingten Rechten verbunden sein (Autorität, Expertise, Abhängigkeit) oder sich auf moralische Wertungen des/der Sprechenden beziehen (vgl. Lucius-Hoene/Deppermann 2004a: 199, 2004b: 171). Mit der Perspektive der Positionierung kommt in den Blick, wie sich Erzählende im Sozialen zu bestimmbaren Personen machen, wie sie also gesehen werden möchten. Neben dieser Selbstpositionierung weisen Erzählende und Interviewende einander wechselseitig Positionen zu (Fremdpositionierungen), was wiederum zu weiteren wechselseitigen Selbst- und Fremdpositionierungen führt (vgl. ebd.: 168ff.; Bamberg 2003). Selbst- und Fremdpositionierungsakte sind relational zu verstehen, da jeder Akt immer gleichermaßen fremd- und selbstbezüglich ist: Durch eigene Positionierungen wird gleichzeitig dem/der Gegenüber eine Position zu gewiesen (vgl. Lucius-Hoene/Deppermann 2004a: 196). Die Frage nach Identitätskonstruktion im Interview steht nicht im Zentrum meines Forschungsinteresses, gleichwohl sind die Ausführungen der Autor/-innen zu Positionierungsanalysen für mein Vorgehen eine hilfreiche Orientierungsfolie. Mit den vorgeschlagenen Auswertungsstrategien lassen sich neben wechselseitigen Fremd- und Selbstpositionierungen innerhalb einer biographischen Erzählung auch die wechselseitigen Positionierungen in der Interviewsituation herausarbeiten. In diesem Zusammenhang kann auch analysiert werden, auf welche Wertmaßstäbe und Narrative sowie auf welche diskursiven sozialen Erwartungen und Subjektpositionen Bezug genommen wird und wie diese interpretiert werden.

Lucius-Hoene und Deppermann (2004a, 2004b) unterscheiden in ihrer Analyse verschiedene Positionierungsebenen in der autobiographischen Erzählung (vgl. 2004a: 202ff.). Konkret definieren sie „[...] *Positionierung als denjenigen Aspekt der Sprachhandlungen, mit denen Interaktanten sich soziale Positionen und Identitäten zuweisen.* [...] *Dazu arbeiten wir bei den sprachlichen Äußerungen heraus, wie Interaktanten den sozialen Raum bestimmen und ihre jeweiligen Positionen darin festlegen, beanspruchen, zuweisen und aushandeln*“ (ebd.: 196). Um dies systematisch erarbeiten zu können, unterscheiden die Autor/-innen folgende Ebenen von Positionierungen: 1) Innerhalb des erzählten Ereignisses werden die erzählten Personen positioniert: Einerseits positioniert sich das *erzählte Ich* in Bezug zu den Ereignissen in der Geschichte und zu anderen Personen. Andererseits können erzählte Personen sich selbst und das erzählte Ich positionieren. Beides wiederum sind narrative Konstrukte des erzählenden Ich in der Interviewsituation und nicht einfach Abbild realer Begebenheiten. 2) Durch Positionierungen des erzählten Ichs und der erzählten Personen in der Geschichte positioniert sich wiederum das *erzählende Ich.* Beispielsweise wird wertend auf vergangene Entscheidungen Bezug genommen und damit einerseits das erzählte Ich charakterisiert, andererseits aber gleichzeitig auch etwas über das erzählende Ich ausgesagt (wenn sich der/die Biograph/-in etwa in der Vergangenheit als naiv darstellt, positioniert sich das erzählende Ich als klüger oder mit mehr

Weitblick als früher). 3.) Als dritte Ebene führen Lucius-Hoene und Deppermann die Positionierung zwischen erzählendem Ich und dem/der Zuhörer/-in ein. Der/die Erzählende positioniert sich gegenüber dem/der Interviewer/-in und wird durch spezifische Adressierungen des/der Gegenüber selbst positioniert. Positionierungen habe ich in der feinanalytischen Textarbeit herausgearbeitet, wobei nicht in allen Interviews gleichermaßen alle Ebenen analysiert werden konnten – etwa wenn kaum auf Dritte Bezug genommen wurde. Je nachdem, auf was in den Interviews wie eingegangen wurde, wurde nicht nur herausgearbeitet, ob und wie sich Erzählende auf Dritte beziehen, sondern auch, wie sie sich in Bezug auf Institutionen oder Narrative positionieren. In manchen Interviews war die Frage besonders aufschlussreich, wie das erzählende Ich das erzählte Ich zu biographischen Ereignisketten ins Verhältnis setzt und mit Agency ausstattet. Biographische Ereignisse können etwa als „Widerfahrnis" dargestellt werden, so dass andere Personen, Institutionen oder ein anonymes Schicksal für den Verlauf der Dinge verantwortlich gemacht werden, oder die Geschehnisse können als eine Folge eigener Entscheidungen und Initiative präsentiert werden (vgl. ebd.: 59).

In den sechs Fallanalysen werden die Auswertungsschritte unterschiedlich stark sichtbar bzw. unsichtbar. Die Aufbereitung der Ereignisdaten spiegelt sich in der Schilderung der biographischen Verläufe wider, die ich jeweils zu Beginn der Fallanalysen schildere. Die gebildeten Hypothesen zu den jeweiligen biographischen Ereignissen fließen indirekt in die Text- und thematische Feldanalyse (als Kontrastfolie) ein. In jeder Fallanalyse wird das rekonstruierte präsentierte biographische Selbstbild als Teil der Positionierungen im Interview dargestellt. Ausgangspunkt ist dabei jeweils die Analyse der Eingangssequenz. Allgemeine Feinanalysen und auf die Positionierungen bezogene Feinanalysen fließen an

verschiedenen Stellen der Falldarstellungen ein. Die Fallanalysen sind dann das Ergebnis verfeinerter Hypothesen, die zu verschiedenen Zeitpunkten und auf unterschiedlichen Ebenen gebildet wurden. Die Prozesse des Verwerfens und Verfeinerns von Hypothesen werden in den Fallanalysen daher nur indirekt sichtbar.

## 4.3 Forschungsethische Herausforderungen

Die Erforschung von Biographien und Kontexten von Arbeitslosengeld-II-Beziehenden im Rahmen eines Forschungsprojektes wirft forschungsethische Fragen auf. Im Folgenden möchte ich einige der Themen reflektieren, die sich mir im Laufe des Forschungsprozesses als ethische Herausforderungen gestellt haben. Christel Hopf (2000) definiert den Gegenstand von Forschungsethik als die Beziehung zwischen Forschenden und „Beforschten"[54] (vgl. ebd.: 590). Durch die Auseinandersetzung mit der *Beziehung* zwischen Forschenden und Personen, von denen sie sich Informationen und Erzählungen erwarten, wird der Einsicht Rechnung getragen, dass der Forschungsprozess ein sozialer und interaktiver Prozess ist, in dem wechselseitige Erwartungen bestehen, Vertrauen aufgebaut wird und Macht eine Rolle spielt. Wie mit Erwartungen, Vertrauen und Macht in der Forschungsbeziehung umgegangen wird, ist eine ethische Frage. Die Beziehung beginnt nicht erst mit dem ersten Kontakt und endet auch nicht mit dem Abschluss der Datenerhebung. Vielmehr stellen sich ethische Fragen auch bei der Definition des Forschungsgegenstandes sowie bei der Aufbereitung und Auswertung von Interviews. Forschungsethische Prinzipien, wie sie etwa von der Deutschen Gesellschaft für Soziologie (DGS) und dem Berufsverband Deutscher Soziologinnen und Sozio-

---

[54] Der Begriff ‚Beforschte' suggeriert eine Verdinglichung von Forschungsteilnehmenden. Die befragten Personen erscheinen darin als passive ‚Forschungsobjekte', die von aktiven Forschenden betrachtet, untersucht und beschrieben werden. Insofern klammert der Begriff die Rolle dieser Personen in der Forschungsbeziehung aus, und damit deren Einfluss auf die Situationsdeutung im jeweiligen kontextuellen Zusammenhang. Der Begriff der ‚Beforschten' reproduziert insofern auch ein Verständnis von Forschung, die ihren Gegenstand von einem externen Standpunkt aus betrachtet, und negiert die eigene Subjektivität der Forschenden. Da es mir gerade auch darum geht, dem wechselseitigen Involviertsein in der Forschungssituation nachzugehen, ziehe ich im Folgenden den Begriff der *Forschungsteilnehmenden* (oder Befragten, Interviewten) vor, auch wenn dieser ungenauer ist, insofern auch die Forschenden selbst Teilnehmende sind.

logen (BDS) formuliert wurden (vgl. DGS/BDS 2014), sind Orientierungsfolien für die kontextbezogene Reflexion forschungsethischer Fragen (vgl. von Unger 2014a; Swiffen 2007). Ethik, im Sinne einer Reflexion von Moral (vgl. von Unger 2014a: 18), stellt keine universalen, kontextübergreifenden Regeln bereit. Als Reflexionsfolien sind ethische Prinzipien (etwa des Ethikkodex) vielmehr im Kontext des jeweiligen Forschungszusammenhangs gegenstandsbezogen zu interpretieren und anzuwenden. Um etwa dem Prinzip der Schadensvermeidung nachzukommen, bedarf es einer Feststellung, was potenzielle Risiken für das Forschungsfeld sein können (vgl. ebd.). Da der Schaden, den Sozialforschung anrichten kann, nicht unmittelbar (etwa körperlich, wie in medizinischer Forschung) sichtbar ist, sondern in erster Linie durch die Informationen entsteht, die im Forschungsprozess generiert, weitergegeben und veröffentlicht werden, bedarf es einer Reflexion der Position der Forschungsarbeit im Feldkontext (vgl. ebd.: 16; von Unger et al. 2014: 3). Im Ethikkodex der DGS und des BDS für Soziologinnen und Soziologen werden folgende forschungsethische Grundsätze benannt: Objektivität und Integrität der Forschenden, Risikoabwägung und Schadensvermeidung, Freiwilligkeit der Teilnahme, informiertes Einverständnis, Vertraulichkeit und Anonymisierung (vgl. DGS/BDS 2014). Auf diese werde ich im Folgenden im Hinblick auf das Vorgehen im Projektzusammenhang und in der vorliegenden Studie eingehen.

### 4.3.1 Selbstreflexivität im Forschungsprozess

Im Ethikkodex der DGS und des BDS wird als erstes Prinzip das der Integrität und Objektivität der Forschenden benannt. Hierbei geht es in erster Linie um die Beziehung des/der Forschenden zu seinem/ihrem Berufsfeld, der Wissenschaft. Unter anderem heißt das, Forschung nach den „*bestmöglichen Standards*“ (DGS/BDS 2014: § 1.1) durchzuführen und den Erhebungs- und Auswertungsprozess nachvollziehbar zu machen (§ 1.2). Wie in obigem Abschnitt zu den Prinzipien interpretativen Forschens ausgeführt, verstehe ich den Forschungszusammenhang und insbesondere die Forschungssituation als konstitutiven Bestandteil der gewonnen Daten. Was in Interviews sagbar ist und was durch die Forschung sichtbar wird, ist in hohem Maße durch wechselseitige Zuschreibungen und Situationsdefinitionen beeinflusst. Neben der kommunikativen Dynamik des Interviews ist auch die eigene Standortgebundenheit der Forschenden für die Definition des Forschungsgegenstandes und die Deutung der Daten ausschlaggebend (vgl. Günther/Kerschgens 2016: 9ff.). Für meine Forschung sehe ich daher weniger die Frage nach „Objektivität" zielführend (vgl. Breuer et al. 2002; Überblick zu Gütekriterien qualitativer Forschung: Steinke 2000) als vielmehr eine konstruktivistische Perspektive, in der der Annahme Rechnung getragen wird, dass ich als Forschende mit meiner Subjektivität, meinem (Nicht-)Wissen und den daraus resultierenden Deutungen zur Konstruktion des Gegenstandes beitrage (vgl. Breuer et al. 2002; Günther/Kerschgens 2016: 9). Die Selbstreflexivität im Forschungszusammenhang und möglichst umfangreiche Offenlegung des Forschungskontexts ist dabei auch Ausgangspunkt für Interpretationen und dient außerdem der Nachvollziehbarkeit der Ergebnisproduktion (vgl. von Unger 2014a: 22f.). Neben der Darstellung der theoretischen Annahmen sehe ich die Beschreibung des Interviewsettings und die Beachtung der kommunikativen Dynamik im Interview bei der Deutung des Materials als relevante Bestandteile der Selbstreflexion an. Während ich ersteres in Kapitel 3 dargestellt habe und in Kapitel 6 wieder aufgreifen werde und die Kommunikationsdynamiken im Interview in die Auswertung einbezogen habe (siehe Kapitel 5), möchte ich an dieser Stelle ein Element des Forschungssettings reflektieren, das zur Konstitution des „Forschungsgegenstandes" beigetragen hat: die Adressierung der Befragten als „*(arbeitslose) Gründer/-innen*". Die Adressierung vor und während des Interviews ist eine wesentliche Komponente der Situation, in der die Befragten ihre Erzählung entfalten. Wie oben beschrieben, wurden die Interviewten bereits bei der Begründung der Interviewanfrage als Gründer/-innen, die (zu diesem Zeitpunkt) arbeitslos waren, adressiert. Diese Ansprache wurde bis zum Interview, konkret im informierten Einverständnis, aufrechterhalten, wobei das Interesse an der Gründungsgeschichte stärker betont wurde als das an der Arbeitslosigkeit. Im Anschreiben hieß es unter anderem: „*Sie haben sich vor einiger Zeit selbstständig gemacht – deswegen wenden wir uns heute an Sie.* [...] *Wir beschäftigen* [...] *uns in einem wissenschaftlichen Forschungsprojekt mit dem Lebenslauf von Menschen, die arbeitslos waren und sich selbstständig gemacht haben. Dabei interessieren uns die individuellen Erfahrungen, die Menschen in diesem Prozess machen.*“ Mit der Begründung, wir interessierten uns für Selbstständigkeit im Zusammenhang mit Arbeitslosigkeit, wurden die Befragten als Repräsentant/-innen einer „Wir-Gruppe“ angesprochen, ohne dass wir wussten, ob sie sich selbst dieser Gruppe zugehörig fühlten (vgl. Jensen/Welzer 2003: Abschn. 22). Dies wird sich in aller Regel nicht klären lassen, wenn es stimmt, dass Befragte den Interpretationen oder Lesarten der Interviewenden selten widersprechen (vgl. ebd.). Implizit nahmen wir damit an, dass die Selbstständigkeit eine wichtige Rolle spielte und dass die Befragten weiterhin selbstständig sind. Der genannte Lebenslauf spricht primär den beruflichen Verlauf an und es wird damit implizit die Erwartung vermittelt, die Selbstständigkeit lasse sich in einen Zusammenhang mit vorhergehenden beruflichen Erfahrungen bringen. Das Erwähnen der Arbeitslosigkeit als Ausgangssituation der Selbstständigkeit vermittelt, dass wir nicht zwingend mit normalbiographischen Erwerbsgeschichten rechnen und von den mehr oder weniger schwierigen Ausgangsbedingungen der Selbstständigkeit wissen. Bewusst wurden die später Interviewten nicht als Unternehmer/-innen adressiert, womit letztlich unterstellt wurde, sie würden sich selbst in erster Linie nicht als Unternehmer/-innen beschreiben – ohne dies gänzlich auszuschließen. Mit der Adressierung als arbeitslose Gründende sind die Kontaktierten dazu angehalten, sich in ihrer *aktiven* Erwerbsrolle zu thematisieren und ihre Erwerbsgeschichte als einen mehr oder weniger nachvollziehbaren Prozess hin zur Selbstständigkeit zu erzählen. Möglicherweise wurde durch die Adressierung der Interviewten als „arbeitslose Gründer/-innen“ der

Selbstständigkeit schon vorab ein größerer biographischer Stellenwert zugeschrieben, als die Befragten ihn selbst gesetzt hätten. Wahrscheinlich haben sich eher diejenigen dazu bereit erklärt, ein Interview zu geben, die sich hierdurch angesprochen fühlten. Zudem wurde durch die Adressierung und Kontaktierung als Gründer/-innen bewirkt, dass die Erwerbsbiographien im Hinblick auf die gegenwärtige Selbstständigkeit thematisiert wurden.

### 4.3.2 Schadensvermeidung und Anonymisierung

Das Abwägen von Risiken für Forschungsteilnehmende und die Vermeidung von Schaden ist ein zentrales forschungsethisches Prinzip (vgl. DGS/BDS 2014: § 2.5; vgl. von Unger 2014a: 24, vgl. Hopf 2000: 594). Da in Interviewstudien Forschungsteilnehmende Schäden durch Informationen entstehen können, die im Verlaufe des Forschungsprozesses erhoben und verbreitet werden, erfordert der Umgang mit Forschungsteilnehmenden und den generierten Daten Vertraulichkeit. Die Anonymisierung von Daten ist ein gängiges und wichtigstes Mittel, Schadensvermeidung für Einzelpersonen und Gruppen zu gewährleisten – auch wenn die Durchführung und Einhaltung nicht immer unproblematisch ist und mit anderen Forschungsinteressen im Konflikt stehen kann (vgl. Tilley/Woodthorpe 2011). Die Entscheidung, wie Daten anonymisiert werden, muss also immer fall- und kontextbezogen getroffen werden (vgl. Saunders et al. 2014). In Einzelfallanalysen von biographischen Interviews, wie ich sie in dieser Arbeit durchführe, besteht vor allem die Gefahr, dass durch die Kombination von Informationen Rückschlüsse auf Personen möglich sind (vgl. Hopf 2000: 596). Trotz sorgfältiger Anonymisierung kann ein Rückschluss auf Personen nie ganz ausgeschlossen werden, etwa wenn ein/-e Lesende eine/-n Bekannte/-n in den Beschreibungen erkennt (vgl. Saunders et al. 2014). Gleichzeitig ist gerade für die Interpretation biographischer Interviews Kontextinformation besonders wichtig und damit die Abwägung, welche und wie viele Informationen unkenntlich gemacht werden, eine Gratwanderung (vgl. von Unger i.E.). Das Unkenntlichmachen von Informationen, die auf die Personen verwiesen, hatte Priorität. Neben der Pseudonymisierung der Namen wurden Herkunfts- und Wohnorte entfernt sowie Informationen vergröbert oder entfernt, sofern diese irrelevant für das Forschungsinteresse waren oder zu eindeutig auf die Interviewten verwiesen. Die Wahl der Pseudonyme ist selbst nicht ganz unproblematisch insofern, als hierbei (bewusst und unbewusst) Information über die Personen vermittelt wird. So zeigt das Pseudonym ‚Ferhat Fatih' die familiäre Migrationsgeschichte an. Die Wahl des Pseudonyms kann insofern in Frage gestellt werden, als damit Herkunft markiert wird und die Gefahr besteht, den Verlauf der Lebensgeschichte immer wieder auf dieses Merkmal zurückzuführen. Die Markierung als ‚Nicht-Deutscher' wird somit in der Ergebnisdarstellung aufrechterhalten und es ist möglich, dass dadurch andere kontextuelle Bedingungen in den Hintergrund gerückt werden. Trotzdem entschied ich mich für die markierende Pseudonymisierung, da mit einer Migrationsgeschichte Diskriminierungserfahrungen einhergehen (können), die durch eine andere Pseudonymisierung (etwa Peter Müller) wiederum verschleiert würden. Die alliterierenden Vor- und Nachnamen der Pseudonyme sollen die Künstlichkeit der Namensgebung betonen.

Schaden kann allerdings nicht nur den interviewten Personen entstehen, sondern auch der Gruppen als ganzer zugefügt werden, wenn sie die publizierten Erkenntnisse als schädigend empfindet (vgl. Hopf 2000: 597). In meiner Forschungsarbeit ist diese Gruppe keine konkrete (wie etwa eine bestimmte Gemeinde), sondern die Gruppe der Gründer/-innen im SGB II, als deren Repräsentant/-innen die Forschungsteilnehmenden befragt wurden. Durch das Schreiben über diese Gruppe *als* eine Gruppe besteht durchaus die Gefahr der Reproduktion von stereotypisierten Bildern von „Hartz-IV"-Beziehenden oder der Zuschreibung eines ‚Prekaritätsverdachts' an (ehemalige) Leistungsbeziehende. Positionen in der forschungsethischen und methodischen Debatte, die nicht nur fordern, Schaden für Forschungsteilnehmende abzuwenden, sondern sich vielmehr an der Frage orientieren, welchen Nutzen Forschungsteilnehmende aus den Forschungsarbeiten ziehen können (vgl. Hodge 2013), führen diese Überlegungen weiter. Hodge plädiert für einen partizipativen Ansatz und die Einbindung von Communities, um gemeinsam zu ermitteln, welcher politische und soziale Nutzen durch die Forschungsarbeiten realisiert werden kann (siehe auch von Unger 2014b). In der Studie „Selbstständig statt hilfebedürftig? Die Gründungsförderung durch Einstiegsgeld" wurde kein partizipativer Ansatz verfolgt und nicht gemeinsam an Verbesserungen oder politischen Folgerungen aus den Erhebungen gearbeitet. Einige Interviewte machten allerdings durchaus deutlich, dass sie ihre Teilnahme politisch verstehen und in diesem Zusammenhang Erwartungen an uns als Forschende richteten. Sie gaben an, dass sie unter anderem deswegen an der Studie teilnahmen, weil sie durch die Benennung von Problemen in der Gründungsförderung im SGB II zur Verbesserung der Bedingungen für nachfolgende Gründer/-innen beitragen wollten. Zwar werden aus den Forschungsergebnissen hier keine konkreten politischen Handlungsempfehlungen entwickelt (etwa zur Verbesserung des Einstiegsgeldes), es ist jedoch ein zentrales Anliegen meiner Arbeit, zum Verständnis der Situation Gründender im SGB II und somit langfristig zur Verbesserung der Ausgangsbedingungen beizutragen.

### 4.3.3 Freiwilligkeit der Teilnahme

Das Prinzip der Freiwilligkeit der Teilnahme am Forschungsprozess wurde grundsätzlich gewährleistet (vgl. DGS/BDS 2014: § 2.2, § 2.3; vgl. von Unger 2014a: 25ff.): Die Befragten wurden vorab über das Forschungsanliegen informiert, hatten Gelegenheit nachzufragen und ihnen wurde deutlich gemacht, dass sie jederzeit ihre Bereitschaft, an der Studie teilzunehmen, zurückziehen und der Verwendung der Daten widersprechen können. Vor Beginn des Interviews wurde zudem mündlich ein informiertes Einverständnis eingeholt. Neben der prinzipiellen Gewährleistung der Freiwilligkeit der Teilnahme gibt es latente Einflussgrößen auf die Teilnahmebereitschaft, die in jedem Forschungszusammenhang in irgendeiner Form bestehen und schwerlich vermieden werden können. Sie sind aber insbesondere dann problematisch, wenn sie das Potenzial haben, systematische Effekte zu haben. Denn einerseits können sie die Selbstpräsentation der Interviewten beeinflussen und Auswirkungen auf die Interviewinteraktion haben, und zum anderen verweisen sie – etwa wenn sie auf einem zugeschriebenen oder realen Machtungleichgewicht zwischen Forschenden und Forschungsteilnehmenden beruhen – auf ein forschungsethisches Dilemma. Im Datenerhebungsprozess der vorliegenden Studie sind es insbesondere zwei Einflussgrößen, die ich diskutieren möchte: die Assoziation des/der Forschenden mit Vertreter/-innen der Jobcenter und die Aufwandsentschädigung von 25 Euro.

Den Befragten legten wir im Forschungsprozess unseren Zugang über die Bundesagentur für Arbeit und die Kooperation mit dem Institut für Arbeitsmarkt- und Berufsforschung offen. Trotz unserer Positionierung als Wissenschaftler/-innen und der Betonung des *Forschungs*interesses ist anzunehmen, dass Befragte uns (teilweise) als Vertreter/-innen der Jobcenter ansahen. Ist dies der Fall, so ist nicht ausgeschlossen, dass sie sich zu einer Teilnahme am Forschungsprojekt verpflichtet fühlten, dass sie sich kontrolliert fühlten oder dass sie sich durch eine Teilnahme eine persönliche Besserstellung gegenüber dem Jobcenter erhofften. Letztere Annahme konnten wir in den Interviews nicht bestätigen. Durchaus aber hatten wir bei einigen wenigen Befragten den Eindruck, sie fühlten sich kontrolliert: Dieser Eindruck entstand beispielsweise durch Rechtfertigungen für ausbleibenden Erfolg. Verschiedene Befragte brachten ihre Partner/-innen, Familienmitglieder oder Freund/-innen zum Interview mit; dies legte uns den Schluss nahe, dass sie die Interviewsituation, das Forschungsanliegen und unsere Rolle als Forschende vorab nicht einordnen konnten. In den Interviews hatten wir den Eindruck, dass Befragte, die anfänglich zurückhaltend, oder skeptisch wirkten sich im Laufe des Interviews oder schon nach dem Eingangsgespräch öffneten. Ob dennoch alle Assoziationen mit dem Jobcenter aus dem Weg geräumt werden konnten, ist unklar.

Mit dem Angebot von 25 Euro boten wir den Befragten eine Aufwandsentschädigung für die investierte Zeit und ihre Bereitschaft an, ein Interview zu geben. Gerade in Gründungssituationen ist Zeit häufig knapp und zwei Stunden können viel sein. Zudem können die 25 Euro auch eine kleine finanzielle Erleichterung darstellen oder, wie einige Befragte angaben, den Gesprächspartner/-innen ein schönes Essen nach dem Interview ermöglichen. Das Vergeben von Geld gerade an Personen in finanziell schwierigen Situationen kann aber auch als problematisch angesehen werden. Denn Ziel des Incentives war es durchaus auch, die Motivation für eine Teilnahme damit zu erhöhen und die Entscheidung über eine Teilnahme zu beeinflussen. Das Verteilen von Geld kann zudem als Verfestigung von der Forschungssituation inhärenten Machtbeziehungen angesehen werden: Wir Interviewenden treten dabei nicht nur als Forschende auf, sondern auch als Gebende gegenüber Personen in einer (offenbar) schwierigen finanziellen Lage. Ob dies von den Befragten so wahrgenommen wurde, ist nicht nachzuverfolgen. Insofern alle Interviewten das Geld annahmen und teilweise ihre Freude darüber zum Ausdruck brachten, ist davon auszugehen, dass zumindest die tatsächlich Interviewten das Angebot nicht negativ bewerteten. Da es sich bei den 25 Euro um einen relativ geringen Betrag handelt, wiegt das Argument einer Aufwandsentschädigung für die investierte Zeit schwerer als die Befürchtung einer Manipulation.

### 4.3.4 Deutungshoheit und Machtasymmetrie im Forschungsprozess[55]

(Sozial-)Forschung ist ein Prozess, der Macht impliziert: Es wird Wissen generiert, soziale Phänomene werden definiert und Kategorien und Hypothesen über Zusammenhänge gebildet. Mit dem Label ‚Wissenschaft' geht ein Wahrheitsanspruch der Ergebnisse einher und dieser wird auch von außen zugeschrieben. Wissenschaftlich generiertes Wissen erhält hierdurch Geltungskraft und gilt als legitim. Die Deutungsmacht von Wissenschaftler/-innen beginnt bei der Definition des Forschungsgegenstandes, indem etwa Individuen Gruppen zugeordnet oder sinnvolle Zusammenhänge zwischen zwei oder mehr Phänomenen unterstellt werden. Der Einfluss von Wissenschaft setzt sich dann in der Erhebung und Auswertung von Daten und der Verbreitung und Rezeption der Ergebnisse in der wissenschaftlichen Community fort (vgl. Ploder/Stadlbauer 2013).

Ein forschungsethisches Dilemma im Hinblick auf ungleiche Machtverhältnisse in der Wissenschaft liegt in der Konstruktion „vulnerabler" Gruppen. Im Ethikkodex der DGS und des BDS (2014) heißt es: *„Besondere Anstrengungen zur Gewährleistung einer angemessenen Information sind erforderlich, wenn die in die Untersuchung einbezogenen Individuen über eine geringe Bildung verfügen, einen niedrigen Sozialstatus haben, Minoritäten oder gesellschaftlich marginalisierten Bevölkerungsgruppen angehören."* Es wird also davon ausgegangen, dass es Personengruppen gibt, die einen größeren Bedarf an Informationen haben als andere. Im Ethik-

---

[55] Die Überlegungen zur Machtasymmetrie im Forschungsprozess gehen auf einen Vortrag zurück, den ich am 11. September 2014 auf der Tagung „Forschungsethik in der qualitativen und quantitativen Sozialforschung" an der LMU München gehalten habe. Die Auseinandersetzung mit Machtprozessen im Forschungsprozess und insbesondere in der Auswertung von biographischen Lebenserzählungen hat meine Perspektive auf meine eigene Rolle gegenüber „Beforschten" und auf die Handhabung von Methoden und allgemein mein Verständnis von Wissenschaft im hohen Maße geprägt. Deutungsmacht ist m.E. ein zentrales Dilemma von Forschenden, das in der Deutung von persönlichen Lebensgeschichten besonders groß ist, aber letztlich in der Deutung aller qualitativen Daten eine gewichtige Rolle spielt.

kodex wird zwar nicht von einem besonderen Schutzbedürfnis von Personengruppen gesprochen, aber es werden Gruppen genannt, für die „besondere Umstände“ (von Unger 2014a: 28) im Forschungszusammenhang gelten. Ein besonderes Bedürfnis an Kommunikation impliziert die Annahme, Individuen hätten aufgrund bestimmter sozialer Merkmale weniger materielle, individuelle und/oder soziale Möglichkeiten, die eigene Position in Forschungszusammenhängen einzuordnen; sie seien mehr als andere auf die Aufklärung durch Forschende angewiesen. Dies ist nachvollziehbar, etwa insofern Individuen, die biographisch keine Erfahrungen im akademischen Umfeld gemacht haben, den Ablauf und die Wirkung von Forschungsprojekten u.U. weniger gut einordnen können als Individuen, die selbst im Studium oder Beruf Erfahrungen mit Forschung gesammelt haben. Auch der Anspruch, Gruppen, die beforscht werden und durch die Forschung Schaden nehmen könnten, weil Forscher/-innen über sie in spezifischer Weise sprechen, besonders zu schützen, ist nachvollziehbar. Dies kann im vorliegenden Fall etwa so begründet werden, dass spezifische Positionen (etwa „Hartz-IV-Bezug“) mit Nicht-Anerkennung verknüpft sein können und die Möglichkeiten, aus dieser Position zu sprechen, durch Schamgefühle erschwert werden können. Die Definition von Gruppen als „vulnerable“ und die Zurechnung von Personen zu diesen Gruppen ist dennoch hinsichtlich der inhärenten Machtverhältnisse problematisch. Das Othering durch Sozialforschung reproduziert die Unterscheidung zwischen „uns“ und den „anderen“, die Verletzbarkeit wird verstärkt und sichtbar gehalten (vgl. z.B. Fine 1994). Vulnerabilität wird eingeschrieben und verfestigt; eine marginalisierte Gruppe kann hierdurch weiter marginalisiert werden oder auch überhaupt erst zu einer solchen Gruppe gemacht werden. Ob die als vulnerabel beschriebenen Individuen oder Gruppen sich selbst so sehen und wollen, dass in der Wissenschaft (so) über sie geschrieben wird, ist offen. Im Othering als vulnerable Gruppe liegt also ein paternalistischer Gestus – eine Feststellung, die aber nicht darüber hinwegtäuschen soll, dass es tatsächlich Individuen oder Gruppen gibt, denen mehr Schaden zugefügt werden kann als anderen. In der vorliegenden Arbeit wird eine Gruppe definiert (Gründer/-innen nach dem SGB II), von der nicht sicher ist, ob die Befragten sich selbst als dieser Gruppe zugehörig beschreiben würden bzw. überhaupt eine Gruppe erkennen. Das Anliegen des Forschungsprojektes, die Situation Gründender im SGB II nachzuvollziehen, beruht auf der Annahme, dass dies eine besonders schwierige Situation sei und die Befragten besonders wenig Handlungsspielraum in ihrem erwerbsbezogenen Handeln hätten. Auf diese Situation aufmerksam zu machen ist durchaus ein Anliegen der Arbeit. Doch die Gefahr einer weitergehenden Stigmatisierung bleibt bestehen. Mit dem Blick auf Positionierungen von Befragten wurde – zumindest in der Auswertung – den Selbstbeschreibungen möglichst viel Raum gegeben und der Interviewkontext selbst wurde als Einflussgröße auf die Möglichkeiten, sich selbst zu thematisieren, mitreflektiert. Das ändert nichts daran, dass sie überhaupt erst als Personen in einer schwierigen Lage adressiert und damit einer bestimmten Gruppe zugeordnet wurden.

Auch in der Erhebungssituation des Interviews geht es um (Deutungs-)Macht. Wie bereits dargestellt, verstehe ich Interviews als Interaktionssituationen, in denen durch wechselseitige Deutungen der Situation und des/der Gegenüber Sinn situativ hergestellt wird. Interviewende und Forschungsteilnehmende sind gleichermaßen an der Konstruktion der Interviewsituation beteiligt. Macht ist also in der Situation des Interviews aushandelbar. Erzählende definieren die Situation ihrerseits in Abhängigkeit von ihrer Interpretation des Settings und des/der Interviewenden. In der Darstellung ihrer Lebensgeschichte, insbesondere bei offenen Erzählaufforderungen, legen sie fest, was sie thematisieren und was nicht. Nichtsdestotrotz bleibt auch dieser Situation ein Machtungleichgewicht inhärent: So werden – trotz umfangreicher Vorinformation – Erzählende die (vielleicht auch eher vagen) Forschungsinteressen und theoretischen Annahmen der Forschenden nie ganz einsehen können. Aus forschungsethischer Perspektive ist die Haltung, den Befragten möglichst wenig über die

Ziele und Annahmen des Forschungsvorhabens zu erzählen, um die Erzählung nicht zu sehr zu steuern, kritisch zu sehen, da sich hierdurch das Machtungleichgewicht verfestigt – und dies, ohne dass die Befragten es umfassend einschätzen können. Dieses Ungleichgewicht versuchten wir in den Interviews zu reduzieren, indem wir möglichst umfassend über die Studie informierten und immer wieder Raum für Nachfragen ermöglichten (im Telefongespräch, vor und nach dem Interview). Narrativ-biographische Interview-Verfahren haben zudem zum Ziel, durch eine offene erzählgenerierende Interviewführung Forschungsteilnehmende in einen Erzählmodus zu versetzen, in dem sie zunehmend die situativen Bedingungen „vergessen" und in der vergangenen erzählten Situation und „bei sich" sind (vgl. z.B. Rosenthal 2015: 169). Dahinter verbirgt sich die Vorstellung, Interviewte würden in diesem Modus Dinge erzählen, die sie eigentlich nicht unbedingt erzählen wollten. Dieses durchaus manipulative Anliegen ist fragwürdig, auch wenn Interviewte die Möglichkeit, einen Raum zum Erzählen zu haben, positiv bewerten. Ob es angestrebt wird, Forschungsteilnehmende dazu zu bewegen, ‚ungewollt' aus ihrer Vergangenheit zu erzählen, oder nicht, ist meines Erachtens in erster Linie eine Frage der Forscher/-innen-Haltung. So ging es uns in der Studie nicht darum, uns im Interview Geheimnisse oder unangenehme Erfahrungen erzählen zu lassen, sondern wir verfolgten primär das Interesse an der Form der Darstellung der Lebensgeschichte in der Gegenwart.[56] Das der Erhebungssituation inhärente Machtungleichgewicht geht auch aus der Bedeutung hervor, die das Interview für Forschende und Erzählende jeweils hat: Interviewende verfolgen mit dem Interview in erster Linie ein „Arbeitsziel", haben also in der Regel ein sachlich-funktionales Interesse an der Situation. Befragte können, insbesondere in biographischen Interviews, andere, privatere Erwartungen an die Situation haben (sie etwa als freundschaftliches oder therapeutisches Gespräch deuten), und machen sich

[56] Auch aus methodischer Sicht ist es fraglich, ob es überhaupt möglich ist, dass die Erzählenden im Interview „bei sich" und „in der „Vergangenheit" sind. Siehe dazu auch die Ausführungen zur Methodologie und zum methodischen Vorgehen in Abschnitt 4.1 und 4.2.

dadurch weitaus verletzlicher in der Situation (vgl. Fuchs-Heinritz 2009: 282f.).

Während also Macht in Interaktionssituationen bis zu einem gewissen Grad verhandelt werden kann, versiegt der Einfluss der Erzählenden bei der Interpretation der Ergebnisse in aller Regel (vgl. auch Çetin 2014: 203; Günther/Kerschgens 2016: 10).[57] Die Deutungsmacht der Forscher/-innen ist insbesondere bei der Interpretation von individuellen Lebensgeschichten heikel. Gerade in narrativen Interviews erhalten Erzählende viel Raum, ihre eigene Selbstpräsentation und ihre Sinnsetzungen zu entfalten, und werden dann in der Deutung zum „*Verstummen*" gebracht (Zinnecker 1982, zit. nach Fuchs-Heinritz 2009: 299). Der Anspruch, latente Sinnstrukturen zu rekonstruieren, erscheint mir als ein besonderer Ausdruck von Deutungsmacht von Wissenschaftler/-innen, da hierbei der Theorie nach (Eigen-)Deutungen der Befragten rekonstruiert werden, die ihnen selbst nicht bewusst sind. Schon dem Anspruch nach wird den Auswertenden dabei eine höhere Deutungskompetenz von Erfahrungen zugesprochen als denjenigen, die diese Erfahrungen gemacht haben. Joanna Bornat (2008) sieht insbesondere bei der Interpretation biographischer Interviews die Gefahr der Überinterpretation der Lebensgeschichten, durch die die/der Sprechende verschleiert wird und der/die Auswertende Macht und Kontrolle erhält (Bornat 2008: 353). Auch dieses Machtungleichgewicht lässt sich nicht aufheben, sofern Befragte nicht in die Interpretation ihrer Geschichten einbezogen werden. Allerdings kann die Selbstreflexion der eigenen Forschungsperspektive und der eigenen Vorannahmen, die Auswertung in Interpretationsgruppen und nicht zuletzt eine Auswertungsperspektive, die sich auf die Rekonstruktion von Selbstpräsentationen (unter Beachtung des Einflusses des Interviewsettings)

---

[57] Die Deutungsmacht der Wissenschaftler/-innen kann teilweise reduziert werden, wenn Befragte in die Diskussion von Ergebnissen einbezogen werden oder zu Mit-Autor/-innen der Ergebnisse werden. Ein solches partizipativ-partnerschaftliches Vorgehen ist nicht immer möglich (vgl. Fuchs-Heinritz 2009: 227ff.).

konzentriert und nicht den Anspruch erhebt, latente Sinnstrukturen zu rekonstruieren, die Deutungsmacht reduzieren oder zumindest offenlegen.

## 4.4 Das Sample der Implementationsstudie und Fallauswahl

### 4.4.1 Soziodemographie und Vorauswertungen

Im Übergang zur Darstellung der sechs Fallanalysen (Kapitel 5) möchte ich an dieser Stelle kurz auf das Gesamtsample aller 40 befragten Gründer/-innen der Implementationsstudie eingehen. Neben der Darstellung soziodemographischer Merkmale werde ich einige der Ergebnisse der inhaltsanalytischen Auswertung, die ich im Projektzusammenhang durchgeführt habe, vorstellen und hieraus die Fallauswahl für die rekonstruktive Auswertung von sechs Einzelfällen ableiten und begründen.

Soziodemographische Merkmale verteilen sich im Gesamtsample folgendermaßen: Von den 40 Befragten ist die Hälfte weiblich, das Durchschnittsalter lag zum Befragungszeitpunkt bei 42,5 Jahren, wobei die zwei jüngsten Gründer/-innen 25, der älteste 61 Jahre alt waren. In knapp 30% der Fälle sind die Eltern der Interviewten oder diese selbst nach Deutschland migriert. Die meisten (18) haben die Allgemeine Hochschulreife erworben, 13 die Mittlere Reife und acht haben einen Hauptschul- oder qualifizierten Hauptschulabschluss gemacht, eine Befragte hat keinen Schulabschluss. Über die Hälfte lebte bei der Befragung alleine, alleinerziehend waren vier, mit Partner/-in und Kind/-ern lebten acht. Über die Hälfte (24) war seit über einem Jahr erwerbsarbeitslos und galt damit als langzeitarbeitslos. Ebenfalls etwa die Hälfte (23) war zuvor schon ein- oder mehrmals selbstständig gewesen. Zusammengefasst lässt sich feststellen, dass in diesem Sample, im Vergleich zur soziodemographischen Merkmalsverteilung bei Arbeitslosengeld-II-Bezieher/-innen, hochqualifizierte Alleinstehende mit einer kurzen Phase der Arbeitslosigkeit besonders stark vertreten sind. Wie Haller et al. (2010) feststellen, haben Arbeitslosengeld-II-Beziehende, die durch das Einstiegsgeld gefördert werden, in der Regel einen höheren Schulabschluss als der Durchschnitt der Leistungsbeziehenden im SGB II (vgl. ebd.: 10). In dem Sample der Implementationsstudie scheint sich dieser Effekt noch einmal zu verstärken, was auf eine Selektion aufgrund der Interviewbereitschaft hindeutet. So scheinen Akademiker/-innen eher zu einem Interview bereit zu sein (vgl. Pongratz/Abbenhardt 2012).

Auch hinsichtlich der Gründungsbranchen ist das Sample vielseitig. In folgenden Feldern machten sich Befragte selbstständig:

- **Handel,** z.B. Antiquitäten, Lebensmittel, Nahrungsergänzungsmittel
- **Handwerkliche Produktion,** z.B. Mode, Nahrung, Schmuck
- **Reparatur und Installation,** z.B. Solartechnik, Computerdienstleistung, Möbelpolsterung
- **Gesundheit und Pflege,** z.B. Massage, Kosmetik, Tätowieren, Nageldesign
- **Gastronomie**, z.B. Café, Kneipe
- **Kunstgewerbe,** z.B. Fotografie, Webdesign, Musik, Kunst
- **Beratung,** z.B. Unternehmensberatung, spirituelle Beratung

Für die Entwicklung der Gründungskonzepte sind bei allen Interviewten die eingeschränkten finanziellen Mittel prägend, insofern ihnen kaum Investitionsmöglichkeiten zur Verfügung stehen. Die Konzepte müssen also in der Regel auf Basis der bestehenden Ressourcen entwickelt werden. Besonders wichtig ist auch deshalb für viele Projekte das Internet, das in einigen Fällen die Gründung mit wenig Investitionsvolumen überhaupt erst ermöglicht (insbesondere für Handeltreibende und handwerklich Produzierende). Inhaltlich schließen die meisten an berufliche oder private Vorerfahrungen an: So haben sie in dem Gründungsfeld eine berufliche Aus- oder Weiterbildung absolviert, haben sich Fachkenntnisse während einer vorhergehenden Anstellung angeeignet oder machen sich mit einem Hobby selbstständig. Der kleinere Anteil der Interviewten hat keine fachlichen Kenntnisse im Gründungsbereich, sondern beruft sich primär auf das eigene kaufmännische Wissen.

Die Berufsverläufe der Interviewten sind tendenziell unstet, allerdings hinsichtlich unterschiedlicher Dimensionen: Während einige ihren Berufsstatus (erwerbslos/erwerbstätig) und die Erwerbsform (abhängig/selbstständig) immer wieder ändern (müssen), dabei aber ihren erlernten Beruf ausüben, unterbrechen andere ihren erlernten Beruf zeitweise, gehen anderen Tätigkeiten nach und schließen nun mit der Gründung wieder an ihr ursprüngliches Berufsfeld an. Bei wieder anderen ist es die Erwerbsform, die stabil ist (Selbstständigkeit), während sich die ausgeübte Tätigkeit unterscheidet. Manche Befragten erleben im Verlauf ihrer beruflichen Erfahrungen erhebliche Diskontinuitäten, die den Erwerbsstatus, die Erwerbsform und die ausgeübte Tätigkeit betreffen. Dies geht häufig mit Krankheitserfahrungen, Kinderbetreuungszeiten, der Wende 1989 oder einem gescheiterten Berufseinstieg nach der Ausbildung einher (vgl. ebd.: 11ff.). Insbesondere bei dieser letzten Gruppe wird deutlich, dass die Selbstständigkeit neben einer Erwerbsperspektive häufig eine zusätzliche Funktion erfüllt: die der biographischen Krisenbewältigung (siehe hierzu auch Siewert 2016). Solche Krisen können durch externe Bedingungen ausgelöst werden (z.B. Krankheiten, Scheidung) und führen dann zum Arbeitslosengeld-II-Bezug. In anderen Fällen ist die Erwerbsarbeitslosigkeit bzw. der „Hartz-IV“-Bezug selbst Auslöser von Krisen oder verstärkt bestehende Krisen. Die Gründung wird entsprechend in einigen Fällen als eine Art Emanzipationsgeschichte vom Auslöser der Krise erzählt: So kann die Selbstständigkeit dazu führen, (wieder) Handlungsmacht gegenüber dem Jobcenter wahrzunehmen, trotz Krankheit erwerbstätig zu sein oder Unabhängigkeit im Gestalten der eigenen Erwerbsvorstellungen zu ermöglichen. Für fast alle Befragten gilt allerdings, dass die Selbstständigkeit nicht den optimalen Weg darstellt, die Arbeitslosigkeit zu beenden, insbesondere da sie zunächst kein dauerhaft existenzsicherndes Einkommen verspricht. Die meisten Befragten geben an, eine abhängige Beschäftigung vorzuziehen. Dennoch: In den meisten Fällen hat das Gründungsvorhaben einen Eigenwert durch die Verwobenheit mit biographischem Wissen, das Versprechen auf einen anderen sozialen Status oder einer sozialen Rolle, das Versprechen auf mehr Selbstbestimmung oder als Mittel der Krisenbewältigung.

Nicht nur hinsichtlich der Entwicklung der Gründungsidee, sondern auch hinsichtlich der Umsetzung des Vorhabens ist die ökonomische Knappheit ausschlaggebend. Die Tatsache, dass nur 100 Euro hinzuverdient werden können, ohne dass das Geld vom Arbeitslosengeld-II-Satz abgezogen wird, sorgt für dauerhaft eingeschränkte Handlungsmöglichkeiten in der Gründung. Zwar können Einnahmen in die Selbstständigkeit reinvestiert werden, ohne vom Jobcenter angerechnet zu werden. Sie müssen dazu allerdings vom Jobcenter als relevante Ausgabe anerkannt werden. Damit ist einerseits ein erhöhter bürokratischer Aufwand verbunden, und zum anderen werden nicht alle Ausgaben vom Jobcenter anerkannt. Nach Angaben der Befragten behindert die anhaltende finanzielle Einschränkung die Entwicklung der Selbstständigkeit, da etwa größere Investitionen nicht getätigt und Weiterbildungen nicht durchgeführt werden können oder Marketingstrategien eingeschränkt sind. Dies bedeutet dann auch, dass sich an der ökonomisch knappen Lebenssituation (trotz teils guter Auftragslage) kaum etwas verändert. Während einige Befragte betonen, sich an die finanzielle Knappheit gewöhnt zu haben, und allein schon durch die Erwerbstätigkeit eine Verbesserung der Lebensqualität sehen, wollen sich andere damit nicht abfinden. So wird die Gleichzeitigkeit von Hilfebezug und Selbstständigkeit unterschiedlich gewertet: Während einige mit Hilfe der Selbstständigkeit den Leistungsbezug möglichst schnell beenden wollen, sehen andere den Bezug als nützlichen Schonraum an, um die Gründungsidee zu entwickeln. Wieder andere haben sich mit dem Hilfebezug arrangiert und treffen keine Aussagen, dass sie anstrebten, den Hilfebezug dauerhaft zu verlassen; vielmehr scheinen sie sich mit der Parallelität von Hilfebezug und Selbstständigkeit abgefunden zu haben.

Das Vorgehen der Jobcenter wird von den meisten Befragten allerdings kritisch gesehen. Unnötige Bürokratie, intransparente Entscheidungsprozesse und unverständliche Vorgaben werden ebenso kritisiert wie die rigide Umsetzung von Regelungen oder standardisierte Beratungs- bzw.

Gesprächsabläufe. Während einige Befragte hervorheben, im Jobcenter „kämpfen“ und „betteln“ zu müssen, betonen andere, dennoch große Unterstützung erfahren zu haben, oder geben an, froh über die Unterstützung und die Fördermöglichkeiten zu sein. Teilweise bestehen gute Beziehungen zu den Sachbearbeiter/-innen.

Hinsichtlich der Zugänge zu Marktstrukturen lassen sich Unterschiede dahingehend feststellen, dass einige Interviewte aus ihren beruflichen Vorerfahrungen den antizipierten Markt bereits kennen und teilweise auch auf Kontakte und Beziehungen in diesem Feld zurückgreifen können. Andere, die sich in ein unbekanntes Berufsfeld begeben oder das Feld nicht als Selbstständige kennen, haben in der Regel eher vage Vorstellungen von potenziellen Kund/-innen oder Absatzwegen. Diese Vorstellungen erschließen sie sich aus Beobachtungen gesellschaftlicher Entwicklungen (etwa: Sie sehen einen wachsenden Markt für nachhaltig produzierte Produkte) oder sie gehen von ihrer eigenen Mangellage aus und schließen daraus auf eine generell bestehende Nachfrage. Bei der Aneignung von Marktstrukturen hilft einigen Befragten die Beobachtung anderer Anbieter/-innen. Einige bauen zu Konkurrent/-innen Kooperationsbeziehungen auf, andere grenzen sich explizit von ihnen ab, um das Alleinstellungsmerkmal des eigenen Angebots hervorzuheben. In vielen Fällen hilft die Beobachtung anderer Anbietender der eigenen Orientierung am Markt. Die befragten Gründenden unterscheiden sich auch dahingehend, wie sie ihre Gründungsidee weiterentwickeln, nachdem sie die ersten Erfahrungen am Markt gemacht haben: Während einige an ihrem ursprünglichen Konzept festhalten, weiten andere ihr Konzept aus oder stellen es so um, dass es ihnen ihrer Einschätzung nach mehr Erfolg verspricht. Andere wiederum halten trotz ausbleibenden Erfolgs an ihrem Konzept fest.

Dieser grobe Überblick über das Sample dient auch als Grundlage der Auswahl der sechs Interviews, die ich biographisch-rekonstruktiv ausgewertet habe.

### 4.4.2 Fallauswahl

Um ein möglichst breites und gleichzeitig tiefes Bild von sozialen Positionierungen von Existenzgründer/-innen im SGB II zu erhalten, wählte ich aus dem Sample sechs Fälle aus, anhand deren Erzählungen sich unterschiedliche Formen von Positionierungen als Selbstständige rekonstruieren ließen. Die Auswahl der Fälle legte ich dabei nicht von Beginn an fest, sondern entschied im Prozess des Auswertens, welche Fälle sinnvolle Kontraste und Ergänzungen darstellen. Neben der Bedeutung von Selbstständigkeit waren für mich das dargestellte Verhältnis zum Jobcenter und zum jeweiligen Markt, also zu den beiden zentralen Handlungskontexten, relevant. Ausschlaggebend waren für mich also nicht primär soziodemographische Merkmale (abgesehen vom Geschlecht und einer Varianz in der Altersverteilung), sondern vielmehr die inhaltlichen Dimensionen: 1) Gründungskonzept: primär fachlich/inhaltlich oder am Markt orientiert. 2) Marktbezug: Ausrichtung und Entwicklung des Gründungskonzepts an Marktnachfrage: ja/nein. 3) Jobcenter: unterstützend, behindernd, neutral. Diese Dimensionen waren für die Fallauswahl aus folgenden Gründen interessant: im Zuge der inhaltsanalytischen Auswertung zeigte sich, dass in vielen Fällen die Bedeutung der Gründungsidee biographisch begründet wurde, z.B. insofern spezifische Selbstbilder mit der Gründungsidee verbunden waren, die in biographischen Erfahrungen erworben wurden. Diese Bilder waren z.B. an eine berufliche Ausbildung oder an unternehmerische Erfahrungen oder an Selbstständigkeit gebunden. Um der Bedeutung von (beruflichen) Selbstbildern für Positionierungen nachzugehen, war für mich die Frage nach der Art der Gründungsorientierung relevant (Dimension 1). Mit der biographischen Bedeutung der Gründung und den erworbenen Selbstbildern hängt, so meine Annahme, auch das Verhältnis des Gründungskonzepts zum Markt und die Ausrichtung der Idee an der Marktnachfrage – oder an anderen Dimensionen (etwa Selbstbildern, Narrativen) – zusammen (Dimension 2). Des Weiteren ist die Rolle des Jobcenters (bzw. der Arbeitslosigkeit und des Leistungsbezugs) in hohem Maße prägend für die Ausrichtung der eigenen Selbstständigkeit, indem die Gründenden sich vom Jobcenter abgrenzen, es nutzen oder es als fordernde oder fördernde Instanz hinnehmen. Da ich diese drei Dimensionen für unterschiedliche Positionierungen als besonders wichtig vermutete, wählte ich Interviews aus, in denen sich unterschiedliche Konstellationen der Dimensionen widerspiegeln:

| | **Fachliche Orientierung** | **Marktbezug/ -anpassung** | **Jobcenter** |
|---|---|---|---|
| **Nicolas Nathan** | hoch | hoch/ niedrig | behindernd bis neutral |
| **Tamara Tizian** | hoch | hoch/ hoch | unterstützend |
| **Ferhat Fatih** | niedrig | hoch/ hoch | behindernd |
| **Elisabeth Ernst** | hoch | hoch/ hoch | behindernd |
| **Luisa Lucas** | hoch | niedrig/ niedrig | neutral |
| **Sebastian Simon** | niedrig | hoch/ hoch | neutral bis unterstützend |

**Tabelle 1:** Übersicht Fallauswahl

Die ausgewählten Fälle sind zur Hälfte Frauen; zum Interviewzeitpunkt waren die Teilnehmenden zwischen 25 und 52 Jahren alt. Die Namen der Befragten sind pseudonymisiert. Die Gründungsbranchen und ausgeführten Tätigkeiten sind folgende:

**Nicolas Nathan:** Handwerkliche Produktion // Goldschmied

**Tamara Tizian:** Kunstgewerbe // Illustration

**Ferhat Fatih:** Reparation und Installation // Solartechnik

**Elisabeth Ernst:** Kunstgewerbe // Fotografie

**Luisa Lucas:** Beratung // Spirituelle Lebensberatung

**Sebastian Simon:** Handel // Computerhardware

Im folgenden Kapitel stelle ich die Fallrekonstruktionen der Interviews ausführlich nacheinander dar und vergleiche sie im Anschluss daran miteinander.

# 5 Positionierungen zwischen Hilfebezug und Selbstständigkeit

Gegenstand dieses Kapitels sind die Ergebnisse der Fallauswertungen. Im Zentrum stehen hierbei sechs Interviewanalysen, die ich fallrekonstruktiv in Anlehnung an die biographische Methode nach Gabriele Rosenthal und das Vorgehen von Gabriele Lucius-Hoene und Arnulf Deppermann ausgewertet habe. In den sechs Fällen zeigt sich, wie auf Basis vergleichbarer Ausgangsbedingungen (Leistungsbezug nach dem SGB II) Existenzgründungsvorhaben unterschiedlich umgesetzt werden. Ausschlaggebend hierfür sind biographische Erfahrungen und die Bedingungen von Märkten, auf die sich die Gründenden orientieren. Von einer Typenbildung im Anschluss an die Fallanalysen wird abgesehen, da Ziel der Auswertung nicht ist, eine Typologie von Gründer/-innen im SGB II zu erstellen. Aufgrund der kleinen Fallzahl und aufgrund der unterschiedlichen biographischen Erfahrungen und Gründungsvorhaben erscheint hinsichtlich der Fragestellung ein Vergleich der Fälle in Bezug auf relevante Dimensionen, die Existenzgründungen als soziale Positionierungsprozesse sichtbar machen, sinnvoller. Im Anschluss an die Fallanalysen werden die Fälle also verglichen. In der folgenden Diskussion (Kapitel 6) werden die Ergebnisse weiter abstrahiert und vor dem Hintergrund theoretischer Überlegungen (Kapitel 3) und Forschungsarbeiten (Kapitel 2) diskutiert.

In den Fallanalysen steht die Frage im Mittelpunkt, wie der/die Einzelne sich vor dem Hintergrund biographischer Erfahrungen über die Selbstständigkeit sozial positioniert. Jeweils wird zunächst das Interviewsetting geschildert. Dabei wird deutlich, dass die Rahmung des Interviews und das Interview selbst zur jeweils spezifischen Form der Selbstpräsentation beitragen. Anschließend wird der biographische Verlauf entlang der Ereignisdaten dargestellt. In der folgenden Analyse der Positionierungen steht das in der Eingangsnarration präsentierte biographische Selbstbild im Mittelpunkt. In den Fallanalysen wird jeweils zunächst der Beginn der

Eingangsnarration in unterschiedlicher Länge zitiert und analysiert. Die Eingangsnarration ist besonders aufschlussreich, da die Befragten ihre biographischen Verläufe entlang ihrer eigenen Relevanzsetzungen schildern. Werden Themen der Eingangsnarration in späteren Interviewteilen wieder aufgegriffen, so werden auch diese analysiert und für die Rekonstruktion der biographischen Selbstpräsentation herangezogen, sofern sich in den späteren Interviewabschnitten neue Dimensionen der Themen zeigen oder Aspekte verdeutlicht werden, die für die Rekonstruktion der Selbstpräsentation relevant erscheinen. Es zeigt sich, dass alle Befragten ihre Biographie entlang erwerbsbiographischer Erfahrungen schildern (und weniger auf andere biographische Erfahrungsdimensionen wie Familie, Freunde, Hobbys etc. eingehen) und auf ihre Selbstständigkeit ausrichten. Das heißt, der Großteil der geschilderten Erfahrungen wird mit der gegenwärtigen Gründung in Zusammenhang gebracht. So werden etwa familiäre Beziehungen im Hinblick auf deren Einfluss auf die Gründung geschildert und nicht in ihrer allgemeinen Bedeutung für die Befragten. Die Erzählenden entwerfen ihre Biographien also als Gründer/-innen-Biographien. Insbesondere in der Eingangsnarration wird deutlich, welche Themenfelder die Befragten selbst als relevant für ihre gegenwärtige Gründung und damit für ihre Selbstpräsentation als Gründer/-innen und/oder Selbstständige ansehen. Es zeigt sich, dass auch in kurzen Eingangsnarrationen bereits die zentralen Themen zum Ausdruck kommen, die im Laufe der Interviews weiter ausgearbeitet werden. Sie lassen sich als Teil der Selbstpräsentation als Gründer/-innen und Selbstständige lesen. Die Selbstpräsentationen werden als wesentlicher Bestandteil sozialer Positionierungen interpretiert. So liefern die (biographischen) Selbstpräsentationen Hinweise darauf, wie sich Gründer/-innen selbst auslegen, und es kommen darin Bezugnahmen auf diskursive und konkrete soziale Zuschreibungen durch Dritte zum Ausdruck. Im Laufe der Analyse zeigte sich, dass folgende Bezüge für die Selbstpräsentationen (in unterschiedlicher Intensität) relevant sind: das Jobcenter als Rahmen, Vorstellungen von dem antizipierten Markt und Wissen über diesen sowie der Bezug auf Dritte (zu denen ich neben Personen auch Stereotype, Narrative, Berufsbilder zähle). Alle Fälle wurden im Hinblick auf ihre Bezugnahmen ausgewertet und es wurde gefragt, welche Rolle diese für die Positionierung als Selbstständige spielen. Es zeigt sich, dass in allen Bezugsdimensionen das präsentierte (biographische) Selbstbild ausschlaggebend dafür ist, wie sich die Befragten jeweils zu den Bereichen ins Verhältnis setzen. Die verschiedenen Bereiche nehmen in den Interviews einen unterschiedlich großen Raum ein, was sich auch in den Fallanalysen niederschlägt. Die jeweiligen Analysen sind also etwas unterschiedlich gegliedert, je nachdem, wie es der Falllogik folgend am sinnvollsten erschien.

## 5.1 Nicolas Nathan

### 5.1.1 Kontaktverlauf – Interviewsetting – Interviewverlauf

Zu Nicolas Nathan wird, ebenso wie zu den anderen Gründer/-innen, mit einem Anschreiben und anschließenden Anruf Kontakt aufgenommen. Bei unserem Telefonat ist er zunächst skeptisch und fragt nach, wer wir seien und ob wir vertrauenswürdig seien. Denn er sei neulich fast Opfer eines Betrügers geworden, eine Wiederholung wolle er nun vermeiden. Nachdem ich ihm unser Institut und das Projekt vorgestellt sowie unser Anliegen erläutert habe, scheint er nicht nur beruhigt, sondern durchaus interessiert daran, ein Interview zu geben. Denn, so seine Begründung, er habe viele Verbesserungsvorschläge für den Umgang mit Selbstständigen im Jobcenter. Außerdem sei sein Weg in die Selbstständigkeit ein Beispiel dafür, wie es nicht funktioniere. Als ich ihn zwei Jahre später für ein zweites Interview wieder anrufe, resümiert er sofort die vergangenen Jahre und meint, es laufe ‚scheiße'. Zunächst lehnt er aus diesem Grund ein weiteres Interview ab. Nachdem ich erläutert habe, dass nicht nur die ‚unproblematischen' Gründungen von Interesse seien, sondern auch die Schwierigkeiten und Probleme von Gründungsprozessen, willigt er ein, ein zweites Interview zu geben.

Die folgenden deskriptiven Darstellungen und die Analysen beziehen sich ausschließlich auf das Erstinterview.

Das Interview mit Nicolas Nathan führe ich bei ihm zu Hause. Er begrüßt mich bereits im Hausflur und wirkt überrascht, als er mich sieht, wobei ich nicht herausfinden kann, wen er stattdessen erwartet hat. Während ich meine Unterlagen zurechtlege, holt er Wasser und erzählt mir erneut die Geschichte des Betrugs, den er in letzter Minute noch verhindert habe. Während des Interviews sitzen wir uns an einem großen Holztisch im Wohn- und Esszimmer gegenüber. Der Raum ist geräumig, an den gelb gestrichenen Wänden sind Bilder und Familienfotos angebracht. Eine breite Fensterfront und ein Balkon lassen viel Licht in den Raum. Der Interviewte selbst trägt Jeans und einen schwarzen Rollkragenpullover. Während des Gesprächs gestikuliert er viel und unterbricht immer wieder seine verbalen Darstellungen, um Erfahrungen mit Mimik und Gestik auszudrücken. Zum Zeitpunkt des Erstinterviews ist er 39 Jahre alt.

Im Interview antwortet Nicolas Nathan bereitwillig auf alle Fragen und bleibt dabei stets am Thema seiner Gründung orientiert. Zur Veranschaulichung seiner Idee holt er während des Interviews ein Exemplar seines Schmuckstücks aus dem Nebenzimmer. Nach etwa einer halben Stunde des Interviews kommt seine Frau vom Einkaufen zurück und setzt sich zu uns an den Esstisch neben ihren Mann. Sie fügt ab und zu Informationen zum Interview hinzu und nickt immer wieder bestätigend, wenn ihr Mann etwas sagt. Das Interview dauert etwa eine Stunde und 45 Minuten. Im Anschluss unterhalten wir uns noch eine Weile über das Jobcenter und die Schwierigkeit von Gründungen unter Bedingungen von Arbeitslosengeld II.

### 5.1.2 Biographische Ereignisdaten

Nicolas Nathan wird Anfang der 1970er Jahre in Südeuropa geboren. Mit 14 besucht er eine Kunstschule und spezialisiert sich dort auf das Goldschmiede-Handwerk. Nach drei Jahren macht er einen Abschluss auf der Schule, entschließt sich allerdings, die letzten beiden Jahre der Schule nicht mehr zu absolvieren. Stattdessen sucht er nach mehr Praxiserfahrung im Goldschmieden und beginnt in einer Werkstatt unentgeltlich zu arbeiten. Seinen Darstellungen zufolge lernt er hierbei viel, bekommt aber auch dann kein Geld, als er schon mehr Erfahrung gesammelt hat. Als er auch in einer weiteren Werkstatt keine nennenswerte Bezahlung erhält, beschließt er 1992, nach Deutschland zu gehen. Seinen Angaben zufolge war sein Hauptantrieb damals, Geld zu verdienen und Konsumgegenstände zu erwerben. Über 16 Jahre arbeitet er im Restaurant eines Verwandten. In der Zwischenzeit heiratet er und wird Vater. Als das Geschäft schlechter läuft, wird das Restaurant verkauft. Bei seinem neuen Chef bleibt Nicolas Nathan allerdings nicht lange, sondern beschließt, wieder als Goldschmied zu arbeiten. 2010 wird er arbeitslos und bekommt über die Agentur für Arbeit eine mit dem Eingliederungszuschuss geförderte Stelle bei einem Juwelier vermittelt. Nach zwei Jahren wird ihm gekündigt, mit der Begründung, der Arbeitgeber habe finanzielle Schwierigkeiten. Nicolas Nathan sieht dies als Möglichkeit an, sich als Goldschmied selbstständig zu machen. Schon seit längerem arbeitet er an einem Schmuckstück, das er nun als Selbstständiger herstellen und vertreiben möchte. Da die Höhe seines Arbeitslosengeldanspruchs zu gering ist, um seine Familie zu ernähren, wechselt er seinen Rechtsstatus vom Leistungsbezieher nach dem SGB III zum Leistungsbezieher nach dem SGB II.

Die Idee zu seiner Gründung hat Nicolas Nathan bereits mehrere Jahre bevor er sich selbstständig macht. Ihm sei aufgefallen, dass zunehmend technische Gegenstände als Schmuckstücke veredelt oder auch verzierte praktische Gegenstände, wie Handyhüllen, produziert werden. Er entwickelt ein Schmuckstück, das einen technischen Zweck erfüllt, in erster Linie aber als Schmuckstück getragen wird. Über mehrere Jahre entwickelt er das Produkt und baut Prototypen, dabei achtet er insbesondere auf Material und Design. Wichtig ist ihm, dass das Schmuckstück von niemand anderem vor ihm entwickelt wurde. Bei seinen Sachbearbeiter/-innen in der Agentur für Arbeit bzw. im Jobcenter findet er Unterstützung für sein Vorhaben. Allerdings – so Nicolas Nathan – seien ihm im Jobcenter viele Dinge versprochen worden, die dann später nicht eingehalten wurden. Er erhält kein Darlehen vom Jobcenter und beantragt daraufhin einen Kredit bei seiner Bank, um sich Werkzeug und Materialien zu kaufen. Er richtet eine Homepage ein, lässt Einzelteile seines Schmuckstücks von Werkstätten fertigen und bestellt bei verschiedenen Lieferant/-innen Materialien. Er hat vor, Pressemitteilungen für Schmuckzeitschriften und Blogs zu schreiben, um sein Produkt bekannt zu machen. Zum Zeitpunkt des Erstinterviews ist er sich nicht sicher, wie lange er selbständig bleiben kann, da sein Sachbearbeiter ihm bereits angedeutet hat, dass das Einstiegsgeld aufgrund der fehlenden Einnahmen vermutlich nicht weiterbewilligt wird. Dennoch plant er die Herstellung einer noch luxuriöseren Version seines Schmuckstücks im Wert von ca. 1.500 bis 2.000 Euro. Seine Basisversion bietet er für ca. 400 bis 430 Euro an.

Zum Zeitpunkt des Zweitinterviews hat sich an Nicolas Nathans Situation kaum etwas verändert. Trotz der Präsenz auf Messen und der Suche nach neuen Absatzwegen konnte er bisher nur ein Exemplar verkaufen. Er sei verzweifelt und wisse nicht mehr weiter. Seine Selbstständigkeit aufzugeben kam für ihn zu diesem Zeitpunkt nicht in Frage.

### 5.1.3 Positionierungen

#### 5.1.3.1 Das präsentierte biographische Selbstbild

In den ersten Zeilen der Eingangsnarration greift Nicolas Nathan zwei Themenfelder auf, an denen er seine berufsbiographischen Entscheidungen ausrichtet, die er in der Vergangenheit allerdings nicht beide gleichzeitig realisieren konnte: eine angemessene Bezahlung und die Ausübung seines „*Traumberufs*“ Goldschmied:

*„Also. Äh ' ' mit der Schule war ich 1990 fertig. (I: mhm) Ich hab eine Kunstschule ' gemacht. (I: mhm) ' Und ' ' mhm ich wollte Goldschmied werden. (I: mhm) ' ' Ähm nach der Schule hab ich zwei Jahre lang (' unverständlich) gearbeitet. (I: mhm) In äh ' zwei verschiedenen Werkstätten als Goldschmied. (I: mhm) Und weil ich damals sehr, sehr wenig verdient*

*habe, (I: mhm) ' ' da habe ich gesagt, mhm, es reicht. Also das war mein&mein Traumjob natürlich. (I: mhm) Das hatte ich schon äh seit ich äh 13 war im Kopf. Aber (I: mhm) ' ' ich hab, was hab ich denn damals pro Monat verdient? 50 Euro.*

*I Oh. Pro (B: ja) Woche oder pro?*

*B Nee, nee. Monat.*

*I Monat?*

*B Ich hab acht Stunden am Tag gearbeitet. (I: oh) ' ' Das war 92. (I: mhm) So. Und äh im Februar 92 hab ich äh gesagt, okay, jetzt reicht. (I: mhm) Also so weiter geht es nicht. Ich hatte hier zwei* [Verwandte][58] *in* [Stadt-A.] *schon, die haben in&in Gastronomie gearbeitet. (I: mhm) ' Und den habe ich angerufen, habe ich gesagt, ja, findet mir ein&ein Job, ein Arbeit. (I: mhm) Ich komme sofort nach Deutschland. (' ' ' unverständlich) Hab ich (nur?) gesagt, ist egal, was das ist. (I: mhm) Ich wollte einfach jetzt also Geld verdienen. Also (I: mhm) ich war damals 20, ne?*" (Nicolas Nathan, Z. 15-32)[59]

Nicolas Nathan schließt seine Erzählung an den Anker „*Ende der Schulzeit*" an, der im Erzählimpuls gegeben wurde. Er ordnet den Schulabschluss zeitlich ein und detailliert seine Schilderung, indem er die Schulart und schließlich sein persönliches Motiv, eine Kunstschule zu besuchen, benennt: den Berufswunsch Goldschmied. Weiter erzählt er den folgenden Schritt, seine zweijährige Erwerbstätigkeit, und detailliert wiederum diese Schilderung, indem er die Anzahl der Arbeitsstätten und seine Tätigkeit benennt. Es folgt eine einleitende Begründung, er habe sehr wenig

---

58 Änderungen der Interviewzitate zum Zweck der Anonymisierung werden in eckige Klammern gesetzt.

59 **Transkriptionslegende**: **'**: ganz kurzes absetzen einer Äußerung. **''**: Pause von 0,5-1,5 Sekunden **'''**: Pause von 1,5 bis 5 Sekunden. **(Pause)**: Pause von über 5 Sekunden. **mhm:** Pausenfüller, Rezeptionssignal. **.:** Senkend der Stimme/Satzabschluss. **?:** Frageintonation. **(h):** Formulierungshemmung, Drucksen. **Sicher:** auffällige Betonung. **Sicher:** gedehnt. **(lacht):** Charakterisierung nicht sprachlicher Vorgänge, Sprechweisen. **&:** auffällig schneller Anschluss. **('' unverständlich)**: nicht verständlicher Äußerungsteil (Längenangabe analog zur Pausenmarkierung). **(mag nicht?/ja nicht?):** vermuteter Wortlaut/mehrere mögliche Wortlaute.

verdient, was ihn dazu veranlasst habe, einen Schlussstrich zu ziehen. Ohne konkret zu werden, was die Konsequenzen seiner Wertung „*es reicht*" waren, schließt er eine erklärende Erläuterung an, dass Goldschmied seit seiner Jugend sein „*Traumjob*" gewesen sei. Nach diesem kurzen erklärenden Einschub kommt er wieder zurück zum Thema des geringen Verdienstes und konkretisiert seine Andeutungen mit der Aussage, er habe 50 Euro pro Monat verdient. Durch meine Nachfrage bestätige ich die Entrüstung Nicolas Nathans über den geringen Lohn. Der Erzählende konkretisiert daraufhin die Schilderung der Arbeitsbedingungen weiter, indem er betont, acht Stunden pro Tag gearbeitet zu haben – die 50 Euro wurden also für eine Vollzeittätigkeit ausgezahlt. Nach einer weiteren zeitlichen Einordnung der Geschehnisse betont er wieder, es sei nun genug gewesen und es habe so nicht weitergehen können. Er habe seine Verwandten angerufen, die in Deutschland lebten, und gemeint, sie sollten irgendeinen Job für ihn finden, er wolle Geld verdienen. Erklärend schiebt er nach, er sei damals 20 Jahre alt – also relativ jung – gewesen.

Seine zwei zentralen Erwerbsmotive – Geld zu verdienen und als Goldschmied zu arbeiten – stellt er hier als miteinander nicht vereinbar dar: Entweder er muss sich den widrigen, nicht existenzsichernden Arbeitsbedingungen seines Wunschberufes aussetzen oder er arbeitet, um Geld zu verdienen – welche Tätigkeit das ist, ist dabei nebensächlich. Den Bruch mit seinem „*Traumberuf*" begründet er mit materialistischen Motiven, die er ideellen/künstlerischen entgegensetzt. Aus der Perspektive seines erzählenden Ichs blickt er kritisch, aber dennoch verständnisvoll auf seine damaligen Beweggründe zurück. Etwas später im Interview verweist er in diesem Zusammenhang auf seine Jugendlichkeit:

„*Weil ich wollte immer, wollte nur Kohle verdienen. (I: mhm) Nur Geld. Also. Ne? Wenn man 20 ist, also 21 man ' hier Klamotten oder so was.*" (Nicolas Nathan, Z. 42-44)

Mit einer Verallgemeinerung seiner Wünsche als 20-Jähriger, vor allem Kleidung etc. zu kaufen, auf ein allgemeines „*man*" erklärt er das damalige Aufgeben seiner Goldschmiedetätigkeit zu Gunsten einer Tätigkeit, die mehr Verdienst ermöglicht. Seine Ungeduld bereut er später, blickt aber auch mit Nachsicht auf seine damalige jugendliche Kurzsichtigkeit zurück. Beide Themen – Geld zu verdienen und als Goldschmied zu arbeiten – sind in den Schilderungen seiner beruflichen Erfahrungen immer wieder präsent. An verschiedenen Stellen des Interviews präsentiert er sich als zum Goldschmied Berufener. Wie schon in den ersten Zeilen seiner Eingangsnarration deutlich wird, verbindet er das Goldschmieden sowohl mit einer Art Handwerkerehre als auch mit dem Bild des geborenen Künstlers. Gleichzeitig hat für ihn die Auseinandersetzung mit der Frage einer angemessenen Bezahlung auch in seinem weiteren biographischen Verlauf große Bedeutung – wobei ihm später weniger die Orientierung am Materiellen, am Konsum wichtig ist, sondern vielmehr die Anerkennung und der Respekt, die für ihn mit einer angemessenen Bezahlung einhergehen. Das Gefühl, ausgenutzt zu werden – nicht nur in finanziellen Belangen –, beschreibt Nicolas Nathan in verschiedenen biographischen Ereignissen. Es erscheint als Hintergrund seines Misstrauens gegenüber Dritten und seiner Präsentation als Einzelgänger. Dies wird im Folgenden vertieft ausgearbeitet. Außerdem wird auf seine zweite wesentliche Selbstpräsentation – als künstlerischer Handwerker – eingegangen. Beide sind Grundlage seiner Positionierung als Selbstständiger am Markt.

Nicolas Nathan schildert immer wieder Situationen, in denen er sich nicht richtig behandelt sieht. Die geringe bzw. nicht existente Bezahlung in den Goldschmiedewerkstätten ist Ausgangspunkt seines Gefühls, ausgenutzt zu werden, das er auch immer wieder in anderen Anstellungen hat. Dabei ist nicht nur eine geringe Bezahlung Grund für sein Misstrauen, sondern er vermutet Unaufrichtigkeit und Unehrlichkeit der Arbeitgeber und auch der Jobcenter-Mitarbeitenden. So vermutet er beispielsweise, sein Chef in der Goldschmiedewerkstatt in seinem Heimatort habe ihm Goldschmiede-Wissen vorenthalten:

*„Der hat sogar Tricks gemacht. Das hab ich dann danach äh gemerkt. ' ' Äh jedes Mal, wo er irgendwas gemacht hat, (I: mhm) ' w- was er mir nicht zeigen wollte, (I: mhm) so&so besonderes Reparaturen oder&oder äh äh*

*Erstellung Sachen. (I: mhm) Hat er mich Zigaretten ' ' äh kaufen schicken lassen. (I: ah okay) Das hab ich aber irgendwann gemerkt.*" (Nicolas Nathan, Z. 289-294)

Nicolas Nathan erzählt, sein Chef habe ihn ausgetrickst. Er suggeriert, dieser habe ihm spezifisches Wissen nicht vermitteln wollen. Gleichzeitig macht er deutlich, dass er das Spiel durchschaut habe. Ähnlich verhält es sich bei seiner Anstellung bei einem Juwelier in Stadt A. Nach einiger Zeit findet Nicolas Nathan heraus, dass seine Stelle mit dem Eingliederungszuschuss gefördert wird, sein Chef also nur die Hälfte seines Lohns bezahlt (vgl. Nicolas Nathan, Z. 524ff.). Er empört sich, dass er darüber nicht informiert worden sei. Insbesondere aber stört ihn, dass die Hälfte seines Einkommens von der öffentlichen Hand gefördert und nicht von seinem Arbeitgeber bezahlt wurde (vgl. Nicolas Nathan, Z. 553ff.). Wie auch schon bei seinem früheren Arbeitgeber sieht Nicolas Nathan auch hier eine Situation, in der andere von ihm profitieren. Und mehr noch, er hat den Eindruck, andere schlügen aus einer Situation, in der er benachteiligt und abhängig ist, Profit. Er hat also den Eindruck, nicht nur unaufrichtig behandelt, sondern bewusst belogen worden zu sein. Wie in diesen Situationen beschreibt er sich im Interview immer wieder als jemand, der benachteiligt ist und ausgenutzt wird. Hierbei kommt ein grundlegendes Misstrauen gegenüber Dritten zum Ausdruck, ebenso seine Auffassung, auf sich alleine gestellt zu sein. Seine Präsentation als Benachteiligter im Vergleich zu anderen, als jemand, der Pech hat, stellt er im Interview auch durch Vergleiche her - Vergleiche allerdings weniger mit Dritten, sondern Vergleiche seiner Bedingungen mit anderen potenziellen Situationskonstellationen. Immer wieder nimmt er in seinen Schilderungen Bezug auf Konstellationen und Möglichkeiten, wie es sein könnte: So sieht er beispielsweise einen Grund dafür, dass sein Geschäft schlecht läuft, darin, dass er in der falschen Stadt lebe (vgl. Nicolas Nathan, Z. 362ff.), oder er geht davon aus, sein Leben wäre anders verlaufen, hätte er ein Ausbildungsgehalt bekommen, wie es die Auszubildenden in Deutschland bekämen (vgl. Nicolas Nathan, Z. 246ff.); hätte er Arbeitslosengeld I und nicht II bekommen, hätte er eine bessere Förderung; hätte er 50 000 Euro Eigenkapital, wäre er nun erfolgreicher (vgl. Nicolas Nathan, Z. 613ff.) usw. In diesen Vergleichen lässt er oftmals offen, was konkret anders wäre, wären die Ausgangsbedingungen andere – aber klar ist, dass seine Situation in irgendeiner Hinsicht besser wäre. Im Interview bezieht er sich immer wieder auf derartige Vergleiche, die teilweise naheliegen (wie etwa der Vergleich zur Förderung im SGB III, da er durchaus Anspruch auf diese hätte) und teilweise hypothetischen Charakter (etwa die Annahme, er hätte 50.000 Euro Eigenkapital) haben. Die Vergleiche zu potenziellen anderen Konstellationen haben für Nicolas Nathan einerseits die Funktion, gegenüber sich selbst und der Interviewerin zu erklären, weshalb der Weg in die Selbstständigkeit schwierig und er bisher nicht erfolgreich ist. Andererseits weist er durch die Präsentation als jemand, der benachteiligt wurde und der Pech hatte, auch Zuschreibungen von sich, die suggerieren, er sei selbstverschuldet in die Situation geraten oder müsse sein Vorgehen in Frage stellen. Er macht deutlich, dass er keinen Grund hat, seinem Umfeld zu vertrauen, sondern vielmehr erfahren hat, dass in verschiedenen Situationen Menschen nur nach ihrem Vorteil handeln und nicht aufrichtig sind. Er präsentiert sich im Interview also als ein Einzelgänger, der sich dieses Vorgehen weniger selbst gewählt hat als vielmehr aufgrund seiner Erfahrungen keinen Grund hat, mit der Unterstützung anderer zu rechnen.

Neben seiner Selbstpräsentation als Benachteiligter und Einzelgänger ist Nicolas Nathans Selbstbeschreibung als Goldschmied zentral für seine Positionierung im Interview. Den Goldschmied verortet er dabei zwischen Kunst und Handwerk. Er beschreibt das Verhältnis zur Tätigkeit mit Begriffen, die eine große Passion für die Tätigkeit suggerieren. So zeichne ihn als Goldschmied eine Sucht nach der Tätigkeit aus (vgl. Nicolas Nathan, Z. 433), zudem sei er in seine Arbeit verliebt gewesen (vgl. Nicolas Nathan, Z. 223). Außerdem verknüpft er mit dem Goldschmieden die Vorstellung einer Berufung zur Tätigkeit, die schon früh im Leben feststehe (in seinem Fall mit 13):

„*Es ist schon viel zu spät. (I: mhm) Ich hab das mit zwölf oder 13 schon gehabt.*
*I Ja?*
*B Ja. ' ' Also das ist. ' Ne? (I: mhm) Also erst mit 25 ist schon. ' ' Entweder hast du es drin. (I: mhm) Oder&oder also du kommst (' unverständlich). Goldschmied ist&ist ein Kunst. (I: mhm) Das ist jetzt nicht so. Das hast du schon.*“ (Nicolas Nathan, Z. 415-419)

In diesem Zitat bezieht Nicolas Nathan sich auf eine dritte Person, die sich im Alter von 25 Jahren dazu entschied, Goldschmied zu werden. In Nicolas Nathans Augen ist dies kein richtiger Goldschmied. Vielmehr zeichneten einen Goldschmied Eigenschaften aus, die man habe oder nicht. Seine kurze erläuternde Begründung für diese Auffassung ist, dass das Goldschmieden eine Kunst sei. Sein Verständnis des Goldschmieds als eines seit der Jugend Berufenen fügt sich in dieser Hinsicht viel eher in das Bild eines/einer Künstler/-in ein als in das von Handwerker/-innen, die sich ihr Handwerksverständnis durchaus auch (erst) in der Lehre aneignen (können). Allerdings setzt Nicolas Nathan das Handwerk dem Künstlerischen nicht entgegen, sondern sieht sich selbst auch als Handwerker: Neben der künstlerischen Berufung zum Goldschmied betont er die Bedeutung von qualitativ hochwertiger Arbeit und Materialien, der intensiven Entwicklung seines Produkts und der hochwertigen Verarbeitung. Die Entwicklung seines Produkts stellt er nicht als Ausdruck künstlerischer Ideen dar, sondern vielmehr als das Ergebnis logischer und marktbezogener Überlegungen. Er habe beobachtet, dass praktische Gegenstände, wie Handyhüllen, auch in Luxus-Versionen entwickelt und als Schmuckstücke getragen würden. Analog entwickelt er ein solches praktisches Schmuckstück (vgl. Nicolas Nathan, Z. 628ff.). Sein Ziel ist es, mit diesem einen Schmuckstück in Serienproduktion zu gehen:

„*Das ist jetzt also das war praktisch so, ich hab von Anfang an gedacht, okay, ich muss die in handwerkliche Arbeit in Serie erstellen. (I: mhm) Das heißt also es muss ' ' fast immer das Gleiche gemacht werden. (I: mhm) Aber handwerklich.*“ (Nicolas Nathan, Z. 745-747)

Sein Schmuckstück konzipiert er also von Beginn an gezielt für den Markt. Gleichzeitig ist für ihn die Betonung der handwerklichen Produktion von großer Bedeutung. Er stellt also ein Produkt her, das er relativ gut in größerer Anzahl reproduzieren kann. Passend zu diesem konzeptuellen Entwurf seines Angebots zieht er immer wieder Parallelen zu Manufakturen, zu kleineren Betrieben, die in Deutschland produzieren und einen *„üppigen Preis"* (Nicolas Nathan, Z. 1134f.) für ihre Produkte verlangten. Als Qualitätsmerkmal zeichne diese Betriebe vor allem aus, dass sie ihre Produkte vor Ort selbst produzierten. Einzelne besonders erfolgreiche Kleinbetriebe dieser Art werden für ihn zu Orientierung gebenden Vorbildern (siehe auch 5.1.3.2, 5.1.4). Handwerkliche Arbeit verknüpft er an verschiedenen Stellen des Interviews mit einer guten Bezahlung: Er vergleicht seinen Stundenlohn mit dem anderer Handwerker/-innen und macht hieran den Preis seines Produktes fest (vgl. Nicolas Nathan, Z. 880). Die zwei Bezugspunkte für sein Verständnis eines Goldschmiedes – Künstler/-in und Handwerker/-in – liefern unterschiedliche Bezugsrahmen für seine Positionierung als Goldschmied: Einerseits kann er sich als von der künstlerischen Tätigkeit Getriebener und leidenschaftlicher Goldschmied beschreiben. Das Festhalten an dieser Tätigkeit – trotz des geringen Absatzes – wird durch Bezugnahme auf Bilder künstlerischen Ausdrucks zu einer nicht hintergehbaren Notwendigkeit und dadurch legitimiert. Andererseits macht er an der Bezugnahme auf das Handwerk unter anderem den Wert seiner Arbeitskraft fest. Gleichermaßen steht das Handwerk in seinen Augen für qualitativ hochwertige Handarbeit. Diese Bezugnahme erlaubt ihm, das Produkt stärker mit einer funktionalen Bedeutung aufzuladen und den wirtschaftlichen Nutzen hervorzuheben, als er es mit künstlerischen Unikaten tun könnte: Er konzipiert eine serielle Herstellung seines Schmuckstückes.

Nicolas Nathans Positionierung am Markt mit seinem außergewöhnlichen Produkt, das er für seine Selbstständigkeit entwickelt, ist eng mit seiner biographischen Selbstpräsentation als Einzelgänger und als Künstler und Handwerker verknüpft. Dies steht im Folgenden im Mittelpunkt.

#### 5.1.3.2 Marktbezug: Zwischen Stereotypen und Narrativen

Wie im obigen Abschnitt dargestellt, entwickelt Nicolas Nathan über Jahre ein spezifisches Schmuckstück, statt etwa an einer Palette von Schmuckstücken oder einer Kollektion zu arbeiten. Quasi am Reißbrett entwickelt er eine Art „ideales" Produkt: Ausgehend von seiner Feststellung, es gebe einen Luxusmarkt und Nachfrage nach Luxusgegenständen, stellt er ein Schmuckstück gezielt für dieses zahlungskräftige Publikum her. Seine Beobachtungen der Nachfrage nach luxuriöser Aufwertung von praktischen Konsumgütern – wie Handyhüllen oder USB-Sticks mit Brillanten – inspirieren ihn zu seiner Idee (vgl. Nicolas Nathan, Z. 628ff.). Gezielt entwickelt er also ein Produkt, das es noch nicht gibt, und hat dabei eine konkrete Vorstellung von dem Markt, an dem er es absetzen möchte. Die gleichermaßen konkreten und fiktional anmutenden Vorstellungen Nicolas Nathans von der Käufer/-innen-Schicht und der Entwicklung seines Gründungsverlaufs sind als Ergebnis und Ausdruck seiner biographischen Selbstentwürfe lesbar. Diese gehen dem Gründungsprozess und der Entwicklung der Gründungsidee voraus. Seine Präsentation als Benachteiligter, sein Selbstentwurf als Einzelgänger und sein damit einhergehendes Misstrauen gegenüber Dritten sind als Bedingung für die Entwicklung seines Produktes am Reißbrett statt in Interaktion und Austausch mit anderen – oder einer Entwicklung eines Produkts bzw. mehrerer Produkte am Markt – zu lesen. So wie er sich gegen die von ihm berichteten Ausnutzungserfahrungen schützt, so schirmt er auch die Entwicklung seines Produktes nach außen ab. Seine Gründung ist ein Weg, diese Selbstentwürfe aufrecht zu erhalten. Auch sein Selbstentwurf als Künstler und Handwerker und damit einhergehende Ansprüche an qualitativ hochwertige Arbeit sind als Ausgangspunkte seiner Orientierung am Luxusmarkt zu verstehen. In dem folgenden Zitat weist er den Hinweis von sich, er solle sein Produkt ‚billig' anbieten:

*„Und mir hat jemand jetzt vor ein paar Wochen gesagt, das musst du billig machen. Ich hab gesagt, ich mach gar nicht billig. Ich bin kein Chinese. (I:*

*mhm) ' ' Ich kann das günstig machen. Aber nicht billig. (I: mhm) So. Ne?"* (Nicolas Nathan, Z. 637-639)

Offenbar steht für Nicolas Nathan chinesische Produktion für Billigproduktion und hiermit möchte er sich in keinem Fall assoziiert wissen. An einer weiteren Stelle im Interview zieht er ein weiteres Mal den Vergleich zu chinesischen Produktionsweisen heran, um sich davon abzugrenzen und seine Herstellung als qualitativ hochwertig im Vergleich zu chinesischen Produkten darzustellen. Er differenziert zwischen „günstig" und „billig". Günstig steht dabei für eine preiswertere Produktion bei hoher Qualität, billig dagegen geht mit geringerer Qualität einher. Die chinesische Produktion stellt er dem Handwerk gegenüber. Sie ist eine Folie, vor deren Hintergrund er sein Qualitätsverständnis, das Handarbeit und die Verwendung hochwertiger Materialien impliziert, abgrenzt und hervorhebt. Handwerk und qualitativ hochwertige Arbeit sind Größen, an denen er auch den Preis seines Schmuckstücks festmacht. Er bezieht sich vergleichend auf andere Handwerker/-innen und deren Stundenlohn (vgl. Nicolas Nathan, Z. 878ff.). Die Abgrenzung zu einer chinesischen Produktionsweise und die Rechtfertigung des Preises für seine Produkte über seine Verortung als Handwerker sind wesentliche Bezugsgrößen seines Selbstentwurfs als Goldschmied und der Bemessung des Wertes seiner Arbeit und Produkte. Die große Bedeutung, die er dem Preis seines Produktes beimisst, ist vor dem Hintergrund der Erfahrung von unangemessener Bezahlung seiner Arbeitsleistung in seiner Vergangenheit zu verstehen. Der Preis spiegelt für ihn die Wertschätzung seiner Arbeit wider und hat damit eine Bedeutung, die über die pragmatisch-funktionale Berechnung seiner Einnahmen und Ausgaben hinausgeht. Da der Preis für ihn einerseits ein zentrales Medium der Wertschätzung ist und er anhand dessen andererseits sein Selbstverständnis als Handwerker nach außen signalisiert, wird es für ihn letztlich notwendig, sich mit seinem Schmuckstück auf einem Luxusmarkt zu orientieren. Erstens findet sich hier in seinen Augen das Klientel, das Luxusvarianten von praktischen Gegenständen konsumiert.

Zweitens erlaubt ihm die Orientierung an Manufakturen, sich mit hochwertigen Produkten zu präsentieren und einem hohen Preissegment zuzuordnen.

Für seine Orientierung als Goldschmied am Luxusmarkt ist außerdem der Vergleich zu erfolgreichen Handwerker/-innen relevant. Als Vorbilder für sein Vorgehen und seine Marktantizipation zieht er Hersteller/-innen von Produkten heran, die primär eines oder nur wenige Produkte herstellen und hohe Preise hierfür verlangen.

„*Also heutzutage kann man, also es gibt mittlerweile ganz viele Luxusfirmen (I: mhm) ' ähm ' ' das sind mindestens zehn jetzt in Deutschland. Also kleine Manufakturen. Die machen nur ' über Internet. (I: mhm) Das sind ' meistens also einzelne Personen, die das (I: mhm) äh es gibt zum Beispiel eine ' äh Uhrmacherin jetzt aus Berlin. (I: mhm) Die macht eine&eine Uhr, die kostet 80.000 Euro. (I: ui, mhm) Ja, die verkauft nur zwei im Jahr. (I: mhm) (lacht) (I: (lacht)) Das verkauft sie übers Internet. Ja.*
*I Das reicht dann auch. Ja.*
*B Und da gibt's auch Warteliste. (I: mhm, ja) Ja. ' ' (I: okay) Man&man denkt&also man denkt also Luxussachen. Aber es gibt den Luxusmarkt. Also besonders hier in&in Deutschland. Mannomann.*“ (Nicolas Nathan, Z. 806-815)

In diesem Interviewabschnitt macht Nicolas Nathan deutlich, welche Bezugspunkte er für seine Positionierung auf dem Markt heranzieht. Ausschlaggebend sind hierbei Beobachtungen von Firmen. Er konstatiert zunächst, es gebe sehr viele Luxusfirmen, anschließend wird er konkreter: Es seien mindestens zehn. Dies seien kleine Manufakturen, die meist nur von einer Person betrieben würden. Das Beispiel einer Uhrmacherin, die über das Internet ihr Angebot darbietet und eine Warteliste für ihre hochpreisigen Uhren hat, hat für ihn Vorbild- und Orientierungsfunktion. Im Interview zieht er noch ein weiteres Beispiel heran, einen Hersteller von Luxustaschenmessern (vgl. Nicolas Nathan, Z. 775f.). Auch dessen Kund/-innen müssten sich in eine lange Warteliste einreihen. Diese Vorbilder sind für ihn Hinweise auf das Vorhandensein eines Luxusmarktes, den er allerdings nicht weiter konkretisiert. Seine Arbeitsweise und seine Marktantizipation orientiert er an diesen Vorbildern. Wichtig an dieser Orientierungsfolie ist außerdem, dass die Anbietenden sich nicht über Marketingstrategien oder Ähnliches sichtbar machen, sondern entdeckt werden. Ob und wann dies geschehe, ist in Nicolas Nathans Augen kaum beeinflussbar bzw. die Mechanismen sind undurchsichtig. So schildert er, dass der Mann, der Taschenmesser herstelle, nach monatelanger Erfolglosigkeit plötzlich einen Durchbruch gehabt habe und besonders gefragt sei (vgl. Nicolas Nathan, Z. 774ff.). Nicolas Nathan macht sich konkrete Vorstellungen davon, dass es bei ihm ebenso vor sich gehen könne:

„*Na ja, das ist die Idee. (I: mhm) So. Jetzt entweder funktioniert nicht. Oder irgendwann krieg ich so viele Bestellungen, dass ich dann in Schwierig- das kann auch passieren. (I: mhm, ja, klar) Dass&dass ich dann nicht mehr schaffe.*“ (Nicolas Nathan, Z. 772-774)

Nicolas Nathan beruft sich auf ein Narrativ des Entdecktwerdens. In diesem Bild kann er seinen Markterfolg nur bedingt beeinflussen und ändern: Entweder es kommt ein Durchbruch oder eben nicht. Einen Mittelweg zwischen extrem hoher Nachfrage und nicht vorhandener Nachfrage sieht er nicht. Das Entdecktwerden oder Nicht-Entdecktwerden hängt an einem unerklärbaren Zufall, selbst beeinflussen kann er den Prozess nur bedingt. Dieses Narrativ des Entdecktwerdens, an dem er festhält und das seine Zukunftsvorstellung ausmacht, fügt sich in das Bild des/der Künstler/-in ein, mit dem er die Goldschmiedetätigkeit verknüpft. Wie bei Künstler/-innen, die ihre Werke als Ausdruck ihrer selbst oder ihrer Ideen herstellen – unabhängig von konkreten Nachfragen eines Marktes oder von Kund/-innen –, sind Goldschmiede in diesem Bild davon abhängig, dass es Menschen gibt, die ihre Produkte so kaufen, wie sie sind. In dieses Narrativ passt auch, dass Nicolas Nathan das Schmuckstück nicht in Auseinandersetzung mit einem Markt entwickelt. Es liegt ihm zufolge an der Kundschaft, sein Produkt zu erkennen oder nicht. Er vergleicht sich auch mit Steve Jobs, was ebenfalls als Teil des Orientierung gebenden Narrativs des Entdecktwerdens gelesen werden kann: Nicolas Nathan meint vergleichend, hätte Steve Jobs schnell aufgegeben, gäbe es heute weder iPhones noch iPads (vgl. Nicolas Nathan, Z. 1007ff.). Mit dem Entdeckungsnarrativ, das er vor allem über Geschichten von erfolgreichen Unternehmer/-innen herstellt, gehen Durchhalteparolen einer: nicht aufzugeben, selbst von der Idee überzeugt zu sein, zu warten, bis sich die Idee durchsetzt. Nicolas Nathan hat also ein relativ klares Bild davon, wie sein Gründungsvorhaben erfolgreich sein kann. Seine Vorstellungen vom Weg zum Erfolg sind durch die Orientierung an erfolgreichen Gründer/-innen und Handwerker/-innen konkret und erhalten gerade durch die Konkretheit fiktionalen Charakter. So malt er sich aus, wie die Situation sein wird, sollte er viele Bestellungen und eine Warteliste haben. Bezugnahmen auf diese Vorbilder und auf Steve Jobs bedingen, dass er weiter an seinem Konzept festhält, ohne etwas daran zu ändern. Durch diese Erwartung der Entdeckung sind seine eigenen Handlungsmöglichkeiten eingegrenzt, er gibt Handlungsmöglichkeiten und auch die Verantwortung für sein Handeln bis zu einem gewissen Grad ab (siehe auch 5.1.4).

#### 5.1.3.3 Die Rolle Dritter: Zurechnung und Abgrenzung

Wie aus den obigen Abschnitten hervorgeht, dienen Vergleiche mit Dritten Nicolas Nathan dazu, sich in seiner Erzählung als künstlerischer Goldschmied auf einem Luxusmarkt zu orientieren. Einerseits grenzt er sich von anderen ab (etwa Billigproduzent/-innen), um die hohe Qualität seiner eigenen Arbeit hervorzuheben und seine Orientierung an einem hochpreisigen Luxusmarkt zu legitimieren. Andererseits dient ihm die Orientierung an besonders erfolgreichen Unternehmer/-innen (Manufakturen oder Start-ups) bzw. an Geschichten über diese Unternehmer/-innen nicht nur als Handlungsorientierung, sondern erlaubt ihm auch, Zugehörigkeit herzustellen: Er ist, wie seine Vorbilder, Anbieter von qualitativ hochwertigen Luxusprodukten. Die Narrative sind damit Teil seiner Marktorientierung und -herangehensweise, gleichermaßen sind sie Erzählungen, die Verortung ermöglichen. Die Vergleiche, die er für seine marktbezogene soziale Verortung heranzieht, zieht er weniger zu konkreten Personen, die er kennt, sondern vielmehr zu negativ konnotierten („*Chinese*") oder positiv konnotierten Stereotypen: zu Narrativen von Personen und mythischen Geschichten erfolgreicher Start-up-Unternehmer/-innen.

Gegenüber konkreten anderen Mitanbietenden am Markt ist Nicolas Nathan misstrauisch. Das Misstrauen zeigt sich anhand von Zuschreibungen, die er Dritten gegenüber vornimmt: So vermutet er Neid und Missgunst bei anderen für seine Idee und sein Bestreben, sich auf einem Luxusmarkt zu orientieren. Er vermutet, Leute würden neidisch werden, sollte seine Idee funktionieren und er vom Kellner zum Anbieter von Luxusartikeln geworden sein (vgl. Nicolas Nathan, 956ff.). Er sagt anschließend:

„*Das ist jetzt nicht so mit Absicht gemacht, also um Leute neidisch&das ist mir scheißegal. (I: mhm) Aber wenn die so reagieren, wenn (I: mhm) die so reagieren, dann wünsche ich mir, dass ich demnächst also äh so viele verkaufe, dass die&dass die vor Neid explodieren.*" (Nicolas Nathan, Z. 963-966).

Ohne sich auf eine konkrete Situation zu beziehen, in der er mit Neid anderer konfrontiert worden wäre, vermutet er die Missgunst Außenstehender, sollte er erfolgreich sein. Erklärend schickt er vorweg, er habe seine Idee nicht entwickelt, um andere neidisch zu machen, aber *wenn* diese solche Neidgefühle hätten, wünsche er sich als eine Art Strafe für ihre Gefühle, dass er umso erfolgreicher werde. Er geht nicht darauf ein, wer die Personen sein könnten, die ihm seinen Erfolg neiden würden, ob er konkrete Personen im Blick hat oder ob er generell davon ausgeht, dass ihm Erfolg negativ ausgelegt werden würde. Dass er von Neid ausgeht, ohne ihn bereits erfahren zu haben, lässt sich darauf zurückführen, dass er Außenstehenden gegenüber misstrauisch ist und nicht davon ausgeht, Unterstützung oder Zuspruch zu erfahren. Die pauschale Zuschreibung, andere seien neidisch, ohne konkrete Personen oder Mitanbietende zu nennen, ist aus seiner biographischen Präsentation als Einzelgänger ableitbar. Sein Misstrauen gegenüber Arbeitskolleg/-innen bzw. Chef/-innen speist sich aus seinen Erfahrungen und ist auch Teil seines Bezugs zu potenziellen konkreten Mitanbieter/-innen.

Dritte sind für seine Positionierung im Interview also nicht insofern relevant, als er in Re-Inszenierungen von Interaktionen mit konkreten Anderen ein spezifisches Bild von sich zeichnete. Vielmehr schreibt er Dritten Eigenschaften, Erlebnisse und Erfahrungen zu. Indem er sich zu diesen Narrativen oder Stereotypen hinzurechnet oder von ihnen abgrenzt, positioniert er sich. Seine biographische Positionierung als Einzelgänger kann erklären, weshalb er sich in seinem Herangehen an den Markt an abstrakten Narrativen und Bildern orientiert und nicht an konkreten Anderen (also z.B. Goldschmieden in seiner unmittelbaren Umgebung).

#### 5.1.3.4 Jobcenter: Enttäuschung und Pragmatismus

Die Erfahrungen mit dem Jobcenter waren für Nicolas Nathan enttäuschend. Insbesondere hat er sich mehr finanzielle Unterstützung für seine Gründung erhofft. Seine Enttäuschung rührt aus konkreten Erwartungen und ist in erster Linie an seinen Sachbearbeiter geknüpft:

„*Und der sagte, Sie kriegen so viele Förderungen und äh Sie kriegen äh äh der meinte, ich kriegte bis ' ich konnte bis 8.000 Euro ' Darlehen zinslos kriegen. (I: mhm) Das hab ich nie gekriegt. (I: oh, mhm) Erstens. Ich hab die 8.000 Euro gekriegt, aber von&von* [Name der Bank]. *(I: ah okay) Mit Zinsen. (I: mhm) Mit Zinsen. So erstens. Zweitens ' ähm ich mhm ich hab ihm erzählt, also ich wollte das mit meiner Frau zusammen machen. (I: mhm) Und der meinte, okay, es gibt dann die Möglichkeit äh doppelte Einstieggeld zu be- beantragen. (I: mhm) Das hab ich auch noch nie gekriegt.*“ (Nicolas Nathan, Z. 94-101)

Nicolas Nathan stellt in diesem Interviewabschnitt dar, dass sein Sachbearbeiter ihm konkrete finanzielle Unterstützungsangebote gemacht habe, diese sich aber nicht materialisiert hätten. Das zugesagte zinslose Darlehen habe er genauso wenig erhalten wie ein doppeltes Einstiegsgeld. Seine Erwartungen haben sich durch Versprechen des Fallmanagers aufgebaut. Er meint, er habe nicht „*gekriegt*“, was ihm versprochen wurde.

Dies weist auf eine Deutung des Verhältnisses zu seinem Sachbearbeiter als ein asymmetrisches Verhältnis zwischen Gebendem und Nehmendem hin. Es sind keine gleichwertigen Positionen, sondern vielmehr ein Verhältnis, in dem er von dem Jobcenter etwas erhält und seine eigenen Einflussmöglichkeiten darauf begrenzt sind. Er wartet darauf, etwas zu bekommen. Bekommt er es nicht, ist er enttäuscht, sieht aber auch keine Möglichkeiten, etwas dagegen zu tun. Seine Enttäuschung bezieht sich nicht nur auf die sachliche Ebene, also das Fehlen finanzieller Mittel, sondern auch auf die persönliche Dimension: Mit dem nicht eingehaltenen Versprechen geht ein Vertrauensverlust einher (vgl. Nicolas Nathan, z.B. Z. 1389ff.). Seine Enttäuschung über das Jobcenter ergibt sich durch das Nicht-Einhalten von konkreten und sachbezogenen Versprechen. Trotz seiner persönlichen Enttäuschung darüber bleibt sein Verhältnis zum Jobcenter instrumentell und funktional. Das Jobcenter hat für ihn keinen definierenden Einfluss auf seine Positionierung. Er sieht sich als persönlich enttäuscht und falsch behandelt an. Die Auseinandersetzungen nehmen aber keinen existenziellen Charakter an; er hält weiterhin an seiner Gründung und Positionierung als künstlerischer Handwerker fest. Die Enttäuschung macht dennoch in hohem Maße seine Abhängigkeit vom Jobcenter deutlich. In der einseitigen und asymmetrischen Beziehung von Gebendem und Nehmendem ist der Nehmende/Empfangende in vollem Umfang von der Entscheidung des Gebenden abhängig. Nicolas Nathans Agency gegenüber dem Jobcenter liegt darin, dass er nicht auf die Adressierungen des Jobcenters eingeht. Seine erwerbsbezogenen Selbstbeschreibungen sind es, die ihm Positionierungsmöglichkeiten geben, seine Erwartungen an das Jobcenter sind entsprechend sachlich-instrumentell, sein Umgang mit den Enttäuschungen ist pragmatisch. Dass er sich den Erwartungen und Adressierungen des Jobcenters weitgehend entziehen kann, liegt wohl auch daran, dass er erst etwa ein Jahr im Arbeitslosengeld-II-Bezug steht.

### 5.1.4 Positionierung anhand des Narrativs vom Entdecktwerden

Nicolas Nathan positioniert sich als Hersteller hochwertiger Luxusschmuckstücke. Seine Positionierung ist vor dem Hintergrund seiner Selbstpräsentationen als (benachteiligter und enttäuschter) Einzelgänger und seinem Arbeitsgegenstand zugewandter Handwerker und Künstler zu verstehen. Die Selbstpräsentationen spiegeln sich in einem Narrativ des Entdecktwerdens, an dem er sich in seinem Vorgehen bei der Gründung und in seiner Selbstbeschreibung orientiert. Geschichten von Menschen, die es „geschafft" haben, indem sie entdeckt wurden, durchgehalten haben und nun sehr erfolgreich sind, sind Vorbilder für ihn. Diese Geschichten korrespondieren mit seiner Selbstpräsentation als Einzelgänger, da auch seine Vorbilder (zumindest in den Erzählungen über sie) nicht auf andere angewiesen sind und anderen nicht vertrauen müssen. Außerdem stellen sie qualitativ hochwertige Produkte her, ein Merkmal, das er auch mit seiner eigenen Goldschmiedetätigkeit verknüpft. Das Narrativ impliziert also auch eine Art kaufmännischer Handwerkerehre, mit der sowohl zuverlässige und gute Arbeit als auch eine angemessene Bezahlung einhergehen. Die erfolgreichen Handwerker/-innen bieten ihm auch insofern eine Orientierungsfolie, als er sich selbst, unter Bezug auf sie, einem spezifischen Luxusmarkt (Manufakturen) zurechnet. Dieses Narrativ ist ausschlaggebend für die konkreten (und gerade darin fiktionalen) Entwürfe seines Produktes und des Verlaufs seiner Selbstständigkeit. Das Festhalten an der Idee, das „ideale" Produkt entworfen zu haben und eines Tages entdeckt zu werden, bewirkt, dass er an seinem Geschäftskonzept festhält und dieses nicht ändert oder der Nachfrage anpasst. Das Narrativ erfüllt daneben noch zwei weitere Funktionen: Es gibt ihm Agency gegenüber anderen Zuschreibungen und es schützt ihn vor der potenziellen Zuschreibung, gescheitert zu sein. Seine Selbstpräsentationen als Selbstständiger entlang des Narrativs des Entdecktwerdens korrespondieren mit der Darstellung seines erzählten Ichs in der Vergangenheit (Einzelgänger, Benachteiligter, Künstler und Handwerker). Diese Selbstpräsentation ist also kontextübergreifend relevant und nicht nur in seiner Präsentation als

Selbstständiger. Durch die Verbindung seiner biographischen Selbstpräsentation mit einer gegenwärtigen erwerbsbezogenen Selbstpräsentation kann er definierende und positionierende Zuschreibungen durch das Jobcenter abwenden und auf der Ebene der Selbstbeschreibung unabhängig sein, wenngleich die finanzielle Abhängigkeit bestehen bleibt. Die starke Orientierung an dem Narrativ des Entdecktwerdens ist auch als Schutz vor Scheiternszuschreibungen lesbar. Denn entdeckt werden zu müssen bedeutet, dass er selbst nur bedingt handeln und den Verlauf der Gründung beeinflussen kann. Er ist abhängig von Zufällen und Marktmechanismen, die letztlich undurchsichtig sind. Das bedeutet auch, dass er nicht persönlich mit seinem Konzept scheitern kann – wenn er nicht erfolgreich war, wurde er schlicht nicht entdeckt. Das Narrativ des Entdecktwerdens hat also eine tragende Bedeutung für seine Positionierung als Hersteller von Luxuswaren. Einerseits bündeln sich darin seine biographisch entstandenen Selbstpräsentationen und andererseits ist es eine Orientierungsfolie für seine Antizipation der Zukunft. Sein Produkt spiegelt ebenso die mit dem Narrativ einhergehenden Zuschreibungen wider, wie die Attributionen qualitativer Hochwertigkeit und Einzigartigkeit. Sowohl sein Produkt als auch seine Antizipation der Zukunft sind eng mit seinem Selbstbild verknüpft. Gerade hierin liegt auch das Tragische am Interview mit Nicolas Nathan. Gerade wegen der engen Bindung an sein Selbstbild fällt es ihm schwer loszulassen. Weil er nicht weiß, wann sein potenzieller Durchbruch kommt, kann er seine Selbstständigkeit nicht aufgeben oder sein Produkt ändern. Diese Tragik wird in dem zweiten Interview mit ihm zwei Jahre später deutlich, in dem er wesentlich bedrückter wirkt und seine „*Verzweiflung*" über seine Erfolglosigkeit immer wieder betont. Anhand der Fallanalyse von Nicolas Nathan wird deutlich, dass Selbstbilder einflussreicher für das berufliche Vorgehen sein können als Marktbedingungen oder Kontextfaktoren.

## 5.2 Tamara Tizian

### 5.2.1 Kontaktverlauf – Interviewsetting – Interviewverlauf

Beim ersten Telefonat ist Tamara Tizian skeptisch bezüglich der Interviewanfrage. Sie stellt mehrere Fragen zum Zweck und Ablauf der Studie. Schließlich bittet sie um Bedenkzeit, sie wolle vor einer Entscheidung mit ihrem Coach Rücksprache halten, ob er ein Interview als sinnvoll ansehe. Nach etwa einer halben Stunde ruft sie zurück und erklärt sich dazu bereit, ein Interview zu geben. Sie habe sich in der Zwischenzeit im Internet über das ISF informiert und halte das Forschungsvorhaben für sehr wichtig. Zwei Jahre später erinnert sie sich an das Interview und freut sich über die erneute Anfrage. Sie ist gerne bereit, ein weiteres Interview zu geben.

Die folgenden Ausführungen beziehen sich ausschließlich auf das Erstinterview.

Das Interview führt Hans Pongratz mit Tamara Tizian in ihrer Wohnung. Ich kann aus organisatorischen Gründen nicht daran teilnehmen. Tamara Tizian begrüßt Hans Pongratz bereits im Treppenhaus und bittet ihn in ihre Wohnung. Das Interview findet in der kleinen und modern eingerichteten Küche statt. Tamara Tizian hat den Tisch bereits für Kaffee und Kuchen gedeckt. Sie erkundigt sich ausführlich nach der Anonymisierung der Interviewdaten und ist nach einer längeren Erläuterung mit der Aufnahme des Gesprächs einverstanden. Während des Interviews fällt ihr Blick immer wieder auf das Aufnahmegerät. Zum Interviewzeitpunkt ist sie 37 Jahre alt und lebt alleine.

Während sie Kaffee zubereitet, beginnt sie bereits von ihrer *„fantastischen Sachbearbeiterin“* im Jobcenter zu erzählen, die sie unbedingt im Interview loben wolle. Im Interview erzählt sie auch über schwierige Lebensphasen, dennoch wirkt sie insgesamt sachlich und kontrolliert und erzählt nur das, was sie für angemessen hält, so der Eindruck des Interviewers. Zwar scheint sie zunehmend Vertrauen zur Situation zu gewinnen, aber es bleibt eine gewisse Angespanntheit spürbar. Zwischendurch zeigt sie

Bilder und Werbematerialien von ihrem Gründungsprojekt. Nach dem Interview muss Tamara Tizian bald weg. Das Interview dauert etwa eine Stunde und 40 Minuten.

### 5.2.2 Biographische Ereignisdaten

Nach dem Abitur studiert Tamara Tizian angewandte Kunst. Im Anschluss daran hat sie Schwierigkeiten, eine Anstellung in ihrem Bereich zu finden. Nach einiger Zeit des Suchens bewirbt sie sich fachfremd und findet eine Stelle in einem großen Unternehmen. Nach eineinhalb Jahren Erwerbstätigkeit wird sie plötzlich schwer krank. Die Krankheit erfordert eine mehrjährige Erwerbspause und längere Rehabilitationsmaßnahmen. Über Arbeitsbeschaffungsmaßnahmen des Jobcenters soll sie sich wieder in den Arbeitsmarkt integrieren. Im Rahmen dessen arbeitet sie in einer großen Agentur und in einem kleineren Betrieb für mehrere Monate mit. Insbesondere die positive Rückmeldung in der Agentur bestärkt sie nach ihren eigenen Angaben darin, wieder kreativ zu arbeiten. Während ihrer Mitarbeit sei ihr auch klar geworden, dass sie aufgrund ihrer Krankheit und deren Folgen nicht dauerhaft unter dem für Agenturen typischen Druck arbeiten könne. Ihre Sachbearbeiterin im Jobcenter habe sie auf die Möglichkeit einer Selbstständigkeit hingewiesen, was sie als eine passende Idee ansieht.

Tamara Tizians ursprünglicher Gründungsplan sieht vor, zwei Formen und Ausrichtungen ihrer Kunst anzubieten: abstrakte Malerei und Illustrationen. Früh in ihrer Selbstständigkeit bewirbt sie sich nach eigenen Angaben spontan bei einer Plattform, auf der Künstler/-innen Kunstwerke anbieten können, nachdem sie einen Auswahlprozess durchlaufen haben. Kund/-innen können Bilder dann sowohl über die Webseite als auch auf Messen erwerben. Beide Verkaufsmöglichkeiten werden von der Plattform betrieben. Sie wird angenommen und bietet ihre Bilder dort auf Kommission an. Sie sei sehr überrascht gewesen, dass sich ihre Illustrationen dort von Beginn an sehr gut verkaufen ließen. Die abstrakte Malerei stellt sie ein, um den Bestellungen ihrer Illustrationen nachzukommen. Nunmehr hat sie stattdessen vor, die Motive auf weiteren Produkten (Postkarten, Bettwäsche, Geschirr etc.) drucken zu lassen und eine Marke zu etablieren. Neben der Plattform verkauft Tamara Tizian ihre Illustrationen auch in Ladengeschäften. Parallel arbeitet sie am Aufbau einer eigenen Webseite und der Einrichtung ihres eigenen Webshops. Bislang verkauft sie ihre Produkte also nicht direkt an Kund/-innen, sondern vermittelt über Zwischenhändler/-innen.

Zum Zeitpunkt des zweiten Interviews ist Tamara Tizian immer noch auf Arbeitslosengeld II angewiesen, konnte aber, nach eigenen Angaben, die Bezugshöhe erheblich reduzieren und wird ihrer Einschätzung nach den Hilfebezug in absehbarer Zeit beenden.

### 5.2.3 Positionierungen

#### 5.2.3.1 Das präsentierte biographische Selbstbild

Auf den Erzählimpuls steigt Tamara Tizian folgendermaßen in die Narration ihres beruflichen Lebenslaufs ein:

„*Mhm. Ja. Also ich hab nach dem St- äh nach dem Abitur äh direkt das Studium begonnen als Grafikerin an der* [Name Hochschule]. *(I: mhm) Hab dort auch ähm das ist ein Prüfverfahren, ja? (I: mhm) Auf Grundlage dieses Prüfverfahren wird überhaupt geschaut, ist man, ich sag mal, gestalterisch oder auch ähm ' ja, äh äh designtechnisch irgendwie in der Lage. (I: mhm) Oder hat auch da äh ein Stückweit auch äh die&die Voraussetzungen. Und dieses Studium habe ich absolviert. Äh in äh sieben Jahren. Bin danach aber leider durch die berufliche äh Situation, wirtschaftliche Lage auch vor Ort hier in* [Name Stadt] *erst mal nicht direkt eingestiegen in der Beruf, (I: mhm) sondern hab äh ne ähm äh Anstellung bei* [Name Unternehmen] *begonnen. (I: mhm) im* [Tätigkeit]*-Bereich ' (I: mhm) Und habe diese ähm äh ja anderthalb Jahre ausgeführt. ' ' Und äh dann ist es äh hab&bin ich* [Jahr] *hatt ich ne Bewerbung laufen bei ner*

*Agentur* [Name Stadt]. *(I: mhm) Und ähm da ist es passiert, dass ich* [Name Krankheit] *hatte.*“ (Tamara Tizian, Z. 17-30)

In berichtender Erzählform stellt Tamara Tizian rückblickend, vom Standpunkt des Hier-und-Jetzt aus und damit im Hinblick auf ihre Gründungsgeschichte, ihre Berufsbiographie dar. Sie nennt berufliche und für ihren Berufsweg bedeutsame Ereignisdaten – den Beginn des Studiums, die Dauer des Studiums, erste Anstellung und ihre Krankheit – ohne diese näher zu beschreiben oder ihr Erleben in dieser Zeit zu schildern. Auch den großen biographischen Einschnitt in ihrer Biographie, ihre Krankheit, schildert sie nicht expressiv oder emotional, sondern undramatisch und zusammenfassend. Die Sachlichkeit ihrer Beschreibung wird durch ihre formale Wortwahl untermauert. Der Begriff „*Prüfverfahren*“ ist ungewöhnlich und betont gegenüber den gängigeren Begriffen (etwa: Auswahl-, Bewerbungs- oder Aufnahmeverfahren) das Testen, Abfragen und auch Kontrollieren in solchen Prozessen. Wie sie anschließend erläutert, sei es in diesem Verfahren darum gegangen herauszufinden, ob sie relevante Fähigkeiten habe. Formal wirkt außerdem die Beschreibung, sie habe ein Studium „*absolviert*“. Hier liegt in ihrer Erzählung die Betonung auf dem erfolgreichen Abschließen und Bestehen eines institutionellen Prozesses und weniger auf Lerninhalten, individuellen Erfahrungen oder dem Erleben dieser Lebensphase. Der kurze Ausschnitt ihrer Eingangsnarration ist außerdem weitgehend in argumentativer Erzählform dargestellt. Zum einen erläutert sie die Bedeutung der Aufnahmeprüfung und macht damit deutlich, dass sie selbst eben jene „*gestalterischen Voraussetzungen*“ für ein Studium habe. Zum anderen erklärt sie, sie habe auf Grund der wirtschaftlichen Lage nach ihrem Studium keine Anstellung in ihrer Branche erhalten. Beider argumentativen Muster bedient sie sich an verschiedenen Stellen des Interviews wieder: So betont sie zwei weitere Male, wie sie an Auswahlverfahren teilgenommen und diese bestanden habe. Auch die Bewilligung des Einstiegsgeldes thematisiert sie als eine bestandene Prüfung, in der sie sich gegen andere durchgesetzt habe, und auch im Zuge ihrer Bewerbung um die Aufnahme bei der Kunst-Plattform hebt sie hervor, dass sie im Vergleich zu anderen diese Prüfung bestanden habe. In diesen Darstellungen zeigt sich, dass sie die jeweiligen Kontexte als kompetitive Situationen deutet, die sie erfolgreich bestanden habe. Mit den wiederkehrenden Verweisen auf bestandene Auswahlverfahren und Prüfungen macht sie außerdem deutlich, dass sie die jeweils angebotene Position als Prüfling akzeptiert. Darin kommen ihre Akzeptanz institutioneller Vorgaben und ihre Bereitschaft, das eigene Vorgehen daran zu orientieren, zum Ausdruck. Darüber hinaus zeigt sich ihre Bereitschaft, ihr berufliches Selbstbild im Rahmen messbarer und vergleichbarer Kriterien zu entwickeln. Der Hinweis auf bestandene Prüfungen funktioniert im Interview als Nachweis ihrer Leistungen und ihrer Kompetenz; indem sie (insbesondere bei der Einstiegsgeld-Vergabe und der Kunst-Plattform) hervorhebt, dass nicht alle Bewerber/-innen diese Auswahlverfahren bestanden hätten, präsentiert sie sich darüber hinaus als besser als andere. Zudem präsentiert sie später im Interview ein weiteres Mal ihre Erklärung dafür, keine Festanstellung erhalten zu haben (nach ihren Praktika im Zuge der Arbeitsbeschaffungsmaßnahmen), indem sie auf eine schwierige gesamtwirtschaftliche Lage verweist. Das Betonen wirtschaftlicher Kontextfaktoren als ausschlaggebend dafür, dass sie keine Festanstellung fand und findet, zeigt, dass sie dies im Interview als rechtfertigungsbedürftig ansieht: Sie möchte sich hier in ihrer beruflichen Professionalität präsentieren, wozu auch gehört, dass sie weder in persönlicher noch in qualifikatorischer Hinsicht für die Erfolglosigkeit am Arbeitsmarkt verantwortlich ist. Die in obigem Zitat zum Ausdruck kommende argumentative Erzählform behält sie im weiteren Verlauf ihrer Eingangsnarration und auch im weiteren Interview weitgehend bei. Immer wieder betont sie entweder, wie sie Hürden überwunden habe, die nicht leicht zu überwinden seien, oder begründet, warum Dinge so gekommen seien, wie sie gekommen sind. Das Vorherrschen argumentativer Passagen lässt sich so deuten, dass sie in ihrer Erzählhaltung der Gegenwart des Interviews verhaftet und auf die Herstellung eines spezifischen beruflichen Selbstbildes bedacht ist. So sind die Themen, anhand derer sie ihre biographische Geschichte entfaltet, in erster Linie berufliche Themen. Private Felder wie Familie, Freund/-innen oder ihre Krankheit thematisiert sie im Interview ausschließlich im Hinblick auf deren Bedeutung für ihre Gründung und ihre berufliche Selbstpräsentation. In der Eingangsnarration zeigen sich Themen, die für ihre Selbstpräsentation im Interview ausschlaggebend sind und die im Folgenden vertieft werden: die Betonung ihrer Kompetenz und ihrer Professionalität, die unter anderem darin zum Ausdruck kommen, wie sie ihr Handeln ausrichtet, dass sie ihre Kompetenzen an institutionellen Kriterien misst und dass sie potenzielle Verantwortungszuschreibungen mittels Verweis auf allgemeine Entwicklungen abwehrt. Im Folgenden soll ihr übergreifendes Darstellungsmuster herausgearbeitet werden, in dem sie sich als aktiv, anpassungs- und leistungsbereit präsentiert und darüber ihre Kernerzählung und Positionierung als marktorientierte, ruhe- und rastlose Unternehmerin herstellt.

#### 5.2.3.2 „Hartz-IV“-Bezug: Position sozialer Ortlosigkeit

Mit dem Bezug von Arbeitslosengeld II geht ein sozialer Status einher, den Tamara Tizian als sozial ausgrenzend erlebt – weniger weil sie aufgrund dessen konkrete Diskriminierungs- oder Missachtungserfahrungen macht, sondern weil dieser Status ihr kein Thema bietet, über das sie sich narrativ positionieren kann. Den „Hartz-IV“-Bezug thematisiert sie insofern weniger als diskriminierend an sich, sondern vielmehr als einen Zustand, mit dem sie sich nicht beschreiben kann (oder will). Kurz vor dem folgenden Zitat stellt der Interviewer die Frage, wie es sei, nun eine Unternehmerin zu sein.

*„Ich finds toll. Weil ich merke, dass ich in meinem (I1: (räuspert sich)) Freundeskreis&hatte ich sehr lange auch das Gefühl, ' ähm ich gehe ungern zu Festivitäten, weil ich immer gedacht hab, was hast du zu erzählen? (I: mhm) (schnalzt?) Ja? Und du bist jetzt, äh du bist jetzt Hartz-IV-Empfängerin. Das (I: mhm) hättest du (I: ja) nie im Leben gedacht, dass dir das passiert. Ja? (I: mhm) Und durch die Erkrankung. Und ähm merk*

*schon, dass das mit einem was macht. Ne? Mit der Psyche. (I: mhm) Ja? Also, dass man irgendwo sitzt äh in der Gesellschaft. Überall wird man über die äh den beruflichen Werdegang auch definiert, (I: ja) klar. Und es wird auch gefragt. (I: ja) Und das war dann in ner Phase bei mir, wo ich dann so gedacht hab, ah, also ich will eigentlich gar nicht mehr irgendwo ' groß eingeladen werden, ja? (I: ja) Weil äh so. Jetzt ist es so, dass ich sage, jetzt ist der Punkt, dass ich sage, ich hab gestartet. Es fruchtet. (I: mhm) Es ist richtig gut. (I: mhm) Ich hab was zu erzählen.*" (Tamara Tizian, Z. 741-753)

Tamara Tizian beschreibt, dass es ihr nun, da sie einer Erwerbstätigkeit nachgeht, besser geht. Zuvor habe sie ungern Freund/-innen im Rahmen von Festen getroffen, da sie den Eindruck hatte, nichts zu erzählen zu haben. Sie re-formuliert eine Interaktion ihres erzählten Ichs mit sich selbst, indem sie sich als „*Hartz-IV-Empfängerin*" adressiert. Die Zuschreibung und die darin liegende Positionierung kommt einer Art Sackgasse gleich: Sie sei dies und nichts anderes. In dieser Position gab es für sie keine Anhaltspunkte, anhand derer sie von sich in sozialen Situationen erzählen konnte. Das, was sie auf Festen unter Freund/-innen und Bekannten als erzählenswert ansah, sei der „*berufliche Werdegang*", an dem die gesellschaftliche Position festgemacht werde. Ohne die Erzählung einer beruflichen Geschichte säße sie „*irgendwo in der Gesellschaft*". Dies lässt sich so lesen, dass Tamara Tizian ohne eine berufliche Selbstbeschreibung keine Identifizierbarkeit und soziale Verortbarkeit herstellen kann. Zum Zeitpunkt des Interviews steht sie zwar weiterhin im Bezug von Arbeitslosengeld II, ist aber als Selbstständige erwerbstätig und kann sich hierüber (wieder) beruflich erzählen und positionieren. Insofern ist es weniger der Status, im Leistungsbezug zu stehen, unter dem sie litt, sondern vielmehr die Wahrnehmung, sich beruflich nicht beschreiben zu können und nicht über eine Erwerbstätigenposition adressier- und positionierbar zu sein. Schlimmer, als „*Hartz-IV-Empfängerin*" per se zu sein, ist für sie die damit einhergehende Erwerbslosigkeit. Mit ihrer Gründung kann Tamara Tizian eine erwerbsbezogene Adressierbarkeit herstellen. Den

Leistungsbezug *ohne* Erwerbstätigkeit empfindet sie als eine Art sozialer Ortlosigkeit, in der sie keine Möglichkeit hat, sich erzählend zu positionieren.

Wie Tamara Tizian im obigen Zitat ebenfalls deutlich macht, habe sie sich zuvor nie vorstellen können, dass sie im Leistungsbezug stehen könnte. Der Bezug von Arbeitslosengeld II war für sie immer ein Zustand anderer, der mit ihrem Leben wenig zu tun hatte. Mit der Formulierung, der Zustand *„passiert"*, weist sie gewissermaßen die Verantwortlichkeit für diesen Zustand von sich. Dies kann als eine Form gesehen werden, mit dem Status des Leistungsbezugs, mit dem sie sich nicht identifizieren möchte, umzugehen. Möglicherweise sieht sie sich im Interview dazu angehalten, sich für die Erwerbslosigkeit zu rechtfertigen, und tut das auf diese Weise. In dem folgenden Zitat bringt sie etwas Ähnliches zum Ausdruck:

*„Ähm also und ich muss auch dazu sagen, also so von&von der Biographie, ich hätte nie gedacht, dass ich mal Hartz-IV-Empfängerin werde. Ja? (I: mhm) Also das ist jetzt nicht ne äh =ähm ich will das nicht deklassifizieren, (I: ja) ja? Also ich hab sehr viele kennengelernt im Existenzgründungsseminar. Die wollen <u>alle</u> weg davon. (I: aha) Es sind viele dabei ähm, die haben gute Ideen, könnens nicht umsetzen, weil sie dafür eigentlich nen äh nen Kre- äh Kredit bräuchten. (I: ja) Es sind auch viele dabei, wo ich ganz klar sage, mhm, weiß ich nicht, obs Sinn macht. (I: mhm) Die können auch nicht gründen, weils geprüft wird. (I: mhm) Ja? Und ähm bei mir ist es jetzt so, dass ich sage, also ich investiere alles in meine Geschichte.*" (Tamara Tizian, Z. 105-113)

Kurz nachdem sie ein weiteres Mal im Interview deutlich gemacht hat, dass sie sich selbst nie als Bezieherin von Arbeitslosengeld II gesehen hat, relativiert sie ihre Abgrenzung zu Leistungsbeziehenden: Sie wolle den Status nicht *„deklassifizieren"*, sich also nicht abwertend gegenüber Leistungsbeziehenden verhalten. Indirekt bezieht sie sich gleich darauf auf das Stereotyp von *„Hartz-IV"*-Beziehenden als faul und arbeitsunwillig, indem sie betont, *„alle"*, die sie kennen gelernt habe, wollten den Bezug beenden. Sie möchte den Interviewer vom Gegenteil des Vorurteils überzeugen. Trotz der Relativierung des Stereotyps grenzt sie sich zugleich wiederum von dem Gros anderer Gründer/-innen im SGB II ab, indem sie bewertet, ob diese *gute Ideen* hätten bzw. ob eine Gründung *Sinn mache*. Sie verweist auf das Jobcenter, das prüft, wer gründen dürfe und wer nicht, und betont schließlich, sie selbst ordne alles ihrem Gründungsvorhaben unter. In diesem Argumentationsverlauf lässt sich wiederum eine Abgrenzung vom Stereotyp fauler Arbeitsloser und implizit auch von Gründer/-innen im SGB II, die sie persönlich kennen gelernt hat, erkennen: Sie arbeite nicht nur viel, sondern *„investiere“* alles, was sie habe, in ihre *„Geschichte“*. Ihre Erzählung impliziert, dass andere nicht so hart arbeiten; sie präsentiert sich als besonders leistungsbereit. Mit der Formulierung, alles zu *„investieren“*, untermauert sie die unternehmerische Ausrichtung ihres Handelns und ihre Bereitschaft, ihren Alltag auf die Gründung auszurichten. Ihre Gründung, als ihre *„Geschichte“*, umfasst nicht nur die Erwerbsdimension, sondern ihre Lebenssituation und ihre Berufsbiographie als ganze. Sie nimmt in ihrer Selbstpräsentation Bezug auf Elemente der Stereotype und Bilder von rast- und ruhelosen Unternehmer/-innen.

Etwas später im Interview betont Tamara Tizian ein weiteres Mal, dass nicht alle Gründungswilligen die Förderzusage der Jobcenter erhalten. Auch diesmal nutzt sie den Verweis dazu, die eigene Arbeitsweise gegenüber anderen Arbeitslosengeld-II-Beziehenden abzugrenzen:

*„Also es wird wirklich vom Arbeitsamt her wirklich auf Herz und Nieren geprüft. Und nicht äh lapidar äh jedem ähm äh zugesagt, dass er (I: mhm) die Selbstständigkeit äh eingehen kann. (I: mhm) Ja? Also so dieses ähm ich denke, es gibt vielleicht Leute, die es nicht so äh in der Form ähm ' betreiben, ja? (I: ja) Oder so straight. Aber ich de-, ich denke schon, die äh Prüfmechanismen sind ähm wirklich ähm so, dass das (I: mhm) nicht jeder äh starten kann.“* (Tamara Tizian, Z. 158-164)

Die Prüfung der Jobcenter versteht Tamara Tizian als eine Bestätigung ihres unternehmerischen Geschicks, als Würdigung ihres Arbeitseinsatzes. Insbesondere ihren Arbeitseinsatz und ihr unternehmerisches Geschick sieht sie als die legitimatorische Grundlage für die Bewilligung ihres Gründungsvorhabens an. Es ist in ihren Schilderungen nicht die Gründungsidee oder das Konzept, das das zentrale Bewertungskriterium ausmacht, sondern ihre Arbeitseinstellung und -weise: die Bereitschaft, ihre Geschichte als unternehmerisches Projekt zu verstehen, und die konsequente Ausrichtung ihres Arbeits- und Lebenszusammenhangs auf die Gründung. Mit der Betonung dieser Bereitschaft und ihrer Disziplin grenzt sie sich von anderen Arbeitslosengeld-II-Beziehenden ab, deren Gründungsvorhaben nicht bewilligt werden. Die Prüfung der Jobcenter versteht sie weniger als Klärung des unternehmerischen Potenzials des Konzepts, sondern vielmehr als eine Prüfung der individuellen Voraussetzungen und bezieht sich dabei indirekt auf die Vorstellung, Unternehmer/-in sei man vor allem aufgrund einer spezifischen Arbeitseinstellung.

*„Hartz-IV-Empfängerin"* zu sein ist für Tamara Tizian eine Position sozialer Ortlosigkeit. Ohne eine Erwerbstätigkeit kann sie sich nicht narrativ gegenüber anderen positionieren. Letzteres wiegt schwerer als der Leistungsbezug selbst – dies wohl auch, weil sie den Leistungsbezug eigentlich als Status Anderer ansieht, den sie nur aufgrund ihrer Krankheit erleiden muss und nicht selbst verschuldet hat. Indem sie die Position des Leistungsbezugs als Ort der Anderen ansieht, kann sie sich auch von Zuschreibungen abgrenzen, die mit dem Leistungsbezug einhergehen. Die Abgrenzung konkretisiert sie weiter, indem sie sich als besonders aktiv und leistungsbereit, als idealtypische Gründerin, präsentiert.

#### 5.2.3.3 Jobcenter als Förderinstanz

Zwar distanziert sich Tamara Tizian von der Zuschreibung *„Hartz-IV-Empfängerin"*, hebt aber die Bedeutung des Jobcenters selbst für ihre Gründung immer wieder lobend hervor. Insbesondere ihre Sachbearbeiterin spielt für ihre Gründung und ihre Positionierung im Interview eine ausschlaggebende Rolle. In dem folgenden Zitat sagt Tamara Tizian, was sie an der Interaktion mit ihrer Sachbearbeiterin besonders schätze:

„*Und was mir ganz wichtig ist, äh mithilfe meiner Sachbearbeiterin. Die großartige ähm Arbeit leistet. (I: mhm) Ja? Also die sich wahnsinnig für mich einsetzt. (I: ja) Sieht, was ich leiste.*" (Tamara Tizian, Z. 38-40).

Wie bereits zuvor andere Gründer/-innen im SGB II (die „gute Ideen" hätten) lobt Tamara Tizian hier auch ihre Sachbearbeiterin. Sie spricht sich im Interview für sie aus und hebt ihre *„großartige Arbeit"* hervor. Zu loben bedeutet, werten zu können, was in der Regel eine hierarchisch höhere Position impliziert. Durch ihre Wertschätzung gegenüber ihrer Sachbearbeiterin positioniert sie sich also als kompetent in der Hinsicht, dass sie gute von schlechter Arbeit unterscheiden kann. Das, was sie besonders an ihrer Sachbearbeiterin schätzt, ist, dass diese sich für sie *„einsetze"* und *„sehe, was sie leiste"*. Tamara Tizians Lob ihrer Sachbearbeiterin beruht also insbesondere auf deren Anerkennung ihres Engagements. Das Erkennen ihrer Leistungsbereitschaft ist ihr besonders wichtig. Anerkennung im Jobcenter sucht sie demnach weniger für sich als Illustratorin, sondern für das, was von ihr im Jobcenter erwartet wird: Aktivität. Indem sie sich gegenüber ihrer Sachbearbeiterin als besonders aktiv und leistungsbereit präsentiert und durch den besonderen *„Einsatz"* ihrer Sachbearbeiterin für sie in dieser Präsentation bestätigt wird, kann sie sich im Interview als eine besonders aktive Leistungsbezieherin darstellen. Über Leistung und Arbeitsaufwand entkräftet sie stereotype Zuschreibungen. Folgendes Zitat bringt dies ebenfalls zum Ausdruck:

„*Ich hab nix privat ausgegeben. (I: mhm) Ja? Also äh meine Sachbearbeiterin hat immer gesagt, Frau* [Tizian], *das ist auch mal okay, dass&von dem, was Sie erwirtschaften, was Sie verdienen, ja? Übers ' äh* [Name Kunstplattform] *(I: mhm) oder so, dass Sie sich auch mal was gönnen. Da hab ich gesagt, Frau* [Name Sachbearbeiterin], *ich bin äh ich, ja? Ich gönn mir nichts.*" (Tamara Tizian, Z. 859-863)

In dieser Passage untermauert Tamara Tizian ihre zuvor betonte Bereitschaft, sie *„investiere alles in ihre Geschichte"*. Über die Nacherzählung einer Interaktion mit ihrer Sachbearbeiterin macht sie deutlich, dass sie den Erwartungen des Jobcenters nicht nur nachkommt, sondern diese Anforderungen sogar übererfüllt. Dies verdeutlicht Tamara Tizian darüber, dass in ihrer Erzählung auch die Sachbearbeiterin aus ihrer Rolle fällt: Anders als von einer Jobcentervertreterin erwartet wird, fordert sie ihre Klientin dazu auf, nicht zu viel zu arbeiten, sondern sich auszuruhen und sich etwas zu *„gönnen"*. Diesen Vorschlag von sich weisend, betont Tamara Tizian umso mehr ihre unbedingte Leistungsbereitschaft bis hin zur Selbstaufgabe. Beide können nur jeweils in Abhängigkeit voneinander aus ihren Rollen heraustreten: Eine Aufforderung, sich etwas zu gönnen, wird Tamara Tizian nur hören, wenn sie sich weiterhin über die Erwartungen hinaus anstrengt; gerade aber in der Aufforderung, sich etwas zu ‚gönnen', steckt die Anerkennung, dass sie über die Maßen viel leistet. Durch die Nacherzählung präsentiert sich Tamara Tizian im Interview als besonders leistungsbereit und bereit, sich für ihre Gründung aufzuopfern.

#### 5.2.3.4 Ins-Verhältnis-Setzen und die Rolle Dritter

Im Interview bezieht sich Tamara Tizian nicht nur auf die bestätigende Zuschreibung ihrer Sachbearbeiterin, um sich in spezifischer Weise im Interview zu präsentieren. In Bezugnahmen auf Dritte – neben ihrer Sachbearbeiterin sind dies insbesondere ihre Freund/-innen, Kund/-innen und Eltern – und in Nacherzählungen von Interaktionen präsentiert sie sich in spezifischer Weise. Anders als in der Nacherzählung der Interaktion mit ihrer Sachbearbeiterin im Jobcenter hebt sie in anderen re-inszenierten Interaktionen weniger ihre Leistungsbereitschaft als ihre unternehmerischen und fachlichen Fähigkeiten hervor. Neben den positiven Bestätigungen durch Dritte positioniert sie sich auch hier wiederum kompetitiv, indem sie sich zu Personen, die in vergleichbaren Situationen sind, ins Verhältnis setzt. Im Vergleich zu anderen Künstler/-innen etwa kann sie ihr fachliches Können hervorheben. In folgendem Zitat beschreibt Tamara Tizian, wie sie auf die Idee gekommen ist, sich mit ihren Bildern auf der Kunstplattform zu bewerben:

„*Und dann kam das, dass&ein Bekannter meiner Eltern hat sich beim* [Name Kunstplattform] *in* [Stadt-B] *beworben. (I: aha) ' ' Und hatte eine Absage ' ' (lacht) erhalten, ja? Der Arme. (lacht kurz) Und dann hab ich nur gedacht, Mensch, weißt du was? ' Ich schicke denen jetzt einfach was. Ja? [...] Und dann haben die relativ früh gesagt, Frau* [Tizian], *Sie können noch dieses Jahr äh äh teilnehmen. ' Müsste dann bis November mindestens 40 Bilder abliefern, ja? (I: mhm) Und ' loslegen.*“ (Tamara Tizian, Z. 206-212)

Indem Tamara Tizian hervorhebt, dass ein Bekannter sich nicht erfolgreich auf der Kunstplattform beworben hatte, kann sie deutlich machen, dass eine Aufnahme nicht selbstverständlich ist. Durch den Vergleich kann sie sich in ihrem fachlichen Können bestätigen und darüber hinaus betonen, dass ihre Bilder nachgefragt werden. Ähnlich wie bei der Betonung der „*Prüfverfahren*“ der Universität und des Jobcenters nutzt sie auch diese erfolgreiche Bewerbung nicht nur als eine Vergewisserung von Kompetenz, sondern sie deutet das Verfahren auch wie einen gewonnenen Wettbewerb: Sie kann sich darüber ins Verhältnis zu anderen setzen und durch ihren Erfolg als besser als andere positionieren. Diese Erzählfigur ist im Interview auch interaktiv funktional, da sie gegenüber dem Interviewer auf diese Weise verbal ihre fachliche Kompetenz glaubhaft machen kann. Indem sie sich zu Arbeitslosengeld-II-Beziehenden und einem weniger erfolgreichen Künstler ins Verhältnis setzt, kann sie ihre Leistungsbereitschaft und ihre fachliche Kompetenz hervorheben.

Nicht allein in der Abgrenzung zu anderen, sondern auch durch die Bezugnahme auf positive Bestätigungen Dritter präsentiert sich Tamara Tizian als aktive und kompetente Gründerin. Im Interview re-inszeniert sie Interaktionen, in denen sie in bestätigender Anerkennung adressiert wurde. Eine wichtige Rolle spielen dabei, neben ihrer Sachbearbeiterin, ihre Freund/-innen und Eltern. Anhand der Re-Inszenierung zeigt sich auch, für welche Eigenschaften ihr die bestätigende Anerkennung Dritter wichtig ist. In folgendem Zitat erzählt Tamara Tizian von der Begeisterung einer Freundin über eine Illustration:

*„Für die* [Name Freundin] *hatte ich das das erste* [Motivtyp] *angefertigt. Für die* [Name Freundin] *angefertigt. Die war damals so begeistert, dass sie gesagt hat,* [Tamara], *du musst was damit machen. (I: mhm) Das ist Wahnsinn, ja?"* (Tamara Tizian, Z. 256-258)

Tamara Tizian erzählt eine Interaktion mit einer Freundin nach. Im Zuge der Entwicklung ihrer Gründungsidee spielt die bestätigende Anerkennung der Freundin eine wichtige Rolle. Wie Tamara Tizian schildert, war sie durch deren Bestätigung ermutigt, auch Illustrationen in ihrer Selbstständigkeit anzubieten. In diesem Zitat bestätigt die Freundin nicht nur Tamara Tizians allgemeines Talent, außergewöhnlich gut zu illustrieren (*„Das ist Wahnsinn")*, sondern auch das darin liegende Verwertbarkeitspotenzial. Die Aufforderung, *sie müsse damit etwas machen*, impliziert, dass sie mit ihren Fähigkeiten und ihrer Idee Geld machen könne und dass sie etwas verlieren würde, würde sie dies nicht verwerten. Ihre künstlerische, kreative Tätigkeit wird damit auf ihr Potenzial für Tamara Tizians Erwerbsarbeit hin geprüft. Die Kreativität ist in diesem Sinne nicht mit dem Bild kreativen Selbst-Ausdrucks, sondern mit Verwertungs- und Vermarktungsmöglichkeit verknüpft. Tamara Tizian hat es sich zum Ziel gemacht, ihr im Studium angeeignetes Berufsbild auszuführen, insofern ist es nachvollziehbar, dass sie gerade diese Form bestätigender Anerkennung Dritter hervorhebt. Auch in dem folgenden Zitat hebt sie die Bestätigung der Vermarktbarkeit ihrer Idee hervor:

*„Also (I: mhm) und das ist&das will ich auch noch mal sagen, ausm Freundeskreis (I: mhm) ist es so, dass viele mich unterstützen. (I: ja) Und alle sagen, das ist dein Ding. (I: mhm) Und da seh ich ähm da sehe ich Potenzial, ja?"* (Tamara Tizian, Z. 762-765)

In diesem Zitat re-formuliert Tamara Tizian keine konkrete Interaktion, sondern beschreibt die generelle Zustimmung, die sie aus ihrem Freundeskreis erhält: Viele unterstützten sie und alle sagten, es sei ihr Ding. Worin die Unterstützung konkret besteht, wird nicht ganz klar, vermutlich aber überwiegend in bestätigendem moralischem Zuspruch. Die Zuschreibung, ihre Arbeit sei *‚ihr Ding'*, vermittelt, dass ihre Arbeit zu ihr passt, dass sie diese gut kann, und mehr noch, dass dies ihr Selbst-Ausdruck sei und sie sich hiermit selbstverwirklichen könne bzw. der Anforderung, Arbeit mit Selbstverwirklichung zu verknüpfen, nachkommen könne. Auch hier hebt sie zudem die Bestätigung der Vermarktbarkeit („*das hat Potenzial*“) ihres Konzepts hervor. An anderer Stelle zitiert Tamara Tizian ihre Sachbearbeiterin, die ihr ebenso gesagt habe, ihre Idee habe „*Potenzial*“ (vgl. Tamara Tizian, Z. 118f.). Eine Idee, die Potenzial hat, hat die Möglichkeit, sich zu etwa sehr Großem zu entwickeln. Das heißt zwar auch, dass es aufgrund von verschiedenen Faktoren auch noch anders kommen kann. Aber in etwas, das Potenzial hat, liegt das Versprechen auf eine Entwicklung, wenn es richtig gemacht wird und die Bedingungen stimmen. Eine Idee mit Potenzial verspricht in diesem Zusammenhang, vermarkt- und verkaufbar zu sein.

Sowohl ihre Freund/-innen als auch ihre Sachbearbeiterin zitiert Tamara Tizian im Interview auf eine spezifische Weise. Sie erfüllen dabei ähnliche Funktionen im Interview: Über die Erzählung von ihren bestätigenden Zuschreibungen präsentiert sich Tamara Tizian einerseits als talentiert in ihrem gelernten Beruf – der Illustration – und vor allem auch als eine geschickte Gründerin, die ein Gespür für Marktnachfrage hat und ihr kreatives Talent an Marktbedingungen ausrichten kann. Andererseits kann sie durch die Nacherzählung von Bestätigungen ihrer Sachbearbeiterin deutlich machen, dass nicht nur ihre Idee Vermarktbarkeit verspricht, sondern auch sie selbst in überdurchschnittlichem Maße leistungsbereit ist.

#### 5.2.3.5 Markt als Möglichkeitsraum: Akzeptanz und Unterordnung

Die Reproduktion von Bestätigungen Dritter spielt im Interview mit Tamara Tizian eine große Rolle. Dies ist einerseits als rhetorisches Mittel lesbar, womit sie sich gegenüber dem Interviewer als kompetent präsentieren kann, ohne sich selbst direkt zu loben. Es wird aber durchaus auch deutlich, dass die Entwicklung ihrer Gründung durch die Bestätigung von Dritten (Institutionen und Personen) beeinflusst wird. Wie oben dargestellt, war unter anderem die bestätigende Anerkennung einer Freundin ausschlaggebend dafür, bestimmte Motive für ihre Gründung zu verwerten. In der Nacherzählung der Interaktion mit dem Jobcenter hebt sie hervor, dass sie den Erwartungen von dieser Seite nicht nur nachkommt, sondern die Aktivierungsanforderungen des Jobcenters gewissermaßen übererfüllt und ihr Handeln als Selbstständige auf die spezifischen Motive ausrichtet, in denen andere „*Potenzial*“ sehen, deren Marktkonformität also bestätigt wird.

Tamara Tizian macht in ihrer Eingangsnarration deutlich, dass es für sie nach ihrer Krankheit ausschlaggebend war, wieder in ihrem erlernten Beruf zu arbeiten. In dem folgenden Zitat beschreibt sie, wie sie sich nach längerer Erwerbslosigkeit wieder beruflich orientiert:

„*Und ähm aufgrund dieser Reha-Maßnahmen hat sich eigentlich herauskristallisiert, auch noch mal durch psychologische Beratung, (I: mhm) dass die graphische äh äh Richtung, also auch da der Schwerpunkt (I: mhm) meiner beruflichen Ausbildung im Fokus stehen muss.*“ (Tamara Tizian, Z. 132-135)

Tamara Tizian stellt dar, wie ihr im Zuge von körperlicher Regeneration und psychologischer Betreuung klar wurde, dass sie in ihrem Ausbildungsberuf arbeiten wolle. Mit diesem Hinweis macht sie deutlich, dass die Arbeit als Illustratorin für ihre Gesundheit zentral sei. An anderer Stelle im Interview sagt sie, dass sie schon immer gerne gemalt habe (vgl. Tamara Tizian, Z. 203ff.) und das Zeichnen für sie biographisch schon lange wichtig war. Wieder im kreativen Bereich zu arbeiten hat für sie, in der obigen Schilderung, also auch die Funktion, die biographische Krise durch die Krankheit zu bewältigen. Illustrativ tätig zu sein ist für sie nicht nur Mittel, um eine gute und funktionierende Geschäftsidee zu entwickeln, sondern die Tätigkeit selbst ist für ihre Gesundheit ausschlaggebend. Die fachliche und inhaltliche Tätigkeit ist wichtiger als die Erwerbsform Selbstständigkeit. Sie würde auch in einer abhängigen Beschäftigung arbeiten, würden die Bedingungen stimmen (vgl. Tamara Tizian, z.B. Z. 951ff.). Gleichzeitig ist es für sie selbstverständlich, ihre fachliche Kompetenz an

Markterfordernissen auszurichten und dem Funktionieren ihrer Gründung unterzuordnen. Wie oben herausgearbeitet wurde, orientiert sich Tamara Tizian bei der Entwicklung ihres Gründungskonzepts an den Bestätigungen durch Dritte. Die Orientierung ihres Handelns an Kriterien der Vermarktbarkeit des Konzepts wird deutlicher anhand der Schilderung der ersten Resonanz auf der Kunstplattform auf ihre Bilder. Sie stellt ihr Gründungskonzept aufgrund der Nachfrage um und konzentriert sich auf die Motive, die am meisten nachgefragt werden. In dem folgenden Zitat erzählt sie von ihrem unerwartet großen Verkaufserfolg, nachdem sie probehalber einige Illustrationen an die Kunstplattform geschickt hatte:

„*Und die weitere Idee war,* [Motivtyp], *die ich dann beim* [Name Kunstplattform]*, da hab ich zum ersten Mal als Künstlerin* [Jahr]*, äh Ende* [Jahr] *äh teilgenommen, da hab ich, ' ich sags jetzt mal, das müssen wir so aufnehmen, wie bescheuert verkauft. ' ' Ja? (I: mhm) Also das lief super. ' (I: mhm) Das hat mich eigentlich bestärkt. Das war für mich eigentlich so die erste, ich sag mal so, als Marktanalyse gedacht, (I: aha) wie (I: ja) kommen die Motive an?*“ (Tamara Tizian, Z. 74-79)

Tamara Tizian ist nach ihrer Darstellung selbst vom Erfolg ihrer Bilder überrascht. Sie habe über die Plattform ausprobieren wollen, ob ihre Bilder auch nachgefragt werden, und habe dabei besonders viele Bilder verkauft. Dies habe sie wiederum darin bestärkt, weiterzumachen. Infolge des Verkaufserfolgs stellt sie ihre Vertriebsstrategie zunächst fast ausschließlich auf den Verkauf über diese Plattform um. Um der Nachfrage nachzukommen, muss sie eine hohe Anzahl an Bildern bereitstellen. Ihr Arbeitsalltag besteht dann zu einem großen Teil aus der Reproduktion derselben Motive. Sie kommt in eine Art Massenproduktion ihrer Bilder. Die Plattform ermöglicht ihr einerseits diese Form der Bildproduktion und fordert sie andererseits auch von ihr ein. So wird es für Tamara Tizian möglich, in kurzer Zeit ihre Bilder zu vermarkten und zu produzieren, ohne selbst Kund/-innen einzeln akquirieren zu müssen. Auf diese Weise kann sie weitaus schneller und mehr verkaufen als ohne die Plattform. Indem die Plattform Angebot und Nachfrage bündelt und eine spezifische Anzahl an Bildern in einem spezifischen Zeitraum bestellt, wird ihre Selbstständigkeit für sie besser planbar und sie reduziert ihr unternehmerisches Risiko. Ebenso kann sie hierdurch ihre marktbezogene Selbstbeschreibung präzisieren: Sie tritt nicht mehr allgemein als Künstlerin auf, sondern als Illustratorin von speziellen Motiven und arbeitet an der Weiterentwicklung dieser Motive, die sie künftig markenrechtlich schützen lassen möchte. In diesem Sinne richtet sie ihre Kompetenz an der Marktnachfrage aus und entwickelt sie gezielt anhand von Marktbedingungen weiter. Sie hat weniger vorab ein präzises Bild ihres Unternehmens, das ihr als Orientierungsfolie dient und auf das sie in ihrer Gründung hinarbeitet, vielmehr entwickelt sie ihre Gründung und ihre unternehmerische Selbstbeschreibung im Laufe des Prozesses. Ihre Kreativität richtet sie entsprechend konsequent an Marktbedingungen aus: Sie grenzt sie in spezifischer Art ein und folgt dabei in erster Linie Anforderungen der Vermarktbarkeit.

### 5.2.4 Positionierung: Herstellung von Adressierbarkeit

Tamara Tizian präsentiert sich als besonders leistungsbereite, opferbereite und (hinsichtlich ihres fachlichen und unternehmerischen Geschicks) talentierte Gründerin. Die Ausgangssituation ihrer Gründung ist die Wahrnehmung des Arbeitslosengeld-II-Bezugs als eine Position sozialer Ortlosigkeit. Über ihre Selbstständigkeit stellt sie eine Möglichkeit her, für sich und andere adressierbar zu werden und sich somit sozial zu positionieren. Welche konkrete Position sie als Erwerbstätige einnimmt, ist dabei nicht von Beginn an klar, sondern vielmehr sucht sie selbst nach einer passenden Selbstbeschreibung und Position – einer Position, die unter Erwerbsgesichtspunkten erfolgreich funktioniert. Die Bezüge auf Dritte und auf Institutionen haben im Interview hierfür eine wichtige Funktion, indem sie sie durch re-inszenierte Anerkennungsinteraktion in ihren Fähigkeiten bestätigen (Dritte) oder als Orientierungsdimension (Institutionen) Vergleichbarkeit zu anderen herstellen und sie grundlegend darin bestätigen, dass sie hinsichtlich institutioneller Regeln und Normen „normal" ist, ja dass sie nicht nur „mithalten" kann, sondern überdurchschnittlich gut ist (etwa bei bestanden Prüfungen oder im Übererfüllen der Erwartungen des Jobcenters). Hierbei zeigt sich, dass sie ausbildungs- und erwerbsbezogene Bereiche als kompetitive Felder deutet und sich (auch) über die Konkurrenz zu anderen positioniert. In diesem Prozess der Positionierung, den sie als sich weiterhin vollziehenden Prozess darstellt, bedient sie sich verschiedener diskursiver Narrative. So präsentiert sie sich als ein Person, die dem Leitbild, Unternehmer/in seiner/ihrer selbst zu sein, entspricht: Künstlerische Selbstverwirklichungsbeschreibungen sind ebenso Bezugsgrößen wie die Ausrichtung ihres Handelns auf die Vermarktbarkeit ihrer Produkte. Als dauernd Arbeitende und Leistungsbereite bedient sie das Bild der rast- und ruhelosen (Normal-)Unternehmerin. Anforderungen an Aktivität und Eigenverantwortlichkeit kommt sie in hohem Maße nach und erfüllt die Erwartungen, die mit den Leitbildern des „Künstlers" und des „unternehmerischen Selbst" einhergehen, um sich zu positionieren. Gerade hierin grenzt sie sich von dem verbreiteten Bild ‚fauler Leistungsbeziehender' ab.

## 5.3 Ferhat Fatih

### 5.3.1 Kontaktverlauf – Interviewsetting – Interviewverlauf

Zu Ferhat Fatih besteht mehrmals Kontakt, bevor das Interview stattfinden kann. Beim ersten Anruf ist er nicht erreichbar, ruft aber (als einer von wenigen Gründer/innen, die im Verlauf des Forschungsprojekts kontaktiert wurden) von sich aus zurück. Nachdem ich ihm das Anliegen des Projekts und den Ablauf des Interviews geschildert habe, meint er, wenn wir auch an nicht-erfolgreichen Gründungen interessiert seien, sei er der Richtige für so ein Interview. Er selbst habe keine Förderung bekommen, aber viel Unterstützung durch einen Gründungscoach erhalten. Schließlich bittet er um Bedenkzeit und verspricht zurückzurufen. Dabei machte er deutlich, dass er nicht angerufen werden, sondern selbst anrufen wolle. Einige Tage später ruft er zurück und wir vereinbaren einen Termin, den er allerdings zwei Tage vorher mit der Begründung, er habe einen großen Auftrag erhalten, absagt. Etwa eine Woche später ruft er wieder an und wir vereinbaren einen neuen Termin. Als ich ihn für das Folgeinterview zwei Jahre später wieder telefonisch kontaktiere, erinnert er sich an das letzte Interview und die damalige Ankündigung, ein weiteres Interview führen zu wollen. Er ist dazu bereit, ein weiteres Mal ein Interview zu geben.

Die folgenden Analysen beziehen sich ausschließlich auf das Erstinterview.

Hans Pongratz und ich führen das Interview zu zweit, wobei wir vorab vereinbaren, dass in erster Linie ich das Interview führe und er sich frühestens nach Abschluss der Phase immanenten Nachfragens aktiv einbringen wird. Ferhat Fatih sitzt uns beiden an einem Tisch gegenüber. Durch seine Körpergröße, seine langen und detaillierten Erzählungen und dadurch, dass er zu beiden Interviewenden den Blickkontakt hält, hat er eine starke Präsenz im Raum. So entsteht der Eindruck, dass er durch die ungewöhnliche Situation nicht verunsichert ist, sondern im Gegenteil die Möglichkeit, seine Geschichte in aller Ausführlichkeit zu erzählen, genießt. Zum Zeitpunkt des ersten Interviews ist er 38 Jahre alt, ist geschieden, hat ein Kind und lebt alleine. Er trägt Hemd, Jeans und Turnschuhe. Im Anschluss an das Interview muss er schnell weg, so dass wenig Zeit für ein Ausklingen und Nachbesprechen des Interviews bleibt. Er freut sich über die 25 Euro Incentive, die er gleich für das Mittagessen mit seinem Freund verwenden wolle.

Der Interviewverlauf mit Ferhat Fatih ist bemerkenswert: Über die Dauer des Interviews von etwa 2 Stunden und 40 Minuten stellen Hans Pongratz und ich kaum Nachfragen. Die Eingangsnarration selbst dauert über eine Stunde. Darin schildert er ausführlich berufs- und familienbiographische Erfahrungen, seine Gründungsgeschichte und Erfahrungen mit dem Jobcenter. Seine Darstellungen sind dabei immer im Kontext des Themas Selbstständigkeit und Gründungen verortet, er schweift also nicht vom Thema ab. Nachdem er auf die erste immanente Nachfrage ebenfalls sehr ausführlich antwortet, beschließe ich aus Zeitgründen, direkt zu den Fragen zum Netzwerk überzugehen. Im Anschluss daran stellt Hans Pongratz exmanente Nachfragen zu Personen im Netzwerk, zum Jobcenter und zur Soziodemographie.

### 5.3.2 Biographische Ereignisdaten

Ferhat Fatih wird Anfang der 1970er Jahre geboren. Beide Eltern sind keine deutschen Staatsbürger und haben nach Erfüllung der Schulpflicht die Schule verlassen. Als Ferhat Fatih zwölf Jahre alt ist, gründet sein Vater ein Unternehmen. Ferhat Fatih erzählt, dass er als Jugendlicher an den Wochenenden und in den Ferien im Geschäft des Vaters mitarbeitete. Ca. 1989 macht er seinen Realschulabschluss und anschließend absolviert er die Fachhochschulreife. Im Anschluss daran beginnt er ein Studium (sein Studienfach ist nicht bekannt). Allerdings bricht er es kurz darauf aus gesundheitlichen Gründen wieder ab. Er beginnt ein weiteres Studium und arbeitet parallel im Unternehmen seines Vaters mit. Die Tätigkeit dort nimmt zu, so dass er nach zwei Jahren sein Studium aufgibt und hauptberuflich im Unternehmen seines Vaters arbeitet. Als dieses nach ca. zwei Jahren nicht mehr gut läuft, geben sie das Geschäft auf und Ferhat Fatih gründet sein eigenes Unternehmen in der Telekommunikationsbranche. Kurz darauf heiratet er und wird Vater. Die Geburt des Kindes fällt mit der Geschäftsaufgabe zusammen: Ferhat Fatih erzählt, dass der Konkurrenzdruck zu groß und die Gewinne zu gering geworden seien und ihn zur Geschäftsaufgabe gezwungen hätten. In den folgenden acht Jahren ist er bis zu seiner Neugründung großenteils erwerbslos und von Sozialleistungen abhängig. Seine Frau und er lassen sich scheiden. Etwa 2010 beginnt er eine Weiterbildung zum Solartechniker, die dann Ausgangspunkt seiner Gründung wird.

Die Erzählung seiner Neugründung, die den Anlass für das Interview bildet, rahmt Ferhat Fatih als eine Aneinanderreihung von Zufällen (u.a. Z. 921ff.) – angefangen bei der Idee, sich als Solartechniker selbstständig zu machen (siehe unten). Er setzt sich im Jobcenter für eine entsprechende Weiterbildung ein. Als er nach dem Kurs keine Anstellung findet, beschließt er, sich selbstständig zu machen. Von Beginn an arbeitet er eng mit einer Reihe von Kollegen zusammen, mit denen er Aufträge akquiriert und bearbeitet. Formal sind alle solo-selbstständig. Zum Interviewzeitpunkt haben sie bereits mehrere Aufträge erhalten, aber auch immer wieder Leerlauf über mehrere Monate erlebt. Neben der Erzählung seines Geschäftsaufbaus erzählt er eine weitere Dimension seiner Gründungserfahrung: die Auseinandersetzung mit dem Jobcenter um die Gründungsförderung und seine selbstständige Tätigkeit generell. Das Jobcenter ist in Ferhat Fatihs Darstellung ein Antipode zur Gründung und zu seiner Positionierung als Kaufmann. Hierauf gehe ich unter anderem im Folgenden ein.

Zum Zeitpunkt des Interviews steht Ferhat Fatih noch im Bezug von Arbeitslosengeld II, geht aber davon aus, dass er in einem Jahr seinen Leistungsbezug beenden kann. Bei der zweiten Befragung hat er den Hilfebezug tatsächlich beendet, allerdings ist seinen Angaben zufolge die Auftragslage im letzten Jahr deutlich schlechter geworden, so dass er sich nach Alternativen umsieht.

## 5.3.3 Positionierungen

### 5.3.3.1 Das präsentierte biographische Selbstbild

Ferhat Fatihs familien- und berufsbiographische Kernerzählung ist die des Kaufmanns. Er beginnt seine Eingangsnarration mit der familiären Begründung der eigenen kaufmännischen Selbstbeschreibung und kommt im Laufe des Interviews immer wieder darauf zurück. Paradigmatisch für seine Selbstbeschreibung als Kaufmann ist sein Einstieg in die Eingangsnarration:

*„Okay. Also ich komm aus ner kaufmännischen Familie. (I1: mhm) Und mein Vater hat sich, als ich so ungefähr ' zwölf war, selbstständig gemacht. (I1: mhm) Und da war halt dann (räuspert sich) ein Familienunternehmen, wo ich dann ' in den Ferien und Wochenenden mitgearbeitet habe.*“ (Ferhat Fatih, Z. 17-20)

Ferhat Fatih beginnt das Interview mit der Selbstverortung in einer kaufmännischen Familie. Dabei greift er keinen der Anknüpfungspunkte konkret auf, die im Erzählimpuls angeboten wurden. Vielmehr schließt er in einem breiteren Sinne an das Forschungsthema Selbstständigkeit und Gründung an und verknüpft dieses mit seiner familiären Herkunft und der Deutung seiner Herkunftsfamilie als Kaufmanns-Familie. Den Beginn seiner beruflichen Identifikation als Kaufmann verortet er damit weit vor seinen eigenen beruflichen Erfahrungen. Der familienbiographische Einstieg in seine Erzählung wirkt nicht spontan, sondern vielmehr, als wäre es ein Erzählskript, dessen er sich schon öfter bedient hat und über das er sich in verschiedenen Kontexten als Kaufmann beschreibt. Im Interview rahmt er mit der Aussage, er komme aus einer kaufmännischen Familie, seine dann folgende Geschichte vorab. Insofern er dies an den Anfang seiner biographischen Gründungserzählung setzt, wird die Selbstständigkeit seines Vaters zum Ausgangspunkt seiner eigenen Gründungsgeschichte. Er vermittelt darin, dass er sich kaufmännische Kenntnisse nicht nur formal angeeignet hat, sondern mit diesen bereits aufgewachsen sei, so dass ihm das Kaufmännische gewissermaßen eingeschrieben sei. Statt sich über eine Berufsbezeichnung zu beschreiben, beruft er sich also auf seine familiäre Herkunft, die für seine Selbstverortung die Funktion eines Berufsabschlusses – den er nicht hat – übernimmt: den Nachweis von Wissen und Kompetenz und die Identifikationsmöglichkeit. Mit der Referenz auf das Kaufmännische verortet Ferhat Fatih sich also nicht über einen Beruf und auch nicht über die Erwerbsform, sondern vielmehr über kaufmännische Fähigkeiten und Eigenschaften, die aber nicht unbedingt mit Unternehmertum oder Selbstständigkeit einhergehen. Kaufmännische Tätigkeiten, wie sie etwa in Ausbildungen oder der Betriebswirtschaftslehre vermittelt werden, sind typische Aufgaben von Festangestellten. Der Begriff des „ehrbaren Kaufmanns“ ist eine Art Leitbild wirtschaftlichen Handelns, das mit Verantwortungsbewusstsein, Ehrlichkeit und Vertrauenswürdigkeit verknüpft wird. Industrie und Handelskammern berufen sich auf dieses Leitbild und sehen sich verpflichtet auf die damit verbundene

Wahrung von *„Anstand und Sitte“* (vgl. Industrie- und Handelskammern 1956: § 1 Abs. 1). Ferhat Fatihs Verortung in einer kaufmännischen Familie vermittelt das Bild von solidem Wirtschaften und profunden betriebswirtschaftlichen Kenntnissen, weniger von innovativen Unternehmen oder kreativer Solo-Selbstständigkeit.

Ein wesentliches Mittel, die kaufmännische Selbstpräsentation in der Eingangsnarration herzustellen, ist das Hervorheben von als kaufmännisch assoziierten Fähigkeiten in seinen biographischen Erfahrungen. Aufschlussreich hierfür sind unter anderem ausbildungs- bzw. berufsrelevante Entscheidungen, die Ferhat Fatih im Laufe seines Lebens trifft. In seinen Schilderungen fällt auf, dass er dabei nicht oder erst spät die inhaltliche Tätigkeit benennt bzw. einen fachlichen Bezug seiner Tätigkeit thematisiert. So benennt er etwa den erfolgreichen Bewerbungsprozess um einen Studiengang, ohne zu erwähnen, was er studiert hat (vgl. Ferhat Fatih, Z. 25f.), oder spricht von Familienunternehmen und benennt nicht etwa den Fachhandel. In seinen Schilderungen stellt er jeweils seine Orientierung an wirtschaftlich erfolgversprechenden Optionen in den Vordergrund:

*„Aber es war halt so, dass dann immer wieder Projekte aufkamen, ' m- m-mit dem Familien-unternehmen, wo ich dann gesagt hab, da möcht ich mitmachen. (I1: mhm) Und da war dann auch wieder ein Un- Projekt, wo wir dann eben* [Produkte A] *in* [Name Land] *exportiert haben. (I1: mhm) Was ganz gut lief. (I1: mhm) ' Und hab dann eigentlich das Studium ' mehr vernachlässigt und mehr vernachlässigt. Und (I1: mhm) ' das Projekt ging dann immer besser und immer besser. Und, ja, dann hab ich das Studium halt sein lassen. (I1: mhm) ' Und ' dann wars halt so, dass dieses Geschäft langsam dem Ende zuging. (I1: mhm) Und dann wars so, dass dann die Telekommunikationsbranche angefangen hat hier in Deutschland, mit Handys und Mobilfunkverträgen. (I1: mhm) Und dann hab ich mich dort selbstständig gemacht. Und hab ein Telekommunikationsgeschäft eröffnet.“* (Ferhat Fatih, Z. 31-41)

Ferhat Fatih erzählt hier, wie er parallel zu seinem zweiten Studium in das Familienunternehmen einsteigt und schließlich hierfür sein Studium aufgibt. Er beschreibt sich von Beginn an als Teil des Unternehmens („*wir*"), was auf ein hohes Maß an Identifikation mit diesem schließen lässt. Als die Geschäfte nicht gut laufen, geben sie das Unternehmen auf und Ferhat Fatih gründet sein eigenes Geschäft in der Telekommunikationsbranche, da er hier eine aufkommende Nachfrage erkennt. Bei keinem dieser Schritte steht ein inhaltlich-fachliches berufliches Interesse im Vordergrund. Vielmehr sind jeweils die Aussichten auf erfolgreiche Geschäfte Ausgangspunkte seiner beruflichen Entscheidungen. Er präsentiert sich hier also als jemand, der Gelegenheiten für gute Geschäfte erkennt und diese ergreift. Nicht das, was er in dem Geschäft handelt, liefert ihm eine Folie beruflicher Identifikation (wie z.B. Antiquitätenhändler, Buchhandel, Kiosk), sondern der Handel selbst. Grund hierfür ist womöglich auch, dass die Unternehmen der Familie meist nicht länger als zwei Jahre bestanden haben und damit keine dauerhafte Identifikation über fachliche Expertise ermöglicht haben. Ferhat Fatih orientiert sich in seiner beruflichen Selbstbeschreibung an einem allgemeineren Rahmen: dem Geschäftemachen. Auch in der Schilderung seiner Neugründung bedient er sich dieser Rahmung des Erkennens und Ergreifens von erfolgversprechenden Gelegenheiten. Während einer S-Bahn-Fahrt entdeckt er eine Anzeige für eine Ausbildung zum Solartechniker in einer Zeitung. Er schildert den Moment als eine schicksalhafte, einmalige Gelegenheit:

„*Und ich schau nie in den Stellenanzeigen. Ich hab immer über Internet gemacht. (I1: mhm) Dann mach ich die erste Seite auf und da steht da riesengroß Fachkraft für Solartechnik vom* [Ausbildungsstätte], *ja? Und dann auch noch gesponsert. ' (I1: mhm) Vom Arbeitsamt. Ja? (I1: mhm) Da hab ich mir gedacht, das musst du jetzt machen. Ja? Das ist jetzt (I1: mhm) Gottes Geschenk (I1: (lacht leise)) an dich, ja? Wenn du das (I1: mhm) jetzt nicht wahrnimmst, dann kannst dus (I1: mhm) vergessen.*" (Ferhat Fatih, Z. 954-960)

Ferhat Fatih stellt dar, wie er etwas tut, was er sonst nie tut – Stellenanzeigen in Zeitungen lesen –, und wie ihm dabei die Anzeige ins Auge springt. In seiner Darstellung erscheint dieser Moment wie ein schicksalhaftes Zeichen, das ihn aus seiner beruflichen Krise herausführen soll. Nach seiner Ansicht passt in dieser Konstellation alles zusammen, sie erscheint als seine letzte Chance. Diese schicksalhafte Rahmung seiner Gründungserzählung verweist auf zweierlei: Einerseits mystifiziert er die Beweggründe für seine Selbstständigkeit. Indem er auf diesen quasi schicksalhaften Moment verweist, erklärt er seinen späteren Schritt, sich als Solartechniker selbstständig zu machen, zu einer Notwendigkeit. Andererseits zeigt sich in diesem Zitat, dass Ferhat Fatih weniger das Interesse an der Solartechnik als solcher dazu bewegt, sich für die Bewilligung des Kurses einzusetzen, sondern die beruflichen Perspektiven, die er darin erkennt. Wieder ist es eher die Gelegenheit als ein inhaltliches oder fachliches Interesse, was ihn antreibt. Im Interview erzählt er auch von Interaktionen und Situationen, in denen er sich auch gegenüber dem Jobcenter und seinen Kolleg/-innen als Kaufmann beschreibt. Insofern zeigt sich in den ersten drei Sätzen der Eingangsnarration und in seiner berufsbiographischen Schilderung in der Eingangsnarration bereits das zentrale Thema, anhand dessen sich Ferhat Fatih im Interview präsentiert und das die Grundlage seiner biographischen Selbstbeschreibung im Interview bildet. Dies wird im Folgenden herausgearbeitet. Die Erzählung von sich als Kaufmann ist in diesem Sinne eine Kernerzählung und die Grundlage seines übergreifenden Darstellungsmusters.

#### 5.3.3.2 Sich ins Verhältnis setzen: Erfahrung sichtbar machen

An verschiedenen Stellen macht Ferhat Fatih deutlich, dass ihm seine kaufmännischen Fähigkeiten durch seine familiäre Herkunft habituell eingeschrieben sind. Neben seinem Gespür für gute Gelegenheiten macht er beispielsweise deutlich, dass er im Umgang mit großen Geldsummen erfahren ist und weiß, wie mit Kund/-innen umzugehen sei, um sie dazu zu bewegen, ihm einen Auftrag zu geben. Indirekt vergleicht er sich dabei mit anderen:

„*Und ich hab auch kein Problem, das haben wir auch bei der* [Name Gründungsberatung] *zum Beispiel mit der Dame besprochen, wir haben da von Millionenbeträgen geredet und sie hat auch gemeint, das stört sie wohl gar nicht, oder? ' ' Nee, stört mich auch nicht. Ich hab schon oft mit hohen Beträgen zu tun gehabt.*“ (Ferhat Fatih, Z. 1188 – 1192)

In diesem Zitat bezieht sich Ferhat Fatih auf ein Gespräch mit einer Gründungsberaterin, die ihm über das Jobcenter vermittelt wurde. Sie habe ihm, wie er an anderer Stelle sagt, nichts beibringen können (vgl. Ferhat Fatih, Z. 180ff.). Auch in diesem Zitat schildert er die Interaktion wie ein Gespräch unter Expert/-innen auf Augenhöhe und weniger als ein Beratungsgespräch. Er habe mit der Gründungsberaterin über „*Millionenbeträge*“ gesprochen. Sie adressiert ihn daraufhin direkt, dass ihn der Umgang mit hohen Summen wohl nicht störe. In dieser Feststellung drückt die Gründungsberaterin Überraschung aus, wodurch zum Ausdruck kommt, dass ihre Klient/-innen in der Regel Probleme mit hohen Summen hätten. Zweierlei macht Ferhat Fatih mit der Beschreibung seiner Umgangsweise deutlich: Einerseits zeigt er, was in seinen Augen zum Kaufmännischen dazugehört, nämlich der souveräne Umgang mit hohen Geldbeträgen. Zum anderen macht er deutlich, dass er diese Eigenschaft besitzt und dass ihn dies gegenüber anderen auszeichnet. Dass Ferhat Fatih keine Probleme damit hat, bestätigt ihn in seiner Präsentation als erfahrener Geschäftsmann. Die Re-Inszenierung der Interaktion und die Nacherzählung der bestätigenden Anerkennung seiner kaufmännischen Professionalität durch eine Expertin untermauert weiter seine Positionierung als professioneller Geschäftsmann.

Auch gegenüber seinen Kollegen, mit denen er gemeinsam Aufträge bearbeitet, positioniert er sich als erfahrener Geschäftsmann. Dies macht er vor allem in Nacherzählungen seines strategischen und spielerischen Umgangs mit Kund/-innen und Auftraggeber/-innen deutlich. In dem folgenden Zitat beschreibt er die Reaktion seines Kollegen, nachdem er bei einem potenziellen Auftraggeber angegeben hat, sie hätten Erfahrungen in bestimmten Bereichen, was nicht der Wahrheit entsprach.

*„Und mein Freund sitzt so vor mir und ich sehe den so schon. (I1: (lacht leise)) Passt schon. (lacht leise) Und er sitzt so da und schaut mich so an und dann gehen wir raus und dann sagt er,* [Ferhat] *du kannst doch nicht rumlügen wie ein Weltmeister. Das haben wir doch alles nicht gemacht. Sag ich, ja, erstens mal weiß er es nicht. Und zweitens, wer sagt denn, dass das alles, was er gebaut hat, auch wahr ist, ja? (I1: mhm (lacht leise) ' Und drittens, hab ich gesagt, können wir hier nur was machen, wenn er uns Aufträge gibt. (I1: ja) Ja? Und dann kriegen wir das schon hin. (leicht lachend) (Denn?) wir müssen ja.*“ (Ferhat Fatih, Z. 1515-1522)

In diesem Interviewabschnitt stellt Ferhat Fatih das Erstaunen und die kritischen Nachfragen seines Kollegen angesichts der falschen Darstellung ihrer Kenntnisse gegenüber dem Auftraggeber dar. Den Vorwurf der Lüge spielt Ferhat Fatih daraufhin herunter und legitimiert die Unwahrheit einerseits damit, dass auch der Auftraggeber lügen könne, wodurch er vermittelt, grundsätzlich mit Unehrlichkeit im Geschäftskontext zu rechnen. Andererseits sieht er die Lüge als wenig problematisch an, da sie rein instrumentell sei. Den Auftrag würden sie dennoch in der versprochenen Qualität erledigen. Im Gegensatz zu seinem Kollegen fällt es ihm nicht schwer, unternehmerische Expertise und Erfahrung gegenüber dem potenziellen Auftraggeber zu inszenieren. In der Darstellung Ferhat Fatihs ist die Inszenierung notwendiger Teil der Akquise von Aufträgen. Er kann sich gegenüber seinem Kollegen als der Erfahrene positionieren, der Kollege kann von ihm den strategisch-spielerischen Umgang mit Kund/-innen lernen. Seine Akquise-Erfahrungen und das Wissen, wie Geschäfte laufen, wiegen in seinen Augen den moralischen Vorwurf des Kollegen auf.

Vergleiche zu Dritten zieht Ferhat Fatih im Interview indirekt. Mit Re-Inszenierungen von Interaktionen mit Kollegen oder seiner Gründungsberaterin kann er sich als Geschäftsmann mit mehr Erfahrung als andere präsentieren. Zum einen stellt er dies über die Nacherzählung einer Interaktion mit seiner Gründungsberaterin her. Durch die Erzählung ihrer bestätigenden Adressierung präsentiert er sich über sie als erfahrenen Geschäftsmann. Diese Adressierung ist umso bedeutsamer, als er die Interaktion als ein Gespräch auf Augenhöhe mit ihr als Gründungs-Expertin beschreibt.

#### 5.3.3.3 Markt als bekanntes Handlungsfeld

Die im vorhergehenden Abschnitt herausgearbeitete Selbstpräsentation als erfahrener Geschäftsmann ist Teil von Ferhat Fatihs Positionierung am Markt als Solartechniker. In den Schilderungen seines Umgangs mit Kund/-innen und seiner Abgrenzung gegenüber Konkurrent/-innen am Markt bringt er ebenfalls seine Erfahrung zum Ausdruck: Seine Orientierung an Interessen von Kund/-innen wertet er als Ausdruck seiner kaufmännischen Professionalität. Im Abschnitt vor dem folgenden Zitat erläutert Ferhat Fatih, dass seinen Kollegen und ihm qualitativ hochwertige Arbeit besonders wichtig seien und ihn gerade dies gegenüber Konkurrenten auszeichne (vgl. Ferhat Fatih, Z. 457ff., 484ff.). Die Qualität der Arbeit macht sich unter anderem an Aufrichtigkeit und Glaubwürdigkeit fest:

„*Und da gabs auch schon Kunden, wo wir gesagt haben, hör zu, für dich bauen wir das nicht. (I1: mhm) ja?, kriegst du keine von uns. Und ' schön, diese Kunden haben uns aber auch weiter empfohlen. (I1: mhm) Weil die gesagt haben, okay, hör zu, denen geht's nicht ums Verkaufen, die beraten dich und (I1: mhm) wenns nicht geht, dann verkaufens dir auch nicht.*“ (Ferhat Fatih, Z. 497-502)

In diesem Zitat schildert Ferhat Fatih, dass er Kund/-innen von einer Anlage abgeraten habe – vermutlich zu seinen eigenen monetären Ungunsten. Er stellt des Weiteren dar, dass ihm aber gerade dies Empfehlungen eingebracht habe und er sich damit als ein beratender Solartechniker, dem es wichtig ist, gute Arbeit zu leisten, präsentieren konnte. Er präsentiert sich hier also einerseits als ein Unternehmer mit Voraussicht, der sich auf Dauer einen guten Ruf in der Branche aufbauen möchte und entsprechend nachhaltig vorgeht, andererseits beschreibt er sich als Berater, also als jemand, der Expertise auf einem Gebiet hat und nicht nur etwas verkaufen möchte. Die Beratung sieht er als Ausweis von Zuverlässigkeit an, was wiederum für ihn ein Qualitätsmerkmal darstellt und ihn von anderen Anbietenden unterscheidet. In dem folgenden Zitat vergleicht er seine Arbeit mit der seiner Konkurrent/-innen:

„*Weil wir gesehen haben, also unsere Arbeit ist wirklich besser. (I1: mhm) ' Wir sind genauer, (I1: mhm) von der Qualität her besser. (I1: mhm) Und wir geben acht und es gab sehr viele Probleme auf Baustellen. Also es kam (I1: mhm) schon vor, dass wir auf der Baustelle ' äh die Anlage neu umgeplant haben. Ja? Also wir waren dann auch nicht nur Monteure da, die gesagt haben, hey, da ist ein Problem. Kümmerts euch drum. (I1: mhm) Sondern wir haben gesagt, hey, da ist ein Problem. Und das ist auch gleich die Lösung.*“ (Ferhat Fatih, Z. 387-393)

Ferhat Fatih vergleicht die Qualität seiner Arbeit mit der anderer Techniker. Seine Arbeit die seiner Kollegen sei qualitativ höherwertig, da sie „*genauer*“ und aufmerksamer seien. Wenn es Probleme gebe, sehe er seine Aufgabe auch nicht nur darin, seine Aufgabe zu erledigen und die Verantwortung für die Probleme abzugeben, sondern mitzudenken. An verschiedenen Stellen des Interviews präsentiert sich Ferhat Fatih also als professioneller und erfahrener Geschäftsmann; in der Beschreibung seiner Herangehensweise hebt er Eigenschaften hervor, die dem Leitbild des „ehrbaren Kaufmanns“ entsprechen (langfristige Planung, Verantwortungsbewusstsein). Seine Selbstbeschreibung als Kaufmann bedingt in diesem Sinne seine Herangehensweise an den Markt. Kaufmännische Eigenschaften sind Kriterien, die seine Arbeit von seinen Konkurrent/-innen abheben und zentral für seine Positionierung am Markt sind.

#### 5.3.3.4 Jobcenter: Zwischen Abhängigkeit und Agency

Ferhat Fatih erzählt zwei Geschichten seiner Gründung. Die eine ist die des Geschäftsaufbaus, die Erzählung vom Entstehen der Idee, dem Aufbau eines Netzwerkes von Solartechnikern, der Beratung durch einen Coach und der Akquise und dem Ausführen der ersten Aufträge. Die zweite Erzählung umfasst die Auseinandersetzung mit dem Jobcenter. Obwohl in beiden Erzählsträngen die Gründung im Mittelpunkt steht, sind sie kaum aufeinander bezogen. Auf die eigentliche Verbindung – die Förderung durch das Einstiegsgeld – geht er kaum ein, sondern schildert fast ausschließlich die für ihn problematische Rolle des Jobcenters in Bezug auf die Beantragung der Förderung. Das Jobcenter erscheint so als Antipode zu seiner Gründungsgeschichte. Das Jobcenter nimmt er nicht als Unterstützung, sondern vielmehr als Hindernis wahr. Die Bezugnahmen auf das Jobcenter sind primär vom Kampf geprägt. Diese Form der Schilderung ist auch funktional für seine Positionierung als Kaufmann. Dies wird insbesondere in seinen Darstellungen von Interaktionen mit seiner Sachbearbeiterin deutlich. Hierbei geht es um die Aushandlungen von Definitionshoheit zwischen den Interagierenden. Seine Erzählung zeigt hier, wie ihm die Positionierung als Kaufmann Widerständigkeit und Ermächtigung in einer Situation ermöglicht, in der die Entscheidungen seiner Sachbearbeiterin existenzielle Auswirkungen haben und er sich diesen mehr oder weniger schutzlos ausgeliefert sieht.

Seine Selbstbeschreibung und Positionierung als Kaufmann ist nicht nur im Interview gegen-über den Interviewenden relevant, sondern es ist auch ein Skript, womit er sich gegenüber seiner Sachbearbeiterin im Jobcenter positioniert. Mit dem folgenden Zitat möchte ich Verschiedenes herausarbeiten: Einerseits geht aus ihm hervor, wie sich Ferhat Fatih Agency in einem Kontext erarbeitet, der ihm eigentlich kaum Handlungsspielraum bietet. Hierfür spielt auch wiederum seine kaufmännische Selbstbeschreibung eine wichtige Rolle. Es zeigt sich, dass er sich mit seiner Kaufmann-Selbstbeschreibung im Jobcenter positioniert und hierdurch Agency – zumindest auf interaktionaler Ebene – erarbeitet. Durch die Erzählung seiner

Durchsetzung gegenüber seiner Sachbearbeiterin kann er sich wiederum gegenüber den Interviewenden als Kaufmann präsentieren. In dem Zitat geht es um die Aushandlung der Ausbildung zum Solartechniker:

*„Und musste dann mit meiner Sachbearbeiterin darum streiten. (I1: mhm) Und zwar sehr. ' Die hat gemeint, das ist ein technischer Beruf. (I1: mhm) Und Sie sind Kaufmann. (I1: mhm) Musst ich ihr klar machen, dass die Technik ja irgendwie verkauft werden muss. Weil was hab ich (I1: mhm) von der Technik, wenn ich das nicht in Geld (leicht lachend) umsetzen kann. (I1: mhm) Und das war ihr aber trotzdem nicht klar. Und dann hab ich halt ' nach langer Streitereien einen Weg gefunden, ' wie sie es dann doch erlaubt hat. ' Und war zwar nicht zufrieden, aber sie wollte es nicht machen, aber hat dann gesagt, okay, ich gebs dir. (I1: mhm) ' Dann hab ich halt den Kurs angefangen.“* (Ferhat Fatih, Z. 124-132)

Ferhat Fatih schildert hier eine konflikthafte Situation mit seiner Sachbearbeiterin im Jobcenter. Er beschreibt, wie er sich gegen sie durchsetzt, um seine Weiterbildung zu erhalten. Über die Aushandlung des Kurses hinaus wird in der geschilderten Situation noch mehr verhandelt: Zunächst geht es um die Definition und Kategorisierung von Ferhat Fatih selbst. Die Sachbearbeiterin möchte ihm den Kurs nicht genehmigen mit der Begründung, er sei Kaufmann. Offenbar also hat sich Ferhat Fatih zuvor im Jobcenter als Kaufmann beschrieben. Da Kaufmann keine gängige Berufsbezeichnung ist (bzw. aufgrund der nicht vorhandenen Ausbildungszertifikate in seinem Fall zumindest uneindeutig ist), ist davon auszugehen, dass sich Ferhat Fatih auch im Jobcenter mit Bezug auf seine familiäre Herkunft und die Erfahrungen im Familienunternehmen so präsentiert (hat). Seine Sachbearbeiterin hat diese Beschreibung übernommen und adressiert ihn ihrerseits anhand der Kategorie *„Kaufmann“*. Sie möchte ihm mit diesem Verweis deutlich machen, wo seine Expertise und deren Grenze liegen. Diese Zuordnung weist Ferhat Fatih zwar nicht zurück, er macht seiner Sachbearbeiterin aber deutlich, dass sie kaufmännisches Wissen zu einseitig betrachte. Durch seine Belehrung, Technik müsse auch verkauft werden, macht er ihr ihre Kompetenz im Feld der Arbeitsvermittlung und Berufskenntnis, über die sie qua Amt verfügt, streitig. Er stellt hier dar, dass sie seiner Argumentation nicht habe folgen können, dass sie nicht in der Lage gewesen sei, in wirtschaftlichen Zusammenhängen zu denken. Ohne ihre Gegenargumente zu nennen, stellt er sie damit als Unwissende und Unverständige dar. Ohne darauf einzugehen, wie konkret, sagt er, dass er sich gegen ihren Willen durchgesetzt habe. In seiner Darstellung der Interaktion hat er darin die Position des Stärkeren eingenommen – obwohl er sich vom Status her in der gegensätzlichen Position befindet. Wie es sich mit der formalen Verteilung von Macht verhält, wird in dem folgenden Nebensatz deutlich: Sie habe ihm dem Kurs dann gegeben. Geben kann nur, wer hat, und in diesem Fall an einen Bedürftigen. Hier wird deutlich, dass er, obwohl er sich in der Interaktionssituation in seiner Wahrnehmung gegen sie durchgesetzt habe, von ihrer Entscheidung abhängig ist. Er erarbeitet sich also Agency, die punktuell in der Interaktion wirkt und ihm Einflussmöglichkeiten in der Situation gibt. An der grundlegenden Situation seiner Abhängigkeit von den Entscheidungen des Jobcenters kann das nichts ändern. Das Zitat ist also auch eine Schilderung seiner Selbstermächtigung in einer Situation, in der er nur sehr begrenzt Machtpotenziale hat. Insofern er strukturell hiermit nichts verändern kann, bleibt die Agency situativ. Seine Selbstermächtigung findet auf verschiedenen Ebenen statt: in der Interaktion mit seiner Sachbearbeiterin zunächst über die Betonung seiner Expertise und seines Wissens. Indem er sie als unwissend darstellt, kann er seine Expertise geltend machen und sich gegen ihren Willen durchsetzen. Gegenüber den Interviewenden kann er hier das Bild des Aktiven hervorheben, der sich die Definition über sich und seine Position nicht aus der Hand nehmen lässt und auch von der Sachbearbeiterin nicht sagen lässt, was er „ist".

Die konflikthafte Situation zwischen Ferhat Fatih und seiner Sachbearbeiterin setzt sich auch nach der Aushandlung um den Solartechniker-Kurs weiter fort. Er beschreibt, wie er sich auch bei seinem Vorhaben, sich selbstständig zu machen, gegen den Willen seiner Sachbearbeiterin durchsetzen musste (vgl. Ferhat Fatih, Z. 154-157). So sei sie *„strikt dagegen“* (Ferhat Fatih, Z. 156) gewesen und habe ihm *„das Leben richtig schwer gemacht“* (Ferhat Fatih, Z. 156f.). Er schreibt ihr zu, sich ihm aus persönlichen Motiven entgegenzustellen. Nicht nur habe sie den Gründungsprozess erschwert, sondern auch Einfluss auf sein gesamtes Leben genommen. Da er sich offenbar dennoch selbstständig gemacht hat, vermittelt er damit den Eindruck, dass er sich auch in dieser Auseinandersetzung gegen ihren Willen durchgesetzt habe. Es zeigt sich, dass er sich durch zweierlei Strategien positioniert: einerseits indem er seine Sachbearbeiterin in inhaltlicher/fachlicher und in menschlicher Hinsicht als inkompetent darstellt, unter Rückgriff auf seine Selbstbeschreibung als kaufmännischer Experte. Indem er suggeriert, sie handele und entscheide willkürlich, spricht er ihr andererseits ihre Professionalität als Sachbearbeiterin ab. Seine Auseinandersetzung mit dem Jobcenter macht er in erster Linie an den Interaktionen mit seiner Sachbearbeiterin fest, wodurch gleichzeitig auch seine persönliche Abhängigkeit von ihr deutlich wird. An verschiedenen Stellen des Interviews bezieht er sich aber auch auf das Jobcenter als Institution:

*„Die haben mir richtig Steine in den Weg gelegt. (I1: mhm) Die haben mir richtig gesagt, hör zu, das darfst du nicht und das darfst du nicht.“* (Ferhat Fatih, Z. 644-645)

Mit diesem Rückblick auf seinen Gründungsprozess und den Einfluss des Jobcenters macht er deutlich, dass er nicht nur nicht unterstützt wurde, sondern das Jobcenter ihm im Gegenteil seine Gründung erheblich erschwert habe. Die Redewendung, jemanden Steine in den Weg zu legen, suggeriert ein gezieltes und gewolltes Behindern des Vorgehens. In dem darauf folgenden Satz macht er des Weiteren deutlich, worin die „Steine“ bestanden: in Verboten. Ferhat Fatih hebt die Versuche des Jobcenters hervor, disziplinierenden und formenden Einfluss auf seine beruflichen und gründungsbezogenen Entscheidungen zu nehmen. An dieser Stelle unternimmt er keinen Versuch, die Begründung der Verbote nachzuvollziehen, sondern hebt ihre Form – Verbot – hervor, wodurch sie in sachlicher Hinsicht den Anschein der Willkür erhalten und als reine Disziplinierungsmaßnahme wahrgenommen werden. In der Schilderung seiner Gründung bedient sich Ferhat Fatih zweier Erzählskripte: Das eine handelt in erster Linie von seiner kaufmännischen Selbstbeschreibung und erzählt vom Aufbau seines Geschäfts an einem ermöglichenden Markt. Die zweite Erzählung seiner Gründungsgeschichte handelt von dem behindernden und inkompetenten Jobcenter. Die Selbstbeschreibung als Kaufmann hat damit eine doppelte Funktion: Einerseits ist die Selbstbeschreibung ein Medium, anhand dessen er sich in Interaktionen über seine Sachbearbeiterin stellt: Er nutzt die Bezeichnung Kaufmann, um sich als Experte zu positionieren, der die Anforderungen und Bedingungen, den Beruf des Solartechnikers auszuüben und als Selbstständiger aufzutreten, besser versteht als seine Sachbearbeiterin. Über diese Selbstbeschreibung erhält er in der geschilderten Situation eine Position, die es ihm ermöglicht, seine Ziele gegen den Willen seiner Sachbearbeiterin durchzusetzen. Eine zweite Funktion dieser Art der Positionierung und der Nacherzählung seiner Jobcentererfahrungen ist die der Verstärkung seiner kaufmännischen Selbstpräsentation gegenüber den Interviewenden. Quasi performativ stellt er seine Durchsetzungskraft und seine kaufmännische Expertise dar. Gerade durch diese performative Positionierung über Expertise und Wissen kann er sich situativ Agency verschaffen.

### 5.3.4 Eine performative Positionierung als Kaufmann

Ferhat Fatih beschreibt sich im Interview von Beginn an als Kaufmann. Diese Selbstpräsentation hält er auf verschiedenen Ebenen seiner Darstellung aufrecht: Als Erzählskript dient ihm diese Beschreibung zur Selbstpräsentation im Interview gegenüber uns Interviewenden. Er stellt dar, wie sich sein erzähltes Ich in verschiedenen anderen Kontexten (Jobcenter und mit Kollegen) ebenso dieses Skripts bedient. Gegenüber dem

Jobcenter ermöglicht ihm die kaufmännische Selbstpräsentation, sich situativ Einschränkungen des Jobcenters zu widersetzen. Alle re-inszenierenden Darstellungen sind auch lesbar als performative Herstellung seiner Positionierung als Geschäftsmann: Durch die Nacherzählung seiner Kämpfe und Positionierungen im Jobcenter, der Gespräche auf Augenhöhe mit der Gründungsexpertin und der Akquisestrategien mit seinen Kollegen kann er gegenüber den Interviewenden seine Selbstbeschreibung belegen. Durch die familiäre Verortung seines geschäftlichen Wissens und seiner kaufmännischen Expertise vermittelt er, die Eigenschaften seien ihm habituell eingeschriebenen und erhielten dadurch Glaubwürdigkeit. Die familiäre Verortung kann auch als Kompensation für die fehlende berufsfachliche Selbstbeschreibung gelesen werden. Durch das Fehlen einer Berufsfachausbildung hat er keine berufliche Orientierungsfolie, mit der er sich identifizieren und derer er sich in seiner Selbstbeschreibung bedienen könnte. Vielmehr identifiziert er sich mit der Folie des „ehrbaren Kaufmanns", für die es ausschlaggebend ist, gute Geschäfte zu machen, nicht aber, einen spezifischen Beruf oder eine spezifische Tätigkeit auszuüben. Mit seiner kaufmännischen Expertise verknüpft er außerdem seine Fähigkeit, Gelegenheiten für gute Geschäfte zu erkennen und zu ergreifen. Die Positionierung als Kaufmann ist also ein Erzählskript, das ihm – ähnlich wie eine Berufsbezeichnung – über verschiedene Kontexte und auch in der Arbeitslosigkeit zur Verfügung steht. In seinen Selbstständigkeiten füllt er diese Position mit unterschiedlichen inhaltlichen Tätigkeiten aus, wobei die Selbstpräsentation als Kaufmann die zentrale Bezugsdimension bleibt (und nicht die inhaltliche Tätigkeit) – darin ist er Experte. Das Kaufmannsnarrativ ist also seine zentrale Bezugsdimension und nicht etwa das Narrativ von Start-ups. Innovation und Kreativität stehen nicht im Mittelpunkt seiner Orientierung am Markt, vielmehr sucht er sich Märkte, die bereits etabliert sind oder im Begriff sind, sich zu etablieren, und auf denen Geschäftskonzepte entwickelt sind, die gut funktionieren. Er verspricht dann, sich mit der Übernahme von bestehenden Geschäftskonzepten auf diesen Märkten schnell zu etablieren. In dem Interview, das zwei Jahre später mit ihm geführt wird, präsentiert er sich gleichermaßen als Kaufmann. Weil die öffentliche Förderung für Solartechnik zurückgefahren wurde, ist auch seine Auftragslage (nach der anfänglich erfolgreichen Etablierung des Geschäfts) schlecht geworden. Ferhat Fatih ist hierüber frustriert – insbesondere da er die Gefahr sieht, wieder in den Leistungsbezug zu fallen. Er ist auf der Suche nach einer neuen Möglichkeit, ein Geschäft aufzubauen.

## 5.4 Elisabeth Ernst

### 5.4.1 Kontaktverlauf – Interviewsetting – Interviewverlauf

Die ersten telefonischen Kontaktversuche mit Elisabeth Ernst laufen ins Leere. Erst nach mehreren Anrufen erreiche ich sie. Zunächst ist sie sich nicht ganz sicher, ob sie ein Interview geben möchte, und bittet um Bedenkzeit. Bei einem weiteren Telefonat etwas später kann ich dann einen Termin mit ihr vereinbaren. Da sie häufig in München ist, bittet sie darum, das Interview im ISF zu führen und nicht bei ihr zu Hause in ihrem Heimatort. Bei meinem Anruf zwei Jahre später mit der Bitte um ein zweites Interview scheint sie erfreut und ist gerne bereit, ein weiteres Mal über ihre Selbstständigkeit zu sprechen.

Die folgende deskriptive und analytische Falldarstellung bezieht sich nur auf das Erstinter-view.

Petra Schütt und ich führen das Interview gemeinsam im ISF, wobei wir vorab vereinbaren, dass Petra Schütt das Interview in der Hauptsache führt und ich mich bei exmanenten Nachfragen einschalten werde. Elisabeth Ernst sitzt uns beiden an einem Besprechungstisch gegenüber. Zu Beginn des Interviews antwortet sie knapp auf den Erzählimpuls und die folgenden Fragen. Im Verlauf des Gesprächs werden ihre Antworten allerdings ausführlicher. Insgesamt wirkt sie von Beginn an offen und interessiert. Während des Interviews hält sie zu beiden Interviewerinnen Blickkontakt und lacht viel. Das Interview dauert etwas über eine Stunde und 20 Minuten. Zum Interviewzeitpunkt ist sie 30 Jahre alt und ledig. Im

Anschluss an das Interview stellt Elisabeth Ernst noch einige Fragen zum Ziel des Forschungsprojekts. Über die 25 Euro Incentive freut sie sich, sie könne sie gut für ihren Aufenthalt in München gebrauchen.

### 5.4.2 Biographische Ereignisdaten

Elisabeth Ernst wird Anfang der 1980er Jahre als die jüngere zweier Schwestern geboren. Beide Eltern sind Akademiker/-innen. Nach dem Abitur möchte sie Fotografie in Stadt-A studieren. Ihr erster Bewerbungsversuch scheitert, woraufhin sie eine einjährige Schule zur Vorbereitung ihrer Bewerbungsmappe besucht. Die anschließenden Bewerbungen bei verschiedenen Hochschulen sind erfolgreich und sie entscheidet sich für ihre ursprüngliche Wunsch-Hochschule in Stadt-A. Hier studiert sie sechs Jahre und absolviert zwischendurch ein Auslandssemester. Schon während des Studiums ist für sie klar, dass sie als freiberufliche Fotografin arbeiten wird, und im Anschluss daran beginnt sie mit den Vorbereitungen für ihre Gründung.

Den Beginn ihres Wunsches, Fotografin zu werden, verortet Elisabeth Ernst in ihrer Kindheit: Ihr Großvater habe eine Dunkelkammer gehabt. Die gemeinsamen Besuche dort hätten sie geprägt (vgl. Elisabeth Ernst, Z. 158ff.). Ihr sei lange vor dem Abitur klar gewesen, dass sie Fotografin sein wolle. Im Anschluss an das Studium sei ihr ebenso klar gewesen, dass sie ihren Beruf in erster Linie freiberuflich ausführen wolle. Die Vorbereitung der Gründung begann während des Studiums, indem sie sich durch Kurse und den Besuch von Informationsveranstaltungen auf eine Selbstständigkeit vorbereitete.

Mit Ende des Studiums ist Elisabeth Ernst erwerbsarbeitslos und fällt in den Rechtsbereich des SGB II. Die Möglichkeit der Gründungsförderung durch das Einstiegsgeld kennt sie bereits und bewirbt sich darum, sobald sie im Bezug des Arbeitslosengelds II steht. Nach eigenen Angaben ist ein wesentlicher Grund für die Bewerbung, die Kosten für die Krankenkasse sparen zu können und so die erste und finanziell schwierige Phase einer Selbstständigkeit abzufedern. Obwohl ihr das Jobcenter Kurse zur

Gründung vermittelt, habe sie sich die meisten Informationen zur Selbstständigkeit im „*Selbststudium*" (Elisabeth Ernst, Z. 579) zusammengesucht. In ihrer Fotografie spezialisiert sie sich auf zwei Richtungen: Hochzeitsfotografie und freie Fotografie. In beiden Feldern habe sie Erfahrungen während des Studiums gesammelt. Im Jobcenter gibt sie an, sich als Hochzeitsfotografin selbstständig zu machen. Parallel sucht sie Kontakte ins breitere Feld der Fotografie, indem sie die Assistenz eines Fotografen übernimmt. Neben ihrer Präsenz auf diversen Plattformen im Internet hat sie vor, sich mit einem Stand auf einer Hochzeitsmesse zu präsentieren, und möchte über Kaltakquise Kontakt zu potenziellen Auftraggeber/-innen für freie Fotografie herstellen.

Zum Zeitpunkt des zweiten Interviews hat Elisabeth Ernst ihre Selbstständigkeit weiter aus-gebaut und etabliert. Sie ist mit ihrer finanziellen Lage zufrieden und hat den Arbeitslosengeld-II-Bezug beendet. Beide Erwerbsrichtungen laufen in ihren Augen gut.

### 5.4.3 Positionierungen

#### 5.4.3.1 Das präsentierte biographische Selbstbild

Elisabeth Ernsts Eingangserzählung ist kurz (etwa drei Minuten) und an der Nennung und kurzen Schilderung von berufsbiographischen Stationen orientiert. Ohne ausführlich auf die einzelnen Stationen beschreibend oder erzählend einzugehen, stellt sie die Momente dar, in denen sich ihre institutionelle Zugehörigkeit änderte und sie Entscheidungen treffen musste.

*„Das ist aber sehr lange. (lacht)*
*I1 Wir haben Zeit. (lacht)*
*B Ähm ' (I1: ja) ja, also dass ich äh Fotografie studieren will, ist eigentlich schon sehr lange bekannt. (I: mhm) Also da gabs ja diesmal diesen berühmten Berufsinformationstag in der Schule. Und äh ' da war das eigentlich für mich klar, dass ich halt irgendwie Fotografin werden will und die*

*Dame hatte aber damals noch keine Ahnung davon, dass man das studieren kann. Und hatte mir halt gesagt, ja, das ist ja nur übern Ausbildungsweg möglich. Und (I: mhm) das hab ich dann aber selber nicht glauben wollen und hab mich halt dann irgendwie informiert. ' Und äh hab dann natürlich tatsächlich (lachend) Hochschulen gefunden. Wen wunderts. Ähm ' ja, und ich hatte&also es gibt ja wenige ' Fachhochschulen in Deutschland oder Universitäten, die den reinen Fotografiestudiengang anbieten. Und da war* [Stadt-A] *eigentlich für mich irgendwie das Ziel. Da wollt ich hin. ' Und das hab ich ja dann nachm Abitur auch angestrebt, mit einer (I: mhm) Mappe. Muss sich ja da über Mappen- Mappenbewerbungsverfahren ' kommt man da ja nur rein und das war ne Katastrophe. Weil ich bin da (lachend) nicht durchgekommen. Weil (I: mhm), ja, das ist halt ein sehr ähm ' ja, ein knallhartes Ver- Auswahlverfahren. (I: ja) Also die wollen dann wirklich schon ' ähm ja, sehen, was man kann und was man (I: mhm) und ich bin da noch relativ naiv rangegangen. Und hab dann halt da so meine Fotos dann da irgendwie (leicht lachend) hingebracht und (I: (lacht)) das hatte (dann?) da nicht funktioniert und ähm hab mich dann äh in* [Kleinstadt-C], *das war damals, glaub ich, noch relativ neu, so ne Mappenschule ' ich weiß nicht, ob Sie das irgendwie kennen. Das nennt sich*

*I1 Nee.*

*B ⌊berufsvorbereitendes Praktikum. (I: aha) Und äh da ist man dann ein Jahr und wird im Prinzip ähm ja, also man&ja, das Ziel ist eigentlich, ne Mappe zu erstellen und mit der man sich dann bewerben kann. (I: mhm) Und äh man hat da unheimlich viel gelernt. (I: mhm) Also wir hatten dann einen Dozenten da, der selber in* [Stadt-D] *studiert hatte und ' ja, das war optimal. Und mit dieser Mappe hab ich mich dann überall beworben. Bin auch überall angenommen worden (lachend) dann.“* (Elisabeth Ernst, Z. 14-43)

Elisabeth Ernst kommentiert zunächst die Erzählaufforderung, ihr Leben seit dem Ende der Schulzeit zu erzählen, mit der Bemerkung, das sei aber „sehr lange“. Ihr darauf folgender inhaltlicher Einstieg ist argumentativer

Natur: Ihr Wunsch, Fotografie zu studieren, sei nicht erst nach der Schule entstanden. Mit der Formulierung, dies sei „*schon sehr lange bekannt*", legt sie nahe, dass nicht nur ihr, sondern auch ihrem Umfeld klar gewesen sei, dass sie Fotografie studieren wolle. Ausgehend von diesem klaren Ausbildungswunsch wechselt sie in ihrer Erzählung inhaltlich zum „*Berufsinformationstag*" in der Schule. Womöglich war dies die erste Gelegenheit, bei der sie sich mit der Frage der Umsetzung ihres Berufswunsches aktiv beschäftigte. Sie habe festgestellt, dass sie besser informiert sei als die Beraterin, habe deren Informationen nicht getraut und habe sich gezielt selbst Informationen zu Wegen zum Fotografiestudium gesucht. Wichtig sei es ihr schon damals gewesen, Fotografie zu studieren und nicht nur eine Ausbildung zur Fotografin zu machen. Nachdem sie sich einen Überblick verschafft habe, sei ihr auch klar gewesen, welche Hochschule ihren Vorstellungen am ehesten entspreche. Allerdings sei ihre Bewerbung bei der Hochschule eine „*Katastrophe*" gewesen. Auf ihr erzähltes Ich blickt sie an dieser Stelle als die Erfahrene zurück und meint, sie sei naiv gewesen. Sie habe sich aber durch die Absage nicht von ihrem Vorhaben abbringen lassen, sondern vielmehr eine Alternative gesucht, die ihr den Weg zum Studium erleichtern sollte: eine Schule zur Mappenvorbereitung. Sie evaluiert die Schule positiv, es sei „*optimal*" gewesen. Der Erfolg des Schulbesuchs bestätigt sich darin, dass sie bei allen Hochschulen genommen wird. Sie bestätigt auch ihre frühere Entscheidung, in Stadt-A zu studieren, da sie auch mit dem Wissen, das sie sich in der Vorbereitungsschule angeeignet hat, diese Hochschule weiterhin als die passendste ansieht. Sie sagt, diese Hochschule habe das angeboten, was sie machen wolle. Auf die Studienzeit selbst geht sie – abgesehen von der Nennung der Ereignisdaten – nicht näher ein.

Elisabeth Ernst präsentiert sich in der Eingangsnarration des Interviews als zielstrebig und klar hinsichtlich ihres beruflichen Lebenslaufs. Diese Eindeutigkeit in der beruflichen Positionierung zieht sich durch das ganze Interview, insofern das Thema ‚Fotografie als Erwerb' das zentrale Thema des Interviews ist, von dem sie nicht abweicht: Alle Erläuterungen, Nebenerzählungen, Bezugnahmen auf Dritte usw. erzählt sie im Hinblick auf deren Bedeutung für ihre berufliche Positionierung. In der Erzählung kommen keine Phasen der Unsicherheit über den Berufswunsch, das Berufsbild oder ihre Fähigkeiten auf. Von Zweifeln, wie etwa Fehlinformationen oder der Absage der Hochschule, lässt sie sich nicht irritieren, sondern sucht vielmehr nach Möglichkeiten, ihren Berufswunsch dennoch zu ermöglichen.

Elisabeth Ernst präsentiert sich im Interview als jemand, die schon früh mit dem Beruf der Fotografin identifiziert war. Vor Beginn des Studiums hat sie nicht nur den konkreten Berufswunsch, sondern auch bereits Vorstellungen von der spezifischen Ausrichtung – der angewandten Fotografie –, die sie in ihrer eigenen Arbeit verfolgen möchte. Ihre Identifikation mit der Fotografie umfasst also in ihrer Selbstbeschreibung immer schon eine Erwerbsperspektive: Sie identifiziert sich nicht nur mit der Tätigkeit selbst, sondern auch mit dem Berufsbild als ganzem, wozu sie selbst auch die freiberufliche Erwerbsform zählt. Das etablierte Berufsbild von Fotograf/-innen gibt ihr einen Rahmen, eine Erwerbsperspektive zu entwickeln. Ihr Berufswunsch ist in ihrer Selbstbeschreibung immer schon mit normalbiographischen Erwartungen verknüpft: In ihrer Darstellung bleibt die Aneignung fotografischer Qualifikation durch ein Studium direkt im Anschluss an die Schule unhinterfragt. Ihren Wunsch, Fotografin zu werden, orientiert sie also entlang institutioneller Strukturen und entwickelt ihn entlang dieser Strukturen weiter. Auch in Übergangsphasen, für die nicht systematisch institutionelle Strukturen vorgesehen sind (zwischen Schule und Studium, nach dem Studium), sucht sie sich Formen institutioneller Einbettung: zuerst in Form einer Vorbereitungsschule für das Studium; zwischen Studium und Selbstständigkeit ist es das Jobcenter, das institutionelle Zugehörigkeit und Förderung bietet. Die Institutionen bieten mithin einerseits Zugehörigkeit und andererseits Handlungsorientierung. Die Orientierung an institutionellen Strukturen und die Ausrichtung ihrer Perspektiven entlang der in diesen Strukturen liegenden Möglichkeiten sind wesentlich in ihrem Vorgehen. In ihrer Ausrichtung ihres beruflichen Lebenslaufs wird unter anderem ihr grundlegendes Vertrauen in die Institutionen als Lernorte deutlich. So reagiert sie auf die anfängliche Ablehnung ihrer Bewerbung um ein Studium mit einer Selbstpräsentation als Lernende: Indem sie sich in eine Mappenvorbereitungsschule begibt, zeigt sie an, dass sie sich von der Absage nicht von ihrem Wunsch abbringen lässt und zugleich bereit ist, sich den spezifisch institutionellen Anforderungen und dem darin vermittelten Bild von Fotograf/-innen unterzuordnen. Auch in der Selbstständigkeit beschreibt sie sich unter anderem als Lernende: Die Selbstständigkeit ist für sie prozesshaft und erlernbar. Sie wendet sich damit von einem Bild der Selbstständigkeit ab, das von Selbstständigen „angeborene Eigenschaften" wie Durchsetzungskraft und Vision erwartet, und beschreibt sich auch nicht als „geborene Fotografin". Also Orientierungsfolie dient ihr also in erster Linie das Berufsbild der Fotograf/-innen, das Selbstständigkeit impliziert, nicht die Bilder von „Normalunternehmertum" oder Start-ups. Die Einordnung (und Unterordnung) in das Ausbildungs- und Erwerbssystem ermöglicht ihr auch, sich früh beruflich zu beschreiben. Sie nutzt also auch institutionelle Strukturen, um sich zu positionieren. Dies macht die Ambivalenz etablierter Ausbildungs- und Erwerbsinstitutionen deutlich: Erst durch die Unterordnung und Anpassung der eigenen Selbstauslegung entlang institutioneller Vorgaben kann sie sich beruflich bewegen und sozial positionieren.

#### 5.4.3.2 Jobcenter: Institutionelle Zugehörigkeit in Übergangsphasen

Elisabeth Ernst informiert sich während des Studiums in Seminaren, im Austausch mit Dozent/-innen und Kommiliton/-innen und auf einer Messe über die Anforderungen der Selbstständigkeit und Förderoptionen (vgl. Elisabeth Ernst, Z. 191ff.). Die Fördermöglichkeit durch Einstiegsgeld ist ihr dadurch bekannt und sie verfolgt diese, ihren Schilderungen nach, gezielt nach dem Studium. Ihren Bezug zur Förderung und zum Jobcenter als fördernder Institution stellt sie als pragmatisch dar: Ihren Status als

Erwerbsarbeitslose sieht sie als Übergangsphase zwischen Studium und Selbstständigkeit an, eine Situation, die sie sich zwar nicht wünscht, die sie aber als notwendig und vor allem als zeitlich begrenzt ansieht. Die Erwerbslosigkeit ist für sie auch notwendig, um die Einstiegsgeldförderung beantragen zu können:

„[…] *als Studentin ist man ja eh (leicht lachend) arbeitslos. (I: (lacht)) (lachend) (' ' unverständlich) (lacht) Ja, also ich hab&ich habs mir ehrlich gesagt auch einfacher vorgestellt.* […] *Ja, man&man musste ja/man musste ja erst mal arbeitslos sein.*“ (Elisabeth Ernst, Z. 203-205, 212-213)

Für Elisabeth Ernst ist die Zuschreibung „Arbeitslosigkeit“ ihren Schilderungen zufolge nicht identitätsstiftend. An dieser Stelle sagt sie lachend, dass sie auch als Studentin arbeitslos gewesen sei und der Status für sie damit nicht neu sei. Dies bezieht sie wohl auf den Status, einer nicht existenzsichernden Beschäftigung nachzugehen, aber nicht auf eine Tätigkeits- oder Erwerbslosigkeit. Im Gegenteil, an weiteren Stellen des Interviews beschreibt sie ihre Nebenjobs im Studium – ihr Kommentar, sie sei immer schon arbeitslos gewesen, hat vielmehr den Charakter einer ironischen Umkehrung, mit der sie Zuschreibung als Arbeitslose von sich weist. Dies wird auch in ihren folgenden Sätzen deutlich, in denen sie sagt, dass sie die Zeit des Arbeitslosengeld-II-Bezugs nicht als Orientierungs- oder Bewerbungsphase verstand, sondern von Beginn an als eine Übergangsphase, um ihre Selbstständigkeit vorzubereiten. An dieser Stelle evaluiert sie bereits, dass sie sich diese Phase unkomplizierter und kürzer vorgestellt habe. Es wird hier also deutlich, dass sie sich die Zuschreibung als Arbeitslose, die ihr durch den Status des Arbeitslosengeld-II-Bezugs zukommt, nicht als Selbstbeschreibung aneignet. Sie stellt ihren Bezug zur Institution von Beginn an als funktional und pragmatisch dar und sie geht davon aus, dass sie den Status bald beenden wird. Pragmatisch bzw. praktisch ist ihr Bezug insofern, als sie in der Einstiegsgeldförderung vor allem den Vorteil der Übernahme der Krankenkassenkosten sieht (vgl. Elisabeth Ernst, Z. 758-761). Ähnlich wie sie sich gegenüber Institutionen, wie der Mappenvorbereitungsschule und dem Studium, als Lernende positioniert und sich praktischen Nutzen davon verspricht – ähnlich bezieht sie sich auch auf das Jobcenter als eine Einrichtung, von der sie sich primär Unterstützung und Nutzen verspricht. Ihre nutzenorientierte und gezielte Bezugnahme auf die Gründungsförderung und ihr Ziel, eine berufliche Selbstständigkeit aufzubauen, sind Mechanismen, um sich die Zuschreibung als Arbeitslose nicht als positionierende Adressierung anzueignen. Es bleibt eine formale Zuschreibung.

Ihre Erwartung an die Institution, eine unkomplizierte finanzielle und gegebenenfalls auch inhaltliche Unterstützung zu erhalten, wurde enttäuscht. Sie beschreibt, dass sie Kurse besucht habe, die vom Jobcenter vermittelt wurden. Anschließend wurde ihre „*Selbstständigkeitsfähigkeit*" als Fördervoraussetzung „*geprüft*" (Elisabeth Ernst, Z. 228). Sie wertet die Förderstruktur als prinzipiell gut, allerdings sei sie zu aufwändig. Die Kurse selbst hätten ihr auch nur teilweise geholfen – ihr Wissen um die Selbstständigkeit beziehe sie in erster Linie aus ihrem intensiven „*Selbststudium*" (Elisabeth Ernst, Z. 579). Ihr Eindruck ist, dass sie zwar ein grundsätzlich gut angelegtes Programm im Jobcenter vorfindet, sich aber dennoch nicht unterstützt fühlt (vgl. Elisabeth Ernst, z.B. Z. 660), sondern in ihrem Vorgehen auch behindert wird. Diesen Eindruck führt sie unter anderem auf die Interaktion mit ihrer Sachbearbeiterin im Jobcenter zurück. In dem folgenden Zitat beschreibt sie die Phase der Beantragung des Einstiegsgeldes und die Aushandlungen mit ihrer Sachbearbeiterin um das Bild selbstständiger Fotograf/-innen:

„[...] *ja, aber es war halt&war ne Tortur. (I: mhm) Und äh meine Sachbearbeiterin, die war auch relativ äh eingeschränkt in ihrem 'ja, ' in der Sichtweise. Von dem Berufsbild eines Fotografen. ' (I: mhm) Weil es ist für mich natürlich klar, dass ich&dass der Standort* [Stadt-A] *jetzt zwar so, da arbeit ich zwar, aber ich möcht ja nicht in* [Stadt-A] *bleiben. (I: mhm) Ich möchte mir schon überall (I: mhm), grade als* [Freie]*-Fotografin muss man ja auch viel und das war ja dann erst mal abgebremst worden. Nein, das geht ja nicht. ' Das würde ja dann (I: mhm) äh nicht gefördert. Oder wie auch (I:*

*mhm) immer. (I: mhm) ' Und ähm ' ja, ' ' die&ich weiß nicht, was sie fürn Bild vom Fotografen hat, dass die&die kennt halt ihren Passbildfotografen um die Ecke. (I: mhm) Was, wo will der hin, ne? (I: mhm) Der&der hat andere Sorgen als äh ein selbstständiger Fotograf*" (Elisabeth Ernst, Z. 239-249)

Elisabeth Ernst beschreibt an dieser Stelle, dass ihre Sachbearbeiterin sie daran hinderte, auch an anderen Standorten tätig zu werden, da sie mit der Förderung in Stadt A dazu verpflichtet sei, nur in Stadt A zu arbeiten. Diese Anforderung gehe vollkommen an dem Arbeitsalltag selbstständiger Fotograf/-innen vorbei, so Elisabeth Ernst. Die Unsinnigkeit der Forderung führt sie auf die fehlende Kompetenz der Sachbearbeiterin zurück. Sie positioniert ihre Sachbearbeiterin als unfähig, sich in den Beruf ihrer Klientin hineinzudenken, und wirft ihr vor, sich an einem falschen oder unzureichenden Bild von Fotograf/-innen zu orientieren. Ihre Sachbearbeiterin beschreibt sie als „*eingeschränkt*", sie schreibt die Anforderungen, die die Förderung zur „*Tortur*" machten, nicht dem Jobcenter zu, sondern individualisierend der Sachbearbeiterin. Elisabeth Ernst beschreibt, wie sie sich diesen Erwartungen dennoch fügt und sich bereit erklärt, im Förderjahr nur in ihrer Heimatstadt zu arbeiten, um die Förderung zu erhalten (vgl. Elisabeth Ernst, Z. 266). Sie selbst jedoch kann sich über diese Anforderungen stellen. Sie positioniert sich dadurch als Gründerin, die nicht nur mehr Verständnis von der Selbstständigkeit und dem Berufsbild von Fotograf/-innen, sondern auch mehr Voraussicht in Bezug auf ihre Zukunft hat. Sie macht ihr Gründungsvorhaben nicht grundlegend von der Förderung abhängig, sondern sieht diese als eine Zusatzunterstützung an. Ihr wesentlicher Handlungsbezug bleibt ihr Erwerbs- und Berufsziel der freiberuflichen Fotografin. Diese Selbstbeschreibung ist für sie nicht verhandelbar und steht auch in der Interaktion mit dem Jobcenter bzw. ihrer Sachbearbeiterin nicht zur Disposition. Das Einstiegsgeld erleichtert ihr den Start. Sie kann sich so den Anforderungen für den Moment fügen, ohne ihr Handeln allein an den Anforderungen auszurichten, sondern vielmehr die Zeit nach der Förderung zu antizipieren, in der sie über ihren Arbeitsstandort frei entscheiden kann.

#### 5.4.3.3 Das Berufsbild als Orientierungsfolie

Wie bereits unter 5.4.3.1 und 5.4.3.2 dargestellt wurde, ist das Berufsbild von Fotograf/-innen für Elisabeth Ernsts Selbstbeschreibung und Positionierung als Selbstständige ausschlaggebend. Anders als die meisten anderen Befragten bezieht sie sich im Interview nicht auf anerkennende Adressierungen von Dritten oder Vergleiche mit Dritten, um eine erwerbsbezogene Selbstbeschreibung zu erarbeiten bzw. darin bestätigt zu werden. Die Referenz auf das Berufsbild scheint ausreichend Orientierung zu geben. Mit ihrer Selbstbezeichnung als Fotografin ist ihre soziale Position, die sie durch diese Berufsbezeichnung erhält, nicht mehr Gegenstand interaktionaler Aushandlungen. Durch ihre Selbst-Markierung als solche beschreibt sie sich in Bezugnahme auf eine sozial etablierte Klassifikation. Für andere ist diese Klassifikation ebenso verstehbar und so wird sie in verschiedenen Kontexten als Fotografin adressiert. Mit der Bezeichnung als Fotografin geht neben der sozialen Verstehbarkeit auch ein spezifischer Tätigkeitsbezug einher und sie verbindet damit eine Erwerbsperspektive als Selbstständige. Im Interview schildert sie die Phase der Berufsorientierung weniger als Prozess, vielmehr sei ihr schon lange klar gewesen, dass sie Fotografie studieren und auch die Richtung der angewandten Fotografie verfolgen werde (vgl. Elisabeth Ernst, Z. 44-47).

„*Ja, angewandt ist halt eher praxisnah, also dass man halt wirklich irgendwie aufs Berufsleben vorbereitet wird. (I: ah, okay) Dass man da jetzt nicht irgendwie anfängt irgendwie Blumen äh im Gegenlicht zu fotografieren. Was ja (I: mhm) ganz schön ist, aber damit verdient man ja sein Geld (I: mhm) im Nachhinein nicht.*“ (Elisabeth Ernst, Z. 84-87)

Die Richtung der angewandten Fotografie verfolgt sie gezielt, um mit der Fotografie in einen Beruf zu finden. Die künstlerische Fotografie mündet in dieser Sichtweise nicht in einen Beruf. Die praxisnahe Ausrichtung, die sie verfolgt, bietet ihr also die Möglichkeit, eine Erwerbsperspektive über die Fotografie anzustreben, ein Ziel, das sie ihrer retrospektiven Schilderung zufolge von Beginn an ansteuerte. Ebenso beschreibt sie die Entscheidung, in die Selbstständigkeit zu gehen, weniger als eine Entscheidung, sondern vielmehr als eine Erwerbsoption, die ihr schon lange klar gewesen sei:

„*Ja und dann äh war halt die Frage, so was&also was heißt die Frage, also es war ja für mich schon im Vorhinein klar, dass ich selbstständig arbeiten möchte. (I: mhm) Ich hab natürlich mir auch äh Stellenanzeigen durchgeschaut, (I: mhm) die Festanstellung ' da waren auch ein paar bei, aber das waren letztendlich dann doch mit so viel Kompromissen irgendwie belegt, dass ich dann dachte, nee, komm, ich versuch das jetzt mal. Ich bin jetzt noch jung.*“ (Elisabeth Ernst, Z. 55-60)

Elisabeth Ernst bezieht sich hier auf das Ende ihres Studiums und beschreibt ihre Erwerbsorientierung. Zwar habe sie Stellenanzeigen angeguckt, sei aber bei der Durchsicht vielmehr in ihrer Entscheidung bestärkt gewesen, freiberuflich zu arbeiten. Eine Festanstellung hätte zu viele „*Kompromisse*“ erfordert. Etwas später deutet sie an, welche Zugeständnisse dies erfordert hätte: eine Einschränkung der Vielfalt der Tätigkeit. Freiberuflich könne sie mehr machen. Indirekt bezieht sie sich auf die Konnotation von Selbstständigkeit als risikoreich: Sie meint, sie sei noch jung, und wenn sie es nun nicht ausprobiere, würde sie es nicht mehr machen. Sie präsentiert sich also als jemand, die bisher noch wenig zu verlieren hat und dadurch die Möglichkeit hat, freiberuflich zu arbeiten. Eine Gründung in späteren Jahren ist für sie risikoreicher. Hinsichtlich ihrer Tätigkeit möchte sie auch keine Kompromisse eingehen. Sie präsentiert sich hier insofern auch als eine Person, der viel an der Tätigkeit selbst liegt. Gleichwohl hat sie ein pragmatisches Verhältnis zu der Tätigkeit: In erster Linie steht die Sicherung des Einkommens im Vordergrund:

„*ich bin eigentlich relativ optimistisch. Aber das war ich schon immer. (I: mhm) Ich bin da gar nicht so angstbesetzt mit ähm ja, was ist, wenn&also ich&ich bin ' davon überzeugt, dass man immer irgendwie Geld verdienen kann. (I: ja) ' Und wenn man dann halt mal andere Sachen macht, die man jetzt grad nicht so gerne macht.*" (Elisabeth Ernst, Z. 846-849)

Elisabeth Ernst beschreibt sich als grundsätzlich zuversichtlich hinsichtlich ihrer Erwerbsaussichten und zugleich bereit, sich phasenweise auch mit unliebsamen Tätigkeiten über Wasser zu halten. Sie bezieht sich wiederum indirekt auf das Bild von Selbstständigkeit als ein risikoreiches Unterfangen, vor dem man auch Angst haben kann. Von diesem Bild grenzt sie sich ab und positioniert sich demgegenüber als jemand, die grundlegend Vertrauen in das Funktionieren von Institutionen und auch in ihr eigenes Wirken in deren Rahmen hat.

Zur Erwerbstätigkeit als Fotografin hat sie gleichsam zwei Bezüge: einen tendenziell pragmatischen. Sie möchte zunächst das Geschäft etablieren, um ein regelmäßiges Einkommen zu erreichen (vgl. Elisabeth Ernst, Z. 834ff), nämlich über die Hochzeitsfotografie und das freie Fotografieren, und sich dann schrittweise ihrem „*Traum*" (Elisabeth Ernst, Z. 819) nähern, für eine Zeitschrift zu arbeiten. Sie differenziert zwischen der Tätigkeit, der sie in erster Linie zum Geldverdienen nachgeht, und der Fotografie für Zeitschriften (vgl. Elisabeth Ernst, z.B. Z. 835ff.). Letzteres formuliert sie im Interview als eine Zukunftsvorstellung, die sie zu diesem biographischen Zeitpunkt noch nicht konkret antizipiert. Ihre Tätigkeitsbezogenheit ist in erster Linie anwendungs- und erwerbspragmatisch und weniger am künstlerischen Ausdruck durch Fotografie orientiert. Statt sich die Fotografie autodidaktisch anzueignen, orientiert sie ihr Vorgehen an institutionellen erwerbsbezogenen Strukturen und richtet ihre Perspektiven entlang der darin liegenden Möglichkeiten aus (vgl. Elisabeth Ernst, Z. 818ff.). Auch im Bezug hierzu positioniert sie sich also als Lernende: Sie assistiert einem Fotografen, um dessen Vorgehen als Fotograf kennenzulernen (vgl. Elisabeth Ernst, Z. 307ff.).

Im Vordergrund steht für sie derzeit allerdings erwerbspragmatisch das Etablieren als Selbstständige über Hochzeitsfotografie. Sie stellt sich hierbei als realistisch planend dar. Ihr Businessplan habe sich weitgehend erfüllt (vgl. Elisabeth Ernst, 774ff.); es gebe zwar Schwankungen, aber auch damit habe sie gerechnet (vgl. Elisabeth Ernst, Z. 797). Trotz dieser grundlegend pragmatischen Bezugnahme sieht sie in der Tätigkeit und der Arbeitssituation einen Eigenwert. So arbeite sie gerne frei und könne sich nicht vorstellen, jeden Tag an denselben Ort zu gehen (vgl. Elisabeth Ernst, Z. 634ff.). Um sich einen Eigenwert der Tätigkeit zu erhalten, sei es ihr wichtig, sich nicht nur auf eine Richtung zu konzentrieren:

„*ich&ich glaub, also ich hab halt noch den Vorteil, dass ich halt das nicht hauptberuflich mache, diese Hochzeitsfotografie, weil man stumpft halt, glaub ich, wirklich ab (I: mhm) irgendwann. Irgendwann hat man dann keine Lust. Wenn dann das hundertste Gruppenfoto, ne? (I: mhm) Ich mache halt wirklich noch total gerne und äh ich&ich&ich guck da auch nicht auf die Uhr, so jetzt haben wir aber schon drei Stunden und zehn Minuten.*“ (Elisabeth Ernst, Z. 904-909)

Elisabeth Ernst verweist hier auf die Möglichkeit, die Freude an der Tätigkeit durch zu viel Routine zu verlieren. Mit der Verwendung des allgemeinen Personalpronomens „*man*“ suggeriert sie, dass sie Fotograf/-innen kennt, die durch die Tätigkeit in diesem Sinn abgestumpft sind. Sie bedient sich hier eines Bildes von stark routinisierter und damit auch unfreier Tätigkeit: Sie macht routinierte Tätigkeit, die zur Abstumpfung führen könne, unter anderem an dem Zählen von Arbeitsstunden fest, einer Arbeitspraxis, die abhängiger Beschäftigung zugerechnet wird. Diese Möglichkeit möchte sie von Beginn an ausschließen, in dem sie eine weitere Spezialisierung der Fotografie vornimmt.

Das etablierte Berufsbild von Fotograf/-innen bietet Elisabeth Ernst einen Rahmen, um einerseits eine berufliche Identität und andererseits eine Erwerbsperspektive als Selbstständige zu entwickeln. Selbstständigkeit und Spezialisierung auf ein Feld der Fotografie (Hochzeit, Tier, Portrait etc.) ist mit dem Berufsbild verknüpft. Auch die Tätigkeit freiberuflich auszuüben wurde im Studium immer schon als Normalität vermittelt. Die Normalität der Freiberuflichkeit vereinfacht es ihr, sich als Selbstständige zu positionieren: Die Position der Fotografin in der Selbstständigkeit besteht bereits. Elisabeth Ernst eignet sich diese Position an, auch indem sie beschreibt, dass sie durch ihr Studium institutionell darauf vorbereitet wird. Sie muss die „Adresse“ in diesem Sinne nicht mehr herstellen und nicht mit Dritten verhandeln. Durch die Selbstbezeichnung und das Handeln in der Position *ist* sie diese Adresse. Elisabeth Ernst nimmt diese gesellschaftlich legitimierte und funktionierende Position ein und entwickelt darin wiederum ihre Position auf dem Markt, im Feld der Fotografie.

#### 5.4.3.4 Marktbezug: Akzeptanz und Anpassung

Elisabeth Ernst fokussiert sich bewusst schon während des Studiums auf zwei Bereiche der Fotografie: Hochzeits- und freie Fotografie. Sie hat unterschiedlich viel Erfahrung in beiden Feldern und bewirbt und antizipiert beide parallel, aber auf verschiedenen Wegen. So hat sie zwei Webseiten und ist auf unterschiedlichen Plattformen vertreten. Während sie mit Fotos von Hochzeiten schon während des Studiums Geld verdient und über Weiterempfehlungen immer wieder Aufträge bekommt, erschließt sie sich die freie Fotografie schrittweise. Letztlich sieht sie die Hochzeitsfotografie als Tätigkeit, die primär ihr Einkommen sichert (vgl. Elisabeth Ernst, Z. 836f.). Die erwerbsförmige Ausübung der Fotografie erfordert allerdings, ihren Schilderungen zufolge, eine Distanzierung zu ihrem Arbeitsgegenstand, den Bildern. Sie beschreibt, dass sie im Studium hinsichtlich ihres Zugangs zur Fotografie desillusioniert wurde. So gehe es nicht darum, in ihrer Erwerbstätigkeit ihre eigenen Ideen oder ihren Stil durchzusetzen (vgl. Elisabeth Ernst, Z. 1216ff.).

„*Also es ist ja dann auch immer so dieses ähm ' ' ja, man ' ' jetzt grad die Fotografen, man gibt ja immer so viel preis von sich, ne? Also es&man wird ja direkt kritisiert, ne? (I: mhm) Man zeigt ein Foto, ja, find ich scheiße. Dann ist man, okay, ' da wird man dann natürlich dann&das ist halt ne persönliche Sache. Und da&davon muss man, glaub ich, echt weg. (I: mhm) ' Von dem ' ' das hab ich auch schon im Studium gelernt, dass man davon weg muss.*“ (Elisabeth Ernst, Z. 1283-1288)

Elisabeth Ernst stellt hier die Notwendigkeit dar, Kritik an Bildern nicht persönlich zu nehmen. Sie verweist darauf, dass dies als Teil des Studiums vermittelt wurde, dass dort also eine professionell-distanzierte Haltung zum eigenen Gegenstand als Grundlage der Arbeit für Kund/-innen nahegelegt wurde. Die Schwierigkeit der Herstellung von Distanz liegt, wie sie zu Beginn sagt, darin, dass die Bilder Ausdruck des/der Fotografierenden sind und etwas von ihm/ihr preisgeben. Was preisgegeben wird und was das mit ihr macht, darauf geht sie nicht näher ein. An verschiedenen Stellen des Interviews macht sie stattdessen deutlich, wie sie sich mit ihrem Angebot ganz an dem Markt der Hochzeitsfotografie und (unterstellten) Vorstellungen der Kund/-innen ausrichtet.

„*Es äh die Leute ' ' die haben teilweise, die&die&wenn die&wenn ein Foto für die gut aussieht, dann&dann (I: mhm) sind die glücklich. Und wenn ich aber sage, okay, (I: mhm) ich finds jetzt nicht gut, ist es ja egal. Die müssen glücklich sein.*“ [...] „*Und das ist aber nicht so. Man muss sich dem Markt anpassen. Man muss sich den Leuten anpassen, die (I: mhm) die den Auftrag geben, was die wollen. Du ' du arbeitest ja im Prinzip immer auf Auftragsbasis.*“ (Elisabeth Ernst, Z. 1211-1213, 1220-1222)

Neben der Notwendigkeit, Kritik an den eigenen Bildern nicht persönlich zu nehmen, sei es auch wesentlich, die (positive) Bewertung eines Bildes an den Kriterien der Kund/-innen festzumachen. Wichtiger als ihre eigene Bewertung sei, dass die Kund/-innen glücklich sind. Im zweiten Teil des Zitats formuliert sie die Haltung noch allgemeiner: Sie positioniert sich als Dienstleisterin, die sich in erster Linie den Kund/-innen, dem Markt anpassen müsse. Radikaler formuliert sie es einige Zeilen später: „*Man prostituiert sich halt auch teilweise*“ (Elisabeth Ernst, Z. 1226). Elisabeth Ernst beschreibt sich also in diesem Zusammenhang als in hohem Maße an einer professionellen Distanz zu ihrem Gegenstand orientierte Fotografin, die ihre Arbeit an den Wünschen der Kund/-innen orientiert. Für sie ist das Teil des Berufs und sie passt sich diesen Anforderungen an, obwohl sie diese Haltung auch als Entfremdung zu ihrem Arbeitsgegenstand beschreibt. Die Orientierung am Erwerbsziel in ihrer Arbeit als Fotografin steht weiterhin eher im Vordergrund als die Suche nach ihrem eigenen Ausdruck durch die Fotografie.

Ihre Orientierung an dem Wunsch der Kund/-innen spiegelt sich auch in ihrer Antizipation des Marktes wider: Sie geht dorthin, wo potenzielle Kundschaft auf sie wartet. Um in einer neuen Stadt Fuß zu fassen, bereitet sie einen Messestand auf einer Hochzeitsmesse vor (Elisabeth Ernst, Z. 957ff.). Für Hochzeiten bietet sie verschiedene Pakete an, für die Paare sie buchen können. Diese unterscheiden sich preislich je nach Anzahl der Stunden und der Orte, an denen Fotos gemacht werden. Die Pakete orientiert sie an dem Angebot anderer Hochzeitsfotograf/-innen und positioniert sich preislich in der Mitte. Mit ihrem Messestand und dem Angebot von Paketen kommt sie den Erwartungen der Kund/-innen entgegen. Die Pakete sind den typischen Abläufen von Hochzeiten angepasst (Standesamt, Kirche, Außenaufnahmen) und durch die Benennung des Inhalts für Kund/-innen greifbar. Sie ermöglichen Vergleichbarkeit mit anderen Fotograf/-innen. Elisabeth Ernst macht es den Kund/-innen damit leichter, insofern sie ihnen hierdurch Entscheidungen abnimmt. Sie meint, Kund/-innen wüssten oft nicht, was sie wollten (vgl. Elisabeth Ernst, Z. 1236), sie wollten lediglich ein gutes Foto (vgl. Elisabeth Ernst, Z. 1262).

Mit ihrer Positionierung auf dem Markt der Hochzeitsfotografie begibt sich Elisabeth Ernst auf ein in hohem Maße standardisiertes Feld: Neben den Motiven sind auch die wechselseitigen Erwartungen von Kund/-innen und Anbieter/-innen aufgrund bestehender Marktstrukturen relativ klar und bieten ihr wenig Gestaltungsspielraum. Gleichzeitig erleichtern die Erwartbarkeiten ihre Positionierungsstrategien auf dem Markt: Sie weiß, wo sie Sichtbarkeit für Kundschaft herstellen kann, welche Erwartungen an sie gerichtet werden und in welchem Verhältnis sie zu anderen Mitanbietenden steht. Die Vereinfachung des Zugangs und die Reduktion komplexer Handlungsmöglichkeiten verstärken allerdings auch ihre Entfremdung vom Arbeitsgegenstand. Die professionelle Ausrichtung ihres Arbeitens an den Kund/-innen-Wünschen bewirkt eine Distanz zu ihren eigenen Bildern und setzt diese Distanz zugleich voraus, eine Distanz, die arbeitnehmerähnliche Gegenstandsbezüge und Routinen erfordert. Ihre professionalisierte, distanzierte Haltung zu ihren Bildern impliziert die Akzeptanz, dass die Bilder den Kund/-innen wichtiger sind als ihr.

Elisabeth Ernst etabliert ihre Selbstständigkeit als Solo-Selbstständigkeit, sucht sich aber Möglichkeiten der Kooperation. Mit Freundinnen, die sie im Studium kennen gelernt hat, möchte sie künftig etwas Gemeinsames aufbauen. In ihren Arbeitsweisen ergänzten sie sich und sie könnten sich unterstützen, während dennoch jede für sich ihren Weg gehe (vgl. Elisabeth Ernst, Z. 320, 486ff.). Während das Thema Konkurrenz im Hinblick auf die Zusammenarbeit mit ihren Freundinnen keine Rolle spielt, ist es bei ihrem Kollegen, dem sie assistiert, durchaus relevant. Sie sehe die Zusammenarbeit als eine Möglichkeit, gemeinsam zu akquirieren (vgl. Elisabeth Ernst, Z. 312). Gleichzeitig habe er ihr von Beginn an vermittelt, dass er es nicht gerne sehe, wenn Kund/-innen abgeworben würden (vgl. Elisabeth Ernst, Z. 1203ff.). In dieser Zusammenarbeit zeigen sich demnach Grenzen der Kooperation auf, insofern beide auch weiterhin für sich arbeiten. Die theoretisch formulierten Positionen von Partner/-in, Konkurrent/-in, Kolleg/-in sind nicht eindeutig, sondern gehen ineinander über. Die Positionen vermischen sich oder sie werden als Teilelemente (wie etwa Konkurrenz in freundschaftlichen Beziehungen) ausgeblendet.

### 5.4.4 Positionierung: Erwerbspragmatik und Traumberuf

Elisabeth Ernsts Bezeichnung als Fotografin ist kontextübergreifend verstehbar und adressierbar. In keinem Feld ist diese Bezeichnung Gegenstand von Aushandlungen, auch nicht im Jobcenter. In der Kategorie „Fotografin“ bündelt sich kollektives Wissen um das Tätigkeitsfeld, so dass Elisabeth Ernst über die Selbstbezeichnung als Fotografin Adressierbarkeit für andere herstellen und sich positionieren kann. Die Verstehbarkeit und (vermeintliche) Eindeutigkeit der Kategorie schützt sie auch davor, sich andere Zuschreibungen oder Statuszuweisungen, wie etwa als „Arbeitslose", subjektiv aneignen zu müssen. Die Positionierung als Fotografin bleibt auch bestehen, wenn sie Leistungen vom Jobcenter bezieht. Elisabeth Ernst positioniert sich auf gesellschaftlich-sozialer Ebene nicht prozesshaft, insofern sie nicht nach einer legitimen beruflichen Selbstbeschreibung sucht und diese nicht aushandeln muss. Einer Form der prozesshaften Positionierung geht sie hingegen auf den Märkten der Hochzeits- und freien Fotografie nach. Hier setzt sie sich zu anderen in Beziehung, beobachtet Abläufe und probiert Verschiedenes aus, um ihre Markt- und damit Erwerbsposition herzustellen bzw. zu auszubauen. Es geht hier allerdings nicht um die Herstellung von Adressierbarkeit, Elisabeth Ernst bedarf auch keiner Form der stiftenden oder bestätigenden Anerkennung. Durch ihre Berufsbezeichnung als Fotografin wird sie ohne Aushandlungen als solche adressiert. Dass dies so funktioniert, hängt in hohem Maße mit dem etablierten und standardisierten Berufsbild des/der Fotograf/-in und insbesondere des/der Hochzeitsfotograf/-in zusammen. Das Berufsbild ist nicht nur für sie selbst eine Folie, mit der sie sich identifizieren und über die sie sich positionieren kann, sondern es ist auch für ihr Umfeld, ihre Familie, ihre Freund/-innen, ihre Kund/-innen und letztlich auch ihre Sachbearbeiterin eine Bezugsdimension, die es ihnen erlaubt, sie zu adressieren. Dies wird verstärkt dadurch, dass sie sich mit der Hochzeitsfotografie auf einem Markt bewegt, in dem Angebots- und Nachfragestrukturen in hohem Maße institutionalisiert und standardisiert sind. Die Strukturen erleichtern ihr den Weg in die Selbstständigkeit in vielerlei Hinsicht, insofern sie ihr Handlungsorientierung und etablierte Identifikationsmöglichkeiten bieten. Die Strukturen ermöglichen ihr auch, ihre derzeitige prekäre Lage als Übergangsphase hinzunehmen, in der eine Aussicht auf Überwindung der Prekarität inbegriffen ist. Die Orientierung an etablierten Strukturen ist ein Muster, das sich bereits zuvor in ihrer Biographie zeigt. Hier wird in ihrer Erzählung deutlich, dass die Orientierung an etablierten Institutionen ihr Sicherheit bietet und dass Institutionen ermöglichend sind. Gleichwohl erfordert die Nutzung der Institutionen, sich an diese anzupassen und sich selbst entsprechend auszulegen. Elisabeth Ernst beschreibt den „Preis“ für die hohe Anpassung an Strukturen als eine Art Entfremdung von der Tätigkeit und vom Arbeitsgegenstand. Mit der Selbstzurechnung zur Kategorie der Fotografin ordnet sie sich etablierten Institutionen unter und stellt hierdurch Adressierbarkeit her. Deshalb (muss) sie sich auch nicht zu normalunternehmerischen Narrativen verhalten, da das Berufsbild ohnehin die Selbstständigkeit als Erwerbsform impliziert.

## 5.5 Luisa Lucas

### 5.5.1 Kontaktverlauf – Interviewsetting – Interviewverlauf

Luisa Lucas hatte beim Telefonat das Interviewanliegen präsent und stellt sich gerne als Gesprächspartnerin zur Verfügung. Die Terminvereinbarung verläuft schnell.

Das Interview führe ich alleine mit Luisa Lucas bei ihr zu Hause. Zum Interviewzeitpunkt ist sie 52 Jahre alt. Sie ist geschieden, ihre Kinder sind erwachsen und leben nicht mehr bei ihr. Ihre Wohnung befindet sich in einem Mehrfamilienhaus an einer großen mehrspurigen Straße. Sie begrüßt mich freundlich an der Türe und entschuldigt sich umgehend, ihre Wohnung sei chaotisch, da sie demnächst umziehe und vieles bereits in Kisten verpackt sei. Deswegen müssten wir auch das Interview in der Küche führen, alle anderen Zimmer seien ungemütlich. Gleich neben dem Eingangsbereich der Wohnung befindet sich die Küche, in die Luisa Lucas mich hineinführt. Dort ist gerade genug Platz für einen runden Tisch mit zwei Stühlen. Sie hat bereits Kaffee gekocht, es stehen Tassen und Gläser auf dem Tisch. Im Radio ist ein lokaler Musiksender eingeschaltet, die Lautstärke ist so gering, dass die Musik während des Interviews nicht stört. Vor Beginn des Interviews bittet sie um eine erneute Erläuterung der Forschungsinteressen und wie genau wir auf sie als Gründerin gekommen seien. Sie meint, sie sei für das Forschungsanliegen vielleicht nicht so interessant, da sie noch keine Einnahmen aus der Selbstständigkeit habe. Sie warnt mich außerdem vor: Sie rede viel.

Luisa Lucas' Eingangserzählung ist mit etwa 27 Minuten verhältnismäßig lang. Ihre Geschichte erzählt sie entlang berufs- und familienbiographischer Erfahrungen, die Gründung und Selbstständigkeit thematisiert sie gegen Ende der Eingangsnarration. Ich habe den Eindruck, dass sie im Laufe des Interviews mehr Vertrauen fasst und im Zuge dessen zunehmend von ihrer Spiritualität und ihren übersinnlichen Erfahrungen erzählt. Das Interview dauert insgesamt zwei Stunden. Wir reden im Nachgespräch über die Schwierigkeit, Kund/-innen zu finden, und über die gesellschaftlichen Wertungen von Spiritualität. Sie gibt mir ihre neue Adresse, damit ich sie für ein Folgeinterview erreichen könne. Als ich zwei Jahre später anrufe und sie um ein zweites Interview bitte, wiegelt sie allerdings ab. Die Selbstständigkeit habe nicht funktioniert, sie habe etwas Neues im Blick, wolle aber noch nicht darüber sprechen.

### 5.5.2 Biographische Ereignisdaten

Luisa Lucas wird Ende der 1950er Jahre in der ehemaligen DDR geboren. Nach ihrem Abschluss an der polytechnischen Oberschule beginnt sie eine Lehre. Nach wenigen Monaten bricht sie diese ab, um zu ihrem Freund in eine andere Stadt zu ziehen. Nach einer Suchphase findet sie einen Betrieb, in dem sie ihre Lehre weiterführen kann, bricht diese aber wiederum ab. Nach einer längeren Suchphase findet sie eine Anstellung in der Reinigung einer sozialen Einrichtung. Nach eigenem Bekunden gefallen ihr Arbeitsklima und Aufgaben sehr. Sie arbeitet dort mehrere Jahre, heiratet in der Zwischenzeit und gründet mit ihrem Mann eine Familie. 1989 – kurz vor dem Fall der Mauer – siedelt sie mit ihrer Familie mit einem offiziellen Ausreiseantrag in die BRD über. Sie sucht umgehend wieder nach Stellen und findet Jobs für Geringqualifizierte, teilweise arbeitet sie in mehreren gleichzeitig. Einige Jahre nach ihrer Ankunft in der Bundesrepublik lässt sie sich von ihrem Mann scheiden. Da sie allein mit der

Erziehung ihrer Kinder ist, sieht sie sich gezwungen, ihre Stellen aufzugeben. Im Anschluss kümmert sie sich um Kinder und Haushalt und bezieht Sozialleistungen. Nach zehn Jahren der Erwerbsarbeitslosigkeit absolviert sie eine Arbeitsbeschaffungsmaßnahme. Von da an beginnt sie wieder mit der Suche nach einer Anstellung. Nach eigenen Angaben entdeckt sie in dieser Zeit ihre spirituellen Fähigkeiten wieder. Sie macht eine Reiki-Ausbildung – eine Form der Energiearbeit, die in erster Linie auf dem Handauflegen beruht. Um als Heilerin arbeiten zu können, benötigt sie eine Ausbildung in einem Gesundheitsberuf und entscheidet sich dazu, eine solche zu absolvieren. Zwar schließt sie die Ausbildung ab, übt die Tätigkeit allerdings nie aus, sie findet keine Anstellung. Sie entdeckt in dieser Zeit auch ihre Fähigkeit wieder, Tarot-Karten zu legen. Diese Fähigkeit habe sie von ihrer Großmutter vererbt bekommen. Sie beschließt, sich als spirituelle Lebensberaterin selbstständig zu machen.

Ihre Gründung thematisiert Luisa Lucas zum ersten Mal im letzten Drittel ihrer Eingangsnarration. Als Einleitung zur Gründungserzählung führt sie kurz vorher das Thema „Spiritualität" ein. Insbesondere die Spiritualität und die Darstellung von Momenten, in denen sie Situationen vorhergesehen hat, nehmen im zweiten Teil des Interviews einen großen Raum ein. Der formale Gründungsprozess beginnt in ihrer Erzählung mit dem Beantragen des Einstiegsgeldes, sie wird von einem Gründungsberater unterstützt und arbeitet mehrere Wochen an ihrem Businessplan. Über die Gründungsberatung werden ihr Räume vermittelt, die sie vorübergehend für ihre spirituelle Beratung nutzen kann. Sie verteilt Visitenkarten in Cafés, Teeläden, Friseursalons usw., um sichtbar zu werden. Obwohl sie zum Interviewzeitpunkt bereits über ein Jahr selbstständig ist, konnte sie bisher erst eine Kundin beraten.

### 5.5.3 Positionierungen

#### 5.5.3.1 Das präsentierte biographische Selbstbild

Luisa Lucas reagiert überrascht auf den Erzählimpuls:

„*B Ach, du Schreck. Ende der Schulzeit? Ich habe ne Lehre angefangen als (I: mhm)* [Lehrberuf]. *(I: mhm) Und (räuspert sich) habe die dann nach etwas über einem Jahr wieder abgebrochen. (I: mhm) Und bin dann umgezogen. (I: mhm) Also wollen Sie jetzt ganz genau von wo nach wo, warum, weshalb? Oder?*

*I Ja, alles was Sie wichtig finden, können Sie mir dann da (B: ja) (B: (räuspert sich)) erzählen wie Sie wollen. (lacht)*

*B Man kann&man kann auch nicht sagen, dass es vielleicht ein Fehler war. Man denkt darüber nach, ob es ein Fehler war oder nicht. Aber das sollte schon alles (leicht lachend) so kommen. (I: mhm) Auch wenns jetzt nicht unbedingt für mich vorteilhafte Geschichten waren. (I: mhm) Und äh ja durch meine erste große Liebe bin ich dann halt weggezogen. (I: mhm) Von meinem Geburtsort. Aus* [Stadt-A] *komm ich ja.*“ (Luisa Lucas, Z. 9-24)

Offenbar hat Luisa Lucas nicht mit der Aufforderung gerechnet, ihre Lebensgeschichte seit ihrer Schulzeit zu erzählen. Ihre spontane Reaktion „*ach, du Schreck*“ deutet auf Überraschung und vielleicht Überforderung hin. Sie wiederholt, sich fragend rückversichernd, den Zeitpunkt, ab dem sie aufgefordert ist, mit ihrer Erzählung anzusetzen. Sie beginnt dann mit einer berichthaften Erzählung ihrer berufsbiographischen Stationen. Unsicher, ob sie den Impuls richtig verstanden hat, bittet sie um eine Konkretisierung der Erzählaufforderung. Ihre überraschte Reaktion kann ein Hinweis darauf sein, dass sie ihre biographische Geschichte noch nicht oder lange nicht mehr in einem Zusammenhang dargestellt hat. Die Nachfrage und meine Antwort darauf geben ihr Zeit, sich an den Gedanken zu gewöhnen und einen Einstieg zu finden. Meine Antwort auf ihre Frage lässt offen, was sie genau erzählen soll, vielmehr gebe ich an sie die Aufgabe zurück, Themen und Bezüge zu setzen. Anschließend führt Luisa Lucas ihre Erzählung mit einer Evaluation fort. Die Evaluation kann als eine Deutung ihres Lebensweges gelesen werden, mit der sie die Zuhörerin auf ihre Geschichte vorbereitet. Eher als auf ihre Biographie als ganze bezieht sich ihre Bewertung auf das, womit sie zuvor in ihre Erzählung eingestiegen ist: den Abbruch ihrer Lehre und ihren Umzug. Mit der Evaluation schreibt sie mir als Interviewerin zu, potenziell diese Handlung bewerten zu können – indem sie aber sagt, man könne nicht sagen, dass es ein Fehler sei, relativiert sie wiederum diese hierarchisierte Position, indem sie selbst eine Deutung vorgibt. Luisa Lucas nimmt vorweg, dass ihre damalige Entscheidung als begründungsbedürftig gilt oder gelten kann. Mit dem Verweis zeigt sie an, dass sie sich der Begründungsbedürftigkeit bewusst ist. Möglicherweise nimmt sie die Interviewsituation als eine Situation wahr, in der ein Ausbildungsabbruch begründungsbedürftig ist. Die Verwendung des undefinierten Personalpronomens *„man"*, statt auf sich selbst zu verweisen, verstärkt den Eindruck, dass die Notwendigkeit, ihre Entscheidung zu begründen, von außen an sie herangetragen wird. Die Bewertung ihrer Entscheidung als nicht fehlerhaft untermauert sie im Folgenden, indem sie sagt, alles habe so kommen sollen, wie es gekommen ist, und andeutet, dass sie darunter gelitten habe oder die Konsequenzen sie im schlechten Licht erscheinen ließen. Sie gibt damit die Verantwortung für ihre Entscheidung und den Verlauf ihrer Biographie an eine unbestimmte, externe Einflussgröße ab. Anschließend führt sie ihre Erzählung wieder fort. Im Folgenden kommt Luisa Lucas zunehmend in eine narrative Erzählhaltung. Einzelne Situationen schildert sie in ihrer Eingangsnarration teils ausführlich. Immer wieder re-inszeniert sie Interaktionen in ihrer Vergangenheit und lässt ihr erzähltes Ich in direkter Rede mit sich selbst oder anderen interagieren. Ihre Ereignisdarstellung erhält dadurch teils dramatisch-emotionalen Charakter. Ihre Erzählung ist dabei an ihrem erwerbsbiographischen Verlauf orientiert, sie geht aber auch detailliert auf familienbiographische Themen und Situationen ein. Diese schildert sie allerdings jeweils im Hinblick auf ihre Bedeutung für ihre Erwerbsbiographie. So thematisiert sie beispielsweise ihre Scheidung weniger als eine (schmerzhafte) Trennungsgeschichte, sondern eher als ein Ereignis, infolge dessen sie ihre Erwerbstätigkeit aufgeben musste. An verschiedenen Stellen der Eingangsnarration nimmt sie Wertungen ihres

Lebensverlaufs oder einzelner Stationen vor. In dem folgenden Zitat bezieht sie sich auf die Situation nach ihrer Scheidung. Nachdem sie zuvor bereits nach ihrer Ausreise aus der DDR einen langwierigen und schwierigen Neustart in der Bundesrepublik bewältigen musste, schildert sie die Situation nach ihrer Scheidung als ähnlich dramatisch:

*„Dann stand ich vor den nächsten Trümmern. (I: mhm) Sozusagen, ne? (I: mhm) Mein Mann hatte auch vieles mitgenommen so. Und Sie sehen ja selber, so einrichtungsmäßig ' habe ich es seitdem noch nicht wieder geschafft, mich so einzurichten wie ich es mir vorstelle. (I: mhm) Vom Finanziellen her. (I: mhm) Das ist ein Kampf ohne Ende. Ja. Wenn man keinen Beruf in der Tasche hat.“* (Luisa Lucas, Z. 75-80)

Luisa Lucas bedient sich hier des Bilds der *„Trümmer“*, um die Zerstörung zu beschreiben, der sie sich nach ihrer Scheidung gegenüber sah. Die Zerstörung macht sie an dieser Stelle an Materiellem fest. Der Einfluss dieser Zerstörung hält bis heute an. Dies wiederum führt sie (auch) auf die fehlende Berufsausbildung zurück. Anhand des Zitates kommen zwei Dimensionen ihrer Selbstbeschreibung zum Ausdruck: Einerseits positioniert sie ihr erzähltes Ich als den Geschehnissen ausgeliefert. Sie stand vor dem Nichts und musste alles selbst wieder aufbauen. Ihr Mann habe noch dazu Vieles mitgenommen. Sie sagt aber auch, dass es ein *„Kampf ohne Ende“* sei. Die Metapher des Kampfes impliziert auch Aktivität und Auseinandersetzung mit den Bedingungen. Sie präsentiert sich hier also als jemand, die einerseits besonders schwierigen Bedingungen ausgesetzt war und andererseits aktiv mit ihnen umging. In dem Zitat spricht sie mich als Interviewerin an und erklärt, dass diese schwierigen biographischen Bedingungen der Grund für die, in ihren Augen, spärliche Einrichtung seien. Die Erläuterungen wirken wie eine Entschuldigung, wodurch sie mir als Interviewerin wiederum eine Rolle als Wertende zuschreibt. Sie macht damit deutlich, dass sie selbst unzufrieden ist und sich eigentlich in einer anderen Statusposition sieht, die sie aufgrund ihres biographischen Verlaufs nicht realisieren konnte. Die zweiseitige Bezugnahme auf ihr erzähltes Ich, zwischen Initiative und Widerfahrnis, kommt immer wieder in ihrer biographischen Selbstpräsentation zum Ausdruck. Beispielsweise erzählt sie, ebenfalls in der Eingangsnarration, einen Kommentar ihres Vaters nach, der sich auf ihre erfolglose Jobsuche nach ihrer Ausbildung im Gesundheitsbereich bezieht:

*„So. ' Endresultat arbeitslos. (I: mhm) Mein Vater sagt, ' tja, Mädel. Das war für umsonst. (lacht) (I: mhm) Na ja, ich sag mal, für umsonst nicht, ne? (I: mhm) Vergebens. ' ' Gut. Ist mein Weg.*“ (Luisa Lucas, Z. 209-211)

Luisa Lucas kommentiert ihr Bemühen um Erwerbsintegration zunächst selbst als final ergebnislos. Sie zitiert dann die Worte ihres Vaters, mit denen er sie zunächst als „*Mädel*“ anspricht und damit als kindlich und unreif adressiert und danach ihr Bemühen als „*umsonst*“ wertet. Diese abwertende Einschätzung wendet sie allerdings ab, indem sie eine andere Dimension hervorhebt: Es sei „*vergebens*“ gewesen. Mit dieser Wertung bleibt verknüpft, dass es auch anders hätte kommen können, wären die Umstände andere gewesen. Die Ausbildung sei nicht nutzlos gewesen. Mit dem anschließenden Resümee, das sei ihr Weg, fügt sie eine weitere Evaluation ihres Lebensweges hinzu. Auch hierin spiegelt sich eine Positionierung des erzählten Ichs *und* des erzählenden Ichs wider: Das Ich ist aktiv in der Gestaltung des Lebensweges, ihm widerfährt aber auch ein Schicksal. In der Aussage „*mein Weg*“ wendet Luisa Lucas sich einerseits gegen eine kindlich unreife Position, indem sie sich als Gestalterin und Wertende ihres Lebensweges präsentiert. Auch wenn ihre Vorhaben ins Leere laufen, ist sie diejenige, die diesen Weg geht. Andererseits kann in der Evaluation auch eine Akzeptanz dessen gelesen werden, dass Scheitern ein konstitutiver Teil ihres Lebens ist und solche Erfahrungen mehr oder weniger schicksalhaft vorbestimmt sind. Hierin zeigt sich auch eine resignierte Haltung gegenüber biographischer Widerfahrnis. Diese Selbstpräsentation, die einerseits impliziert, dass sie schicksalhaften Ereignissen ihres Lebensweges ausgesetzt ist, und dabei andererseits auf sich selbst als Akteurin verweist, zieht sich durch ihre ganze Erzählung. Auch in der Beschreibung ihres gegenwärtigen Handelns betont sie beide Seiten:

„*Und ich denke auch, dass ich da ne professionelle Arbeit (I: mhm) abgebe. (I: mhm) So gut wie ich das halt (I: mhm) auf meiner Schiene kann, ne?*“ (Luisa Lucas, Z. 223-225)

In diesem kurzen Zitat nimmt Luisa Lucas auf ihre Arbeit als Kartenlegerin und Lebensberaterin Bezug. Sie zieht keine externen Maßstäbe (etwa durch Orientierung an anderen spirituellen Lebensberater/-innen) für die Bewertung ihrer Professionalität heran, sondern bezieht sich auf ihre eigene Einschätzung. Dabei verweist sie auf ihre Kompetenz: Ihre Arbeit sei im Rahmen ihrer Fähigkeiten professionell. Gewissermaßen stuft sie damit ihre Professionalität herunter, weil sie nicht in einem allgemeinen, am Berufsbild spiritueller Lebensberater/-innen orientierten Sinn professionell arbeite, sondern nur im Rahmen ihrer eigenen Möglichkeiten. In der Aussage, sie arbeite „*halt* […] *auf* [ihrer] *Schiene*“, bestätigt sich wiederum, dass sie ihre eigenen Maßstäbe für eine professionelle Arbeit ansetzt. Trotz dieses deutlichen Verweises auf sich selbst und der Bezugnahme auf ihre eigenen Maßstäbe guten Arbeitens bleibt ihre letztendliche Erklärungs- und Referenzgröße eine nicht erklärbare, schicksalhafte Instanz:

„*Leider soll es im Moment nicht sein. Vielleicht sagt das Universum, du hast (leicht lachend) genug anderes zu tun. Ich weiß es nicht.*“ (Luisa Lucas, Z. 369-370)

Vor diesem Zitat schildert Luisa Lucas im Interview die Schwierigkeit, ihre Selbstständigkeit zu etablieren. Hier erklärt sie sich und mir als Interviewerin den ausbleibenden Erfolg in der Selbstständigkeit als ein Zeichen des Universums, das sie vor zu vielen Aufgaben schütze. Sie macht deutlich, dass dies ebenfalls eine Deutung ihrerseits ist und ebenso anders sein könnte. Nichtsdestotrotz weist sie dem Universum die potenzielle Macht zu, über ihren Lebenslauf zu bestimmen und ihren Weg, auch entgegen ihren eigenen Entscheidungen, zu lenken. Noch deutlicher als zuvor präsentiert sie sich in der Erzählung ihrer derzeitigen erzählten Lebensphase als der Entscheidungsgewalt einer unbestimmten Instanz ausgesetzt.

In der Eingangsnarration schildert Luisa Lucas viele Situationen re-inszenierend oder beschreibt vergangene Situationen detailliert. Häufig nimmt sie auf Geschildertes evaluierend Bezug und verhält sich damit wertend zu ihrem biographischen Verlauf und ihrer gegenwärtigen Selbstständigkeit. Dies kann als Form der Erklärung und Rechtfertigung ihres Lebensweges und ihrer (erfolglosen) Gründung gedeutet werden. In diesem Fall deutet sie die Interviewsituation als eine Situation, in der ihr Lebensweg, die Sichtbarkeit ihrer Armut und die erfolglose Selbstständigkeit begründungsbedürftig sind. Beides, die Selbstpräsentation, in der sie sich selbst als Gestaltende und Wertende ihres Lebensweges darstellt, und der Verweis auf eine schicksalhafte, übernatürliche Kraft, sind Erklärungen ihrer beruflichen Erfolglosigkeit, vermutlich auch gegenüber sich selbst, in erster Linie aber gegenüber mir als Interviewerin. In ihrem übergreifenden, gesamtbiographischen Darstellungsmuster präsentiert sie ihren Lebensweg als vorbestimmt und sich selbst damit als nur bedingt verantwortlich für dessen Verlauf. Die Selbstpräsentation als aktive Akteurin, die ihren eigenen Wertmaßstäbe setzt, kann als Umgang mit der Erwartung gelesen werden, sich im Rahmen institutionalisierter Berufsbilder und Erwerbsverläufe zu verorten – ohne aber, aufgrund ihrer fehlenden Ausbildung und der langjährigen Erwerbslosigkeit, die institutionellen Voraussetzungen dafür zu haben, verortet und anerkannt zu werden. Sie orientiert sich also an einer Logik – wohl auch deshalb, weil das Jobcenter Erwartungen an sie stellt –, die eine Selbstpräsentation nach den Maßstäben normalbiographischer Erwerbsmuster nahelegt, setzt sich aber ihre eigenen Maßstäbe. Da ihre Aktivitäten aber dennoch zu keiner gelungenen Erwerbsintegration führen, führt sie das Schicksal als eine Dimension ein, mit der sie ausbleibenden Erfolg erklären kann.

Im Laufe des Interviews wird deutlich, dass in Luisa Lucas' Präsentation als aktive und gleichzeitig dem Schicksal ausgelieferte Gründerin insbesondere die Präsentation als eine Person mit hellseherischen Fähigkeiten zentral ist. Sie erzählt von verschiedenen Situationen, in denen sie Ereignisse vorhersagen konnte, und hebt, wie im Folgenden dargestellt wird, die Prägung ihrer Fähigkeiten durch ihre Großmutter hervor. In dieser Erzählung macht sie deutlich, dass ihre Fähigkeiten biographisch bedeutsam für sie sind und die Selbstständigkeit eine Möglichkeit ist, diese anzuwenden. In ihrer Gründung steht damit die Positionierung über ihre inhaltliche, fachliche Kompetenz im Mittelpunkt. In ihrer Positionierung als Erwerbstätige steht die Darstellung als jemand mit einem besonderen Talent, mit außergewöhnlichen Fähigkeiten im Vordergrund.

#### 5.5.3.2 Die Rolle Dritter und anerkennender Interaktionen

Mit der (Wieder-)Entdeckung ihrer spirituellen Fähigkeiten bekommen Erwerb und Beruf für Luisa Lucas (wieder) eine neue Bedeutung. Bevor sie über lange Jahre erwerbslos war, arbeitete sie in verschiedenen gering qualifizierten Stellen. Die Möglichkeit einer beruflichen Selbstbeschreibung, der Identifikation mit einem Berufsbild oder der Orientierung anhand typischer berufsbezogener Ziele hatte sie nicht. Mit ihren spirituellen Fähigkeiten kann sie sich zum ersten Mal anhand von Fähigkeiten beschreiben, die potenziell auch erwerbsrelevant sind. Der Gründungsprozess kann aufgrund dessen als nachgelagerter (Berufs-)Bildungsprozess – allerdings ohne formale Ausbildungsstrukturen – gesehen werden. Im Interview nehmen Bezugnahmen auf Dritte für ihre Selbstbeschreibung und -positionierung eine tragende Rolle ein. Anhand der Bestätigungen, die sie durch Dritte bekommt und auf die sie sich im Interview bezieht, zeigt sich, dass ihr besonders die Anerkennung als fähige und erwerbstätige Frau wichtig ist.

Luisa Lucas nimmt auf ihre spirituellen Fähigkeiten erst in der Erzählung zu ihrer Selbstständigkeit Bezug. Sie erzählt dann, dass bereits ihre Großmutter in die Zukunft sehen konnte und wie sie selbst als Kind merkte, dass sie Karten legen konnte. Das Wissen um ihr hellseherisches Talent habe sie über die Jahre vergessen. Sie beschreibt, wie sie durch Zufall wieder auf das Thema Spiritualität gestoßen sei (vgl. Luisa Lucas, Z. 133ff.) und dass sie sich dann auch wieder auf ihre hellseherischen Fähigkeiten besonnen habe. Obwohl sie spirituelle Fähigkeiten als eine

Gabe begreift, bedarf sie des Zuspruchs und der bestätigenden (und als stiftend dargestellten) Anerkennung als Hellseherin, um diese ernst zu nehmen:

„*Mein Bruder. ' Leg mir doch mal die Karten,* [Luisa]. *Ich sag, ich kann das nicht. (I: (lacht)) Du&du sitzt doch da immer. Ich hab halt für mich immer so probiert. (I: mhm) Und geguckt, ob ich was sehen kann. (I: mhm) Und ' ' wie ich das kombiniere. (I: mhm) ' ' Und dann sagt er, leg mir doch mal. Und ich habe ihm Karten gelegt. Und die Aussage ist dann nach nem halben, dreiviertel Jahr eingetroffen.*" (Luisa Lucas, Z. 688-693)

Luisa Lucas' Bruder bittet sie, ihm Karten zu legen. Sie weist dies von sich mit dem Hinweis, sie könne das nicht. Erklärend fügt sie allerdings doch hinzu, dass sie das Kartenlegen für sich selbst ausprobiert habe. Sie misstraut dem tatsächlichen Wirken ihrer Fähigkeiten, bis ihre Vorhersagen eintreffen. Sie beschreibt sich hier als bescheiden und unsicher, als habe sie sich das Talent selbst nicht zugestanden; erst aufgrund des Eintreffens, also quasi des empirischen Beweises, habe sie sich selbst die Fähigkeit zuzutrauen begonnen. Die Nacherzählung dieses Prozesses hat auch die Funktion, im Interview Glaubhaftigkeit für ihre spirituellen Fähigkeiten herzustellen.

Im Zitat wird sie von ihrem Bruder als Hellseherin adressiert. Sie lehnt diese Zuschreibung zwar zunächst ab, lässt sich dann aber doch davon überzeugen. Ihr Bruder hat damit neben einer Art wieder-stiftenden Anerkennung als Hellseherin auch die Rolle, im Interview ihre Glaubwürdigkeit herzustellen: Als ihr Bruder kennt er ihre Geschichte und weiß von ihren Fähigkeiten. Er adressiert sie hier ganz selbstverständlich als Hellseherin. Sie positioniert ihren Bruder als jemanden, der sie im Hinblick auf ihre Fähigkeiten besser kennt und ihr mehr zutraut als sie sich selbst. In einer ähnlichen Weise nimmt sie auf ihre Reiki-Lehrerin Bezug:

„*Und meine Reiki-Lehrerin sagte, du bist so traurig, weil du weißt, was du mal konntest. Und das jetzt (I: okay) in diesem Leben schon wieder alles vergessen hast und (I: mhm) nur so mühsam raus bringst. Und (I: mhm) da denke ich, ja, da könnte was dran sein, ne?"* (Luisa Lucas, 1087-1081)

Wie zuvor auch ihren Bruder positioniert Luisa Lucas ihre Reiki-Lehrerin als eine Person, die mehr über sie weiß oder von ihr versteht als sie selbst: Diese erklärt ihr den Zusammenhang zwischen ihrer eigenen Befindlichkeit, ihren Fähigkeiten und dem Vergessen derselben über einen längeren Zeitraum. Luisa Lucas findet diese Erklärung plausibel. In der Rolle als Reiki-Lehrerin kommt der Frau Autorität durch ihre Expertise zu. Ebenso wie Luisa Lucas hat sie einen Zugang zum Spirituellen und kann ihr aus dieser Position heraus selbst eine Hellseherin-Position zuschreiben: die der ‚vergessenen' Hellseherin, einer Frau, die einmal etwas konnte und eigentlich immer noch kann. Wie bereits in dem Zitat mit dem Bruder positioniert sich Luisa Lucas über die Nacherzählung dieser Interaktion als eine talentierte Frau. Durch den Bezug auf Personen, die sich aufgrund ihres biographischen Wissens oder aufgrund ihrer Expertise und ihres Gespürs sicher sind, dass Luisa Lucas hellsehen kann und sie als Hellseherin adressieren, beginnt sie ihrer Darstellung zufolge selbst (wieder) an ihre hellseherischen Fähigkeiten zu glauben. Im Interview und in der Erzählung ihrer Gründungsgeschichte nehmen diese Personen auch die Funktion ein, sie als Hellseherin glaubwürdig zu machen und das Vorhandensein ihres Talents zu bestätigen.

Immer wieder beschreibt sich Luisa Lucas im Interview als jemand, die etwas nicht kann (wie im obigen Zitat mit dem Bruder; vgl. auch Luisa Lucas, Z. 176ff. und Z. 762ff.). Dies bezieht sie nicht nur auf ihre hellseherischen Fähigkeiten, sondern auch allgemeiner auf ihr Wissen im Zusammenhang mit ihrem Schulabschluss. Die Zuschreibungen von Dritten spielen auch deswegen eine zentrale Rolle, weil sie ihr biographisches erzähltes Ich als eines beschreibt, das nichts kann; auch ihr gegenwärtiges erzähltes Ich beschreibt sie nur über die Adressierungen durch Dritte als talentiert oder fähig. Ihrer biographischen Erzählung zufolge ist diese Phase der Wiederentdeckung ihrer hellseherischen Fähigkeiten die erste, in der sie auf Grund einer Fähigkeit, die ihr individuell zuzuschreiben ist, adressiert wird und dafür nachgefragt wird. Sie wird darin als jemand angesprochen, die Fähigkeiten hat, die beruflich relevant sind oder sein können. An einer weiteren Stelle sagt sie, sie müsse an ihrem Selbstbewusstsein arbeiten, dass sie tatsächlich etwas kann (vgl. Luisa Lucas, Z. 756ff.). Die Verunsicherung über ihr Können kann als Folge ihres fehlenden Berufsabschlusses und der langjährigen Erwerbslosigkeit gelesen werden. In ihren früheren Anstellungen als Aushilfe konnte sie sich zwar anhand ihrer Tätigkeitsbezeichnung als Erwerbstätige positionieren, dafür waren aber keine speziellen Kenntnisse und Eigenschaften ihrerseits relevant. Sie konnte also auch nicht über ihre Tätigkeit spezielle berufliche Fähigkeiten ausbilden, die ihr eine Grundlage für eine Präsentation als Erwerbstätige geboten hätten. In der Zeit der Erwerbslosigkeit hatte sie dann auch keine Berufsbezeichnung, auf die sie sich beziehen konnte, um sich (über die Erwerblosigkeit hinaus) zu beschreiben und zu positionieren (etwa als [erwerbslose] Bäckerin). Weder berufliche Erfahrungen noch eine Berufsausbildung gaben ihr also die Möglichkeit, anhand einer beruflichen „Identität" adressierbar zu sein und sich darüber zu positionieren. Sie hatte in ihrer Biographie nicht (oder nur verhältnismäßig kurz) die Möglichkeit, den Erwartungen, ein „produktives" Mitglied der Gemeinschaft zu sein, nachzukommen und dabei für ihre individuelle Besonderheit soziale Wertschätzung zu erfahren. Ihre Verunsicherung über ihr (fehlendes) „Können" bringt zum Ausdruck, dass sie in ihrer bisherigen Biographie nicht als Person mit besonderen und erwerbsrelevanten Kenntnissen anerkannt wurde und deswegen hierüber keinen sozial legitimierten Ort einnehmen konnte. Ohne konkret die Erwerbslosigkeit als einen Status sozialer Ortlosigkeit zu beschreiben, wie Tamara Tizian es tut (Kapitel 5.2), lassen sich Luisa Lucas' Schilderungen durchaus auch so lesen, dass sie ihre Situation als eine Form sozialer Ortlosigkeit wahrnimmt – bis zu dem Zeitpunkt, zu dem sie (wieder) als Hellseherin adressiert wird. Erst ab diesem Zeitpunkt, sobald sie also diese Fähigkeiten als eine Möglichkeit für eine Positionierung als Erwerbstätige wahrnimmt, versteht und präsentiert sie sich selbst als jemand, die etwas kann. Fähigkeiten oder

„Können" sind in dieser Logik vor allem dann relevant, wenn sie erwerbsförmig genutzt werden können. In diesem Sinne ist Luisa Lucas über das Hellsehen als Erwerbstätige adressier- und positionierbar.

#### 5.5.3.3 Jobcenter als Handlungsrahmen

Luisa Lucas nimmt im Interview dann Bezug auf das Jobcenter, wenn es in der Schilderung ihres biographischen Verlaufs relevant ist. So schildert sie zwar den Prozess der Beantragung des Einstiegsgeldes, nicht aber etwaige Aushandlungen oder Auseinandersetzungen mit dem Jobcenter oder ihrer Sachbearbeiterin. Ihre Darstellung ist nicht emotional, sie erzählt weder von enttäuschten Erwartungen noch von besonders intensiver Unterstützung oder einer intensiven Beziehung zu ihren Sachbearbeitenden. Die distanzierte Schilderung ihrer Erfahrungen mit dem Jobcenter kann dadurch bedingt sein, dass sie mich als Interviewerin oder das Forschungsprojekt insgesamt mit dem Jobcenter assoziiert. Nichtsdestotrotz wird durch ihre Darstellungen deutlich, dass die Vorgaben und Regularien des Jobcenters handlungsorientierend und -leitend für sie sind.

In dem folgenden Zitat geht sie auf die Zeit ein, als sie bei ihrer Sachbearbeiterin anspricht, dass sie sich selbstständig machen will:

„*Und dann hab ich das halt bei meiner Jobmanagerin angesprochen. (I: mhm) Und die hat mir die Möglichkeiten aufgezählt, die Seminare. '* [Name Gründungsberatung] *' ' ' Jetzt muss ich mal gucken. Nee, der liegt nicht, weil ich hab hier meinen ganzen Zettelkram immer drunter. (I: mhm) Ja und ähm dann hab ich zwei, drei Seminare mitgemacht (I: mhm) darüber.* [...] *Und ähm ' ' ja. Dann hab ich das praktisch alles begonnen. (I: mhm) Aber es hat gedauert. Ich glaub im Frühjahr, im April hatte ichs oder im März hatte ichs angesprochen. (I: mhm) ' ' ' Erstellen Sie mal einen ' Business-Plan. (I: mhm) Oh. (I: (lacht leise)) Na gut. In dem Seminar wurde uns das auch erläutert. (I: mhm) Wir haben das natürlich auch alles mit nach Hause bekommen. (I: mhm) Beispiele. (I: mhm) Und dann hab ich wirklich M- Wochen dran gesessen. (I: mhm) An dem Plan. Dann hab ich den abgeben.*" (Luisa Lucas, Z. 226-239)

Die Interaktion mit ihrer Sachbearbeiterin über ihre Selbstständigkeit stellt Luisa Lucas als unproblematisch dar. In ihrer Schilderung hat diese ihr Vorhaben nicht kritisiert oder hinterfragt, sondern ihr die Optionen aufgezählt, die das Jobcenter ihr bieten kann. Luisa Lucas hat daraufhin Seminare bei einer externen Gründungsberatung wahrgenommen und mit ihrer Gründung begonnen. Kurz re-inszeniert sie wieder eine Interaktion (wobei nicht ganz klar wird, ob ihr Gegenpart ihre Sachbearbeiterin oder ihr Gründungsberater ist): Auf die Aufforderung, einen Businessplan zu erstellen, reagiert sie mit einem „*Oh*“. Dies kann als ein Hinweis darauf gesehen werden, dass Luisa Lucas von der Aufforderung überrascht war und zunächst nicht einordnen konnte, was von ihr erwartet wird. In der re-inszenierten Interaktion zeigt sich auch ihr Umgang mit dem Jobcenter: Sie reagiert aktiv auf Handlungsaufforderungen, ist aber in ihrem Vorgehen in der Gründung nicht eigeninitiativ. Auch in dem folgenden Zitat wird deutlich, dass Luisa Lucas ihr Vorgehen in der Gründung an den Ablauf der Einstiegsgeldförderung koppelt und keinen eigenen Plan ihres Vorgehens entwickelt, wie es von Gründenden typischerweise erwartet bzw. ihnen zugeschrieben wird:

„*Und dann war das durch. (I: mhm) Und dann hatt ich ab Februar mein erstes Einstiegsgeld aufm Konto. (I: ah, mhm) ' ' Hatte aber ja noch nichts ' gemacht. Ich brauch ja erst mal Geld, bevor ich anfangen kann. (I: mhm) Ja? Dann hab ich mich erst mal um die Werbung gekümmert.*“ (Luisa Lucas, Z. 246-249)

Die Vorbereitung ihrer Gründung besteht in ihrer Erzählung in erster Linie im Erstellen des Businessplans. Nach etwa einem Dreivierteljahr erhält sie ihr erstes Einstiegsgeld. Für sie ist selbstverständlich, dass sie erst mit dem Eingang der ersten Förderrate auch aktiv werden kann. Das Einstiegsgeld für sie also eine Voraussetzung ihrer Gründung. Das erste, was sie dann macht, ist Werbung. Dass sie ihre Gründung von der Bedingung der Einstiegsgeldförderung abhängig macht, begründet sie in diesem Abschnitt mit monetären Zwängen. In der darauf folgenden Schilderung des

Förderprozesses wird deutlich, dass sie ihr Vorgehen auch über die finanzielle Förderung hinaus an dem formalen Ablauf der Förderlogik der Jobcenter orientiert. So macht ihre Sachbearbeiterin sie darauf aufmerksam, einen Weiterbewilligungsantrag des Einstiegsgeldes zu stellen (vgl. Luisa Lucas, Z. 324), und bringt sie auf die Idee, Räume zum Ausüben ihrer Beratung anzumieten (vgl. Luisa Lucas, Z. 360). Nicht zuletzt macht Luisa Lucas die Weiterführung ihrer Selbstständigkeit ganz grundsätzlich von der Förderung des Jobcenters abhängig. Im Folgenden geht es um ihren zweiten Weiterbewilligungsantrag, den sie demnächst stellen muss:

„*Und muss das halt alles wieder abgeben. Einnahmen, Ausgaben. (I: ah ja, okay) Ne? Einnahmeüberschussrechnung. ' Und dann kann es passieren, dass das wieder lahmgelegt wird. Dann hat sich das mit meiner Selbstständigkeit erledigt. Und (I: mhm) ich muss wieder einer versicherungspflichtigen Arbeit nachgehen.*“ (Luisa Lucas, Z. 331-336)

Luisa Lucas muss demnächst Unterlagen für den Weiterbewilligungsantrag abgeben. Dabei antizipiert sie eine Ablehnung des Antrags, was sie mit dem *„Lahmlegen*“ ihrer Selbstständigkeit gleichsetzt. Dabei ist nicht sie diejenige, die ihre Selbstständigkeit aufgibt, sondern sie gibt diese Entscheidung an das Jobcenter, an eine externe Institution ab. In dieser Schilderung sieht sie für sich selbst nicht die Möglichkeit, über die Weiterführung der Selbstständigkeit zu entscheiden und ggf. auch ohne Förderung als spirituelle Lebensberaterin zu arbeiten. Luisa Lucas fürchtet, sie werde dann einer versicherungspflichtigen Beschäftigung nachgehen müssen. Luisa Lucas positioniert sich hier als den Anforderungen des Jobcenters ausgeliefert. Sie macht an keiner Stelle die Möglichkeit eines Widerstands gegen die Regularien und Logiken des Jobcenters sichtbar. Ihre Abhängigkeit nicht nur in finanzieller Hinsicht, sondern auch bezüglich erwerbsbiographischer Entscheidungen ist groß: so groß, dass sie ihre Gründung an den Regeln des Jobcenters und der Gründungsberatung und den Empfehlungen, die sie dort erhält, entwickelt, aber nicht darüber hinaus tätig wird. Und noch mehr: Die Definition einer gescheiterten oder nicht-gescheiterten Selbstständigkeit macht sie an der formalen Förderentscheidung des Jobcenters fest, damit erhält die Förderentscheidung Entscheidungsgewalt über ihren Erwerbsverlauf generell. Die Präsentation als eine Person, die dem Jobcenter und dessen Entscheidungen ausgeliefert ist und die zugleich die Verfahren des Jobcenters als ermöglichende Strukturen nutzt, kann als das Einnehmen einer Position der Sozialleistungsbezieherin gelesen werden. Dem Jobcenter kommt dabei eine ähnliche Funktion zu wie dem Universum (siehe auch 5.5.3.1). Gegenüber beiden Instanzen positioniert sie sich gewissermaßen handlungsohnmächtig: Sowohl das Universum als auch das Jobcenter entscheiden letztlich (auch gegen ihren Willen) über ihr Erwerbsschicksal.

#### 5.5.3.4 Markt als Gefahr: Schutz vor Vermarktungslogik

Wie oben dargestellt, hält sich Luisa Lucas in ihrem formalen Gründungprozess an das durch das Jobcenter und die Gründungsberatung nahegelegte Vorgehen. Dem formalen Prozess der Gründung zeitlich vorgelagert ist das Wiederentdecken ihrer Spiritualität und damit ein Prozess, der von der Erwerbsform der Selbstständigkeit und der Frage nach erwerbsbezogener Verwertbarkeit ihrer Fähigkeiten unabhängig ist. Erst später entschließt sie sich dazu, ihre Spiritualität beruflich zu nutzen. In den Schilderungen, die sich darauf beziehen, spielt die Auseinandersetzung mit Kund/-innen, Konkurrent/-innen bzw. dem je spezifischen Markt – hier also der spirituellen Lebensberatung –, wie sie etwa in Businessplänen von Gründenden erwartet wird, kaum eine Rolle. An einer Stelle im Interview geht sie auf die von der Gründungsberatung gestellte Anforderung ein, Werbung zu machen. Dabei zeigt sich, dass ihre Haltung zur Vermarktung ihrer Fähigkeiten und damit deren gezielter Verwertung zwiegespalten ist:

*„Dann hab ich mich erst mal um die Werbung gekümmert. (I: mhm) Visitenkarten drucken lassen. Und in ' ' der geistigen Welt, sag ich jetzt mal, (I: mhm) ' ' wo auch immer das ist. Man sagt immer da oben. (I: mhm) Aber das kann auch da drüber oder (lacht) (I: mhm) sein. Ähm ' ' da brauch*

*ich nicht viel Werbung machen. (I: mhm) Erstens mal möcht ich keine Werbung, die irgendwann auf der Straße rumflattert. (I: ja) Ne? Und zum zweiten ' entweder das soll kommen oder das soll nicht kommen. Also ein bisschen Werbung ja. Aber jetzt halt nicht übertrieben. (I: mhm (räuspert sich)) Und äh deswegen habe ich auch keine Flyer drucken lassen. Ich hatte dann Visitenkarten gemacht. (I: mhm) Und hab die halt verteilt*" (Luisa Lucas, Z. 249-257).

Luisa Lucas erzählt, dass ihr erster Schritt im Gründungsprozess die Vermarktung ihrer Dienstleistung ist. In demselben Schritt, in dem sie dies erzählt, distanziert sie sich davon: Sie verweist darauf, dass nach der Logik ihres Tätigkeitsfeldes eigentlich keine Werbung notwendig sei. Der spirituellen Logik widerspreche es, sich einer Marktlogik einzufügen, da über den Entwicklungsfortgang ohnehin auf einer höheren Ebene entschieden werde. Darüber hinaus begründet sie das Ablehnen von Werbung mit ihrer eigenen persönlichen Abneigung gegenüber Werbung, die als Müll auf der Straße liegt. Sowohl auf spiritueller Ebene als auch auf einer individuell-persönlichen Begründungsebene distanziert sie sich von Vermarktung, führt sie aber dennoch durch. Ein bisschen Werbung zu machen, nämlich über das Verteilen von Visitenkarten, erscheint ihr als möglicher Kompromiss. In ihrer Haltung zur Werbung drückt sich ein Pflichtgefühl aus: Es ist etwas, was sie machen muss, weil es so gemacht wird oder weil es im Rahmen eines institutionalisierten Gründungsprozesses von ihr erwartet wird. In Luisa Lucas' Selbstpräsentation kommt zum Ausdruck, dass sie dem nachkommt, was typischerweise von Gründer/-innen erwartet wird und etwa über den Businessplan vermittelt wird. Indem sie darauf verweist, sich zuerst um Werbung gekümmert zu haben, präsentiert sie sich als professionell und als Gründerin, die die den Ablauf kennt. Gleichzeitig präsentiert sie sich als Spirituelle und untermauert dies mit ihrer Skepsis gegenüber Werbung. Luisa Lucas schreibt das Gelingen oder Nicht-Gelingen ihrer Gründung letztendlich aber nicht der Werbung oder ihrem eigenen Handeln zu, sondern der Entscheidung der höheren, spirituellen Macht:

*„Bei mir kommen keine Anrufe an. Ich weiß nicht, was (I: nee?) was los ist. Also ich kriege irgendwo das Okay von oben nicht. (I: mhm) Im Moment. (I: mhm) Ich weiß nicht.*“ (Luisa Lucas, Z. 269-271)

Luisa Lucas weiß nicht, wie sie das Ausbleiben der Anrufe interessierter Kund/-innen deuten soll. Mit der Verunsicherung darüber, ob und wie das Ausbleiben der Kundschaft auf ihr eigenes Handeln zurückführbar ist (etwa Marketing), geht sie um, indem sie sich das Stocken der Gründung mit der fehlenden Zustimmung *„von oben“* erklärt. Das Oben nennt sie an anderer Stelle *„Universum“* (Luisa Lucas, Z. 369) oder *„geistige Welt“* (Luisa Lucas, Z. 250). Dieser Instanz ist sie einerseits über ihre hellseherischen Fähigkeiten verbunden, andererseits positioniert sie diese als eine über allem stehende Macht, die über ihren Weg entscheiden kann. Gleichzeitig aber ist Luisa Lucas unsicher, ob und wann diese Macht tatsächlich wirkt. Funktioniert etwas nicht so, wie sie sich das vorgestellt hat, kann sie auf diese diffuse Macht als Erklärung zurückgreifen und mit der Ungewissheit umgehen.

In Luisa Lucas‘ Darstellungen sind also Marktgeschehnisse von spirituellen Kräften abhängig. Typischen Erwartungen an Gründer/-innen, etwa der Erwartung, sich an der Kundschaft oder an Mitanbieter/-innen zu orientieren (bzw. sich gegenüber diesen abzugrenzen) und in Abhängigkeit davon das eigene Angebot zu entwickeln, kommt sie nicht nach. Ihre zwiespältige Haltung zu Werbung hält sie davon ab, sich stärker einer Marktlogik anzupassen. Sie stellt sich mit ihren wiederentdeckten Fähigkeiten bereit und wartet auf Resonanz. Das Universum ist dabei eine Instanz, anhand derer sie im Interview und gegenüber sich selbst das Ausbleiben des Erfolgs erklärt. Der ausbleibende Erfolg stellt auf diese Weise nicht ihre Kompetenz als Hellsehende in Frage. Sie kann die Selbstpräsentation als eine Person, die etwas kann, im Interview aufrechterhalten und dabei auch ihre Verbundenheit zur spirituellen Instanz noch untermauern. Sie kann also trotz ausbleibenden Erfolgs die Adressierbarkeit als eine Person in einer legitimen erwerbstätigen Position durch ihr Hellsehen erhalten, ohne hierfür von der Bestätigung durch Markterfolg abhängig zu sein. Sie kann sich weiterhin als Hellseherin präsentieren, indem sie sich mit dem Verweis auf eine höhere Macht den Maßgaben des Marktes entzieht und ihre Selbstbeschreibung als Hellseherin vor dem Kriterium des Markterfolgs schützt.

### 5.5.4 Positionierung: Gestaltung unter Bedingung der Vorbestimmung

Luisa Lucas präsentiert sich im Interview als aktive Erwerbstätige. Ihre Positionierung als (selbstständige) Hellseherin impliziert also eine erwerbsbezogene Dimension. In ihrer biographischen Selbstbeschreibung und auch in ihrer gegenwärtigen Beschreibung als Gründerin positioniert sie sich gleichermaßen als aktiv und als jemand, der ein Schicksal widerfährt. In ihrer Beschreibung als aktive Erwerbstätige antwortet sie gewissermaßen auf Aktivierungsanrufungen der Jobcenter und auf eine allgemeine gesellschaftlich-diskursive Normalitätserwartung, sich als Erwerbstätige und damit als produktives Gesellschaftsmitglied zu beschreiben – eine Selbstbeschreibung, die nicht zuletzt auch durch die Interviewanfrage und -situation hervorgerufen wird. Mit der Gründung kann sie sich also als eine Expertin für etwas beschreiben und Identifizierbarkeit und Positionierbarkeit über eine erwerbsbezogene Selbstbeschreibung erfahren. Andererseits präsentiert sie sich im Interview immer wieder als externen Einflussgrößen ausgesetzt. Neben *„Trümmern"*, denen sie sich in ihrer Vergangenheit immer wieder gegenüber sah und gegen deren Auftreten sie nur bedingt Einfluss nehmen konnte, sind externe Einflussgrößen (Jobcenter und Universum) in ihrer Selbstpräsentation auch bestimmend für den Verlauf ihrer Gründung. So lässt sie die Entscheidung über das Bestehen ihrer Selbstständigkeit vom Jobcenter treffen, ihre wirtschaftliche Erfolglosigkeit erklärt sie sich mit dem Wunsch des Universums. Der Bezug auf eine externe Entscheidungsinstanz ist lesbar als eine Positionierung gegenüber dem Scheitern in ihrer Erwerbsbiographie und in ihrer Gründung und als eine Form, damit umzugehen, ohne dabei das ‚Gesicht zu verlieren'. Das Scheitern beruht dann nicht mehr auf (Fehl-)Entscheidungen, die ihr zurechenbar sind. Vielmehr erscheinen die erfolglosen

Versuche, sich als Erwerbstätige zu positionieren, als notwendige, schicksalhafte Begebenheiten. Der Bezug auf externe Entscheidungsinstanzen ist ein Weg für sie selbst, mit ihrer Biographie umzugehen und sich nach außen nicht als „gescheitert" beschreiben zu müssen. Dabei bezieht sie sich indirekt auf die gesellschaftliche Normalitätserwartung, Teil der Arbeitsgesellschaft zu sein. Diese Form der Selbstpräsentation kann als ein Ergebnis ihrer langjährigen Abhängigkeit von Sozialleistungen gelesen werden. In dieser Zeit ist es für sie gewissermaßen Normalität geworden, dass von außen über ihren Erwerbsverlauf entschieden wird. Das Universum und das Jobcenter nehmen so gesehen eine ähnliche Funktion ein.

Die Selbstständigkeit im Rahmen des Arbeitslosengeld-II-Bezugs ermöglicht ihr, auf Aktivierungsanforderungen des Jobcenters zu reagieren, ohne sich unmittelbar Markanforderungen aussetzen zu müssen. Sie kann ihre hellseherischen Fähigkeiten vor dem Markt schützen. Durch den Bezug auf das Universum und dessen Entscheidungshoheit kann sie sich phasenweise unabhängig von Bewerbungsforderungen des Jobcenters als Erwerbstätige, als Hellseherin positionieren, ohne sich von Marktprozessen abhängig zu machen. Die tatsächliche Überwindung der Hilfebedürftigkeit durch die Selbstständigkeit wird als antizipiertes Ziel oder Gründungsmotiv nicht deutlich. Auch hierfür können als Gründe die langjährige Erwerbslosigkeit und die fehlende Berufsausbildung aufgeführt werden, die der Entwicklung einer dauerhaften Erwerbsperspektive unabhängig von Sozialleistungen im Wege stehen. Die Selbstständigkeit ermöglicht es Luisa Lucas also, durch die Präsentation als Erwerbstätige phasenweise Hilfebezug und Aktivierungsforderungen zu integrieren. Dass sie zwei Jahre später wieder ein neues Projekt verfolgt, bestätigt diese Interpretation ihres Umgangs mit Aktivierungsanforderungen der Jobcenter und der Erwartung, sich als Selbstständige zu beschreiben. Sie findet immer wieder Formen, sich als aktive Erwerbstätige zu beschreiben und zu positionieren – ohne diese Position auch dauerhaft umzusetzen oder umsetzen zu können. Ihre Abhängigkeit von Sozialleistungen kann sie dabei nicht aufheben.

## 5.6 Sebastian Simon

### 5.6.1 Kontaktverlauf – Interviewsetting – Interviewverlauf

Beim ersten Telefonat zeigt Sebastian Simon sich interessiert an dem Forschungsvorhaben. Vor seiner festen Interviewzusage fragt er nach, wie die Daten verarbeitet und in welcher Form sie veröffentlicht werden. Ein Interview bei ihm zu Hause ist ihm zu intim, deswegen verabreden wir uns in einem Café, das er vorschlägt.

Das Café liegt im Stadtzentrum. Ein großer und ein kleinerer Bewirtungsbereich sind durch eine zweistufige Treppe voneinander getrennt. Vor allem der größere Bereich ist gut besucht – vornehmlich von älterem Publikum. Die Stühle sind mit weißem Leder überzogen, die Tische aus Holz. Im zentralen Raum des Cafés befindet sich eine große Kuchentheke. Wir setzen uns an einen Tisch im eher ungemütlichen Eingangsbereich des Cafés, da es dort wesentlich ruhiger ist. Sebastian Simon bringt unerwartet seine Mutter zum Interview mit, sie setzt sich an einen Nebentisch und beobachtet das Geschehen, allerdings ohne sich aktiv in das Interview einzubringen. Im Laufe des Gesprächs setzen sich zwei weitere Personen zu der Mutter an den Tisch, offenbar auch Verwandte oder Bekannte von Sebastian Simon und seiner Mutter.

Das Interview führen Hans Pongratz und ich gemeinsam, wobei wir vorab vereinbaren, dass ich das Interview in der Hauptsache führe und er bei Bedarf exmanente Nachfragen und standardisierte Fragen am Ende des Interviews stellen wird. Diese Rollenverteilung behalten wir bei. Sebastian Simon sitzt uns beiden gegenüber. Er ist zum Interviewzeitpunkt 25 Jahre alt; er ist sportlich gekleidet, wir trinken alle Kaffee. Bevor wir mit dem Interview beginnen, hakt Sebastian Simon noch einmal nach, woher wir genau seine Adresse hätten. Nachdem wir dies erläutert, unser Forschungsvorhaben vorgestellt und die informierte Einwilligung eingeholt haben, beginnen wir mit dem Interview. Sebastian Simon antwortet direkt und eher knapp ohne längere Ausführungen auf den Erzählimpuls und die dann folgenden Nachfragen. Einige immanente Nachfragen führen zu ausführlicheren Schilderungen, in manchen Fällen allerdings weist er irritiert darauf hin, dass er das bereits ausgeführt habe oder dass es dazu nicht mehr zu sagen gebe. Insgesamt aber ist die Atmosphäre des Interviews angenehm, es dauert ca. eineinhalb Stunden.

Nach dem Interview bekundet er seine Bereitschaft, für die zweite Befragungswelle wieder ein Interview zu geben. Allerdings kann ich ihn zwei Jahre später unter den bekannten Adressdaten nicht erreichen.

### 5.6.2 Biographische Ereignisdaten

Sebastian Simon wird Ende der 1980er Jahre geboren. Er macht einen Hauptschulabschluss und beginnt anschließend eine Lehre. Nach etwa zweieinhalb Jahren, also kurz vor Abschluss seiner Ausbildung, muss er diese aus gesundheitlichen Gründen abbrechen. Er ist dann bis zu seiner Weiterbildung zum Systemkaufmann mit Unterbrechungen für etwa fünf Jahre arbeitslos. Neben Maßnahmen im kaufmännischen Bereich absolviert er seinen Grundwehrdienst (im Interview bezeichnet er ihn als „Zivildienst"), im Rahmen dessen er unter anderem als Stabsdienstsoldat in der IT eingesetzt wird. Zudem macht er eine Schulung mit Praktika in der Gastronomie, wobei er wiederum in der IT bzw. Administration arbeitet. Während seiner Zeit dort hat er mit einem Freund die Idee, gemeinsam eine Gaststätte zu eröffnen. Die Idee zerschlägt sich bald, aber er hält an dem Vorhaben fest, sich selbstständig zu machen: Er plant, ein Internetcafé zu eröffnen. Über das Jobcenter (bzw. damals: die Arge) erhält er Kurse zur Existenzgründung. Kurz vor der Umsetzung scheitert das Vorhaben allerdings aufgrund fehlender Unterstützung von Kooperationspartnern. Nach eigenem Bekunden sei dies sein persönlicher Tiefpunkt gewesen. Zwischen 2008 und 2010 macht er dann über das Jobcenter eine Weiterbildung zum IT-Systemkaufmann. In dieser Zeit bereitet er seine nächste Gründung, den Handel mit Computerhardware, vor.

Sein Interesse an IT beginnt nach eigener Aussage in seiner Jugend und er verfolgt dieses Interesse zunächst unabhängig von institutionellen Ausbildungsstrukturen (auch seine abgebrochene Lehre ist weder kaufmännisch noch in der IT-Branche zu verorten). Er kauft sich seinen eigenen PC, baut ihn um und repariert alles selbst. Sein Vorhaben, ein Internetcafé zu eröffnen, und seine Weiterbildung zum IT-Systemkaufmann stehen im Kontext dieses Interesses. Der Wunsch, selbstständig zu arbeiten, entsteht parallel hierzu. Für die Planung seiner zweiten Existenzgründung führt er beide Interessen zusammen. Er besucht erneut Kurse zur Existenzgründung und schreibt einen neuen Businessplan. Er erhält für ein Jahr Einstiegsgeld und ein Darlehen über das Jobcenter. Da er mit dem Handel von Spielekonsolen keine ausreichenden Einnahmen hat, ändert er sein Konzept und beginnt, über das Internet Elektronikware aus China einzuführen und zu verkaufen. Die Produkte bietet er in erster Linie über seine Homepage, aber auch über diverse Verkaufsplattformen wie etwa Amazon an. Dieses Geschäft läuft besser; er möchte dennoch ein zweites Standbein mit einem Nebenjob aufbauen, wodurch er sozialversichert wäre. Derzeit steht er noch im Bezug von Arbeitslosengeld II, da er mit seiner Freundin und deren Kind zusammenwohne und sein Einkommen nicht zur Ernährung der Familie ausreiche.

### 5.6.3 Positionierungen

#### 5.6.3.1 Das präsentierte biographische Selbstbild

Die etwa fünfminütige biographische Eingangserzählung von Sebastian Simon ist an berufsrelevanten Ereignissen und Erfahrungen ausgerichtet:

*„Ja, angefangen hat alles nach der Schule mit äh mit Anfang der Lehre im Bereich äh* [Lehrberuf]. *(I: mhm) ' ' (räuspert sich) Was aber aus äh ' medizinischer Sicht oder aus gesundheitlichen Gründen nicht äh ' weiter f-fortgesetzt werden konnte. (I: mhm) ' ' Äh ja. ' Dann gings weiter mit erst mal ne Zeit lang äh ne Arbeitslosigkeit, mehrere Maßnahmen zwischendurch halt (I: mhm) immer so in dem Bereich, kaufmännischen Bereich. ' Zivildienst freiwillig gemeldet. (I: mhm) Weil ich das dann irgendwie zur*

*Überbrückung dann gesehen habe vielleicht ' äh ins Berufliche zurückzukommen. (I: mhm) Danach ging es dann eigentlich schon äh ging es weiter mit ner mit Reinschnuppern im Bereich Gastronomie. (I: mhm) Da hab ich dann über die [*Bildungseinrichtung] *hier in* [Stadt-A] *ne Art Schulung gemacht ein halbes Jahr. (räuspert sich) Wo es dann halt ins&in die Gastronomie ging. (I: mhm) Hab ich zwei Praktiken gemacht. Einmal im* [Name Betrieb-1] *und beim* [Name Betrieb-2]. *(I: mhm) Aber das war halt alles äh immer im Bereich IT. Ich war immer schon so ein bisschen computertechnisch (I: mhm) ' interessiert. (I: mhm, ' ' mhm) Ja, von dort aus ging es äh in die Planung. ' Weil ich im* [Betrieb-1], *das hat mir so eigentlich so gefallen so ein bisschen das Ganze, wie das da so ablief. Und (I: mhm) ich hatte selber die Idee damals mit nem anderen Kumpel eventuell ne äh selber ne Gaststätte aufzumachen. (I: mhm) Und da kam eigentlich überhaupt die Gründungsidee irgendwo.*" (Sebastian Simon, Z. 12-29)

Sebastian Simon beginnt mit dem Anfang („*angefangen hat alles mit ...*"). An den Erzählimpuls, der nach der „*Geschichte*" seit dem „*Ende der Schulzeit*" fragt, anschließend, setzt er den Anfang seiner Geschichte genau hier an: bei seiner Lehre nach der Schule. Der Beginn seiner Narration wirkt distanziert, was er unter anderem durch seine formal wirkende Sprache herstellt, wie etwa die Formulierung „*aus medizinischer Sicht*" (Sebastian Simon, Z. 13), eine Beschreibung, die er gleich darauf reformuliert zu „*aus gesundheitlichen Gründen*", ein Ausdruck, den er möglicherweise als besser zu ihm passend sieht. Ebenso bezieht er sich zu Beginn seiner Erzählung nicht auf sein erzähltes Ich, sondern vielmehr auf ein verallgemeinerndes Man. Die Erzählung von sich in der dritten Person und die Verwendung formaler Begriffe ermöglichen ihm eine distanzierende, sachliche Darstellung seiner Geschichte. Rhetorische Mittel, um Distanz herzustellen, sind vielleicht gerade an dieser Stelle seiner Biographie notwendig, da der Abbruch der Lehre und die folgende Arbeitslosigkeit besonders einschneidend und schambehaftet sein können. Die Verwendung formaler und teilweise auch unpassender Begriffe, wie etwa der Selbstbezug in der dritten Person vor allem zu Beginn der Narration, kann auch ein Hinweis darauf sein, dass er unsicher ist und sich im Interview an den älteren und aus dem akademischen Bereich kommenden Interviewenden orientiert. Auf sein erzähltes Ich bezieht er sich im Interview zum ersten Mal mit *„Ich"*, als er eine erwerbsbezogene Entscheidung mit eigenen Motiven begründet: Er habe sich freiwillig für den *„Zivildienst"* (bzw. eigentlich die Bundeswehr) entschieden, um wieder *„ins Berufliche zurückzukommen"* (Sebastian Simon, Z. 18). Auf welche Berufserfahrung er sich bezieht, wenn er von *„zurückzukommen"* spricht, ist uneindeutig, da er bis zu diesem Zeitpunkt noch gar keine dauerhafte Berufserfahrung gemacht hat. Die Formulierung ist lesbar als das Bedürfnis, überhaupt erst *„ins Berufliche"* zu finden. Er sieht seine Zeit in der Bundeswehr also als eine Möglichkeit an, sich beruflich zu orientieren, und deutet sie damit erwerbsbiographisch und nicht etwa als eine Phase, die unabhängig sowohl von der Schule als auch vom Ausbildungs- und Erwerbsleben wäre. Er stellt die Zeit dort in seiner Retrospektive als eine Art Maßnahme dar, die ihm einen erwerbsbiographischen Alltag ermöglichen soll. Dies ist ein Hinweis darauf, dass er in den Jahren zuvor keinen Bezug zum *„Beruflichen"* hatte und einen solchen Bezug auch nicht selbst oder mit Unterstützung der Familie oder des Jobcenters aufbauen konnte. Einerseits präsentiert er sich damit im Interview als Autor seiner eigenen Geschichte: Er betont, dass er selbst entschieden hat, beruflich wieder aktiv zu werden. Ob sich sein Ziel erfüllt hat, lässt er an dieser Stelle des Interviews offen. Die Formulierung, er habe im Anschluss an die Bundeswehr in die Gastronomie *„reingeschnuppert"*, suggeriert zumindest, dass er weder bei der Bundeswehr noch in der Gastronomie eine dauerhafte Lehr- und Lernzeit wahrnahm. Er hebt die Schulung bzw. Praktika hervor, da er hier auch Tätigkeiten ausübte, die für seine spätere Gründung relevant sind. Zudem sind die Praktika deshalb für ihn wichtig, weil er hier zum ersten Mal gemeinsam mit einem Freund die Idee hatte, sich selbstständig zu machen.

In einer berichtenden Form der Erzählung stellt er einen Zeitraum von etwa elf Jahren dar. Seine Narration führt er auch nach dem hier zitierten ersten Teil auf dieselbe Weise fort. Seine Darstellungsperspektive ist rückblickend, er erzählt von seinem Standpunkt in der Erzählsituation aus, d.h. er erzählt seine Biographie im Hinblick auf das Resultat, seine Gründung. Die Ereignisse, die er erzählt, sind entweder Teil seiner erwerbsbiographischen Erfahrungen oder er beschreibt Interessen, die dann später für seine Gründung wichtig sind. Er bereitet damit die Darstellung seiner Gründungsgeschichte vor. Die Ausführung ist wenig expressiv oder emotional aufgeladen. Vielmehr schildert er sachlich seinen Weg zur Selbstständigkeit. Er reagiert damit auf das ebenfalls sachlich begründete Forschungsinteresse. Sein biographischer Fokus in der Schilderung ist durch die Begründung der Interviewanfrage mitbedingt. Sebastian Simon präsentiert sich im Interview als aktiv auf der Suche danach, beruflich Fuß zu fassen. Dabei spielen etablierte Institutionen für ihn kaum eine Rolle. Weder thematisiert er die Suche nach einer neuen Lehrstelle noch führt er das Jobcenter als eine Institution ein, die ihn in seiner Erwerbs- bzw. Nicht-Erwerbsposition positioniert. Er schildert seine Geschichte vielmehr entlang von Erfahrungen, die ihn beruflich weitergebracht haben – sei es in Form von Wissen, das sich gefestigt hat, oder Ideen, die entstanden sind. Institutionen wie das Jobcenter, Berufsausbildungen, Berufsbilder oder Berufsbeschreibungen kommen in seiner Erzählung nicht als definierende oder fordernde Einrichtungen und auch nicht als Orientierungsrahmen vor. Er präsentiert sich damit als Gestalter seiner beruflichen Geschichte, der zwar Schulungen und Maßnahmen besucht, diese aber nicht als definierende oder positionierende Instanzen darstellt. Seine berufliche Orientierung ist vielmehr prozesshaft: Er entwickelt sie entlang der sich ihm bietenden Möglichkeiten.

#### 5.6.3.2 Eine Suche nach „Beruflichem“: Selbstständigkeit als Rahmen

Wie oben beschrieben, ist Sebastian Simon auf der Suche nach einer beruflichen Verortung. In dieser Suche orientiert er sich eher an sich bietenden Gelegenheiten als an institutionellen Strukturen. Die Erwerbsform Selbstständigkeit bietet ihm hierfür die notwendige Flexibilität in der beruflichen Findungsphase. Insofern steht auch sein Entschluss, sich selbstständig zu machen, fest, bevor er ein Feld findet, in dem eine Gründung funktioniert. Im Zuge seiner Weiterbildung in der Gastronomie hat er zum ersten Mal die Idee, etwas Eigenes aufzubauen:

*„Und ' da fiel mir der Service, war eigentlich auch relativ spaßig. Deswegen kam mir die Idee ja dann auch eventuell äh im Gastronomie-Bereich sich sesshaft zu machen.“* (Sebastian Simon, Z. 150-152)

Sebastian Simon befindet sich in einer beruflichen Orientierungsphase und versucht *„ins Berufliche zurückzukommen“* (Sebastian Simon, Z. 18). Wie er es an dieser Stelle formuliert, möchte er sich *„sesshaft“* machen. Er möchte also ankommen und bleiben. Er sucht nach einem Tätigkeitsfeld oder einen Beruf, das oder den er dauerhaft und planbar ausüben kann. Bei der Suche nach einem Beruf ist er nicht in erster Linie an einer klassischen Berufsausbildung orientiert, sondern entwickelt seine Ideen entlang der Möglichkeiten, die sich ihm bieten. Dies kann auch mit den Optionen zusammenhängen, die ihm das Jobcenter bietet: Möglicherweise unterstützt es eher die Suche nach Weiterbildungen als nach Berufsausbildungen. Die halbjährige Phase der Praktika, durch die er in die Gastronomie *„reinschnuppern“* (Sebastian Simon, Z. 20) konnte, ist Ausgangspunkt seines Wunsches, hier eine berufliche Heimat zu finden. Die Begründungen seines Interesses daran sind spontan und situativ bedingt: Es sei *„relativ spaßig“* gewesen; in der Eingangsnarration sagt er, ihm habe der Ablauf dort gefallen (vgl. Sebastian Simon, Z. 27). Seine Idee entsteht also nicht infolge langfristiger beruflicher Erfahrungen, sondern er leitet sie situativ oder punktuell aus einem allgemeinen Gefühl ab und verfolgt sie dann. Die Selbstständigkeit ist eine Erwerbsform, die es ihm ermöglicht, seine Berufsfindung an den sich ihm bietenden Gelegenheiten auszurichten und sich nicht von einem erlernten Beruf abhängig zu machen. So ist in der Folge dann auch die Erwerbsform selbst das, woran er festhält und sich orientiert, und nicht die Tätigkeit oder die Branche (in diesem Fall die Gastronomie). Er erzählt, sein biographischer *„Tiefpunkt“*

(Sebastian Simon, Z. 301) sei dann gewesen, als sein konkret gewordenes Vorhaben, ein Internetcafé zu eröffnen, nicht funktionierte. Mit dem Internetcafé hatte er sich zum ersten Mal eine dauerhafte berufliche Perspektive erarbeitet. Die Enttäuschung über seine geplatzten Pläne beschreibt er zugleich als Ausgangspunkt seiner neuen Gründungsidee:

*„Und da fiel mir halt, da ich selber gerne spiele auch abends, ein bisschen so mich mit den Spielern zusammengesetzt hatte, ' diese selber anzubieten plus gleichzeitig äh eine Newsseite mitzumachen. (I: mhm) Das heißt ich teste die Spiele, schreibe meine Erfahrung rein wie es halt bei den großen Plattformen halt so ist. (I: mhm) ' ' Hat sich aber nicht rentiert. Das habe ich ein ' hal- ein viertel, halbes Jahr. Und danach bin ich dann halt ' umgesattelt auf die ' China-Modelle.“* (Sebastian Simon, Z. 307-312)

Seinen Schilderungen zufolge entsteht auch seine zweite Gründungsidee situativ, in diesem Fall aus seiner Freizeitbeschäftigung. Er möchte das Computer-Spielen, dem er ohnehin nachgeht, professionalisieren und mit seiner Expertise darin Geld verdienen. Hierbei ist er Dienstleister für Plattformen. Da sich die Tätigkeit nicht auszahlt, ändert er diese nach ein paar Monaten. Sebastian Simon präsentiert sich hier als erwerbsorientiert, auf der Suche nach einer Tätigkeit, mit der er sich niederlassen (*„sesshaft“* machen) kann, die ihm also genug Einkommen und dauerhafte Sicherheit bietet. Die Tätigkeit selbst ist dabei relativ variabel. Das Etablieren eines funktionierenden Geschäfts, die Selbstständigkeit, steht im Vordergrund. Dass er die Selbstständigkeit als Erwerbsform ernst nimmt und als erstrebenswert ansieht, wird auch an den Begriffen deutlich, derer er sich bedient: Er spricht davon, eine *„Firma“* (Sebastian Simon, Z. 52) aufzubauen, eine Beschreibung, die in dem Sample des Forschungsprojekts ungewöhnlich ist. Die meisten Gründenden beziehen typische Bezeichnungen für Unternehmen nicht auf ihre eigenen Vorhaben. Zudem eignet sich Sebastian Simon schon früh gründungsbezogenes kaufmännisches Wissen an (vgl. Sebastian Simon, Z. 33ff.), besucht auch für seine zweite Gründungsidee entsprechende Kurse und informiert sich über Voraussetzungen (vgl. Sebastian Simon, Z. 40ff.). Auch dies unterscheidet ihn von einem Großteil der Gründer/-innen im Sample. Er identifiziert sich mit der Selbstständigkeit als Erwerbsform. Diese ist es, die ihm einen Orientierungsrahmen bietet, um wieder *„ins Berufliche zurückzukommen“* – und gerade nicht etwas Fachliches, wie ein Berufsbild oder eine Tätigkeit. Die Selbstständigkeit gibt ihm damit nicht nur die Möglichkeit, verschiedene Tätigkeiten auszuüben, sondern bietet selbst auch Identifikationspotenzial. Wie auch in dem obigen Zitat bezeichnet er sich selbst in erster Linie als *„Selbstständiger“* und nicht über seine Tätigkeit – etwa als IT-Systemkaufmann.

Die Erwerbsform Selbstständigkeit bietet Sebastian Simon nicht nur die Offenheit, die ihm ermöglicht, in die Erwerbstätigkeit zu finden. Sie steht für ihn auch für die Möglichkeit einer sozialen Statusveränderung. Die Erwerbsform hat also zusätzlichen Eigenwert für ihn, dies wird im Laufe des Interviews punktuell deutlich. In dem folgenden Zitat stellt er Veränderungen dar, die mit seiner Gründung einhergingen:

*„Es war komisch der erste Tag aufzustehen. (I: mhm) Jetzt bist du selbstständig. (I: mhm) ' Ist ein ' wie ein neuer Abschnitt im Endeffekt. (I: mhm) Aber so jetzt, dass ich, außer halt die Lebenssituation, dass die halt ein bisschen ' der Lebensstandard ein bisschen höher gegangen ist. (I: mhm) Sonst ist eigentlich nach wie vor. (I: mhm) Ist jetzt nicht so überheblich, dass man sagt, ' man läuft jetzt mit Nase hoch durch die Kante. ' Nö. Ich habe ganz normal meinen Freundeskreis, auch die dann halt meine normale Schiene waren, wie sie vorher waren. Mit denen unterhalte ich mich normal.“* (Sebastian Simon, Z. 871-877)

Sebastian Simon schildert, wie die Selbstbezeichnung als Selbstständiger ihn innerlich bewegt. Diese habe zunächst seine Haltung zum Tagesablauf verändert und vor allem eine neue Lebensphase bewirkt. Er zitiert hier sein eigenes Sprechen zu sich, seine Selbstzuschreibung als Selbstständiger. Die Selbstbezeichnung steht symbolisch für die lebensweltliche Veränderung, die für ihn einem Neuanfang darstellt und einen höheren Lebensstandard ermöglicht hat. In den folgenden Sätzen relativiert er allerdings die Auswirkung seiner Gründung auf sein Leben. Er grenzt sich dabei von einem Bild ab, das mit Selbstständigen Arroganz und Überheblichkeit verknüpft. Vielmehr sei sein soziales Umfeld gleich geblieben und er gehe nun nicht anders mit seinen Freund/-innen um. Gegen die Folie des Selbstständigen, der sich als etwas Besseres ansieht, präsentiert er sich als „*normal*". Normal bedeutet für ihn: Er bleibt, wie er ist. Er habe sich also nicht verändert. Interessant ist, dass sich Sebastian Simon eines solchen Bildes von Selbstständigen bedient. Dies kann ein Hinweis darauf sein, dass er in seinem Umfeld mit der Vermutung konfrontiert wurde, er könne sich von seinen Bekannten entfernen und überheblich werden; möglicherweise verknüpft er auch selbst ein solches Bild mit Gründenden. Nichtsdestotrotz bedeutet das Selbstständig-Sein für ihn, sich beschreiben und sozial neu positionieren zu können. Er kann sich mit der Bezeichnung „Selbstständiger" im Erwerbskontext positionieren und seinen Lebensstandard erhöhen. Er verbindet Selbstständigkeit nicht mit Attributen, die typischerweise der Selbstständigkeit zugeschriebenen werden, wie etwa der Selbstverwirklichung oder der Freiheit im Arbeiten, sondern sie ist für ihn vielmehr eine Selbstbeschreibungs- und Orientierungsfolie, mit der er sein primäres Ziel – ins Berufliche zu finden – relativ offen, also ohne institutionelle Grenzen und Hürden überwinden zu müssen, verfolgen kann.

### 5.6.3.3 Markt als Möglichkeitsraum

Die Offenheit, die ihm die Erwerbsform Selbstständigkeit bietet, ist bedingt durch die Vielfalt der Märkte, auf die er sich beziehen kann. Ohne sich fachlich auf einen Beruf und entsprechende Marktbedingungen festzulegen, probiert er Verschiedenes aus; die Betätigungsfelder der Selbstständigkeit sind dabei relativ austauschbar. Gemeinsam ist allen die IT. Nachdem er das Internetcafé nicht eröffnen konnte, geht er in seinem zweiten Anlauf dem Handel mit Spielekonsolen und dem Testen von Spielen nach. Nachdem dies nicht erfolgreich ist (vgl. Sebastian Simon, Z. 56, 334), orientiert er sich wieder neu. Die Idee für sein neues Gründungskonzept kommt auch hier eher durch Zufall zustande: Er habe sich mit einem

Freund unterhalten, der bereits mit dem Handel von Computerhardware aus China selbstständig sei. Dieser Freund habe gemeint, der Markt sei „*interessant*" (vgl. Sebastian Simon, Z. 62ff.). Das Konzept habe er übernommen und führe das bis heute weiter (vgl. Sebastian Simon, Z. 60ff.). Er hat sich das Feld angeeignet, Kontakt zu Lieferant/-innen über Google aufgenommen, sich in die Regelungen des Zolls eingearbeitet und einen Ablauf überlegt, der darauf hinausläuft, dass die Kund/-innen die Zollgebühren selbst direkt entrichten. Seinen Verkauf wickelt er über bekannte Verkaufsplattformen und über seine eigene Homepage ab. Zur Tätigkeit bzw. den gehandelten Produkten hat er keinen persönlichen Bezug. Dies wird auch daran deutlich, dass er sich nicht in erster Linie mit den Produkten identifiziert, die er verkauft:

„*Nee. (I2: ja) ' Weil ich denen in dem China-Bereich auch wirklich keine Qualität versprechen kann. ' Und ich (I2: mhm) wenn, dann will ich meinen Freunden bloß wirklich was empfehlen, was wirklich ' Hand und Fuß hat.*" (Sebastian Simon, Z. 822-824)

Sebastian Simon steht nicht vollkommen hinter den Produkten und würde sie deswegen auch nicht seinen Freund/-innen empfehlen. Dieses Zitat unterstreicht die Interpretation, dass sein Gründungsprozess in erster Linie ein Prozess ist, in dem er seine Selbstständigkeit etablieren möchte; dabei geht er marktorientiert und nicht in erster Linie tätigkeitsorientiert vor. Sebastian Simons Bezug zu seinem Geschäftskonzept ist also funktional. Primär liegt ihm daran, ein funktionierendes Geschäft aufzubauen. Der Gegenstand seiner Tätigkeit, die gehandelte Ware, ist weder emotional noch ideologisch bedeutsam für ihn. Kontakt zu seinen Lieferant/-innen in China sucht er über Google, er kommuniziert via Messenger und mit Hilfe von Google-Translate. Für sein geschäftliches Handeln mit Händlern bedient er sich also Kommunikationsmedien, die eher im privaten als im geschäftlichen Umfeld genutzt werden. Sein Kontakt zu Händler/-innen ist auf die minimal notwendige Kommunikation beschränkt und ausschließlich an der Sache orientiert. Emotionaler bzw. wertender sind seine

Bezugnahmen auf seine Kund/-innen. Wohl bedingt durch sein Geschäftskonzept – aufgrund dessen er mit Kund/-innen in der Regel nur dann Kontakt hat, der über die standardisierte Abwicklung des Geschäfts hinausgeht, wenn es Probleme gibt – bezieht er sich im Interview nur auf solche problembehafteten Interaktionen:

„*Ich frage mich manchmal echt womit die Kunden denken. Also wenn die Kunden. ' Ja, jetzt aktuell hatte ich einen, der hat bei Amazon bestellt. Steht alles drunter an Informationen auf der Seite bevor die bestellen, steht ein Schild drunter, was alles zu beachten ist. (I: mhm) Das heißt mit der Abwicklung der mit dem Zoll und alles mögliche. (I: mhm) Prompt kam von dem ne Nachricht, ja, hier, es&wie sie hier die Ware verschicken, das kann doch wohl nicht in Ordnung sein, ich kriege hier von DHL E-Mails hier.*“ (Sebastian Simon, Z. 578-583)

In diesem Zitat bezieht sich Sebastian Simon auf einen Kunden, der seine Anweisungen, wie mit dem Zoll umzugehen sei, nicht richtig gelesen habe und nun verärgert oder irritiert über den ungewöhnlichen Ablauf sei. Die Schilderung des Vorgangs leitet er mit einer Wertung seiner Kund/-innen ein: Sie seien nicht immer in der Lage, ihren Kopf zu benutzen. Er deutet also an, sie seien dumm. Er verstehe nicht, was sie sich dächten, und beschreibt sie als kopflos. Ebenso verhält es sich in dem folgenden Beispiel, wo er sich über einen Kunden lustig macht, dem erst nach Erhalt der Ware klar geworden sei, dass das Handy aus China stamme:

„*Einmal habe ich ein äh habe ich ein Handy verschickt, da sagt er zu mir, das ist ja ein Chinesen-Handy. Sage ich, ach, nee? (I: (lacht)) Und der. (lacht) Ich weiß nicht. ' ' Lesen die nicht oder was? Ich weiß es nicht. Das sind manchmal so Dinge, da verzweifelst du.*“ (Sebastian Simon, Z. 587-590)

Er re-inszeniert die Interaktion mit seinem Kunden, um dessen vermeintliche Unverständigkeit zu betonen. Als Interviewerin bestätige ich ihn durch Lachen, woraufhin er sein eigenes Unverständnis für diese Unverständigkeit hervorhebt. Zuletzt meint er, dies sei etwas, woran er verzweifle. Soweit ansonsten im Interview auf sie Bezug genommen wird, ist Sebastian Simons Verhältnis zu seinen Kund/-innen neutral. Wenn er überhaupt persönlichen Kontakt zu ihnen hat, so ist er, wie in den geschilderten Beispielen, problembehaftet. In den zitierten Situationen hätten die Kund/-innen jeweils seine Anweisungen und Regelungen nicht richtig gelesen. Seine Selbstbeschreibung als „*Verzweifelter*" verstärkt die Positionierung seiner Kund/-innen als dumm, da er hierdurch suggeriert, aufgrund des Ausmaßes ihrer Unverständigkeit nicht weiterzuwissen. Ähnlich wie zu der gehandelten Ware ist sein Verhältnis zu Kund/-innen in erster Linie neutral und funktional bis distanziert. Indem er sich über sie lustig macht, sie als unverständig darstellt, erhöht er die Distanz zu ihnen weiter. Als Internethändler steht für ihn der persönliche Kontakt zu Kund/-innen nicht im Vordergrund. Er verkauft seine Ware weltweit (vgl. Sebastian Simon, Z. 680) und baut nicht auf das Konzept der Stammkundschaft (vgl. Sebastian Simon, Z. 601ff.). So hat er als Zwischenhändler im Internet keinen persönlichen Kontakt und ist auch nicht darauf angewiesen, auf Kund/-innen individuell einzugehen. Vielmehr organisiert er einen reibungslosen Ablauf und analysiert das Verhalten seiner Kund/-innen auf seiner Homepage (vgl. Sebastian Simon, Z. 1111), woraus er Schlüsse über deren Verhalten zieht. Alles, was nicht funktioniert und nicht Teil des vorgesehenen Ablaufs ist, wie etwa Nachfragen seiner Kund/-innen, stört ihn. Er ist also auch nicht auf die Anerkennung von Kund/-innen angewiesen. Auch ist er nicht auf direkte interaktionale Adressierung als Händler (oder andere Dimensionen der Selbstständigkeit) angewiesen, um sich in seiner Selbstständigkeit zu positionieren. Weder kennen ihn seine Kund/-innen als Person oder als Händler oder interessieren sich für seine Person, noch zieht er Bestätigung für sein Handeln aus der Zufriedenheit seiner Kunden. Im Gegenteil, persönlicher Kontakt zu Kund/-innen ist nicht vorgesehen und stört ihn eher. Seine Bestätigung für sein Selbstständig-Sein zieht er aus dem funktionierenden Geschäft, der Selbstständigkeit selbst, dem Sesshaft-Sein, dem „Beruflichen".

#### 5.6.3.4 Jobcenter als neutrale Förderinstanz

Sebastian Simon thematisiert das Jobcenter verhältnismäßig wenig, obwohl es in den vergangenen Jahren unter anderem mit der Ermöglichung und ggf. Verhinderung von Ausbildungen und Maßnahmen seine Phase der Berufsfindung maßgeblich beeinflusst haben muss. Nennt er das Jobcenter, dann sind die Bezugnahmen in der Regel nicht wertend. So erwähnt er beispielsweise Maßnahmen, die er gemacht hat oder zwischen denen er wählen konnte (vgl. Sebastian Simon, Z. 138ff.). Den Prozess der Gründungsförderung stellt er als unproblematisch dar, es habe alles *„nahtlos“* (Sebastian Simon, Z. 70) geklappt, das Jobcenter habe ihm keine Steine in den Weg gelegt (vgl. Sebastian Simon, Z. 953f.). An keiner Stelle des Interviews geht er auf problematische Auseinandersetzungen oder auf besonders positive Erfahrungen mit dem Jobcenter ein, wie das andere Gründer/-innen tun. Kritik formuliert er nur an einer Stelle und diese ist sachbezogen:

*„Das einzige wo es, ich weiß nicht, ob ich das Arbeitsamt da so kritisieren kann oder nicht? Aber ähm ' der Umst- die Umstellung von ' ' der Zeit, wo man halt die Leistung kriegt für Miete, für Stro- äh für Miete und für ' für Lebensunterhalt, dass der dann auf einmal wegfällt so wie auch diese Krankenversicherung '. Und das ist ja dann der Knackpunkt dann am Ende so. Das ist eine immense Summe, die dann auf einmal auf den Gründer zukommt. (I: mhm) Ich weiß nicht ob es da noch irgendwo Lösungen gibt, wie man das dann ' verbessern könnte? Weil die Krankenversicherung, die haut richtig rein.“* (Sebastian Simon, Z. 477-485)

Den Bezug von Arbeitslosengeld II endgültig zu beenden und die gesamten Lebenshaltungskosten selbst zu tragen ist für Gründende eine große Hürde, vor der Sebastian Simon sich stehen sieht bzw. die er auf sich zukommen sieht. Insbesondere die Kosten der Krankenkasse seien enorm hoch, hier sieht er Handlungsbedarf. Dies formuliert er weniger als grundlegende Kritik, sondern als einen Verbesserungsvorschlag. Die Hürde, den Arbeitslosengeld-II-Bezug zu beenden, sei aufgrund der Kosten, die auf Selbstständige zukämen, sehr hoch. Für diese Phase brauche es eine *„Lösung"*, ohne dass er sagen könne, wie diese aussehen könne. Die Bezugnahmen auf das Jobcenter lassen hier also nicht auf eine persönliche Enttäuschung schließen. Seine Kritik am Jobcenter ist nicht grundlegender Natur, sondern vielmehr sieht er Optimierungsbedarf an einer Stelle des Gründungsprozesses.

In seiner Darstellung im Interview sind Sebastian Simons Bezugnahmen auf das Jobcenter also in erster Linie funktional-sachlich und nicht persönlich: Er geht beispielsweise nicht auf die Beziehung zu seinem Sachbearbeiter ein, anders als ein Großteil der Befragten des Samples, und er benennt auch keine Enttäuschungen, die Erwartungen an das Jobcenter bzw. den/die Sachbearbeiter/-in voraussetzen würden. Trotz seines langen Bezugs von Arbeitslosengeld II hat er sich nicht die typischen Begrifflichkeiten und Logik des Jobcenters angeeignet: So sagt er zwischendurch *„Arbeitsamt"* (Sebastian Simon, z.B. Z. 30, 136, 196) statt Jobcenter, wie im obigen Zitat; er nennt seinen Sachbearbeiter *„Kollege"* (Sebastian Simon, Z. 936); er sieht nicht unbedingt das Einstiegsgeld als Gründungsförderung an, sondern vielmehr das Darlehen, das er bekommen hat (vgl. Sebastian Simon, Z. 1087ff.). Hierzu meint er, er hätte es auch ohne das Darlehen geschafft, da Kund/-innen in der Regel in Vorleistung gingen (vgl. Sebastian Simon, Z. 1068ff.). Er präsentiert sich also hier als unabhängig vom Jobcenter. In seiner Darstellung spielt es für ihn keine definierende oder positionierende Rolle. Nichtsdestotrotz steht außer Frage, dass dies die Institution ist, die ihm den Lebensunterhalt finanziert und ihm Maßnahmen, Ausbildung und nun die Gründung ermöglicht. Das Jobcenter ist in seinen Schilderungen hier nicht nur unproblematisch, sondern ihm kommt Normalität zu. Er positioniert sich zum Jobcenter als einer Institution, die ihm berufliche Orientierung ermöglicht. Das hinterfragt er nicht, verknüpft aber auch keine weiteren Erwartungen damit. Das Jobcenter ist für ihn in seiner Schilderung nicht beruflich definierend oder positionierend. Diese Präsentation korrespondiert mit der Betonung seiner Eigenständigkeit in der Gründung (siehe unten): Insofern in seiner Darstellung niemand nennenswerten Einfluss auf seine Gründung hatte und er sich als Autor derselben präsentiert, ist das Betonen des geringen Einflusses des Jobcenters als Teil der Präsentation als eigenständiger Gestalter seiner Gründung lesbar. Die sachliche und nicht problematisierende Bezugnahme auf das Jobcenter kann zudem der Interviewsituation geschuldet sein, sofern Sebastian Simon uns als Interviewende mit dem Jobcenter verknüpft. In diesem Fall wäre diese Präsentation ein Hinweis auf einen eingespielten Umgang mit dem Jobcenter: eine sachorientierte, nicht emotionale Kommunikation. Da er aber auch typische Begrifflichkeiten wie Sachbearbeiter resp. Fallmanager, Jobcenter, „Hartz IV" usw. nicht oder nur sporadisch verwendet und dies eher zufällig als strategisch wirkt, gehe ich vielmehr davon aus, dass er sich die Zuschreibungen über diese Begriffe nicht angeeignet und sie nicht subjektiviert hat.

#### 5.6.3.5 Die Irrelevanz Dritter oder Solo-Selbstständigkeit als Eigenwert

Sebastian Simon präsentiert sich als Solo-Selbstständiger. Was andere Gründende als Unterstützung auf ihre Gründung beziehen – etwa moralische Unterstützung durch Zuspruch im sozialen Umfeld, die finanzielle Unterstützung des Jobcenters oder Wissen, das in Gründungskursen vermittelt wird –, wertet er nicht als Teil seiner Gründung:

*„Bei der Gründung. Die habe ich eigentlich komplett alleine gemacht. Also jetzt gut ' Zuspruch oder so maximal. Aber sonst, also jetzt selber, dass man jetzt irgendwen, dass ich sage, okay ohne die Person hätte ich jetzt gar nichts. Nö.*" (Sebastian Simon, Z. 766-768)

Die Umsetzung seiner Gründung schreibt er sich alleine zu. In seinem letzten Satz deutet er auch ein Kriterium für seine Wertung an: Keine Person war so zentral, dass er es nicht ohne sie geschafft hätte. Ein Coach, den er immer wieder kontaktiert und zu ganz unterschiedlichen Themen um Rat bitten kann, habe auch keine Rolle für seine Gründung gespielt, da er sich diesen erst später gesucht habe (vgl. Sebastian Simon, Z. 558). Einerseits also sieht er die Gründung als abgeschlossen an, er *ist* selbstständig. Zum anderen sieht er die Personen, die ihn beraten oder Wissen vermitteln, zwar als wichtig, aber nicht als ausschlaggebend für die Gründung an – wie etwa seinen Freund, der mit demselben Geschäftskonzept selbstständig ist und ihn auf die Idee gebracht hat, ebenfalls in den Handel mit Waren aus China einzusteigen. Diesen schätze er als Kollegen, mit dem er sich austauschen könne, aber eine konkrete Zusammenarbeit sehe er nicht kommen (vgl. Sebastian Simon, Z. 515ff.). Sebastian Simon präsentiert sich als Solo-Selbstständiger: Er hebt hervor, dass er alles selbst gemacht habe (auch z.B. Sebastian Simon, Z. 785ff.). Er scheint stolz zu sein, eine „*Firma*" aufgebaut zu haben, und möchte die Verantwortlichkeit für die Zuschreibung auch nicht teilen. Das ‚Solo' der Solo-Selbstständigkeit hat einen Eigenwert für ihn, der darin liegt, es alleine geschafft zu haben, was für ihn vor allem in berufsbiographischer Hinsicht von Bedeutung sein wird.

### 5.6.4 Berufsfindung ohne Beruf: Positionierung über die Erwerbsform

Sebastian Simon präsentiert sich im Interview in vielerlei Hinsicht als Gestalter und Autor seines beruflichen Lebenslaufs. So habe er sich für die Bundeswehr entschieden, die IT auf seine Eigeninitiative hin verfolgt, Gründungsideen generiert und vor allem seine Gründung primär alleine durchgeführt. Dass er womöglich zur Bundeswehr eingezogen wurde oder vom Jobcenter auf Maßnahmen verpflichtet wurde, thematisiert er nicht. Die Präsentation als Autor seines beruflichen Verlaufs scheint ihm insbesondere im Hinblick auf seine Gründung wichtig zu sein, da er betont, Dritte hätten keinen nennenswerten Einfluss auf seine Selbstständigkeit (gehabt). Diese Selbstpräsentation steht im Kontrast zum Mitbringen seiner Mutter zum Interview. Dies kann ein Hinweis darauf sein, dass Sebastian Simon verunsichert bezüglich der Interviewanfrage war und sie nicht einzuordnen wusste. Auch die insgesamt sachliche und wenig narrative Schilderung seiner Geschichte kann als Bestätigung dieser These gelesen werden. Beides bot ihm womöglich Sicherheit dafür, mit der unbekannten Situation umzugehen. Die Selbstpräsentation als Autor seiner (unproblematischen) Lebensgeschichte und das Mitbringen seiner Mutter als emotionale und moralische Unterstützung können zusammen als plausible und unkritische Erzählfolie für ein Interview verstanden werden, in dem nach (Unternehmens-)Gründungen gefragt wird. Das Bedürfnis, sich als eigenständig zu präsentieren, und das gleichzeitige Angewiesensein auf familiäre Unterstützung müssen nicht ausschließlich als Widerspruch interpretiert werden, sondern diese Konstellation ist womöglich auch durch sein noch junges Alter erklärbar. Im Zuge seiner Selbstpräsentation als Autor seiner Geschichte rahmt Sebastian Simon seine Gründung als einen Weg, um ins *„Berufliche zurückzukommen“* (Sebastian Simon, Z. 18), wie er es nennt, und *„sesshaft“* (Sebastian Simon, Z. 152) zu werden – also einen Platz in der Gesellschaft zu finden. Den Beginn dieser Suche setzt er bei seiner Zeit in der Bundeswehr an. Ab diesem Zeitpunkt besucht er Maßnahmen und Weiterbildungen, die ihm Orientierung in dieser Frage bieten. In gewisser Hinsicht erstaunlich ist, dass er sich bei dieser Suche nicht zunächst einen neuen Ausbildungsberuf sucht, sondern an der Idee der Selbstständigkeit hängen bleibt. Ohne nennenswerte Berufserfahrungen plant er seine erste Gründung. Gerade das Fehlen einer beruflichen Ausbildung macht es für ihn notwendig, sich seine berufliche Position selbst zu definieren. Die Erwerbsform Selbstständigkeit bietet hierfür einerseits einen Orientierungsrahmen an und andererseits ist sie offen genug, dass er sich fachlich flexibel an verschiedenen Märkten positionieren kann. Allerdings ist die fachlich-inhaltliche Ausrichtung seiner Gründung nicht vollkommen willkürlich. Computer bzw. IT sind Teil aller Gründungsvorhaben – abgesehen von seiner ersten Idee, eine Gaststätte zu eröffnen. Nichtsdestotrotz konzeptualisiert er seine Gründung primär von der Idee der Erwerbsform her und nicht von seiner fachlichen Ausrichtung. Dies kann unter anderem an dem Fehlen eines Lehrberufs liegen, mit dem in der Regel eine Identifikation mit dem Beruf einhergeht. Diese orientierungsgebende Identifikation und Position fehlt ihm, und daher wird es für ihn notwendig, seine Selbstständigkeit prozesshaft und anhand der sich ihm bietenden Möglichkeiten zu orientieren. Eine Berufsausbildung vermittelt nicht nur Möglichkeiten der Selbstbeschreibung und -identifikation, sondern in ihr ist es auch möglich zu lernen, sich anhand organisationaler Strukturen zu verorten und beschreiben. Diese Art der Orientierung an institutionellen Strukturen fehlt Sebastian Simon und dies kann eine Erklärung dafür sein, dass er sich in seinem Gründungsvorgehen wenig an Organisationen oder Institutionen bzw. deren Adressierungsformen und -praktiken orientiert, sich diese zu Eigen macht und darüber positioniert. Institutionen haben für ihn also keinen definierenden Einfluss. Die Selbstzuschreibung als Selbstständiger in aller Offenheit ist für ihn eine Möglichkeit, sich erwerbstätig und beruflich zu positionieren. Bezüge zu typischen Start-up- oder „Normalunternehmer"-Narrativen sind ebenfalls wenig relevant in seiner Selbstbeschreibung: Weder sucht er nach Selbstverwirklichung noch beschreibt er Rast- und Ruhelosigkeit. Allerdings ist die Betonung seiner Eigenständigkeit ohne Hilfe anderer durchaus mit Bildern von Solo-Selbstständigkeit verknüpft. Wichtiger als Bezüge zu unternehmerischen oder beruflichen Narrativen und Bildern ist die allgemein gesellschaftliche Normalitätserwartung, erwerbstätig zu sein.

## 5.7 Institutionenbezüge: Positionierungen und Agency

In den vorangegangenen Fallanalysen zeigt sich, dass der Weg in die Selbstständigkeit ein in hohem Maße offener Prozess ist. Die Erwerbsform *Selbstständigkeit* stellt zwar einen Bezugsrahmen bereit, wie dieser gefüllt wird, ist aber unbestimmt und von diversen kontextuellen und biographischen Bedingungen abhängig. Für Existenzgründer/-innen bestehen also keine sozialen Muster für die Umsetzung ihrer Gründungsvorhaben. Selbstständigkeit ist insofern per se keine Institution in dem Sinne, dass es etablierte Vorgehensweisen, Strukturen und Regeln gäbe, an die sich Gründer/-innen mit unterschiedlichen kontextuellen Voraussetzungen gleichermaßen halten können. Das Problem der Transformation von Arbeitskraft in Arbeitsleistung, das sich als Aufgabe betrieblicher Organisation stellt, stellt sich Gründer/-innen analog: Es geht darum, wie Ideen und körperliches und geistiges Wissen in ein verkauf- und vermarktbares Produkt oder eine Dienstleistung geformt werden. Es geht um die Frage der Anpassung von Wissen und Fähigkeit an den „Markt“ und die Umsetzung in eine „marktkompatible“ Form. Diese Aufgabe erfordert zu ihrer Lösung Wissen, Vorstellungskraft und praktische Erfahrung. In der Gestaltung dieses Anpassungsprozesses, der nicht von einer zentralen Institution organisiert wird, spielen insofern – und das ist ein weiteres zentrales Ergebnis der Analyse – Bezüge zu anderen Institutionen (wie Erwerbstätigkeit, Berufsbilder, Jobcenter, Markt) und „Institutionenwissen“ (durch Erfahrung erworbenes Wissen um den Umgang mit Institutionen und die Nutzung von Institutionen) eine wichtige Rolle. In ihren Gründungen beziehen die Befragten sich selbst jeweils unterschiedlich auf verschiedene Institutionen, stellen unterschiedliche Zusammenhänge zwischen Institutionen her und reagieren verschiedenartig auf die an sie institutionell gerichteten Erwartungen. Gründungsprozesse stellen so gesehen unterschiedliche Muster von Institutionenbezügen dar. In diesem die Analysen abschließenden Vergleichskapitel, greife ich diesen Aspekt heraus und kontrastiere die sechs Fallanalysen hinsichtlich ihrer Institutionenbezüge.

Ausgangspunkt hierfür ist die Erkenntnis, dass *Erwerbstätigkeit* für alle sechs Fälle die primäre Institution ist, an der sie sich orientieren. Allen ist gemeinsam, dass sie in erster Linie anstreben, erwerbstätig zu sein. Erwerbstätigkeit ist insofern als die zentrale Grundinstitution zu verstehen, als sie für die hier analysierten Fälle die einzige und unhinterfragte Bezugsdimension ist, über die sie sich gesellschaftlich anerkannt positionieren (können). Die Erwerbsform Selbstständigkeit ist ein Mittel, sich als Erwerbstätige zu beschreiben und sich im Sozialen zu positionieren. Sich selbstständig zu machen bedeutet also weitaus mehr, als eine Tätigkeit auszuüben. Als Mittel, um erwerbstätig zu sein, geht mit der Selbstständigkeit soziale Adressierbarkeit und Verortung einher. Die zentrale Bedeutung, die die Erwerbsdimension von Selbstständigkeit und die damit einhergehende soziale Positionierbarkeit hat, zeigt sich in diesen Fallanalysen von Existenzgründer/-innen nach dem SGB II besonders deutlich, da sie ihre Vorhaben aus einer Position heraus umsetzen, die ihnen keine sozial anerkannte Folie der Selbstbeschreibung und -positionierung bietet: Der „Hartz-IV“-Bezug führt aus der Perspektive der Befragten zu einer Art gesellschaftlicher Ortlosigkeit, insofern der Leistungsbezug mit diskursiven Zuschreibungen verbunden ist, die keine anerkennbare Position und Selbstbeschreibung in der „aktiven Arbeitsgesellschaft“ anbieten (siehe ausführlicher 5.7.2.1). Vor dem Hintergrund der jeweiligen kontextuellen und biographischen Situation ist Selbstständigkeit entweder die einzige oder in den jeweiligen Fällen doch die am besten umsetzbare Form, Adressierbarkeit herzustellen und eine Position als Erwerbstätige/-r einzunehmen. Selbstständig zu sein ist für die meisten daher mehr Mittel als Zweck; eine abhängige Beschäftigung wäre ihnen aufgrund der Sicherheit und Planbarkeit oftmals lieber. Dennoch ist die Wahl einer selbstständigen Erwerbsform nicht beliebig.

Die Selbstständigkeit verspricht also eine Veränderung der sozialen Status-Position: von einer Position sozialer Ortlosigkeit zu einem sozial anerkanntem Ort als Erwerbstätige. Da es hierfür kein universales soziales Muster gibt, hängt die Umsetzung von den Bezugnahmen auf die Institutionen, insbesondere die Institutionen Jobcenter und Markt ab. Im Folgenden arbeite ich zunächst die Bedeutung von „Institutionenwissen“ vor dem Hintergrund unterschiedlicher Erfahrungen mit (anderen) Institutionen heraus und erörtere, wie dies bei der Umsetzung der Gründung zum Tragen kommt (5.7.1). Wie es sich mit der Bezugnahme auf die Institution Jobcenter (5.7.2) und die jeweils antizipierten Märkte (5.7.3) verhält, werde ich anschließend thematisieren. Zum Abschluss dieses Kapitels möchte ich herausarbeiten, inwieweit die Selbstständigkeit bzw. die Position als Erwerbstätige für die Gründer/-innen Agency im Umgang mit Institutionen ermöglicht (5.7.4).

### 5.7.1 Erwerbsbiographien und Institutionenwissen

Im Kontext des spezifischen Forschungssettings schildern die Befragten ihre Biographien als Erwerbsbiographien. Die Zentralität der Erwerbstätigkeit für die Selbstbeschreibungen wird hier also besonders deutlich. Anhand der geschilderten Erwerbsbiographien zeigt sich, dass diejenigen Befragten, die bereits berufliche Erfahrungen gesammelt haben, sich dabei nicht nur Fachwissen aneignen, sondern auch Berufsbilder inkorporieren. In anderen Fällen, etwa wenn keine oder kaum Berufsbilder institutionell vermittelt und angeeignet wurden, eignen sich die Befragten allgemeine Narrative über Erwerbstätigkeit und Selbstständigkeit an, die in den präsentierten Selbstbildern zum Ausdruck kommen und ihnen ebenfalls eine Orientierung bei der Umsetzung ihrer Gründung (etwa in der Entwicklung ihres „Marktverständnisses“) bieten. Im Vergleich von Gründer/-innen, die eine Berufsausbildung oder ein Studium absolviert haben, mit denjenigen, die keine formale berufliche Ausbildung haben, zeigt sich, dass mit den institutionell-formal angeeigneten Berufsbildern und -erfahrungen „Institutionenwissen“ angeeignet wird. Institutionenwissen kann in diesem Fall beschrieben werden als die Fähigkeit zum Umgang mit institutionellen Anforderungen und die Fähigkeit, (als persönlich dargestellte) Berufsziele entlang dieser institutionellen Erwartungen auszurichten. Dieses im Berufskontext angeeignete Institutionenwissen beeinflusst auch den Umgang mit anderen Institutionen als denjenigen der beruflichen Bildung, in diesem Fall mit den Institutionen Jobcenter und Markt. Im Folgenden möchte ich zunächst vergleichend auf berufsbiographische Erfahrungen eingehen und anhand dessen herausarbeiten, welcher (biographisch erworbenen) institutionellen Bilder und welcher allgemeinen Narrative Gründer/-innen sich in ihren Selbstpräsentationen bedienen. Hierbei unterscheide ich zwischen Gründer/-innen mit und ohne formale Berufsausbildung.

#### 5.7.1.1 Formale Ausbildung und Gründung

Anders als bei Luisa Lucas, Sebastian Simon und Ferhat Fatih sind formale Fachausbildungen bedeutsam für die Gründungen und Gründungsprozesse von Tamara Tizian, Elisabeth Ernst und Nicolas Nathan. Alle drei beziehen sich in ihren Selbstbeschreibungen auf Berufsbilder und

Narrative, die sie sich im Zuge ihrer Ausbildungen angeeignet haben und auf Basis derer sie eine Form der marktbezogenen Selbstbeschreibung entwickeln.

Ihren schon zu Schulzeiten feststehenden Berufswunsch der Fotografin entwickelt und konkretisiert Elisabeth Ernst von Beginn an entlang institutioneller Strukturen und der sich darin bietenden Möglichkeiten. Die normalbiographische Ausrichtung ihrer allgemeinen Erwerbsorientierung ist der Hintergrund hierfür: Für sie steht früh fest, dass sie sich in ihrer Fotografie so spezialisieren will, dass sie hiermit dauerhaft erwerbstätig sein kann. Institutionen wie die Universität, eine Schule, die ihr den Übergang zum Studium erleichtert, oder das Jobcenter akzeptiert und nutzt sie dabei als Einrichtungen, die ihr etwas beibringen und sie weiterbringen können. Anhand der mit der institutionellen Einbettung einhergehenden Positionierungsangebote entwickelt sie ihre berufliche Selbstbeschreibung. Sie hat Vertrauen in die Institutionen als prüfende und zuschreibende Instanzen und positioniert sich ihnen gegenüber als Lernende. Indem sie sich an institutionellen Vorgaben ausrichtet und sich ihnen unterordnet, kann sie Identifizierbarkeit und Handlungsorientierung herstellen und die Institutionen in diesem Sinne für sich nutzen. So erlaubt ihr die Identifikation als Fotografin, schon vor ihrer Gründung erwerbsbezogene Adressierbarkeit herzustellen. Mit dem Berufsbild des/der Fotografen/-in gehen Erwartungen, Zuschreibungen und Regeln einher, die die Komplexität von Entscheidungen im Gründungsprozess reduzieren und ihr eine erwerbsbezogene Positionierung durch die Berufsbezeichnung selbst ermöglichen. Dies impliziert auch etwa die selbstverständliche Akzeptanz der freiberuflichen Tätigkeit ebenso wie das Ausrichten und Anpassen ihrer fachlichen Fähigkeiten an Marktstrukturen.

Tamara Tizian hat, wie Elisabeth Ernst, ihre erwerbsbezogenen Entscheidungen zunächst entlang einer normalbiographischen Folie ausgerichtet. Ihr angewandtes Kunststudium führt allerdings in ein weniger etabliertes freiberufliches Berufsfeld, als es in der Fotografie der Fall ist. Ähnlich wie

Elisabeth Ernst orientiert sie sich in ihren Entscheidungen an institutionellen Abläufen und akzeptiert formale Prüfungen nicht nur, sondern nimmt die damit einhergehenden Zuschreibungen als bestätigende Anerkennung in ihren Positionierungen an. Ihr Studium bietet ihr eine wichtige Dimension berufsfachlicher Selbstbeschreibung. Anders als für Elisabeth Ernst geht allerdings der Marktbezug nicht unbedingt aus dem Berufsbild selbst hervor. Diesen stellt sie durch Bezugnahme auf normalunternehmerische Narrative her. Aus diesen Narrativen bezieht sie die Betonung ihrer Leistungsbereitschaft und der Bereitschaft, ihre fachlichen Fähigkeiten entlang von Marktnachfrage auszurichten. Ihre Selbstbeschreibung als besonders leistungsbereite und marktorientierte Gründerin ist ein zentrales Elemente ihrer Positionierung als Selbstständige. Anders als Elisabeth Ernst und Nicolas Nathan war sie vor ihrer Gründung aufgrund ihrer Krankheit mehrere Jahre erwerbslos. Durch die Überbetonung ihrer Leistungsbereitschaft und Marktorientierung kann sie sich auch als das Gegenteil des Stereotyps „fauler Hartz-IV-Beziehender" präsentieren. Narrative und Stereotypen können somit eine ähnliche Funktion wie Berufsbilder erfüllen, insofern sie Orientierung für Positionierungen in einem wenig definierten Feld bieten.

Auch Nicolas Nathan entwickelt seine Selbstbeschreibung entlang von Zuschreibungen, die mit der Ausbildung und dem Berufsbild des Goldschmieds einhergehen. Künstlerische und handwerkliche Bezüge sind für seine fachliche Selbstbeschreibung und Selbstpräsentation zentral. In seiner marktbezogenen Orientierung bezieht er sich zudem auf Geschichten und Narrative von erfolgreichen Handwerker/-innen und Start-up-Ikonen, wie Steve Jobs. Seine biographische Selbstpräsentation als Einzelgänger korrespondiert mit seiner Orientierung an Hersteller/-innen von qualitativ hochwertigen Luxusprodukten, die plötzlich „entdeckt" wurden. Entsprechend entwickelt er sein Angebot nicht entlang der Marktnachfrage, sondern wartet darauf, wie seine Vorbilder entdeckt zu werden. Für Nicolas Nathan sind also – zusätzlich zu seiner berufsfachlichen Selbstbeschreibung als Goldschmied – ebenso wie für Tamara Tizian Bezüge zu allgemeinen Narrativen und Bildern von Gründern und Start-ups für seine Positionierung als Selbstständiger bedeutsam.

Elisabeth Ernst, Tamara Tizian und Nicolas Nathan machen sich in ihrem erlernten Beruf selbstständig. Die berufsfachliche Selbstbeschreibung ist für alle Grundlage ihrer Gründung, ihre primäre Orientierung in der Selbstständigkeit ist also berufsfachlich bedingt und auf den Inhalt der Tätigkeit bezogen. Die Erwerbsform Selbstständigkeit ist für sie eine Möglichkeit, ihren Beruf auszuüben. Mit dem institutionellen Erlernen berufsfachlichen Wissens eignen sie sich auch, quasi als Selbstverständlichkeit, die Orientierung an, dieses Wissen für Erwerbszwecke zu nutzen, also der Nachfrage (sei es am Arbeitsmarkt oder als Selbstständige an einem Markt) anzupassen. Mit institutionell angeeignetem fachlichem Wissen geht hier auch die Bereitschaft zur marktförmigen Nutzung dieses Wissens einher. Diese in formalen Ausbildungen angeeignete Selbstverständlichkeit der Ausrichtung der fachlichen Kenntnisse entlang institutioneller Strukturen ist die Grundlage der Ausrichtung der Fachkenntnisse an der Marktnachfrage und der Entwicklung marktförmiger Selbstbeschreibungen. Insbesondere Tamara Tizian und Nicolas Nathan beziehen zudem Narrative und Bilder über Selbstständige in die Ausbildung eines Selbstverständnisses als Selbstständige ein. Elisabeth Ernst und Nicolas Nathan verbindet zudem, dass sie vor der Gründung nur wenige Monate erwerbslos waren und beide bereits vor dem Leistungsbezug den Entschluss gefasst hatten, in die Selbstständigkeit zu gehen.

#### 5.7.1.2 Gründung ohne formale (Aus-)Bildung

Luisa Lucas, Sebastian Simon und Ferhat Fatih haben keine formale Berufsausbildung absolviert. Für ihre berufliche Selbstbeschreibung und soziale Positionierung fehlen ihnen also Folien wie diejenigen, derer sich Elisabeth Ernst, Tamara Tizian und Nicolas Nathan bedienen. Den dreien gemeinsam sind außerdem eine mehrjährige Erwerbslosigkeit vor der

Gründung und Erwerbsbiographien, die weniger an normalbiographischen Erwartungen ausgerichtet sind als die der anderen drei.

In Luisa Lucas' berufsbiographischer Selbstpräsentation ist das Scheitern ein immer wiederkehrender Bestandteil. In den jeweiligen Situationen beschreibt sie sich dabei zwar als Verantwortliche dafür, mit den „Trümmern" des Scheiterns fertig zu werden (Luisa Lucas, Z. 75), insgesamt aber präsentiert sie sich in ihrer (Erwerbs-)biographie als einer externen Macht ausgesetzt, deren Entscheidungen sie ausgeliefert ist. Diese „externe Macht" kann das Schicksal, das Universum, aber auch das Jobcenter sein. Ohne abgeschlossene Berufsausbildung bzw. mit einer späten Ausbildung im Gesundheitssektor, aus der sie keine Berufsperspektive entwickelt, erfährt sie sich in ihrer Biographie nie als eine Person mit spezifischen erwerbsrelevanten Fähigkeiten und Kenntnissen. Mit der (Wieder-)Entdeckung der Spiritualität kann sie sich später in ihrer Biographie zum ersten Mal als jemand präsentieren, die etwas kann. Diese spirituellen Fähigkeiten haben für sie zunächst unabhängig von beruflichen Zielen eine wichtige biographische Bedeutung: einerseits als Möglichkeit, sich selbst ihr (erwerbs-)biographisches Scheitern als einen schicksalhaft notwendigen Verlauf zu erklären, andererseits aber insbesondere, um sich als Person mit besonderen Fähigkeiten präsentieren zu können. Dieser Prozess kann als ein nachgelagerter Bildungsprozess verstanden werden, durch den sie eine soziale Identifikations- und Selbstbeschreibungsmöglichkeit erhält. Allerdings vollzieht sie diesen nicht entlang institutioneller Bildungsformate, sondern auf Basis eines persönlichen Selbsterkenntnisprozesses. Die Selbstständigkeit bietet ihr über die Selbstbeschreibung als Hellseherin die Möglichkeit, der allgemeinen sozialen Normalitätserwartung, erwerbstätig zu sein, nachzukommen. Ihre Gründung ist also primär inhaltlich orientiert, d.h. sie möchte über ihre Gründung in erster Linie als Hellseherin aktiv und sichtbar sein und nicht per se selbstständig. Selbstständigkeit ist aber eine Erwerbsform, die offen genug ist, um ihr zu erlauben, sich entsprechend zu beschreiben und positionieren, ohne sich an konkreten institutionell-beruflichen Vorgaben und Regeln oder Positionen auszurichten. Gerade dies ist aber auch Grund ihrer wirtschaftlichen Erfolglosigkeit: Die Selbstständigkeit und die Bedingungen einer Gründung bleiben für sie abstrakt. Das hängt auch damit zusammen, dass sie ihre Fähigkeiten vor den formenden Anforderungen des Marktes schützt bzw. schützen zu müssen meint. Marktbedingungen sieht sie eher als Gefahr für ihre Fähigkeiten und positioniert sich gegenüber dem Markt als einer Instanz, die ihr widerfährt. Mit Verweis auf übernatürliche Kräfte kann sie ihre wirtschaftliche Erfolglosigkeit erklären, gleichzeitig hindert dies sie aber daran, eine andere Marktstrategie zu wählen. Im Mittelpunkt steht für sie, sich über ihre spirituellen Fähigkeiten als Erwerbstätige zu präsentieren.

Sebastian Simon hat ebenso wie Luisa Lucas (auch wenn er wesentlich jünger ist) in seiner Erwerbsbiographie in erster Linie Scheiternserfahrungen gemacht. Beide haben zudem keine Berufsausbildung. So ist für ihn ebenfalls eine Orientierung an allgemeinen Normalitätserwartungen, erwerbstätig zu sein (bzw. in seinen Worten: „ins Berufliche zu kommen"), ein wesentliches Narrativ, auf das er sich bezieht. Er möchte beruflich „sesshaft" (Sebastian Simon, Z. 152) werden, sich also langfristig einen sozial adressierbaren erwerbsbezogenen Ort erarbeiten. Dabei ist er allerdings, anders als Luisa Lucas, gerade nicht inhaltlich orientiert: Eine berufliche Selbstbeschreibung über den Inhalt der Tätigkeit oder eine fachbezogene berufliche Ausbildung fehlt in seiner Selbstbeschreibung, typische Berufsbilder oder -beschreibungen bieten für ihn keine Orientierung. Ins Berufliche zu finden bedeutet für ihn vielmehr, überhaupt erwerbstätig zu sein, es bedeutet nicht unbedingt, einen Beruf – im Sinne einer fachlichen Expertise und eines entsprechenden Berufsethos – zu ergreifen. So bezieht er sich in seiner beruflichen Orientierung auch nicht auf Institutionen, die ihm eine Fachausbildung und damit berufliche Identifikation bieten könnten. Vielmehr ist es die Erwerbsform der Selbstständigkeit, an der er seine berufliche Verortung ausrichtet. Statt eines inhaltlichen Bezugs zur Tätigkeit orientiert er sich vielmehr an den Gelegenheiten, die sich ihm bieten. Im Mittelpunkt steht der Aufbau eines funktionierenden Geschäfts, sein Angebot richtet er in erster Linie daran aus, was auf dem Markt funktioniere. Die Erwerbsform der Selbstständigkeit bietet ihm eine Offenheit, in deren Rahmen er seine „Beruflichkeit" nach eigenen Kriterien entwickeln kann.

Auch Ferhat Fatih hat keine formale Berufsausbildung absolviert und war vor seiner Gründung mehrere Jahre arbeitslos. Anders als bei Luisa Lucas und Sebastian Simon aber war der Abbruch seiner formalen Ausbildung bzw. seines Studiums durch eine berufliche Alternative motiviert: die Mitarbeit im Familienunternehmen. Anders als sie hat er sich hierüber auch eine berufliche Selbstbeschreibung angeeignet. Die Selbstbeschreibung als Kaufmann ist, wie bei Sebastian Simon, fachlich und inhaltlich offen, ist aber konkreter ausgeformt und besitzt eine größere Tragweite als die allgemeine Orientierung an der Erwerbsform Selbstständigkeit, wie sie bei Sebastian Simon vorliegt. Das Kaufmannsleitbild dient Ferhat Fatih als Selbstbeschreibung über die jeweiligen konkreten Tätigkeiten hinweg und bietet auch eine Folie zur Selbstverortung in Zeiten der Arbeitslosigkeit. Außerdem gehen mit diesem Leitbild qualitative Ansprüche an seine eigene Arbeitsleistung und seinen Umgang mit Kund/-innen einher. Ähnlich wie bei einer berufsfachlichen Selbstbeschreibung kann er sich unter Bezug auf das Kaufmännische anhand von Fähigkeiten und Kompetenzen präsentieren und sich dauerhaft sozial positionieren. Mit dieser Selbstpräsentation einher geht dann auch sein Bezug auf Marktbedingungen. Auch für ihn steht, wie für Sebastian Simon, das Funktionieren eines Geschäfts und die Orientierung an guten Gelegenheiten im Vordergrund. Zwar eignet er sich gezielt Fachwissen an, identifiziert sich aber nicht als Solartechniker, sondern sieht darin vielmehr eine Gelegenheit, ein funktionierendes Geschäft aufzubauen und sich selbst erneut in seiner kaufmännischen Selbstbeschreibung gerecht zu werden.

Luisa Lucas, Sebastian Simon und Ferhat Fatih haben ihre beruflichen Erfahrungen weitgehend unabhängig von institutionellen Ausbildungsstrukturen gemacht. Insbesondere bei Luisa Lucas und Sebastian Simon, die sich beide in einer Phase beruflicher Orientierung befinden, ist auffällig, dass sie berufliche Perspektiven abseits institutioneller Rahmen entwickeln. Die fachliche Ausrichtung ihrer Selbstständigkeit ergibt sich vielmehr aus biographischen Erfahrungen bzw. ihrem Alltag. So orientieren sich beide in ihrer Selbstständigkeit an einem allgemeinen Normalitätsnarrativ der Erwerbstätigkeit. Sebastian Simon entwickelt berufliche Perspektiven entlang sich bietender und erfolgversprechender Gelegenheiten. Letzteres ist auch für Ferhat Fatihs Vorgehen kennzeichnend. Während Ferhat Fatih und Sebastian Simon am Etablieren eines erfolgreichen Geschäfts orientiert sind und sich gezielt an Marktbedingungen ausrichten, widerspricht dies Luisa Lucas' fachlichem Bezug gerade. Sie integriert die für sie biographisch bedeutsamen hellseherischen Fähigkeiten und ihre allgemeine Orientierung an Erwerbsnormalität, ordnet aber ihre hellseherischen Fähigkeiten nicht Marktbedingungen unter.

#### 5.7.1.3 Fazit: (Aus-)Ausbildung und Gründung

Im Vergleich der Gründer/-innen mit und ohne berufsfachliche Ausbildung wird deutlich, dass die mit formalen Ausbildungen einhergehenden Berufsbilder auch Anschlussmöglichkeiten für marktbezogene Selbstbeschreibungen liefern. In der Unterscheidung von Gründer/-innen mit und ohne Ausbildung zeigt sich auch, dass sich die Personen, die eine formale Ausbildung hinter sich haben, in ihrer Selbstständigkeit viel eher einer fachlichen Selbstpräsentation bedienen als Gründer/-innen ohne formale Ausbildung (Luisa Lucas stellt hier eine Ausnahme dar).

Bis auf Ferhat Fatih und Sebastian Simon sind die befragten Gründer/-innen in ihrer Selbstständigkeit also in erster Linie fachlich/inhaltlich orientiert. In ihrer Selbstständigkeit gehen sie primär einer spezifischen Tätigkeit nach, die sie entweder in ihrer Berufsausbildung bzw. ihrem Studium gelernt haben oder die für sie biographisch eine zentrale Rolle spielen

(Luisa Lucas). Biographische Erfahrungen und die hierin entwickelten Selbstbilder sind insofern ausschlaggebend für die Selbstentwürfe und Positionierungen als Selbstständige. Dies gilt auch für Ferhat Fatih, der sich allerdings nicht berufsfachlich, sondern vielmehr über das Erwerbsethos des „Kaufmanns“ positioniert. Er hat sich seinen Selbstentwurf, ähnlich wie Luisa Lucas, nicht über institutionelle Ausbildungsstrukturen, sondern über andere (erwerbs-)biographische Erfahrungen angeeignet. Bis auf Sebastian Simon geht es also allen befragten Gründenden auch um die Realisierung eines relativ konkreten, biographisch erworbenen Selbstbildes, für das die Selbstständigkeit einen Rahmen liefert, der offen genug ist.

Die fachlich/inhaltlich orientierten Gründer/-innen (Luisa Lucas, Elisabeth Ernst, Tamara Tizian und Nicolas Nathan) unterscheiden sich darin, welches *marktbezogene*, die Selbstständigkeit als Erwerbsform betreffende Selbstbild sie entwerfen. Dies wiederum beeinflusst ihren Marktbezug. Während bei Elisabeth Ernst mit der Identifikation mit dem Berufsbild der Fotografin die Selbstständigkeit als Erwerbsform zwanglos einhergeht, was für sie bedeutet, dass die Anpassung ihres Angebots an die etablierten Nachfrage- und Angebotsstrukturen ihr selbstverständlich ist, bezieht sich Tamara Tizian auf konkrete unternehmerische Narrative, die unternehmerische Handlungsstrategien beschreiben, und entwickelt daran orientiert ihr marktbezogenes berufliches Selbstbild. Beide passen ihr Angebot an Marktstrukturen an. Tamara Tizian entwickelt und konkretisiert ihr Angebot entsprechend der Nachfrage und etabliert hierüber ihre Marktpositionierung als Illustratorin. Luisa Lucas und Nicolas Nathan dagegen entwickeln ihr Angebot unabhängig von konkreter Marktnachfrage. Während Luisa Lucas sich keiner unternehmerischen oder marktbezogenen Narrative bedient, bezieht sich Nicolas Nathan auf abstrakte unternehmerische Narrative, die keine konkreten Handlungsstrategien nahelegen. In seiner Erzählung unterliegt der Markterfolg einem bedingt beeinflussbaren und letztlich unerklärbaren Narrativ des Entdeckt-Werdens. Beide entwickeln ein Angebot oder Produkt, das jeweils eng mit ihren biographischen

Selbstbildern verwoben ist und eine prozesshafte Anpassung an bestehende Angebots- und Nachfragestrukturen behindert. Für die beiden nicht inhaltlich/fachlich orientierten Gründer, Ferhat Fatih und Sebastian Simon, steht die Ausrichtung an Möglichkeiten des Marktes hingegen im Vordergrund. Ferhat Fatih, der sich biographisch als Kaufmann beschreibt, und Sebastian Simon, der auf der Suche nach einer beruflichen Selbstbeschreibung ist, entwickeln ihr Angebot entlang sich bietender Gelegenheiten. Ausschlaggebend ist das Funktionieren ihres Konzepts. In ihren Gründungen steht also die Positionierung als Selbstständige, als erfolgreiche Unternehmer im Vordergrund.

Biographisch erworbene Selbstbilder, ob institutionell oder durch andere biographische Erfahrungen angeeignet, prägen also in hohem Maße die Art und Weise, wie die Gründung verfolgt wird. Institutionelle Ausbildungsstrukturen formen dabei auch die marktbezogenen Beschreibungen. Neben fachlichen Kenntnissen werden in Ausbildungen oder Studiengängen allgemeine berufliche Kompetenzen vermittelt, die ich als Formen von „Institutionenwissen“ verstehe. Unter anderem zählen hierzu das Akzeptieren institutioneller Anforderungen, Regeln und Berufsbilder sowie das Ausrichten der eigenen Selbstbilder entlang dieser Strukturen. Insbesondere in Elisabeth Ernsts und Tamara Tizians Vorgehen zeigt sich, wie diese „Kompetenz“ das Vorgehen in der Gründung beeinflusst: Beide richten die Nutzung ihrer beruflichen Kenntnisse primär an der Frage aus, was gut verkauf- und vermarktbar ist. „Institutionenwissen“ bedeutet in diesem Fall die Bereitschaft, die biographisch jeweils wichtigen Fähigkeiten Marktbedingungen unterzuordnen und sich, wie Elisabeth Ernst es nennt, bis zu einem gewissen Grad zu „prostituieren“ (Elisabeth Ernst, Z. 1226). Dagegen hat Luisa Lucas aufgrund des Fehlens einer Ausbildung (und über weite Strecken auch einer Erwerbstätigkeit), also das Fehlen dieser Art von „Institutionenwissen“ eine andere Art von „Institutionenwissen“ erworben, nämlich Umgangsweisen mit der Institution Jobcenter. Dies erklärt weshalb sie ihre fachlichen Kenntnisse nicht in erster Linie an Markbedingungen anpasst. Hieran zeigt sich, dass fachliches Wissen und Berufsbilder, die auf dem Arbeitsmarkt eine große Rolle spielen (insbesondere in Form von Zertifikaten), auch für den Weg in die Selbstständigkeit relevant sind. Sie erleichtern die Selbstpositionierung und kanalisieren das Vorgehen und den Umgang mit Anforderungen. Dennoch ist ihre Bedeutung hier weniger groß als auf dem Arbeitsmarkt. Die Berufsform Selbstständigkeit ist offener und erlaubt eine Anpassung beruflicher Selbstbeschreibung unabhängig von Zertifikaten.[60] Allerdings deutet sich auch an, dass die Unternehmungen der beiden an Gelegenheiten ausgerichteten Gründenden, Ferhat Fatih und Sebastian Simon, weniger dauerhafte Stabilität versprechen, sondern vielmehr ein beständiges Anpassen an neue Gelegenheiten erfordern. Dass dies systematische Züge annehmen kann, wird untermauert von Ferhat Fatihs Zukunftsprognose, die er aufgrund seiner Erfahrungen mit seinen früheren (Familien-)Unternehmen trifft: Jedes Geschäft sei maximal zwei Jahre rentabel (vgl. Ferhat Fatih, Z. 1170f.). Trifft dies zu, so kann man schlussfolgern, dass formale Ausbildungen die Chancen auf gute Stellen nicht nur am Arbeitsmarkt verbessern, sondern sich auch auf die Möglichkeiten in der Selbstständigkeit auswirken – auch wenn die Erwerbsform zunächst in der Regel unabhängig von Ausbildungsnachweisen und Zertifikaten umgesetzt werden kann.

Im Folgenden gehe ich auf die Bedeutung von marktbezogenen unternehmerischen Narrativen in der Gründungsorientierung näher ein. Zunächst aber analysiere ich vergleichend die Bedeutung des Kontextes des Arbeitslosengeld-II-Bezugs.

### 5.7.2 Leistungsbezug und Jobcenter

Der Frage, inwieweit Wissen zum Umgang mit Institutionen, das über formale Ausbildungen inkorporiert wird, sich speziell auf den Umgang mit der Institution Jobcenter auswirkt, wird in diesem Abschnitt nachgegangen.

---

[60] Dies gilt für die Gründungen der hier vorgestellten Personen. In anderen Fällen, etwa bei Rechtsanwält/-innen, Ärzte/Ärztinnen uvm., sind durchaus Nachweise und Zertifikate für die Ausübung der Berufe notwendig.

Zunächst möchte ich darauf eingehen, welchen Einfluss der Leistungsbezug auf die Situation und soziale Positionierung der befragten Gründer/-innen hat, um auf dieser Basis die Bedeutung der Institution Jobcenter einordnen zu können.

Der Kontext des Arbeitslosengeld-II-Bezugs prägt die Biographien, den sozialen Status und die Gründungsprozesse aller Befragten erheblich. In den Interviews sind jeweils unterschiedliche Dimensionen des Kontextes relevant: Problematisiert werden die Erwerbsarbeitslosigkeit und der Status, „Hartz-IV"-Bezieher/-in zu sein, sowie die Anforderungen des Jobcenters. Auf das Jobcenter wird als neutrale, als ermöglichende und als behindernde bzw. irrationale Institution Bezug genommen. In den Interviews werden diese drei Dimensionen (Erwerbarbeitslosigkeit/„Hartz-IV"-Bezug/Jobcenter-Anforderungen) des Kontextes unterschiedlich stark angesprochen, in den meisten Interviews stehen allerdings die Auseinandersetzungen im Jobcenter im Vordergrund. Auffällig ist dabei der persönliche Bezug der Befragten zum Jobcenter: So machen die Befragten ihre (positiven oder negativen) Erfahrungen in erster Linie an ihren Sachbearbeiter/-innen fest. Die ermöglichenden und behindernden Regeln und Verfahren der Jobcenter personifizieren sich für die Leistungsbeziehenden häufig in Form der Sachbearbeiter/-innen. Dies ist auch ein zentraler Unterschied zu Gründenden im SGB III: In unseren Forschungsarbeiten zur Gründungsförderung mit dem Gründungszuschuss (vgl. Bernhard/Grüttner 2015) werden die Sachbearbeiter/-innen in den Agenturen für Arbeit so gut wie gar nicht thematisiert. In der Regel werden die Leistungsbeziehenden im SGB II längerfristig von einer/einem Sachbearbeiter/-in „verwaltet", es besteht also regelmäßiger persönlicher Kontakt, der häufig durch Themen des Forderns, der Kontrolle oder der Sanktionierung bestimmt ist. Der Einfluss des Jobcenters auf die Lebenssituation der Befragten bezieht sich nicht nur auf den Erwerbsverlauf, sondern auf alle Lebensbereiche: Neben dem Ermöglichen oder Nicht-Ermöglichen von Bildungsmaßnahmen und der (ggf. fehlenden) Unterstützung bei der Stellensuche kann das Jobcenter Einfluss auf Entscheidungen über die

Wohnform (Bedarfsgemeinschaft) oder auch über räumliche Mobilität nehmen. Das Jobcenter hat also umfangreichen Einfluss auf das Leben und den Alltag der Leistungsbeziehenden und ihr soziales Umfeld. Die für die Befragten oftmals nicht nachvollziehbaren institutionellen Regeln und Bedingungen für Entscheidungen (siehe etwa Ferhat Fatih oder Elisabeth Ernst) werden über die Sachbearbeiter/-innen vermittelt. Dass die Befragten sich primär auf ihre Sachbearbeiter/-innen und nicht auf die Institution Jobcenter beziehen, wenn sie von ihren Erfahrungen erzählen, ist vor diesem Hintergrund zu verstehen. Im Folgenden gehe ich zunächst auf die Bedeutung der Erwerbslosigkeit und des „Hartz-IV"-Bezugs ein, die beide in eine Wahrnehmung der sozialen Position als einer Position sozialer Ortlosigkeit münden. Anschließend werden verschiedene Formen des Umgangs mit Anforderungen der Institution Jobcenter differenziert. Dabei stellt sich auch die Frage, inwieweit Institutionenwissen den Umgang mit Anforderungen des Jobcenters beeinflusst.

#### 5.7.2.1 Der Leistungsbezug als Position sozialer Ortlosigkeit

Für Tamara Tizian sind die Erwerbsarbeitslosigkeit und die Zuschreibung der „Hartz-IV"-Bezieherin besonders problematisch. Wie in der Fallanalyse herausgearbeitet, beschreibt sie kein konkretes Diskriminierungserleben aufgrund des Leistungsbezugs. Vielmehr adressiert sie sich selbst als „Hartz-IV"-Beziehende und weist sich damit (potenziell) dem Stereotyp zugehörig zu. Indem sie sich als besonders leistungswillig präsentiert, macht sie andererseits deutlich, dass der „Hartz-IV"-Status eigentlich nicht ihr Ort, sondern ein Ort anderer ist – sie habe sich selbst nie darin gesehen. Problematisch ist für sie, dass sie aufgrund der Erwerbslosigkeit und des Leistungsbezugs nicht in einer anerkannten sozialen Position adressierbar ist. Sie beschreibt den Leistungsbezug als eine Position sozialer Ortlosigkeit. Das Fehlen einer adressierbaren und anerkannten erwerbsbezogenen Selbstbeschreibung schildert sie als eine Situation, in der sie *„irgendwo sitzt* […] *in der Gesellschaft*" (Tamara Tizian, Z. 748) und eben nicht identifizierbar, nicht beschreibbar, nicht adressierbar ist. Die Selbstständigkeit ist für sie eine Möglichkeit, Adressierbarkeit herzustellen. Zwar formulieren Sebastian Simon und Luisa Lucas das Problem der Erwerbsarbeitslosigkeit als einer Position der Ortlosigkeit weniger deutlich als Tamara Tizian, aber an ihrer primären Orientierung – über die Selbstständigkeit ein Teil der Erwerbsarbeitsgesellschaft zu werden und darüber in einer legitimierten sozialen Position anerkennbar und adressierbar zu sein – ist die Wahrnehmung der Erwerbarbeitslosigkeit als sozialer Ortlosigkeit ablesbar. Bei Sebastian Simon steht der Wunsch im Vordergrund, *„ins Berufliche“* (Sebastian Simon, Z. 18) zu finden und *„sesshaft“* zu werden. Er sagt zudem: *„Also mein Hauptziel ist ja erst mal eigentlich jetzt äh zu sagen, Arbeitslosigkeit nein. ' Ist ja normal“* (Sebastian Simon, Z. 476f). Sebastian Simon möchte also in erster Linie die Erwerbsarbeitslosigkeit beenden, was er als *„normal“* ansieht. Wie er an anderer Stelle sagt, möchte er ebenso *„normal“* sein. Luisa Lucas wiederum strebt danach, ihre Fähigkeiten, über die sie zum ersten Mal als Person mit spezifischen erwerbsrelevanten Eigenschaften adressierbar ist, vor marktbezogenen Anpassungen zu schützen. Auch wenn sie in ihrer Gründung nicht erfolgreich ist, kann sie sich über die Selbstständigkeit als erwerbstätige Hellseherin beschreiben und ist als solche adressierbar. Für diese drei Befragten ist die Selbstständigkeit demnach in ihrer Offenheit eine Möglichkeit, Adressierbarkeit vor dem Hintergrund schwieriger biographischer Ausgangsbedingungen herzustellen. Sie können sich als Erwerbstätige präsentieren und damit eine legitime soziale Position einnehmen – sich also positionieren. Die Wahrnehmung des Leistungsbezugs als einer Art Nicht-Ort ist vor dem Hintergrund der Erwerbsarbeitsgesellschaft zu verstehen, in der Erwerbsarbeit die Norm ist und Abweichungen erklärungsbedürftig sind. Der Leistungsbezug im SGB II ist der Inbegriff der negativ konnotierten Abweichung von der Norm und stellt daher keine sozial anerkennbare, legitime Position bereit (was andere Abweichungen, wie Hausmann/-frau, Rentner/-in, Personen im Sabbatical usw., durchaus tun). Diese Dimension des Leistungsbezugs im SGB II, mit der die Befragten hadern, bezieht sich also auf die gesellschaftliche Bedeutung des Leistungsbezugs – und des Jobcenters als der Institution, die den Leistungsbezug vermittelt. Für die Gründenden ist das Jobcenter mithin nicht nur insofern relevant, als es das erwerbsbezogene Vorgehen regelt, sondern auch insofern, als sie sich wegen ihrer Zuordnung zu dieser Institution zu diskursiven Zuschreibungen und Positionierungen verhalten müssen. Die Selbstständigkeit liefert eine Folie, sich von diesen Zuschreibungen zu distanzieren und sich trotz weitergehenden Leistungsbezugs als aktiv und erwerbstätig zu positionieren.

Neben der Problematisierung der mit dem Leistungsbezug einhergehenden diskursiven Zuschreibung und Positionierung als „Hartz-IV"-Beziehende beziehen sich die Befragten auch auf die konkreten Interaktionen mit dem Jobcenter und besonders auf Auseinandersetzungen im Jobcenter. Sie thematisieren, wie ihr Handeln durch die Institution – meist repräsentiert durch die Sachbearbeiter/-innen – geformt wird.

#### 5.7.2.2 Der definierende und sozial positionierende Einfluss des Jobcenters

Im Folgenden möchte ich vergleichend herausarbeiten, wie auf das Jobcenter in den Präsentationen Bezug genommen wird: Das Jobcenter wird entweder als ermöglichend und Orientierung gebend, als neutral oder als behindernd und irrational wahrgenommen. Je nach der Art der Wahrnehmung und dem Umgang der Befragten mit dieser Wahrnehmung hat die Institution in unterschiedlichem Ausmaß formenden und positionierenden Einfluss.

Tamara Tizian beschreibt die Beziehung zu ihrer Sachbearbeiterin als besonders positiv. Auf die institutionellen Vorgaben bezieht sie sich nicht als Regeln, sondern als ermöglichende Strukturen. Sie richtet ihr gründungsbezogenes Handeln nicht nur entlang der Jobcenter-spezifischen Vorgaben aus, sondern übererfüllt sogar die an sie gerichteten Erwartungen. Ihre Selbstpräsentation hinsichtlich der Übererfüllung der Erwartungen ist lesbar als eine Antwort auf die diskursiv und über fordernde Verfahren vermittelte Aktivierungslogik, mit der im Kontext des SGB II Leistungsbeziehende adressiert werden. Indem sie in ihrer Selbstpräsentation den Aktivierungsforderungen in überdurchschnittlichem Maße nachkommt, grenzt sie sich von der Zuschreibung ab, überhaupt aktivierungsbedürftig zu sein und damit dem Stereotyp nicht-aktiver Erwerbsloser zu entsprechen. Die Vorgaben und Regeln des Jobcenters sind für sie nicht nur handlungsleitend, sondern dienen ihr auch als Ausgangspunkt, um sich als untypisch zu präsentieren.

Auch Luisa Lucas' Bezugnahmen auf das Jobcenter sind kaum problematisierend. Zwar sind ihre Schilderungen nicht emotional aufgeladen, in ihrer Orientierung an den Vorgaben des Jobcenters zeigt sich aber der definierende Einfluss der Institution. So macht sie die Entscheidung über ihre Gründung und die Weiterführung ihrer Selbstständigkeit allein an der Förderentscheidung des Jobcenters fest. Wird die Förderung nicht weitergeführt, endet damit für sie auch ihre Selbstständigkeit, wodurch sie die Definition ihrer Selbstständigkeit als gescheitert oder nicht-gescheitert an die Institution abgibt. Im Gründungsprozess selbst sind es der geforderte Businessplan oder Tipps ihrer Sachbearbeiterin, über die sie eine Vorstellung ihres Gründungsvorgehens entwickelt – nicht etwa ihre eigene Tätigkeit oder die Beobachtung anderer Hellseher/-innen. Das Jobcenter formt also ihre Gründung und die Entwicklung ihrer Selbstständigkeit. Gleichzeitig hat es in hohem Maße definierenden Einfluss auf ihre erwerbsbezogenen Perspektiven. Möglicherweise aufgrund ihres langjährigen Leistungsbezugs hat sie sich die abhängige Position von Leistungsbeziehenden angeeignet. Das Akzeptieren von Regeln des Jobcenters. um Auseinandersetzungen zu umgehen, ist Teil dieser Position. Das kann zur Konsequenz haben, dass, wie im Fall von Luisa Lucas, erwerbsbezogene Selbstentwürfe nicht mehr außerhalb des Jobcenter-Rahmens konkretisiert werden.

Auch Nicolas Nathan und Sebastian Simon akzeptieren die Verfahren und Regeln des Jobcenters, um ihre Selbstständigkeit zu entwickeln. Allerdings hat das Jobcenter keinen definierenden Einfluss auf ihre Gründung. Anforderungen, die als Bedingung für die Förderung gestellt werden, nehmen sie als Grundlage ihres Vorgehens wahr, richten die Entwicklung ihres Gründungskonzepts aber nicht (in erster Linie) daran aus. Sie akzeptieren also die Anforderungen, ohne die Position der abhängigen Leistungsbeziehenden zu subjektivieren. Deutlich wird dies etwa daran, dass sich Sebastian Simon, obwohl er schon mehrere Jahre im Leistungsbezug steht, die typischen Begrifflichkeiten des Jobcenters nicht angeeignet hat.

Der Prozess der Gründungsförderung wird von Tamara Tizian, Luisa Lucas, Nicolas Nathan und Sebastian Simon als ermöglichend wahrgenommen. Zwischen ihnen bestehen allerdings Unterschiede, in welchem Ausmaß und welcher Form sie die Förderung selbst und den Leistungsbezug insgesamt als definierend und sozial positionierend präsentieren. Für Tamara Tizian sind die Adressierungen insofern sozial definierend und positionierend, als sie diese als Folie nutzt, um sich gegenteilig zu positionieren; für Luisa Lucas insofern, als sie ihren erwerbsbezogenen Selbstentwurf als Hellseherin nicht außerhalb des Jobcenters konkretisiert. Nicolas Nathan und Sebastian Simon nehmen die sozial definierenden und positionierenden Adressierungen des Jobcenters in ihrer Selbstpräsentation weniger an.

Auch Elisabeth Ernst nimmt die Adressierungen des Jobcenters nicht an. Wie bei Nicolas Nathan und Sebastian Simon ist ihre berufliche Selbstbeschreibung eine alternative, für sie primäre Orientierungsdimension, der Leistungsbezug ist für sie von Beginn an eine Übergangsposition, die derzeit notwendig ist, wobei sie die Möglichkeit eines dauerhaften Bezugs nicht als Gefahr antizipiert. In ihrer Haltung zu Institutionen als grundlegend ermöglichenden und primär funktionalen Strukturen erscheint das Jobcenter als irrational, undurchschaubar und behindernd. Sie ist enttäuscht von der Mühseligkeit der Fördergeldbeantragung und den nicht nachvollziehbaren Regeln. Ihre Konsequenz ist es, den Leistungsbezug so schnell wie möglich zu beenden.

Für Ferhat Fatih (und teilweise Nicolas Nathan) sind die Forderungen des Jobcenters ebenso irrational und behindernd. Anders als Elisabeth Ernst kann er den Leistungsbezug jedoch nicht ohne weiteres beenden, und anders als die anderen akzeptiert er die Regeln nicht. Mit seiner Sachbearbeiterin verhandelt er, seinen Schilderungen zufolge, nicht nur Maßnahmen und Förderungen, sondern auch die Hoheit über seine Statusdefinition. Das Jobcenter nimmt er als Antipode wahr, als eine Institution, die mit seiner Gründung nur insofern etwas zu tun hat, als sie dieser entgegensteht. Ferhat Fatih stellt das Jobcenter als eine Instanz dar, die durch (willkürliche) Ge- und Verbote sein Verhalten steuert. Nach seiner Schilderung findet er in der Interaktion mit seiner Sachbearbeiterin Wege, Machtpositionen gegenüber dem als feudal wahrgenommenen System auszuhandeln. Er kann sich damit situativ über seine Sachbearbeiterin stellen und sich gegen sie durchsetzen, ohne strukturell oder dauerhaft an dem hierarchischen Modell etwas zu verändern. Durch die Herabsetzung der Sachbearbeiterin kann er für sich situativ Handlungsspielraum und Handlungsfähigkeit herstellen. Nichtsdestotrotz muss er sich nach ihren Entscheidungen richten.

Auf den ersten Blick führt das in formalen Ausbildungen inkorporierte Wissen um den Umgang mit Institutionen im Allgemeinen nicht zu einem spezifischen Umgang mit dem Jobcenter. Einen positionierenden oder nicht-positionierenden Einfluss auf die Befragten kann das Jobcenter unabhängig von formalen Bildungswegen haben. Trotz der erörterten Unterschiede kann festgehalten werden, dass Tamara Tizian, Elisabeth Ernst und Nicolas Nathan, die alle eine Ausbildung absolviert haben, zunächst funktional auf das Jobcenter Bezug nehmen. Alle nutzen zunächst die Strukturen, die das Jobcenter ermöglicht – ohne ihre Position und ihr Vorgehen grundlegend davon abhängig zu machen. Als weitere Einflussgröße für den Umgang mit dem Jobcenter ist aber auch die Dauer des Leistungsbezugs von

Bedeutung. So setzt sich Tamara Tizian weitaus intensiver mit ihrer Position zum Jobcenter auseinander, als es Elisabeth Ernst und Nicolas Nathan tun. Sie nutzt die von ihm gebotenen Möglichkeiten und grenzt sich gleichzeitig von Zuschreibungen ab, die mit dem Leistungsbezug einhergehen. Luisa Lucas kann als Kontrast hierzu gesehen werden: Auch sie nutzt diese Möglichkeiten, richtet aber ihr Handeln und Vorgehen fast ausschließlich an den Jobcenterverfahren aus. Dies kann als Ergebnis ihrer langjährigen Erfahrungen mit dem Leistungsbezug gesehen werden, in denen sie eine Umgangsform mit dem Jobcenter entwickelt hat: die der Anpassung. Ferhat Fatih, der ebenfalls schon mehrere Jahre im Leistungsbezug steht, widersetzt sich hingegen immer wieder den Anforderungen. Ferhat Fatih und auch Sebastian Simon wehren definierende Zuschreibungen des Jobcenters in ihren Selbstpräsentationen ab. Formale Ausbildungserfahrungen können in diesem Sinne eine pragmatisch-funktionale Haltung zum Jobcenter erleichtern, allerdings ist diese nicht alleine auf institutionelles Wissen, das in Ausbildungen angeeignet wird, zurückzuführen.

### 5.7.3 Selbstständigkeit und Markt

Wie unter 5.7.1 dargestellt, formen Berufsausbildungen und berufliche Erfahrungen eine Art Institutionenwissen. Die damit einhergehenden Berufsbilder beeinflussen Selbstpräsentationen im Interview und das Vorgehen in der Gründung. Mit in Berufsausbildungen und Studiengängen angeeignetem Institutionenwissen geht auch ein funktionaler Bezug zum Fachwissen einher: die Bereitschaft zur erwerbsbezogenen Verwertung dieses Fachwissens. Mit „Institutionenwissen" ist also auch ein Wissen gemeint, das die funktionale, erwerbsbezogene Nutzung institutioneller Strukturen, wie des Markts, für diese erwerbsbezogene Verwertung umfasst. Auch weniger institutionalisierte Narrative und Bilder von Unternehmertum und Selbstständigkeit sind wirksam und können vorhandene beruflich-institutionelle Bezüge ergänzen oder fehlende kompensieren. Während mit (einigen) Berufsausbildungen bzw. Studiengängen Formen beruflicher

Selbstbeschreibung und Berufsbilder einhergehen, in denen Selbstständigkeit als typische oder mögliche Erwerbsform gilt und antizipiert wird, beziehen sich andere Gründer/-innen eher auf solche allgemeinen Narrative und Bilder marktbezogener Selbstbeschreibungsformen. Im Folgenden arbeite ich zunächst heraus, unter Bezugnahme auf welche (Berufs-)Bilder und Narrative Gründer/-innen eine marktbezogene berufliche Selbstbeschreibung herstellen und wie sie sich hierüber auf einem spezifischen Markt als Selbstständige positionieren. Danach möchte ich einen spezifischen Aspekt dieser marktbezogenen Selbstbeschreibung näher beleuchten: die Rolle Dritter bei der Herstellung marktbezogener Selbstpräsentationen als Selbstständige.

#### 5.7.3.1 Marktbezüge

Angesichts der Offenheit von Gründungsprozessen und auch der Intransparenz der (jeweiligen) Märkte, stellt sich die Frage, wie Gründende ihre (meist fachlich akzentuierten) Selbstpräsentationen mit der an sie gerichteten Erwartung integrieren, eine marktbezogene Präsentation als Selbstständige zu entwickeln.

Anders als Tamara Tizian, Elisabeth Ernst und Nicolas Nathan ist Luisa Lucas in ihrer Gründung zwar primär fachlich/inhaltlich orientiert, hat sich ihr inhaltliches Wissen aber nicht über formale institutionelle Strukturen angeeignet. Sie integriert ihre hellseherischen Fähigkeiten, die für ihre biographische Selbstpräsentation wichtig sind, nicht mit Marktbedingungen. Eine Ausrichtung ihres Vorgehens entlang der optimalen Verwertbarkeit ihrer Fähigkeiten liegt ihr fern, und das hängt, so die bereits oben entwickelte Interpretation, unter anderem damit zusammen, dass sie sich die Selbstverständlichkeit der marktförmigen Ausrichtung von Wissen, wie sie institutionelle Ausbildungen vermitteln, nicht angeeignet hat. Über die langen Jahre ihres Leistungsbezugs hat sie sich vielmehr ein anderes Institutionenwissen angeeignet: das Wissen über den Umgang mit den Anforderungen des Jobcenters. Sie kommt den Erwartungen nach, ohne dauerhaft den Hilfebezug zu verlassen. Mit der Selbstständigkeit kann sie (phasenweise) den Aktivierungsanforderungen nachkommen, sich als Erwerbstätige positionieren, aber keinen Bezug zur Institution Markt aufbauen. Dieser erscheint ihr vielmehr als bedrohlich. Statt des Jobcenters ist hingegen für Tamara Tizian und Elisabeth Ernst der Markt die primäre Institution, an der sie ihr Konzept ausrichten und der Nachfrage anpassen. Während Elisabeth Ernst ihre vorab entwickelte Spezialisierung in der Fotografie wie geplant umsetzen kann, passt Tamara Tizian ihr Konzept insofern prozesshaft dem Markt an, als sie ihr Angebot in die Richtung ausbaut und spezifiziert, die auf die größte Resonanz in der Nachfrage stößt. Elisabeth Ernsts marktbezogene Orientierungsfolie geht aus dem Berufsbild von Fotograf/-innen hervor, Tamara Tizian bedient sich normalunternehmerischer Narrative, um sich als Selbstständige zu beschreiben. Nicolas Nathan hat, wie Elisabeth Ernst, ein konkret ausgearbeitetes Konzept, mit dem er seine Selbstständigkeit aufbauen möchte, ändert aber trotz fehlender Resonanz am Markt sein Vorgehen nicht.

Für die beiden nicht inhaltlich oder fachlich orientierten Gründer Sebastian Simon und Ferhat Fatih ist der Markt die zentrale Institution ihrer Selbstpräsentation. Sie präsentieren sich als Selbstständiger bzw. als Kaufmann und orientieren sich in der Ausarbeitung ihres Gründungsvorhabens an Gelegenheiten, die sich ihnen bieten und erfolgversprechend erscheinen. Ihr Vorgehen passen sie der Nachfrage an und sind darauf bedacht, das Geschäftskonzept so anzupassen, dass es den größtmöglichen wirtschaftlichen Erfolg verspricht. Ferhat Fatih eignet sich hierfür gezielt Fachwissen an, ohne sich aber mit dem Beruf des Solartechnikers besonders zu identifizieren. Seine Bezüge auf das Kaufmanns-Narrativ finden in erster Linie Ausdruck in seinem Selbstverständnis, einen Sinn für gute Geschäfte zu haben, qualitativ gute Arbeit zu leisten und mit Kund/-innen (im Sinne des Geschäfts) spielerisch umgehen zu können. Sebastian Simon bezieht sich weniger deutlich auf typisch kaufmännische oder unternehmerische Narrative. Seine Orientierungen sind allgemeiner an einer dauerhaften Erwerbstätigkeit ausgerichtet, die er anhand in seinen Augen vielversprechender Gelegenheiten am Markt umsetzen kann.

Neben den jeweiligen Erfahrungen mit Institutionen sind die Formen des Marktbezugs auch von den institutionalisierten Strukturen des jeweils antizipierten Marktes abhängig. So begeben sich Elisabeth Ernst und Ferhat Fatih auf Märkte, auf denen die Nachfrage der Kund/-innen insofern kanalisiert ist, als das Engagieren von Freiberufler/-innen oder Selbstständigen typisch ist (etwa bei Hochzeitsfotograf/-innen). Die große Anzahl an Anbieter/-innen eröffnet einerseits den Kund/-innen Vergleichsmöglichkeiten und bietet andererseits Elisabeth Ernst und Ferhat Fatih eine Orientierungsmöglichkeit: Durch die Beobachtung der Angebote ihrer Konkurrent/-innen können sie sich zu diesen ins Verhältnis setzen, ihr Angebot den bestehenden Standards anpassen und es spezifizieren bzw. spezialisieren. Die bestehenden erwartbaren Standards für Nachfragende und Anbietende erleichtern beiden, sich selbst auf diesem Markt zu positionieren. Gleichzeitig sind hierdurch die Möglichkeiten der eigenen Konzeptentwicklung stark eingeschränkt. Für Elisabeth Ernst geht die Notwendigkeit, sich den Marktbedingungen anzupassen, mit einer schrittweisen professionalisierten Distanzierung zu ihrem Arbeitsgegenstand, der Fotografie, einher, die sie als einen Entfremdungsprozess beschreibt. Die Standardisierungen im Feld erleichtern ihr zwar, eine erwerbsbezogene Perspektive als Fotografin zu entwickeln, gleichzeitig wird der Gegenstandsbezug für sie aber hierdurch arbeitnehmerähnlich. Tamara Tizian wiederum begibt sich auf einen Markt, der weniger stark standardisiert ist. Sie erarbeitet sich prozesshaft ein Konzept und richtet ihre fachlichen Fähigkeiten entlang der Kriterien der Vermarktbarkeit aus. Für Nicolas Nathan und Luisa Lucas bleibt der Markt abstrakt. Zwar begibt sich Nicolas Nathan ebenso auf einen Markt, der erwartbare institutionalisierte Nachfrage- und Angebotsstrukturen bietet, entwickelt sein eigenes Angebot und seine unternehmerische Selbstpräsentation aber nicht entlang dieser bestehenden Standards. Größeren Einfluss auf seine Selbstpräsentation hat seine Orientierung an dem Narrativ des Entdecktwerdens. Dies führt dazu, dass ihm der Markt schwer konkret antizipierbar erscheint. Vielmehr wird dadurch das Funktionieren des Marktes mystifiziert. Auch für Luisa

Lucas bleibt das Funktionieren des Marktes undurchsichtig. Sie erklärt sich die Vorgänge – anders als Nicolas Nathan, der sich kursierender Narrative des Entdecktwerdens bedient – mit übernatürlichen Kräften, die ihren Markterfolg bestimmen. In beiden Fällen sind es weniger die bestehenden Marktstrukturen, die das Vorgehen strukturieren. Vielmehr beziehen sich beide auf abstrakte und mystische Erklärungsdimensionen, von denen sie den Erfolg ihrer Gründung abhängig machen. Ihre eigenen Einflussmöglichkeiten sind begrenzt. Erfolg in der Selbstständigkeit wird hierdurch zu einer schicksalhaften Gegebenheit. Für beide kann dies eine Erklärungsmöglichkeit ihrer Erfolglosigkeit für sich selbst sein: Wenn das Universum (Luisa Lucas) oder ein irgendwie eintretendes oder nicht-eintretendes Entdecktwerden (Nicolas Nathan) über das Funktionieren der Selbstständigkeit entscheiden, ist es für sie möglich, sich ein Scheitern nicht selbst zuschreiben. Die Externalisierung der Erklärung von Markterfolg/-misserfolg kann als eine Form des Umgangs mit einer Scheiternszuschreibung gelesen werden, die in der erfolgsorientierten Arbeitsgesellschaft nicht nur eine Positionierung sozialer Ortlosigkeit bedeutet, sondern auch eine individualisierende Selbstverschuldungszuschreibung mit sich bringt.

#### 5.7.3.2 Marktbezogene Selbstbeschreibungen und die Rolle Dritter

Anhand der obigen Ausführungen wird deutlich, dass die Positionierung als Selbstständige ein relativ offener Prozess ist. Aus der inhaltlich-fachlichen Selbstbeschreibung geht nicht immer eine marktbezogene Selbstbeschreibung – als Selbstständige – hervor (wie es etwa bei der Fotografin Elisabeth Ernst der Fall ist). Für eine solche marktbezogene Selbstbeschreibung beziehen sich einige Befragte auf weitere unternehmerische Bilder und Narrative. Für die Entwicklung von marktbezogenen Selbstpräsentationen sind, wie in den Fallanalysen deutlich wurde, unter anderem Dritte relevant, die etwa unternehmerische oder die Selbstständigkeit betreffende Zuschreibungen vermitteln und dabei auf unternehmerische

Narrative oder Bilder Bezug nehmen. Dritte sind zum einen insofern relevant, als sie als konkrete Andere die Befragten in stiftender oder bestätigender Anerkennung als (potenzielle) Unternehmer/-innen adressieren, und zum anderen, indem sie als Orientierung gebende Vorbilder oder als Abgrenzungsfolie dienen. Die Bezugnahmen auf Dritte als vermittelnde Instanzen sind in fast allen Selbstpräsentationen als Selbstständige bedeutsam.

Eine Ausnahme hiervon stellt allerdings Sebastian Simon dar, der die Bedeutungslosigkeit Dritter für seinen Gründungsprozess betont. Gerade in der Betonung der Bedeutungslosigkeit Dritter präsentiert er sich als soloselbstständig, wobei das Eigenständig-Sein einen Eigenwert für ihn hat. Anders verhält es sich bei Nicolas Nathan, der sich zwar ebenfalls nicht auf konkrete Dritte bezieht, für den aber Vergleiche mit Bildern von anderen oder Stereotypen eine orientierende Wirkung haben. Geschichten von Kunsthandwerker/-innen, die entdeckt wurden, und von Start-up-Unternehmer/-innen wie Steve Jobs stellen ihm Vorbilder zur Verfügung. Er rechnet sich selbst der Gruppe von Kunsthandwerker/-innen zu, die qualitativ hochwertigen Schmuck herstellen. Diese Selbstzurechnung und -verortung bietet ihm Identifikationsmöglichkeiten. Ebenso spielt die Abgrenzung zu anderen eine Rolle. Als Negativbeispiel gelten ihm *billig produzierende Chinesen* (vgl. Nicolas Nathan, Z. 638), mit denen er sich in keinem Fall assoziiert wissen möchte. Mit Bezug auf Narrative und Stereotypen stellt er also eine auf Selbstständigkeit bezogene Selbstpräsentation her, die sein Vorgehen am Markt formt.

Die Abgrenzung von einem Stereotyp ist auch bei Tamara Tizian zentral: Sie präsentiert sich als das Gegenteil des Stereotyps der „Hartz-IV"-Beziehenden. Zugleich stellt sie aber auch in re-inszenierenden Interaktionen mit Personen ihre marktbezogene Selbstpräsentation her. Sie bezieht sich auf Interaktionen, in denen Dritte sie in ihrer besonderen Leistungsbereitschaft bestätigen und ihr attestieren, ihr Gründungskonzept sei *ihr Ding* und damit Ausdruck ihrer selbst und habe *Potenzial* (vgl. Tamara Tizian, Z. 764f.). Hierdurch wird sie darin bestätigt, dass sie eine potenziell erfolgreiche Selbstständige ist, also die Selbstständigkeit *kann*. Die Interaktionen, die sie im Interview re-inszeniert, bestätigen sie darin, dem Bild einer aktiven, marktorientierten Unternehmerin zu entsprechen. Auch Ferhat Fatih re-inszeniert Situationen, in denen er anerkennend adressiert und so als erfahrener Experte im Umgang mit Kund/-innen und damit als Person mit kaufmännischen Fähigkeiten positioniert wurde. Konkrete Dritte haben für diese beiden also eine zentrale Bedeutung für die Präsentation als Selbstständige, insofern sie die Marktrelevanz ihrer Kenntnisse bestätigen. Tamara Tizian und Ferhat Fatih können sich im Interview auf diesem Wege als „gute Gründer/-innen" präsentieren. Im Interview haben diese Re-Inszenierungen von Interaktionen auch performativen Charakter: Mit der Nacherzählung von Situationen beschreiben sich die Befragten in bestimmter Weise als Personen mit spezifischen Fähigkeiten und bringen gegenüber dem/der Interviewenden ihre unternehmerische Kompetenz zum Ausdruck. Das Interview selbst ist letztlich auf die Selbstpräsentation als Selbstständige hin konzipiert und bringt so diese Selbstpräsentation (mit) hervor. Der Bezug auf Dritte kann solche Selbstpräsentationen erleichtern. Gerade also wenn in Positionierungsprozessen die Beschreibung als Selbstständige nicht allein aus einer inhaltlich-fachlichen Positionierung hervorgeht, können Adressierungen konkreter Dritter oder Bezugnahmen auf Narrative und diskursive Bilder Orientierung geben.

Im Vergleich zum Jobcenter ist der Markt eine Institution, deren Funktionieren und deren Bedingungen von den meisten Gründenden zunächst angeeignet werden müssen. Während für Sebastian Simon und Ferhat Fatih der Markt die primäre Institution ist, auf die sie sich beziehen und an deren Logik sie sich ausrichten, integrieren die anderen vier ihre fachlich-inhaltlichen Selbstpräsentationen mit marktförmigen Selbstbeschreibungen. Da für die meisten Gründenden keine eindeutig beschreibbaren sozialen Positionen auf einem eindeutig beschreibbaren Markt bestehen (eine Ausnahme ist hier die Hochzeitsfotografin Elisabeth Ernst), sind Bezugnahmen auf Narrative und Bilder für diese Präsentationen zentral.

Hierüber stellen sie auch ihre Vorstellung von Markt und ihre Bezugnahme auf Markt her. Für diese Herstellung einer Marktposition sind die Bezugnahmen auf Dritte – sowohl diskursiver als auch konkreter Art – relevant.

### 5.7.4 Positionierungen und Agency

Dem Vergleich der Gründer/-innen im Hinblick auf die Frage nach ihrem Bezug zu Institutionen (Kapitel 5.7) wurde die These vorangestellt, dass es keine etablierten sozialen Muster von Gründungsprozessen gibt. Unter der Erwerbsform der Selbstständigkeit bündelt sich eine Vielfalt von Berufen und Tätigkeiten und eine Vielfalt von Formen, wie diese auszuüben sind. Der Gründungsprozess ist ein offener Prozess und von diversen kontextuellen und biographischen Bedingungen beeinflusst. Er ist insofern selbst nicht institutionalisiert, sondern wird durch Bezugnahmen auf andere Institutionen hergestellt. Wie diese anderen Institutionen genutzt werden, hängt unter anderem von Institutionenwissen ab, das biographisch in unterschiedlichen institutionellen Kontexten angeeignet wurde. Dies impliziert Wissen darüber, dass und wie Institutionen zu nutzen sind, und auch die Bereitschaft, Wissen und Fähigkeiten entlang einer Marktnachfrage zu formen. Gründende stehen vor der Aufgabe ihre Arbeitskraft selbst so anzupassen und zu formen, dass sie eine „verkaufbare" Arbeitsleistung erzeugt. Für diese Anpassung gibt das Institutionenwissen, neben relevanten Institutionen (insbesondere Jobcenter und Markt) und allgemeinen Narrativen zu Unternehmertum und Selbstständigkeit, Orientierung. Wie sich im Vergleich zeigt, stellen Gründende unterschiedliche Zusammenhänge zwischen Institutionen her, realisieren also unterschiedliche Muster von Gründungen. Zum Abschluss des Vergleichskapitels möchte ich einen weiteren Aspekt hervorheben, anhand dessen die unterschiedlichen Bezugnahmen auf verschiedene Institutionen noch einmal verdeutlicht werden können und der es zudem erlaubt, ein weiteres zentrales Element von Gründungen im SGB II hervorzuheben: die Herstellung von Agency durch Positionierungen anhand unterschiedlicher institutioneller Zuschreibungen und Bezugnahmen.

Wie in der Fallanalyse von Ferhat Fatih dargestellt wird, erarbeitet er sich Agency in den Auseinandersetzungen mit seiner Sachbearbeiterin, indem er sie als Unverständige positioniert und situativ die Hoheit über seine Statusdefinition durchsetzt. Dies erreicht er, indem er sich auf das Leitbild des Kaufmanns beruft, sich als ein solcher positioniert und sich dadurch selbst die Expertise über „richtige" berufliche Entscheidungen und notwendige Fördermaßnahmen zuschreibt. Seine Gründung und Gestaltung seines Erwerbsverlaufs finden in seiner Selbstpräsentation unabhängig vom Jobcenter statt, was anhand seiner zweifachen Gründungserzählung (die eigentliche Gründung und die Auseinandersetzungen mit dem Jobcenter; siehe 5.3) deutlich wird. Ähnlich lässt sich in anderen fallspezifischen Formen des Umgangs mit Adressierungen des Jobcenters Agency erkennen. In der Regel geht es darum, den definierenden Zuschreibungen des Jobcenters, die nicht nur in konkreten Interaktionen vermittelt werden, sondern auch über diskursive, auf den Leistungsbezug abhebende Zuschreibungen erfolgen, andere Selbstbeschreibungen entgegenzusetzen. Die Gegenerzählungen zu solchen Zuschreibungen sind in diesen Fällen Selbstpräsentationen als Selbstständige.

Das Akzeptieren von Regeln und Anforderungen der Jobcenter, ohne sich die definierenden und sozial positionierenden Adressierungen anzueignen, erlaubt es Nicolas Nathan, Sebastian Simon und Elisabeth Ernst, sich primär anders zu beschreiben und positionieren denn als Leistungsbeziehende oder Arbeitslose – und zwar in ihren beruflichen Selbstbeschreibungen. Der Leistungsbezug wird als ein zwar notwendiger, das Leben finanzierender, aber überwindbarer Hintergrund präsentiert. Die beruflichen Selbstbeschreibungen und die Antizipationen der Gründungen überlagern die Positionen des/der Leistungsbeziehenden bzw. Arbeitslosen und nehmen diesen ihre positionierende Relevanz. Ebenso kann Tamara Tizian durch das Übererfüllen der Erwartungen die mit dem Leistungsbezug einhergehenden Adressierungen als „Hartz-IV"-Beziehende gewissermaßen umkehren. Sie entzieht sich durch die Präsentation als besonders leistungsbereit der Zuschreibung einer zu aktivierenden

„Hartz-IV“-Bezieherin. Bei diesen Gründenden geht es also primär um das Herstellen von Handlungsfähigkeit gegenüber entweder konkreten Anforderungen der Jobcenter oder diskursiven Zuschreibungen, die mit dem Leistungsbezug verbunden sind. Diese Handlungsfähigkeit können sie jeweils herstellen, indem sie sich auf andere institutionelle Kontexte (hier Märkte) beziehen und ihre Selbstbeschreibungen den Zuschreibungen entgegensetzen, die aus dem Leistungsbezug hervorgehen. Durch Erfahrungen mit anderen Institutionen (insbesondere Ausbildungseinrichtungen) haben sie sich (insbesondere Nicolas Nathan, Tamara Tizian und Elisabeth Ernst) einen pragmatischen Umgang mit Institutionen angeeignet, der impliziert, sich den Regeln und Anforderungen einerseits anzupassen und andererseits die Institutionen gerade dadurch für sich nutzbar zu machen. Obwohl sich Luisa Lucas den Entscheidungen und Vorgaben des Jobcenters (bzw. externen Mächten im Allgemeinen) ausgeliefert sieht, lässt sich auch in ihrer Erzählung Agency durch die Selbstbeschreibung als Erwerbstätige lesen. Von den anderen Fällen unterscheidet sie sich insofern, als sie sich sowohl auf das Jobcenter als auch auf den Markt bezieht, um (phasenweise) gegenüber beiden Institutionen Agency herzustellen. Indem sie den Anforderungen des Jobcenters hinsichtlich der Gründung nachkommt, kann sie ihre Selbstbeschreibung als erwerbstätige Hellseherin herstellen und aufrechterhalten und sich damit zunächst anderen Forderungen des Jobcenters entziehen. Die Gründung im Leistungsbezug bietet ihr zugleich den Rahmen, sich als erwerbstätige Hellseherin zu beschreiben, ohne ihre spirituellen Fähigkeiten unmittelbar an einem Markt ausrichten und hiervon formen lassen zu müssen. Der Rahmen des Leistungsbezugs ermöglicht ihr, so kann man ihre Präsentation lesen, also Agency gegenüber dem Markt. Sie kann Aktivierungsanforderungen mit dem Hilfebezug integrieren und sich Marktbedingungen zumindest phasenweise entziehen. Die jeweiligen institutionellen Bezüge ermöglichen ihr also Handlungsmächtigkeit gegenüber der jeweils anderen Institution. Insgesamt haben sich die hier vorgestellten Gründenden Umgangsformen mit den Jobcenterregularien angeeignet, die es ihnen erlauben, andere Selbstentwürfe (phasenweise) den definierenden Zuschreibungen seitens des Jobcenters oder vermittelt über den Leistungsbezug entgegenzustellen. Für alle Fälle gilt gleichermaßen, dass es situative Formen von Agency sind. Die Selbstständigkeit ist dabei ausschlaggebend, da sie ihnen alternative Formen erwerbsbezogener Selbstpräsentationen ermöglicht. Gelingt das Beenden des Hilfebezugs durch die Selbstständigkeit nicht, versiegen auch die Möglichkeiten von Agency durch alternative Positionierungen.

Diese Form von Agency lässt sich auch mit Judith Butler erfassen. Ihr zufolge ist Agency durch eine Re-Interpretation von Anrufungen und Adressierungen möglich. Die hier vorgestellten Fälle erarbeiten sich in diesem Sinne gegen institutionelle Anrufungen des Jobcenters Handlungsmacht. Diese Re-Interpretation kann sich auf konkrete Adressierungen in Interaktionen im Jobcenter (Ferhat Fatih) beziehen, auf langfristig aufgeschichteten Erfahrungen mit Erwartungen der Jobcenter (Luisa Lucas) oder auf diskursiven Zuschreibungen (Tamara Tizian). Für die jeweilige Handlungsmacht gegenüber den Adressierungen der Jobcenter sind Bezüge zu anderen Institutionen – in diesem Fall Marktbezüge bzw. die Selbstständigkeit – wesentlich, die den Individuen jeweils alternative Selbstpräsentations- und Selbstpositionierungsmöglichkeiten bieten und die sie den mit dem Leistungsbezug verbundenen Zuschreibungen entgegensetzen können. In diesen Fällen erhalten Individuen also Handlungsmacht durch alternative Positionierungen. Andere institutionelle Bezüge ermöglichen so gesehen neue Re-Adressierungsmöglichkeiten als Antwort auf die Adressierungen der anderen. Es sind, wie sich aus dem vorliegenden Untersuchungsfeld ableiten lässt, insbesondere Institutionen und Institutionenbezüge, die alternative Positionierungen ermöglichen und damit Handlungsmacht gegenüber formenden Einflüssen der jeweils anderen Institution ermöglichen. Inkorporiertes Institutionenwissen formt die Art der Nutzung von Institutionenbezug als eine Form von Agency gegenüber einer anderen Institution. Die Re-Interpretationen von Anrufungen sind also erstens von Institutionen und Institutionenbezügen abhängig. Zweitens stehen hierfür nicht unbedingt von Beginn an Re-Interpretationen bereit, sondern diese werden prozesshaft und interaktiv entwickelt. Drittens müssen Re-Interpretationen immer wieder reproduziert werden und verlieren ihre Bedeutung, wenn sie nicht immer wieder performativ hergestellt werden. Für die untersuchten Fälle vermittelt sich Agency insbesondere über die Institution Erwerbstätigkeit, die durch Selbstständigkeit ermöglicht wird. Diese, als eine Art Grundinstitution, auf die sich alle beziehen, ist unhinterfragt. Keine/-r der Befragten positioniert sich entgegen dem Paradigma der Erwerbsarbeit oder hinterfragt die Normalität kapitalistischer Erwerbsarbeit. Vielmehr ist das gezielte Nutzen und Verwerten von Fähigkeiten und Wissen für eine Positionierung als Erwerbstätige selbstverständliche Grundlage ihrer Selbstpositionierungen. Dies bestätigt die Bedeutung von Erwerbsarbeit als der zentralen Grundinstitution der Gegenwartsgesellschaft. So betrachtet, sind die Formen der jeweiligen Agency Reproduktionen der diskursiv erwarteten aktiven und unternehmerischen Gestaltung des Lebens. In dieser Perspektive hat das Jobcenter die Funktion der aktivierenden Institution in idealtypischer Weise erfüllt: Den Zuschreibungen setzen die Individuen besonders aktive Selbstpositionierungen entgegen.

# 6 Positionierungen als Selbstständige

Im Mittelpunkt der vorliegenden Studie steht die Frage, wie sich Leistungsbeziehende nach dem SGB II selbstständig machen und sich sozial positionieren. Die beiden Kontexte, im Rahmen derer sich Gründer/-innen nach dem SGB II einen Erwerbszusammenhang aufbauen, Leistungsbezug und Markt, sind auf den ersten Blick in hohem Maße unterschiedlich, was die Einbettung der Gründenden betrifft (einerseits als ‚Hilfebeziehende', andererseits als ‚Markt-Subjekte'). Während Jobcenter auf ihre ‚Kund/-innen' über eine Reihe von Regeln und Maßnahmen kontrollierend in ihrem Lebenszusammenhang einwirken und formalisierte Erwartungen an sie richten, sind Anforderungen von Märkten in der Regel weit undurchsichtiger, und Gründende werden dort als Marktteilnehmer/-innen, unabhängig von anderen Lebensbereichen, adressiert. Auch stereotype Bilder von passiven „Hartz-IV"-Beziehenden einerseits und aktiven Start-up-Gründer/-innen andererseits unterscheiden sich erheblich dahingehend, wie Individuen jeweils gesellschaftlich adressiert werden: einerseits als ‚nutzende' und ‚bedürftige', andererseits als ‚produktive' Mitglieder einer ‚Gemeinschaft'. In beiden Kontexten allerdings ist Erwerbstätigkeit eine zentrale Bezugsdimension: So geht es in fördernden und fordernden Maßnahmen der Jobcenter in der Regel darum, in Erwerbstätigkeit zu vermitteln, und Selbstständigkeit ist eine Form der Erwerbsarbeit. Gründungsprozesse verstehe ich als soziale Positionierungsprozesse, in denen Gründende sich als Erwerbstätige in der Gesellschaft verorten. Theoretisch wurden Positionierungen als Brücke zwischen normativ-diskursiven Anrufungen, Unternehmer/-in seiner/ihrer selbst und aktiv zu sein, und Subjektivation als Unterwerfung unter eben jene diskursiven Normen gefasst. In der vorliegenden Studie wurde der Frage nachgegangen, wie Gründungen im SGB II als soziale Positionierungen von Individuen vor sich gehen. Auf Basis von sechs narrativ-biographischen Interviews wurden Fallanalysen erstellt, in denen unterschiedliche Positionierungsweisen zwischen Hilfebezug und Selbstständigkeit zum Ausdruck kommen.

In den Analysen zeigte sich, dass Gründende sich in erster Linie als Erwerbstätige positionieren. Erwerbstätigkeit ist also die zentrale Institution, zu der sich alle Gründenden verhalten und die im Sinne unhinterfragter Normalität als Ausgangsbedingung für gesellschaftlich anerkannte Selbstbeschreibung und -positionierung dient. Die Erwerbsform Selbstständigkeit ist dabei ein Mittel, Erwartungen an eine aktive und eigenverantwortliche Lebensgestaltung nachzukommen und sich als Erwerbstätige zu positionieren. Ausgangspunkt der untersuchten Gruppe ist der Leistungsbezug im SGB II, der den Befragten eine zwar sozial legitimierte, aber nicht anerkennbare Position bietet. Im Leistungsbezug zu stehen und nicht erwerbstätig zu sein, wird als eine Position sozialer Ortlosigkeit wahrgenommen. Insofern als Erwerbsarbeit als ein Mittel funktioniert, sich selbst zu beschreiben und für andere adressierbar zu sein, bedeutet Erwerbslosigkeit sich nicht (erzählend) verorten zu können. Der Leistungsbezug kann diese fehlende Selbst-Beschreibbarkeit nicht kompensieren, unter anderem aufgrund der Zuschreibungen, wie sie etwa mit den „Hartz IV" verbundenen Stereotypen einhergehen. Die mit dem Leistungsbezug verbundene Erwerbslosigkeit bietet also nicht die Möglichkeit, sich selbst als aktives und verantwortliches Gesellschaftsmitglied zu erzählen. Mit anderen Worten: Der Leistungsbezug ermöglicht Individuen keine erwerbsbezogene „Adresse", über diese adressier- und sozial verortbar sind. Soziale Ortlosigkeit meint in diesem Zusammenhang also nicht, keinen sozialen bzw. sozialstrukturellen Ort zu haben, sondern bezeichnet vielmehr eine subjektiv wahrgenommene diskursive Ortlosigkeit. Die Selbstständigkeit ist deshalb für Gründer/-innen eine Möglichkeit, „Adressierbarkeit" als Erwerbstätige herzustellen. Die (Selbst-)Herstellung von Adressierbarkeit ist in diesem Zusammenhang eine Bedingung sozialer Positionierungsprozesse. Um diese Adressierbarkeit herzustellen, beziehen sich Gründende auf verschiedene Institutionen, Narrative, Berufsbilder und inkorporiertes Institutionenwissen. Denn, so zeigte sich in den Analysen deutlich: Der Weg in die Selbstständigkeit, die Gründung, ist selbst kein sozial institutionalisierter Prozess. Anders als durch Gründungsförderprogramme und den Businessplan als Planungstool suggeriert wird, sind Gründungen (aufgrund der Vielfalt der Berufe und Tätigkeiten, der Märkte, der biographischen und kontextuellen Bedingungen) offene Prozesse, für die keine übertragbaren sozialen Muster bestehen. Vielmehr beziehen sich Gründer/-innen auf verschiedene *andere* Institutionen (Jobcenter, Märkte, Berufe) sowie auf Selbstbilder und Narrative, um sich selbst als Selbstständige zu erzählen, adressierbar zu machen und zu positionieren. Die Positionierung selbst ist dabei prozesshaft, veränderbar und zum Teil von konkreten Adressierungen und der Anerkennung Dritter abhängig. Diese Erkenntnis der Offenheit von Gründungsprozessen und Selbstständigkeit führt zu dem Schluss, dass Gründende sich ganz grundlegend vor die Aufgabe gestellt sehen, ihre Arbeitskraft selbst so zu formen und anzupassen, dass sie eine ökonomisch verwertbare Arbeitsleistung erzeugt. Anders als bei abhängig Beschäftigten wird diese Transformation von Arbeitskraft in Arbeitsleistung nicht durch den Betrieb oder eine zentrale organisationale Struktur hergestellt, sondern Gründer/-innen müssen selbst ihr körperliches und geistiges Wissen, ihre Fähigkeiten und Fertigkeiten anpassen und formen und als Leistungen verkaufen. Weder bestehen (betriebliche) Strukturen, die definieren, was Selbstständige *sind* (anders als bei Arbeitnehmer/-innen, wie etwa Managerin, Sekretär, Teamleiter etc.), noch ist festgelegt, welche verschiedenen Tätigkeiten wie in Zusammenhang gebracht und aufeinander abgestimmt werden. Die Frage nach der Anpassung des eigenen Arbeitspotenzials an Marktbedingungen kann also als Kernproblem von Gründer/-innen und damit als zentraler Bestandteil von Positionierungsprozessen als Selbstständige verstanden werden. Dies vollzieht sich im Zusammenhang mit dem Herstellen von „Adressierbarkeit" als Erwerbstätige unter Bezugnahme auf diskursive Anrufungen, Institutionen und Narrative, und zugleich vollzieht es sich alltäglich in der praktischen Arbeitsorganisation.

Im Folgenden betrachte ich die Ergebnisse meiner Untersuchung in Verbindung mit den theoretischen Konzepten und dem Stand der Forschung, wie ich sie in den Kapiteln 2 und 3 herausgearbeitet habe. Dabei schärfe ich zum einen den Begriff der Positionierung und schlage eine Verallgemeinerung der Konzeption vor (6.1). Zum anderen schließe ich Überlegungen an, was der Begriff der Positionierung für die Beratung und Begleitung von Gründungen und (Solo-)Selbstständigkeit und für Gesellschaftsdiagnosen bedeuten kann (6.2 und 6.3).

## 6.1 Positionierungen: Prozesshaftigkeit, Institutionenbezug und Agency

In Kapitel 3 habe ich das Konzept der Positionierung neu gefasst, um es für das Verständnis der kontextuellen Bedingtheit, Prozesshaftigkeit und Vielseitigkeit von Gründungprozessen fruchtbar zu machen. Ausgangspunkt der Überlegungen war, dass für Gründende nicht immer eindeutige berufliche Klassifikationen bestehen, in die sie hineingerufen werden und die ihnen hierdurch eine Subjektposition ermöglichen. Positionierungen habe ich als prozesshafte Formen verstanden, sich kontextuell zu diskursiven Erwartungen, Narrativen und Positionen mittels sprachlicher und nicht-sprachlicher (Re-)Adressierungen und Selbst-Adressierungen in Beziehung zu setzen. Über Positionierung wird eine Position oder werden mehrere Positionen eingenommen oder hergestellt, an der (denen) sich im Fall von Gründungsprozessen Gründende sozial verorten. Positionierungen implizieren zwei Ebenen: Zum einen geht es um die Frage der Herstellung von Adressierbarkeit, also darum, wie Individuen für sich sprachliche und sie sozial positionierende Selbstbeschreibungen und Kategorien finden. Und zum anderen geht es um die Praxis der Umsetzung und des Bewährens der „Adresse“, also um die Frage, wie die sprachlichen (Selbst-)Bezeichnungen in Auseinandersetzung mit konkreten Erwartungen und Anforderungen (etwa der Jobcenter oder Märkte) angewandt und umgesetzt werden – dabei steht die praktische Arbeit an und in der Positionierung im Mittelpunkt. Im Zuge des sprachlichen und des praktischen Tuns wird, so die Annahme, ein Selbstverhältnis zu Positionen gebildet. Die Ebenen der Herstellung von Adressierbarkeit und der Bewährung im praktischen Tun sind miteinander verwoben, sie bedingen und verändern einander wechselseitig. So werden „Adressen“ auch durch die Auseinandersetzung mit institutionellen Anforderungen und praktischen Erfahrungen hergestellt. Und diese Adressen prägen wiederum den Umgang mit institutionellen Anforderungen. Die analytische Trennung beider Ebenen dient hier in erster Linie dem besseren Verständnis des Phänomens. Im Folgenden gehe ich auf beide Ebenen ein: Zunächst behandle ich die Frage, wie unter Bezugnahme auf diskursiv-normative Erwartungen insbesondere mittels Formen der Selbst-Adressierung sprachliche Kategorien prozesshaft hergestellt werden. Im Anschluss daran arbeite ich heraus, wie Institutionen und Institutionenwissen die praktische Anwendung und Umsetzung der Selbst-Adressierungen formen. Die analytische Unterscheidung der beiden Ebenen soll jedoch nicht darüber hinwegtäuschen, dass sie miteinander verwoben sind und sich wechselseitig bedingen. Anschließend werde ich Überlegungen vorstellen, die theoretische Konzeption der Positionierung zu verallgemeinern, und schließlich der Frage nachgehen, was das für Agency bedeutet.

### 6.1.1 (Selbst-)Adressierungen und Positionierungen

Die Positionierung als Selbstständige impliziert für Gründer/-innen, Adressierbarkeit herzustellen, sich also Formen sprachlicher Selbstbeschreibung und Klassifikation als Selbstständige zu erarbeiten. Denn für Positionen als erwerbstätige Selbstständige stehen nicht immer allgemein verstehbare „Adressen“, also sprachliche Kategorien und Klassifikationen (wie etwa Ärztin, Kraftfahrer, Bäckerin) und damit auch Positionen bereit, die eingenommen werden könnten. Als eine Orientierung für diese Positionierung können diskursive gesellschaftliche Erwartungen an Individuen wirken, sich selbst auszulegen und sich selbst zu präsentieren. In normativen Leitbildern, wie dem Leitbild, Unternehmer/-in seiner/ihrer selbst zu sein, oder der sozialpolitischen Aktivierungserwartung, spiegeln sich gesellschaftliche Erwartungen wider, sich selbst zu deuten und zu verhalten. Als Leitfiguren – und nicht als empirische Entitäten – stellen sie Formen der Anrufung von Individuen dar (vgl. Bröckling 2007). Die Erwartung, Unternehmer/-in seiner/ihrer selbst zu sein, ist kein erreichbarer „Idealzustand“ und es besteht auch kein endgültig erreichbares „Aktivitätsniveau“. Vielmehr implizieren die Adressierungsformen eine unaufhörliche Optimierbarkeit des unternehmerischen Selbstseins und der Aktivität. Die kreative, aktive, eigenverantwortliche Gestaltung des Lebenszusammenhangs und der Erwerbstätigkeit wird zur Grundlage der Selbstwahrnehmung. Diskursive Anrufungen, unternehmerisch und aktiv zu sein, stellen für sich genommen keine klassifizierbaren Subjektpositionen dar, sondern vielmehr ein Bündel normativer Verhaltens- und Eigenschaftserwartungen, zu denen Individuen sich verhalten, die sie interpretieren, die sie auf sich anwenden und in deren Sinn sie sich selbst formen. Sie stellen also keine konkreten Subjektpositionen bereit, tragen aber zu Subjektpositionierungen bei. Im Fall der Gründung stehen die Gründenden vor der Aufgabe, ihr Gründungsvorhaben in Bezug auf Narrative und Bilder zu fiktionalisieren; das Gründungsvorhaben kann sich ebenso wie die entsprechende Positionierung im Gründungsprozess verändern (vgl. Pongratz et al. 2014). Unternehmer seiner/ihrer selbst und aktiv zu sein sind in diesem Sinne Rahmen, die Positionierungen nahelegen.

Zunächst kann die Entscheidung, sich selbstständig zu machen, selbst als Antwort auf die normative Erwartung einer aktiven Erwerbs- und Lebensgestaltung als „gute“ Lebensform (vgl. Rose 2000) gelesen werden. Für das Herstellen von Adressierbarkeit als Selbstständige können diese Leitbilder als Orientierungsfolien funktionieren und so dazu beitragen, sich selbst als Selbstständige zu begreifen und sich mit einer „Adresse“ als Selbstständige sozial zu positionieren. In einigen der hier analysierten Fälle zeigte sich, dass diskursiv-normative Anrufungen, sich unternehmerisch und aktiv auszulegen, vor dem Hintergrund biographischer Selbstbilder interpretiert und zu Folien für Selbst-Adressierungen werden. So bezieht sich Tamara Tizian in ihrer Selbstbeschreibung als Selbstständige auf ein Bild künstlerischer Illustrator/-innen und verbindet dies mit Beschreibungen von sich als ruhelos, als besonders leistungs- und opferbereit. Sie beschreibt sich also mit Bezug auf ihre Ausbildung und in Assoziation mit Bildern des „Normalunternehmertums“ als aktive unternehmerische Illustratorin – was als Antwort auf Aktivierungsanforderungen und Anrufungen, Unternehmerin ihrer selbst zu sein, gelesen werden kann. Ebenso verknüpft Nicolas Nathan sein biographisches berufliches Selbstbild als künstlerischer Handwerker mit Narrativen von Unternehmertum: Erzählungen von erfolgreichen Start-up-Unternehmern wie Steve Jobs und erfolgreichen kleinen Manufakturen bieten ihm Vorbilder und sind Grundlage seiner Selbstauslegung als Marktteilnehmer. Zusätzlich zu ihrem in Studium und Ausbildung angeeigneten inhaltlich-beruflichen Selbstverständnis beziehen sich beide auf diskursive Erwartungen, sich unternehmerisch zu verstehen, bzw. auf gesellschaftliche Narrative, Erzählungen von erfolgreichen Start-ups, um eine Selbstbeschreibung von sich als Selbstständige herzustellen. Die beiden Fälle machen auf die Wirkung diskursiver Erwartungen aufmerksam, die als Folie für ein Selbstverständnis als erwerbstätige Selbstständige dienen. Dabei sind es die Gründenden, die sich in Bezug auf Narrative und diskursive Erwartungen *selbst* adressieren. Dies wird vor allem bei Nicolas Nathan deutlich, der sich auf Narrative erfolgreicher Gründer bezieht, um sich selbst auch (potenziell) als ein solcher zu beschreiben – ohne von Dritten als ein solcher adressiert zu werden. Die Selbstbeschreibung als ein potenziell außerordentlich gefragter Anbieter von Luxusprodukten bleibt allerdings so lange fiktional, bis er am Markt „entdeckt“ wird und seinen „Durchbruch“ hat. Erst dann kann er auch von Dritten als erfolgreicher Start-up-Gründer adressiert werden.

In anderen Fällen spielt die fachliche Tätigkeit als Ausgangspunkt für die Selbstbeschreibung als Selbstständige eine weniger zentrale Rolle. Auch hier sind Bezugnahmen auf Narrative oder Leitbilder wirksam, die als eine Folie für die Selbst-Adressierung als Marktteilnehmer funktionieren: Ferhat Fatih, der sich als Solartechniker selbstständig macht, bezieht sich in seiner Selbstpräsentation als Selbstständiger auf sein biographisch erworbenes Selbstbild und seine Selbstwahrnehmung als Kaufmann. Das Leitbild des Kaufmanns impliziert in seiner Darstellung solides, kundenorientiertes Wirtschaften und das Gespür für gute Geschäfte, aber weder Kreativitäts- noch auf die Tätigkeit bezogene Selbstverwirklichungsansprüche. Insofern gehen auch mit diesem Leitbild in erster Linie Verhaltenseigenschaften einher. Ähnlich beschreibt sich Sebastian Simon: Er ist daran orientiert, ein funktionierendes Geschäft zu etablieren, ohne damit eine spezifische inhaltliche, selbstverwirklichende Tätigkeit zu verfolgen. Sein Handel mit PC-Hardware ist für ihn austauschbar. Das Gründungsvorhaben hat für beide Projektcharakter, im Vordergrund steht das Bewähren ihrer Selbstständigkeit und nicht die spezifische Gründungsidee. Das Leitbild des Kaufmanns ist bei beiden eine Folie, vor der sie ein Selbstverständnis als Selbstständige herstellen und mit der sie ihr Vorhaben rahmen. In diesem Rahmen beschreiben sie sich selbst als Selbstständige – wenn auch mit wechselnden inhaltlichen Tätigkeiten.

An den diskutierten Fällen zeigt sich die Bedeutung von Selbst-Adressierungen, in denen Individuen sich diskursive Erwartungen aneignen, sie interpretieren, auf sich selbst anwenden und sie verändern. Selbst-Adressierungen sind damit ein Mittel, sich (prozesshaft) zu positionieren. Die beobachteten Selbst-Adressierungen und Positionierungen manifestieren sich in der Erzählsituation des Interviews. Nacherzählungen von Interaktionen oder gesellschaftliche Narrative, auf die in der Erzählung Bezug genommen wird, stellen hier zunächst eine Möglichkeit bereit, sich selbst verbal zu erzählen. Sie liefern in diesem Sinne Erzählskripte oder Anhaltspunkte, um Erzählungen von sich zu erzeugen. In der Erzählung selbst werden die Selbst-Adressierungen erzeugt und als Mechanismen sozialer Positionierungen verstanden, insofern sich Erzählende dadurch ins Verhältnis zu anderen, zu Kontexten und zu Erwartungen setzen. Da durch sprachliche Positionierungen auch Selbstverhältnisse hergestellt werden, sind Selbst-Adressierungen auch als Prozesse von Subjektwerdung zu verstehen. Judith Butler (2001) versteht Subjektwerdung als Subjektivation, also als einen Prozess der Unterwerfung in Folge von Anrufung. Im prozesshaften Subjektwerden als selbstständige/-r Erwerbstätige/-r, in dem Adressierbarkeit im Sinne einer Klassifikation als erwerbstätiges Subjekt hergestellt wird, setzen sich Individuen zu gesellschaftlich normativen Erwartungen und Diskursen ins Verhältnis und unterwerfen sich den Normalitätsanforderungen. Die wichtigste Anrufung, zu der sich alle Befragten verhalten, ist die Erwartung, sich als Erwerbstätige zu positionieren. Die vorliegende Studie bestätigt also ein weiteres Mal die unhinterfragte und zentrale Bedeutung von Erwerbstätigkeit, die (in diesem Feld) die einzige Bezugsgröße ist, über die sich Individuen sozial anerkannt zu positionieren vermögen. Gesellschaftsdiagnosen, die eine Ökonomisierung des Sozialen feststellen, betonen in diesem Zusammenhang die individualisierte Verantwortung, sich als aktive und eigenverantwortliche Erwerbstätige zu positionieren (siehe Kapitel 3.1). Die unhinterfragte Bedeutung der Institution Erwerbstätigkeit macht auf das Verhaftetsein in der Anrufung aufmerksam, sich als aktives und produktives Mitglied einer ‚Gemeinschaft' zu verstehen. Mit Judith Butler kann dies als eine Unterwerfung unter ein diskursives normatives Ideal eines „guten" (vgl. Rose 2000) und „verantwortlichen" Lebens gelesen werden. Selbst-Adressierungen sind Formen, sich als selbstständiges erwerbstätiges Mitglied einer ‚Gemeinschaft' zu beschreiben und zu positionieren. Die Bedeutung von Selbst-Adressierungen ist für Gründende nach dem SGB II besonders wichtig, da nicht immer Klassifikationen (etwa Hochzeitsfotografin) als Bezugsgrößen bestehen, die ihnen eine Adresse bieten.

Für die Herstellung von Adressierbarkeit als Erwerbstätige sind also normative Erwartungen insofern konstitutiv, als sie als Hintergrund für Selbst-Adressierungen dienen. Neben der Bedeutung von Selbst-Adressierungen zeigt sich auch, dass Selbst-Adressierungen durch Dritte bestätigt oder geformt werden und sich diskursive Erwartungen auch über Adressierungen von Dritten vermitteln. Wie Norbert Ricken (2013) deutlich macht, sind (interaktive) stiftende und bestätigende Adressierungen für Subjektivationen und das Einnehmen von Subjektpositionen relevant. Zudem hebt er die Bedeutung von Re-Adressierungen, also Antworten der Individuen auf Adressierungen, hervor. In den Fallanalysen der vorliegenden Arbeit zeigte sich, wie über Adressierungen durch konkrete Andere Individuen in ihren Selbst-Adressierungen (etwa Tamara Tizian als „leistungsbereite Unternehmerin") bestätigt werden. Konkrete Adressierungen durch Dritte vermitteln und bestätigen diskursive Erwartungen und fordern zu entsprechender Selbstauslegung auf (etwa bei Luisa Lucas, die als „Hellseherin" stiftend adressiert wird). Die Formen der Adressierung, Re-Adressierung und Selbst-Adressierung können kontextuell variieren und die Bezüge können sich ändern. Insbesondere bei Gründungen stehen Klassifikationen *als* jemand nicht immer von Beginn an und zeitübergreifend fest. Tamara Tizian etwa passt ihre Selbstpräsentation als Selbstständige im Zuge ihres Gründungsprozesses an. Zu Beginn versteht sie sich als Künstlerin und Illustratorin; infolge des Zuspruchs für bestimmte Motive präsentiert sie sich zunehmend als Illustratorin spezifischer Motive. Sie konkretisiert ihre Selbstbeschreibung als Selbstständige im Prozess des Gründens unter Bezug auf Bestätigungen Dritter und versteht sich zunehmend mehr als Unternehmerin denn als Künstlerin. Sebastian Simon ändert im Laufe seiner Gründung seine Tätigkeit in Abhängigkeit von der (erfolgversprechenden) Nachfrage nach Produkten am Markt und passt seine Selbst-Adressierung entsprechend an. Luisa Lucas wird von Dritten immer wieder als Hellseherin adressiert, woraufhin sie sich nach und nach selbst als eine solche beschreibt und dies auch mit einer Erwerbsperspektive verbindet. Ferhat Fatih handelt mit seiner Sachbearbeiterin im Jobcenter die Bedeutung der Selbstbeschreibung als Kaufmann aus und setzt ihrer Interpretation seine eigene entgegen. Zudem schildert er Interaktionen, in denen er sich gegenüber Kund/-innen als erfahrener Solartechniker positioniert. Sein Partner spricht ihn darauf an und bewertet diese Selbstbeschreibung als unehrlich, er entzieht ihm damit gewissermaßen seine (Selbst-)Adressierung. Ferhat Fatih antwortet, die Positionierung würde sich im Nachhinein durch die Arbeitspraxis ohnehin bewahrheiten.

Positionierungsprozesse als Gründer/-innen sind also als Formen zu verstehen, klassifizierbare Adressierungen zu finden und sich kontextuell in Beziehung zu setzen zu Normen und Narrativen. Die Adressen werden durch Selbst-Adressierungen hervorgebracht, durch Adressierungen Dritter bestätigt und angepasst oder durch Adressierungen Dritter gestiftet. Subjektwerden und Subjektsein wird also immer wieder performativ in Selbstarbeit und Selbstpräsentation hergestellt (vgl. Reckwitz 2008: 82). Vor dem Subjektsein steht die sprachliche und über Dritte vermittelte Adressierung oder die Selbst-Adressierung. Die Ergebnisse der vorliegenden Studie verweisen hier besonders auf die Selbstarbeit von Individuen im Positionierungsgeschehen. Neben der Anerkennung und Adressierung seitens Dritter hat eben auch die Selbst-Adressierung einen zentralen Stellenwert. Und auch Adressierungen von Dritten werden von Individuen ihrerseits interpretiert. Mit seinem Begriff der Re-Adressierung macht Norbert Ricken (2013) hierauf aufmerksam. Gegenüber Ricken betone ich auf der Basis der vorangegangenen Überlegungen und Interpretationen die Bedeutung der Selbst-Adressierung und der Antwort auf Adressierungen. Stiftende Adressierung erweist sich als weniger bedeutsam als Selbst-Adressierungen und Re-Adressierungen im Sinne formender und bestätigender Adressierungen. Die empirischen Ergebnisse der vorliegenden Arbeit sprechen also dafür, dass die Bedeutung der Selbstarbeit im Prozess des Positionierens zu betonen ist.

Neben der Bedeutung von diskursiv-normativen Erwartungen, Adressierungen und Selbst-Adressierungen sind für das Bewähren und Umsetzen der hergestellten Adressen die institutionelle Einbettung und das biographisch erworbene Institutionenwissen formend und damit wesentliche Bestandteile sozialer Positionierungsprozesse. Hierauf gehe ich im Folgenden ein.

### 6.1.2 Institutionen, Institutionenwissen und Positionierungen

Die Fallanalysen machen auf die Bedeutung von Institutionen und biographisch angeeignetem Institutionenwissen für Positionierungsprozesse aufmerksam. Institutionalisierte Berufe, die Organisation von Gründungsprozessen im Jobcenter und individuelle biographische Erfahrungen mit Institutionen formen die Art, wie Individuen normative Erwartungen verarbeiten und (Selbst-)Adressierungen hervorbringen und anpassen. Institutionalisierte Berufsbilder und institutionelle Vorgaben bieten einerseits, ebenso wie diskursiv-normative Erwartungen und Narrative, Orientierungsfolien für die eigenen Selbstbeschreibungen und -auslegungen als Selbstständige. Zudem bieten sie Orientierung für die Gestaltung der Kernaufgabe von Gründungen, die Anpassung von Wissen und Fertigkeiten zur Umsetzung in vermarktbare Arbeitsleistung. In Anlehnung an Berger/Luckmann (1980) können Institutionen als sozial konstruierte Wissensordnungen verstanden werden, die Regeln und Normen bereitstellen und hierüber individuelles Selbstverständnis und individuelle Selbstverhältnisse formen. Anhand der Fallanalyse von Elisabeth Ernst, die sich in hohem Maße mit dem Berufsbild der Fotografin identifiziert und anhand dessen beschreibt, zeigt sich einerseits die Bedeutung institutionalisierter Berufsformen. Zum anderen wird an ihrem Beispiel auch deutlich, dass ein etablierter Markt die Anpassung des eigenen Wissens an Markterfordernisse strukturiert. Der Markt, auf dem sie sich orientiert, die Hochzeitsfotografie, ist vergleichsweise stark institutionalisiert. Um sich als Selbstständige zu beschreiben und zu handeln, kann sie sich auf eine sozial institutionalisierte Kategorie beziehen, womit wechselseitige Erwartungen und Erwartbarkeiten einhergehen. Ein hoher Institutionalisierungsgrad des Berufs und des Marktes wirkt also formend auf den Anpassungsprozess des eigenen Wissens und der Fertigkeiten: Der Beruf impliziert neben der Selbstbeschreibung als Fotografin auch die Art der Vermarktung des Angebots, den Kontaktaufbau zu Kund/-innen und Kooperationsformen mit Kolleg/-innen. Mit der Institutionalisierung dieses Berufs als einer typischerweise (solo-)selbstständig ausgeübten Tätigkeit geht auch einher, dass Kund/-innen wissen, was sie von der Dienstleistung erwarten können, wo sie Angebote finden und wie sie Angebote verschiedener Anbieter/-innen vergleichen können. Für Elisabeth Ernst bedeutet dies, sich in das Muster dieser Vergleichbarkeit zu anderen Anbieter/-innen einfügen zu können – und zu müssen. An ihrem Beispiel zeigt sich auch, wie die Institutionalisierung des Berufs zu arbeitnehmerähnlichen Arbeitsroutinen führen kann, bis hin zu einer Entfremdung von der Tätigkeit. Paradoxerweise kehrt sich in dieser Gründung das Modell des Künstlers geradezu um: Die Unfreiheit selbstständiger Tätigkeit tritt hervor. Luisa Lucas wiederum orientiert sich in ihrem Vorgehen in der Gründung als Hellseherin ebenso an institutionellen Strukturen. Allerdings bietet hier nicht ein Berufsbild oder ein etablierter Markt Orientierung, sondern vielmehr die konkreten Vorgaben des Jobcenters. Sich an dem Markt als Feld zu orientieren, fällt dieser Gründerin schwer und widerstrebt ihr sogar. Umso wichtiger erscheint bei ihr die Orientierung an Vorgaben des Jobcenters, über die sie den Gründungsprozess strukturieren kann (etwa: Erstellen des Businessplans, Werben, Beginn und Ende der Selbstständigkeit). Sowohl Elisabeth Ernst als auch Luisa Lucas beziehen sich in ihren Selbstbeschreibungen als Selbstständige weniger auf gesellschaftlich-normative Bilder oder Narrative vom unternehmerischen Selbst als vielmehr auf institutionalisierte Strukturen und etablierte Vorgehensweisen – Elisabeth Ernst an dem institutionalisierten Berufsbild des/der Fotograf/-in, Luisa Lucas an den Vorgaben des Jobcenters.

Dass Elisabeth Ernst und Luisa Lucas sich in ihrem Positionierungsprozess als Gründer/-innen in erster Linie an Institutionen orientieren, liegt auch an ihren früheren biographischen Erfahrungen mit Institutionen. In Gründungsprozessen, in denen Bezüge zu verschiedenen Institutionen hergestellt, institutionelle Erwartungen interpretiert und als Möglichkeiten genutzt werden, ist – und das zeigen die vorhergehenden Analysen ebenfalls – biographisch angeeignetes Institutionenwissen hilfreich. Unter Institutionenwissen verstehe ich Formen des Umgangs mit institutionellen

Vorgaben und Erwartungen. Institutionenwissen impliziert die Bereitschaft, sich diesen Vorgaben unterzuordnen und sich entlang dieser auszurichten, um sie nutzen zu können. Elisabeth Ernst etwa hat sich in ihrer biographischen Selbstbeschreibung immer schon an Bildungs- und Erwerbseinrichtungen ausgerichtet. Bildungsprozesse und Zertifikate formen ihr Selbstverständnis und ihre Identifikation als Fotografin und ermöglichen ihr einerseits Handlungsfähigkeit im Sinne des Berufs, andererseits geht mit der Identifikation auch ein spezifisches Selbstverhältnis einher. Luisa Lucas dagegen hat sich biographisch nicht anhand von Bildungs- und Erwerbsinstitutionen ausgerichtet, sondern sich im Lauf des Leistungsbezugs einen Umgang mit der Institution Jobcenter angeeignet, der in der Gründung für sie nun Orientierung gibt. Die Selbstverständlichkeit, sich institutionellen Vorgaben anzupassen und sich anhand dieser Vorgaben selbst zu beschreiben und zu positionieren, wird gewissermaßen als biographische Kompetenz angeeignet. Sichtbar wird hieran, dass Institutionen das Umsetzen der Selbstständigkeit maßgeblich formen, insofern sie als Handlungsorientierung von Individuen genutzt werden. Sie wirken dabei zugleich einschränkend und ermöglichend. Über Institutionen (etwa das Jobcenter oder die jeweiligen Märkte) werden Formen der (Selbst-)Adressierung, der Selbstauslegung und Beschreibung nahegelegt. Sich diesen unterzuordnen ermöglicht es Individuen, Adressierbarkeit (etwa als Fotografin) und darüber Handlungsfähigkeit als Selbstständige herzustellen.

Institutionen formen nicht nur Berufsbilder und damit einhergehende Erwartungen und Formen der Selbstauslegung, sondern vermitteln auch diskursive Erwartungen. Anrufungen, sich selbst unternehmerisch zu verstehen und sich als eigenverantwortliches aktives Mitglied einer ‚Gemeinschaft' zu präsentieren, werden (unter anderem) über Institutionen vermittelt. Besonders deutlich ist dies bei Jobcentern, die damit beauftragt sind, das Konzept der aktivierenden Sozialpolitik umzusetzen. Von Leistungsbeziehenden nach dem SGB II wird über verschiedene Maßnahmen Aktivität eingefordert, und dies ist Grundlage der Interaktionen in Jobcentern.

Bestimmte Berufszweige oder bestimmte Märkte erfordern mehr als andere ein am unternehmerischen Selbst orientiertes Selbstverständnis (in dem Sample der vorliegenden Untersuchung sind dies insbesondere künstlerisch-handwerkliche Berufe). Die über Institutionen vermittelten Erwartungen werden jeweils wiederum vor dem Hintergrund biographischer Selbstbilder und biographisch angeeigneten Institutionenwissens interpretiert. Es lässt sich verallgemeinern, dass Bezüge zu verschiedenen Institutionen mit den jeweils von diesen vermittelten Erwartungen die Herstellung einer (Selbst-)Adressierung und Positionierung als Selbstständige formen. Neben Selbstbildern, Narrativen von erfolgreichen Start-ups und Berufsbildern formen institutionelle Vorgaben und das Institutionenwissen den offenen Prozess der Anpassung und Transformation von Arbeitskraft in Arbeitsleistung. Stephan Lessenich (2008) sowie G. Günter Voß und Hans J. Pongratz (1998) machen auf die Bedeutung von Institutionen für die Vermittlung sowohl von normativen gesellschaftlichen Erwartungen und Narrativen als auch von beruflichen Selbstverständnissen und konkreten Handlungserwartungen aufmerksam. Für gouvernementalitätsanalytische Konzepte kann eine Verknüpfung mit einer Perspektive auf Institutionen fruchtbar sein, da die Institutionen als Scharniere zwischen Diskursen und Formen der Selbstauslegung verstanden werden können (vgl. Lessenich 2008). Dabei kann das Zusammenwirken von diskursiv-normativen Anrufungen, institutionalisierten Berufen und biographischen Selbstbildern in sozialen Positionierungsprozessen herausgearbeitet werden.

Aus den vorangegangenen Überlegungen lässt sich die These ableiten, dass in weniger etablierten Gründungsfeldern Narrative von erfolgreichen Start-ups und diskursive Bezüge auf Unternehmertum als Orientierungsfolien umso wichtiger sind. Normativ-diskursive Erwartungen haben eine ähnliche Funktion wie institutionalisierte Berufsformen, sind aber weniger konkret. Da etwa mit dem institutionalisierten Berufsbild des/der Fotograf/-in sowohl die Tätigkeit als auch der Marktbezug einhergeht, muss sich

Elisabeth Ernst nicht so sehr auf diskursive Erwartungen an unternehmerisches Handeln beziehen, um ein Selbstverhältnis als Selbstständige herzustellen. In anderen Fällen dagegen können unternehmerische und auf Aktivierung zielende Anrufungen dazu beitragen, ein Selbstverständnis als Selbstständige herzustellen. Anrufungen, wie sie vom Bild des unternehmerischen Selbst oder auch von Aktivierungsforderungen ausgehen, sind in erster Linie Erwartungen von bestimmten Eigenschaften oder Verhaltensweisen, die Individuen sich aneignen, interpretieren und auf sich selbst anwenden müssen. Beispielsweise nimmt Tamara Tizian solche erwarteten Eigenschaften und Verhaltensweisen auf und integriert sie mit ihrer fachlichen Tätigkeit; erst beides zusammen formt ihre Positionierung als Gründerin. Die Narrative von erfolgreichen Start-up-Gründern (wie Steve Jobs), die für Nicolas Nathan eine Orientierungs- und Vergleichsfolie sind in seinem Streben, sich selbst als Unternehmer zu begreifen, integriert er ebenfalls mit seiner berufsfachlichen Selbstbeschreibung. Unternehmerische Selbstbeschreibungen und Aktivierungserwartungen vermengen sich mit biographischen Erfahrungen und Selbstbildern. Die Analysen zeigen also die Bedeutung von normativen gesellschaftlichen Anrufungen der projektförmigen, eigenverantwortlichen, aktiven und kreativen Gestaltung des Erwerbs und des Lebens insgesamt (siehe Kapitel 3). Ebenso sind Institutionen, institutionalisierte Berufsformen und biographisch angeeignetes Institutionenwissen ausschlaggebend für die Herstellung von Adressierbarkeit und die Praxis des Gründens. Teilweise können diskursiv vermittelte gesellschaftliche Erwartungen fehlende konkrete institutionelle Erwartungen kompensieren, was ihre Orientierungsfunktion für die Positionierung betrifft.

Was bedeuten diese Überlegungen für das Verständnis von Positionierungen? Die Analysen machen insbesondere auf die Bedeutung der Selbstarbeit im Prozess der Positionierung aufmerksam. Die Adressierungen von Dritten sowie diskursive Adressierungen werden von Individuen interpretiert. Narrative und diskursive Anrufungen dienen ihnen als Folien, sich selbst zu adressieren. Über Re-Adressierungen, also Interpretationen von Adressierungen, sowie Selbst-Adressierungen in Bezug auf diskursive Erwartungen stellen Individuen Adressierbarkeit als Selbstständige her und positionieren sich darüber im Sozialen, das heißt, sie setzen sich ins Verhältnis zu gesellschaftlichen und kontextuellen Erwartungen und Zuschreibungen. In Auseinandersetzung mit Institutionen und mit Dritten kann die hergestellte Adressierbarkeit variieren und sich ändern. Anders als etwa in der Anerkennungstheorie von Axel Honneth oder der Konzeption der (Re-)Adressierung von Norbert Ricken wird in der hier vorgestellten und entwickelten Konzeption die Bedeutung der Selbstarbeit von Individuen im Prozess der Positionierung betont. Positionierungen sind immer nur in Auseinandersetzung mit Adressierungen, diskursiven Anrufungen und institutionellen Erwartungen möglich – aber letztlich sind es die Individuen selbst, die sich hierzu vor dem Hintergrund biographischer Selbstbilder und biographisch erworbenen Institutionenwissens ins Verhältnis setzen und positionieren. Es lässt sich die These aufstellen, dass Selbst-Adressierungen – im Sinne von Interpretationen diskursiver oder situativer Erwartungen und Adressierungen Dritter – zentrale Mechanismen für soziale Positionierungen sind. Selbst-Adressierungen sind in diesem Sinne Formen, gesellschaftliche Erwartungen auf sich selbst anzuwenden, sich auf diese Weise zu diesen Erwartungen ins Verhältnis zu setzen und sich sozial zu positionieren.

Diese Konzeption der Positionierung ist für die Analyse von Gründungsprozessen, in denen nicht immer eindeutige Kategorien und Klassifikationen beruflicher Selbstverortung bereitstehen, besonders ertragreich. Das Konzept sozialer Positionierungen kann aber darüber hinaus auch für Analysen sozialer Selbstverortung allgemein fruchtbar gemacht werden. Damit wird darauf aufmerksam gemacht, dass sich Individuen vor dem Hintergrund ihrer biographisch erworbenen Selbstbilder immer ins Verhältnis setzen zu Adressierungen und normativen Erwartungen und sich hierüber selbst positionieren. Die Perspektive der Positionierung macht auf die Verwobenheit biographischer Selbstbilder, institutioneller Erwartungen und diskursiver gesellschaftlicher Erwartungen aufmerksam. Es kann angenommen werden, dass insbesondere im Zuge des normativen gesellschaftlichen Wandels und der Erosion von „Normalbiographien" die Bedeutung dieses individuellen Ins-Verhältnis-Setzens in Form der Selbst-Adressierung vor dem Hintergrund normativer Erwartungen für soziale Positionierungen gewachsen ist.

### 6.1.3 Agency und Positionierungen

Welche Rolle spielt Agency in der vorab dargestellten Konzeption von Positionierungen? Agency, im Sinne widerständiger Handlungsfähigkeit gegenüber Strukturen und diskursiven Zuschreibungen, wurde als diesen Strukturen immanenter Effekt gefasst (siehe Kapitel 3.2). Widerständige Handlungsfähigkeit ist damit in Form einer Umdeutung von Anrufungen und Zuschreibungen möglich, kann aber nicht außerhalb der Strukturen gedacht werden. Es zeigte sich, dass Gründende situativ Agency gegenüber definierenden und positionierenden Zuschreibungen der Jobcenter und diskursiven Zuschreibungen als aktivierungsbedürftige „Hartz-IV"-Beziehende herstellen, indem sie diesen Zuschreibungen andere Deutungen ihrer selbst entgegensetzen. Die Positionierung als Selbstständige ist hierbei das wesentliche Mittel, um sich situativ Adressierungen zu widersetzen und um bestimmte soziale Verortungen abzuweisen. Agency wird also durch eine Gegenerzählung und eine entsprechende Selbstpositionierung hergestellt. Durch die Gegenerzählung können (andere) Adressierungen und Anrufungen abgewiesen werden. Die erwerbsbezogene Selbst-Adressierung und Positionierung ist in diesem Feld Grundlage von Agency. Das heißt, dass die Verortung in einem Kontext (dem Kontext „Markt") Agency in einem anderen Kontext herstellt (dem Kontext Jobcenter bzw. Leistungsbezug). Mit der Einbettung in den institutionellen Kontext Markt erhalten Gründende im Leistungsbezug also Handlungsmächtigkeit, indem sie sich auf das institutionelle Setting Markt und die damit verbundene sozial legitime Positionierung beziehen. Diese Überlegungen stellen die Bedeutung von Selbst-Adressierungen für Agency heraus, insofern diese Teil von Positionierungsprozessen sind.

Durch die Selbst-Adressierung als Selbstständige können sich Gründende im Leistungsbezug der Positionierung als Leistungsbeziehende gegenüberstellen. Allgemein bedeutet dies, dass Agency Bestandteil von Positionierungen sein kann, wenn es darum geht, sich von anderen Positionen zu lösen oder kontextuell bedingte Zuschreibungen von sich zu weisen.

## 6.2 Folgerungen für die Praxis

Nach den theoretischen Verallgemeinerungen des Positionierungsbegriffs in Kapitel 6.1 schließe ich nun Überlegungen an, was die Ergebnisse der vorliegenden Studie für die Förderung und Begleitung von Gründungen und Selbstständigkeit bedeuten können.

### 6.2.1 Gründungsprozesse

Für die Begleitung von Gründungsprozessen in Jobcentern kann aus den Analysen geschlossen werden, dass Gründungswillige (und vermutlich die überwiegende Mehrheit aller Leistungsbeziehenden) in hohem Maße erwerbsorientiert sind. Mit den Normen und Werten der „Aktivgesellschaft" geht für alle Individuen die Notwendigkeit einher, sich in erster Linie an der Institution Erwerbsarbeit zu orientieren. Es gilt anzuerkennen, dass auch Leistungsbeziehende in erster Linie an der Herstellung einer Erwerbsposition orientiert sind. Dies kann etwa für die Tätigkeit der Jobcenter bedeuten, sich weniger mit der Prüfung der Wahrhaftigkeit der Erwerbsorientierung zu befassen, sondern (bei Gründenden) stärker die Möglichkeiten der Anpassung und Formung von Wissen als Selbstständige zu begleiten. Dies bedeutet auch, der anhaltenden Prozesshaftigkeit von Gründungen Raum zu geben. Die Herausarbeitung der Offenheit von Gründungsprozessen könnte Gründungsberatungseinrichtungen und Jobcenter darauf aufmerksam machen, dass Tools wie der Businessplan nur begrenzt die Realität der Gründenden widerspiegeln. Ein Verständnis von Gründungsprozessen als soziale Positionierungsprozesse hat zur

Folge, dass neben Marktanalysen und Finanzierungsplänen den biographischen Selbstbildern, den gesellschaftlichen Normen und Narrativen, dem biographischen Institutionenwissen und den entsprechenden Erfahrungen mit Institutionen, den kontextuellen (familiären, regionalen) Bedingungen und den Anforderungen an Verbetrieblichung von Lebensführung mehr Raum zu geben ist. Gründende sollten dabei unterstützt werden, die verschiedenen Erfahrungen, Bedürfnisse und Anforderungen aufeinander zu beziehen. Es lässt sich also als Aufgabe formulieren, Gründende letztlich bei der (Selbst-)Institutionalisierung ihres Erwerbs- und Lebensalltags zu unterstützen. In den konkreten Beratungssituationen in Jobcentern könnte den Erzählungen und Vorstellungen der Gründenden mehr Raum gegeben werden. Da die Überwindung des Hilfebezugs mit einer Selbstständigkeit schwierig ist und die Gefahr einer dauerhaft prekären Solo-Selbstständigkeit und eines Scheiterns droht, erscheint eine langfristige Begleitung sinnvoll.

Ebenso deuten die Analysen darauf hin, dass formale Ausbildungen und Bildungszertifikate auch für die Nachhaltigkeit von Gründungen und Selbstständigkeit relevant sind. Zwar ist deren Bedeutung für eine Erwerbsposition am deutschen Arbeitsmarkt wesentlich höher. Aber die Untersuchung zeigte doch, dass bei denjenigen, die sich in einem Feld selbstständig machen, in dem sie eine Ausbildung absolviert haben, eher eine dauerhafte Selbstständigkeit in diesem Feld zu erwarten ist. Dies ist nicht in erster Linie auf die Zertifikate als solche zurückzuführen, sondern (auch) auf das in Ausbildungen angeeignete Institutionenwissen, das den Umgang mit Institutionen im Allgemeinen formt und die Bereitschaft impliziert, sich institutionellen Anforderungen unterzuordnen, um diese für sich zu nutzen. Auf Märkten sind die Erwartungen und Anforderungen häufig implizit, aber der „richtige" Umgang damit ist dennoch notwendig. Der Zugang zu Märkten ist nicht (immer) unproblematisch und Institutionenwissen kann die Aneignung der impliziten Anforderungen erleichtern. Für eine dauerhafte und stabile – und nicht dauerhaft prekäre – Erwerbstätigkeit ist eine Förderung der Fähigkeit sinnvoll, sich institutionelle Strukturen nutzbar zu machen.

### 6.2.2 Solo-Selbstständigkeit

Das in dieser Arbeit diagnostizierte Kernproblem von Gründer/-innen – die Anpassung von Fähigkeiten und Wissen und die Transformation in vermarktbare Arbeitsleistung – lässt sich auch als eine Kernaufgabe in der etablierten (Solo-)Selbstständigkeit fassen. Insofern kann (Solo-)Selbstständigkeit als permanente Positionierungsarbeit verstanden werden. Bei den hier untersuchten Fällen zeigt sich, dass dies im Gründungsprozess zunächst bedeutet, „Adressierbarkeit" herzustellen – also eine sprachliche Klassifikation dafür zu finden, was sie als Selbstständige machen und was sie ‚sind'. Dazu zählt auch die Notwendigkeit, sich als Selbstständige zu fiktionalisieren und diese Fiktion durch substanzialisierende Strategien umzusetzen (vgl. Pongratz et al. 2014). Für Solo-Selbstständige, die bereits längerfristig am Markt tätig sind, wird weniger das Herstellen von Adressierbarkeit relevant sein. Aber es besteht die Notwendigkeit, die Selbstständigkeit in permanenter Selbstorganisation aufrechtzuerhalten. Insbesondere wenn die Selbstständigkeit eine hybride Erwerbsform darstellt und neben anderen Erwerbsformen oder nur phasenweise voll ausgeübt wird (siehe auch Kapitel 2), muss sie einerseits immer wieder neu fiktionalisiert, andererseits vor allem auch substanzialisiert werden. Eine erneute Fiktionalisierung ist etwa dann notwendig, wenn Veränderungen am Markt erfordern, sich anzupassen, wenn die Frage besteht, ob die Selbstständigkeit weitergeführt werden soll oder nicht, oder wenn zu geringe Einnahmen eine Neuorientierung erfordern. Für die Substanzialisierung sind, so die Annahme, weniger Marktanalysen, Zertifikate und Finanzierungspläne relevant (wie sie bei Gründenden verlangt werden) als die Organisation des Lebens- und Erwerbsalltags, die Integration von verschiedenen Erwerbstätigkeiten und die Akquise von Aufträgen oder

Kund/-innen. Die Frage nach der Anpassung und Formung von Fähigkeiten und Wissen bleibt, vor allem in instabiler Solo-Selbstständigkeit, eine permanente Kernaufgabe der Erwerbstätigen. Das kann bedeuten, sich immer wieder neu und anders, unter Bezug auf veränderte kontextuelle Bedingungen, selbst zu adressieren. Zur Begleitung können reflexive Coachings hilfreich sein, die diesen Prozess vor dem Hintergrund biographischer und kontextueller Bedingungen unterstützen.

Wie bereits bei der Fotografin Elisabeth Ernst herausgearbeitet wurde, die sich in einem vergleichsweise stark institutionalisierten Feld selbstständig macht, kann ein hoher Grad an Institutionalisierung die Selbstständigkeit einerseits erleichtern, weil in diesem Fall für beide Seiten (Anbietende und Nachfragende) Erwartbarkeiten und Routinen bereits bestehen. Die Herstellung erwerbsbiographischer Normalität wird durch institutionalisierte Prozesse und Erwartungen kanalisiert, die Selbstständigen selbst werden so in der Anpassung ihrer Fähigkeiten und ihres Wissens von Entscheidungen entlastet. Andererseits kann gerade dies zu einer Entfremdung von der Tätigkeit führen.

## 6.3 Positionierungen und Individualisierung

Positionierungsprozesse im Sozialen erschließen eine neue Perspektive auf gesellschaftlichen Wandel und die Individualisierung von Lebensformen. Vor dem Hintergrund gesellschaftlichen Wandels meint Individualisierung die Auf- und Ablösung von industriegesellschaftlichen Lebensformen (vgl. Beck 1998; Beck/Beck-Gernsheim 1993). Damit einhergehend, so die These, besteht die Notwendigkeit für Individuen, ihre Biographie selbst herzustellen und sich nicht in bereitstehende stabile Strukturen einfügen zu können. Individuen sind demzufolge dazu gezwungen, selbst Entscheidungen zu treffen, sich selbst herzustellen und zu inszenieren. Zwar verweisen Beck und Beck-Gernsheim darauf, dass Biographien nicht unabhängig von kontextuellen Bedingungen in autonomen Entscheidungen „gebastelt" werden können, dennoch impliziert die Annahme von „Wahl-Biographien" zumindest die Vorstellung bewusster Entscheidungen und Abwägungsprozesse. In der Perspektive der Positionierung wird erkennbar, dass die Idee autonomer individueller Entscheidungen vielmehr eine normative Referenzfolie dafür ist, biographische Prozesse zu rahmen und zu deuten. Luc Boltanski und Ève Chiapello (2003) machen darauf aufmerksam, wenn sie zeigen, dass die „Künstlerkritik", die mehr Autonomie, Selbstentfaltung und Mitbestimmung in Arbeitsbeziehungen forderte, von Unternehmen vereinnahmt und so in die Grundlagen kapitalistischer Rechtfertigungsordnung integriert wurde. Die Referenzfolie des Individuums bettet den Strukturwandel dabei normativ ein (vgl. Wagner 2007). In der Perspektive auf Positionierungsprozesse wird sichtbar, dass biographische Verläufe viel eher durch kontextuelles Sich-ins-Verhältnis-Setzen zu Institutionen, Diskursen, Narrativen und biographischen Selbstbildern als durch bewusste Entscheidungen geprägt ist. Die Figur des Individuums dient der Auslegung dieser Prozesse als Ergebnisse individueller biographischer Entscheidungen. Die These der kapitalistischen Vereinnahmung der „Künstlerkritik" macht auch deutlich, warum Individuen der Notwendigkeit, sich als aktive, individuell entscheidende und eigenverantwortliche Erwerbstätige zu positionieren, verhaftet bleiben: Die Forderung nach mehr Autonomie in der „Künstlerkritik" war emanzipatorisch gedacht und die Figur der Individualisierung trägt, obwohl die Forderungen vom Kapitalismus vereinnahmt und zu normativen Erwartungen umgewertet wurden, das Versprechen auf Selbstverwirklichung und Emanzipation von entfremdenden Erwerbsbeziehungen in sich. Erwerbsverläufe auf das eigene Selbst zurückzuführen und als Ergebnis eigener Wahl und Selbstentfaltung zu deuten gilt als Ausdruck „guten" und „selbstbestimmten" Lebens. Mit der Individualisierung von biographischen Verläufen werden nicht nur Erfolge jedem und jeder Einzelnen zugerechnet, sondern auch das Scheitern. Die Referenz auf strukturelle Bedingungen zur Erklärung, etwa von Erwerbslosigkeit, wird durch die Referenzfolie des Individuums delegitimiert (vgl. ebd.). Gerade dies macht den Leistungsbezug für die Befragten in dieser Studie zu einer (unerträglichen) Position sozialer Ortlosigkeit. Die Notwendigkeit, sich die Verantwortung für die Abhängigkeit von der ‚Gemeinschaft' selbst zuzurechnen, impliziert, dass Leistungsbeziehende mehr oder weniger bewusst der ‚Gemeinschaft' ‚schadeten' – und nicht umgekehrt soziale Bedingungen individuelle Lebensverhältnisse prägen (vgl. Lessenich 2008). Die Referenzfolie des Individuums bettet also sowohl den Strukturwandel der Erwerbsarbeit als auch den Wandel zu einer aktivierenden Sozialpolitik ein. Die Untersuchung von Gründungen und Solo-Selbstständigkeit kann für Gesellschaftsdiagnosen aufschlussreich sein, da sich einerseits in dieser Erwerbsform der Wandel von Arbeit widerspiegelt und sich andererseits in der normativen Vorstellung von Selbstständigkeit Ideale der Figur des Individuums bündeln.

Vor dem Hintergrund von gesellschaftlichen Zeitdiagnosen und vor der Referenzfolie des Individuums lässt sich Agency noch einmal anders fassen: An der Wendung von Agency als Empowerment lässt sich ablesen, dass auch diese Bestandteil der Figur des autonomen Individuums ist. Ulrich Bröckling (2013a) führt aus, dass die Rede vom Empowerment zu einer Art Patentrezept gegen diverse soziale Missverhältnisse geworden ist, das von Vertreter/-innen diverser politischer Lager empfohlen wird. Als Ausgangspunkt gilt dabei jeweils ein Mangel an Macht von Individuen. Sich gegenüber Machtstrukturen zu verhalten und Selbstbestimmung herzustellen wird ebenfalls individualisiert. Als Lösung gilt, bei sich selbst mit der Arbeit anzufangen: widerständige Deutungen und Verhaltensweisen hervorzubringen, sich seiner Stärken bewusst zu werden und diese als individuelle Machtpotenziale zu nutzen. Bröckling spricht von Empowerment als einer Art Bemächtigungsimperativ, dem zufolge in verschiedenen Kontexten Individuen dazu aufgefordert werden, eigene Ressourcen zur Änderung der Situation zu mobilisieren. Ein Machtungleichgewicht wird also nicht durch Kollektivität und strukturelle Veränderungen in Frage gestellt, sondern durch individuellen Autonomiegewinn. Dieser wiederum ist an kontinuierliche Selbstarbeit geknüpft: Statt Gehorsamszwang besteht, so Bröckling, eine Pflicht zur permanenten Selbst-Optimierung (vgl. ebd.). Empowerment, als Widerstand gegen Macht, ist aus gouvernementaler Perspektive als Bestandteil liberaler Regierung zu verstehen. Autonomiegewinn durch Selbstoptimierung und Selbstarbeit korrespondieren mit Individualisierungserwartungen und -versprechen.

In den Fallanalysen der vorliegenden Studie wurde nach Formen von Agency gefragt. Wie in Bröcklings Überlegungen zum Empowerment sind auch hier die Formen widerständiger Deutung an die individualisierte, eigenverantwortliche Nutzung von Ressourcen gekoppelt: Die Selbstständigkeit ist als Ausdruck aktiver, eigenverantwortlicher Nutzung von individuellen Ressourcen zu lesen und in diesem Sinne ist eine Gründung aus dem Arbeitslosengeld-II-Bezug heraus letztlich als eine idealtypische Antwort auf eine ‚neoliberale' oder ‚neosoziale' Anrufung zu verstehen, ein aktives unternehmerisches Selbst zu sein. Die Formen des Widerstands, die sich zum Beispiel als situative widerständige Praxis in konkreten Interaktionen im Jobcenter manifestieren, sind damit letztlich zugleich Re-Produktionen diskursiver und normativer Erwartungen und entsprechen damit auch den sozialpolitischen Erwartungen an die Individuen, ein „aktives Subjekt" zu sein. Die Positionierung als Selbstständige ermöglicht also zwar Agency gegenüber Zuschreibungen, die mit dem Leistungsbezug (im Sinne von „Hartz IV") einhergehen. Das Herstellen einer Adressierbarkeit als Selbstständige/-r bietet den Gründenden die Möglichkeit von Handlungsfähigkeit als Selbstständige und erlaubt es ihnen, den mit dem Leistungsbezug verbundenen Zuschreibungen etwas entgegenzusetzen. Aber unter der Bedingung, dass Erwerbsarbeit in der „Aktivgesellschaft" die zentrale Institution für Anerkennung und Positionierung ist, funktioniert Agency (in den hier untersuchten Fällen) als Agency nur so lange, wie die Re-Definitionen der Zuschreibungen ‚neoliberalen' oder ‚neosozialen' Erwartungen entsprechen. Diesen diskursiven Erwartungen nachzukommen impliziert die Notwendigkeit, sich permanent an dem Ideal der Selbstoptimierung, Eigenverantwortung und Aktivität zu orientieren, womit eine permanente Arbeit am Selbst einhergeht. Wie Lessenich (2008) darstellt, ist der Einfluss der Sozialpolitik im Zuge der Reformen nicht zurückgegangen, sondern hat eine andere Form angenommen. Individuen werden zunehmend für die Überwindung ihrer Hilfebedürftigkeit verantwortlich gemacht, die sozialstaatlichen Erwartungen und Anforderungen sind hierbei aber nicht weniger geworden. Agency gegenüber mit „Hartz-IV"-Bezug assoziierten Zuschreibungen, die nicht auf individualisierende Empowerment-Strategien rekurriert, bedarf letztlich einer diskursiven und institutionellen Umdeutung des Leistungsbezugs als ein solidarisch und gemeinschaftlich gewährtes Recht des Einzelnen als Mitglied der ‚Gemeinschaft' – unabhängig von der jeweiligen erwerbsbezogenen Produktivität

## Literaturverzeichnis


Achatz, Juliane / Wenzig, Claudia (2008): Subjektive Wahrnehmung von Wohlfahrtsgewinnen und -verlusten von Empfängern der Grundsicherung für Arbeitssuchende nach Einführung des SGB II. in: Rehberg, Karl-Siegbert (Hrsg.). Die Natur der Gesellschaft. Verhandlungen des 33. Kongresses der Deutschen Gesellschaft für Soziologie in Kassel 2006, S.2436–2447.

Acs, Zoltan J. / Audretsch, David B. (Hrsg.) (2010): Handbook of Entrepreneurship Research: An Interdisciplinary Survey and Introduction, New York, Dordrecht, Heidelberg, London.

Alheit, Peter (2010): Identität oder "Biographizität"? Beiträge der neueren sozial- und erziehungswissenschaftlichen Biographieforschung zu einem Konzept der Identitätsentwicklung. in: Griese, Birgit (Hrsg.). Person - Subjekt - Identität? Reflexionen zur Biographieforschung, Wiesbaden, S.219–250.

Alheit, Peter / Dausien, Bettina (1983): Arbeiterbiographien: zur thematischen Relevanz der Arbeit in proletarischen Lebensgeschichten, Bremen.

Alkemeyer, Thomas / Budde, Gunilla / Freist, Dagmar (2013): Einleitung. in: Alkemeyer, Thomas / Budde, Gunilla / Freist, Dagmar (Hrsg.). Selbst-Bildungen. Soziale und kulturelle Praktiken der Subjektivierung, Bielefeld, S.9–32.

Apitzsch, Ursula / Kontos, Maria (Hrsg.) (2008): Self-employment activities of women and minorities. Their success or failure in relation to social citizenship policies, Wiesbaden.

Aspers, Patrik (2011): Markets, Cambridge, Malden.

Aulenbacher, Brigitte (2009): Die soziale Frage neu gestellt - Gesellschaftsanalysen der Prekarisierungs- und Geschlechterforschung. in: Castel, Robert / Dörre, Klaus (Hrsg.). Prekarität, Abstieg, Ausgrenzung. Die soziale Frage am Beginn des 21. Jahrhunderts, Frankfurt am Main, New York, S.65–77.

b/w (2000): Was heißt "Unternehmer" heute? Empirische Bestandsaufnahme und Anknüpfungspunkte für emanzipatorische Politik, in: Kurswechsel. Zeitschrift für gesellschafts-. wirtschafts- und Umweltpolitische Alternativen., S.59–79.

Baethge, Martin (1991): Arbeit, Vergesellschaftung, Identität - Zur zunehmenden normativen Subjektivierung der Arbeit, in: Soziale Welt 42, S.6–19.

Bamberg, Michael (2003): Positioning with Davie Hogan. Stories, Tellings, and Identities. in: Daiute, Colette / Lightfoot, Cynthia (Hrsg.).

Narrative Analysis. Studying the Development of Individuals in Society, London, S.135–157.
Beck, Ulrich (1986): Risikogesellschaft. Auf dem Weg in eine andere Moderne, Frankfurt am Main.
Beck, Ulrich / Beck-Gernsheim, Elisabeth (1993): Nicht Autonomie, sondern Bastelbiographie. Anmerkungen zur Individualisierungsdiskussion am Beispiel des Aufsatzes von Günter Burkhart, in: Zeitschrift für Soziologie 22, S.178–187.
Beckert, Jens (2007): Die soziale Ordnung von Märkten, in: MPIfG Discussion Paper.
Berger, Peter L. / Luckmann, Thomas (1980): Die gesellschaftliche Konstruktion der Wirklichkeit. Eine Theorie der Wissenssoziologie, Frankfurt am Main.
Bernhard, Stefan (2014): Identitätskonstruktionen in narrativen Interviews. Ein Operationalisierungsvorschlag im Anschluss an die relationale Netzwerktheorie, in: Forum Qualitative Sozialforschung 15.
Bernhard, Stefan (2016): Märkte, Biografien, Storytelling - Gelingen und Scheitern beim Aufbau von Marktidentitäten, in: Forum: Qualitative Sozialforschung 17.
Bernhard, Stefan / Grüttner, Michael (2015): Der Gründungszuschuss nach der Reform. Eine qualitative Implementationsstudie zur Umsetzung der Reform in den Agenturen, Nürnberg.
Bernhard, Stefan / Pongratz, Hans J. (2014): Routinen der Gründungsförderung in der Grundsicherung, in: WSI Mitteilungen, S.218–226.
Bernhard, Stefan / Pongratz, Hans J. / Wolff, Joachim (2013): Einstiegsgeld im SGB II. Wie Jobcenter Gründungen fördern, in: IAB-Kurzbericht.
Bernhard, Stefan / Wolff, Joachim (2011): Die Praxis des Gründungszuschusses. Eine qualitative Implementationsstudie zur Gründungsförderung im SGB III, Nürnberg.
Betzelt, Sigrid (2002): Soziale Sicherung "neuer" Selbstständiger: Reformperspektiven im Spiegel europäischer Nachbarstaaten, Bremen.
Blair, Tony / Schröder Gerhard (1999): Der Weg nach vorne für Europas Sozialdemokraten.
Bögenhold, Dieter / Fachinger, Uwe (2010): Mikro-Selbstständigkeit und Restrukturierung des Arbeitsmarktes - Theoretische und empirische Aspekte zur Entwicklung des Unternehmertums. in: Bührmann, Andrea D. / Pongratz, Hans J. (Hrsg.). Prekäres Unternehmertum. Unsicherheiten von selbstständiger Erwerbstätigkeit und Unternehmensgründung, Wiesbaden, S.63–84.

Bögenhold, Dieter / Fachinger, Uwe (2011): Entrepreneurial Diversity: Theoretische und empirische Beleuchtung der Heterogenität beruflicher Selbstständigkeit in Deutschland, in: Zeitschrift für KMU & Entrepreneurship (ZfKE) 59, S.251–272.

Bögenhold, Dieter / Fachinger, Uwe (2012): Selbstständigkeit im System der Erwerbstätigkeit, in: Sozialer Fortschritt, S.277–287.

Bögenhold, Dieter / Fachinger, Uwe (2015a): Editorial, in Sozialer Fortschritt 64, S. 207-207.

Bögenhold, Dieter / Fachinger, Uwe (2015b): Unternehmerinnen: Kontextuelle Faktoren der Zunahme von weiblicher Selbstständigkeit und Entrepreneurship, in: Sozialer Fortschritt 64, S.227–233.

Bögenhold, Dieter / Bonnet, Jean / Dejardin, Marcus / Garcia Pérez de Lema, Domingo (Hrsg.) (2016): Contemporary Entrepreneurship. Multidisciplinary Perspectives on Innovation and Growth, Heidelberg, New York, Dordrecht, London.

Böhle, Fritz / Voß, G. Günther / Wachtler, Günther (Hrsg.) (2010): Handbuch Arbeitssoziologie, Wiesbaden.

Bohnsack, Ralf (2014): Rekonstruktive Sozialforschung. Einführung in qualitative Methoden, Opladen.

Bologna, Sergio (2006): Die Zerstörung der Mittelschichten. Thesen zur Neuen Selbstständigkeit, Graz und Wien.

Boltanski, Luc (2007): Leben als Projekt. Prekarität in der schönen neuen Netzwerkwelt, in: Polar. Politik - Theorie - Alltag.

Boltanski, Luc / Chiapello, Ève (2001): Die Rolle der Kritik in der Dynamik des Kapitalismus und der normative Wandel, in: Berliner Journal für Soziologie, S.459–477.

Boltanski, Luc / Chiapello, Ève (2003): Der neue Geist des Kapitalismus, Konstanz.

Bonß, Wolfgang / Heinze, Rolf G. (Hrsg.) (1984): Arbeitslosigkeit in der Arbeitsgesellschaft, Frankfurt am Main.

Bornat, Joanna (2008): Biographical Methods. in: Alasuutari, Pertti / Bickman, Leonard / Brannen, Julia (Hrsg.). The Sage Handbook of Social Research Methods, London, S.343–355.

Breuer, Franz / Mruck, Katja / Roth, Wolff-Michael (2002): Subjektivität und Reflexivität: Eine Einleitung, in: Forum: Qualitative Sozialforschung 3.

Bröckling, Ulrich (2002): Das unternehmerische Selbst und seine Geschlechter. Gender-Konstruktionen in Erfolgsratgebern, in: Leviathan 30, S.175–194.

Bröckling, Ulrich (2007): Das unternehmerische Selbst. Soziologie einer Subjektivierungsform, Frankfurt am Main.

Bröckling, Ulrich (2008): Enthusiasten, Ironiker, Melancholiker. Vom Umgang mit der unternehmerischen Anrufung, in: Mittelweg 36 17, S.80–86.

Bröckling, Ulrich (2013a): Empowerment. in: Bröckling, Ulrich / Krasmann, Susanne / Lemke, Thomas (Hrsg.). Glossar der Gegenwart, Frankfurt am Main, S.55–62.

Bröckling, Ulrich (2013b): Unternehmer. in: Bröckling, Ulrich / Krasmann, Susanne / Lemke, Thomas (Hrsg.). Glossar der Gegenwart, Frankfurt am Main, S.271–276.

Bröckling, Ulrich / Krasmann, Susanne / Lemke, Thomas (Hrsg.) (2000): Gouvernementalität der Gegenwart. Studien zur Ökonomisierung des Sozialen, Frankfurt am Main.

Bröckling, Ulrich / Krasmann, Susanne / Lemke, Thomas (2013): Einleitung. in: Bröckling, Ulrich / Krasmann, Susanne / Lemke, Thomas (Hrsg.). Glossar der Gegenwart, Frankfurt am Main, S.9–16.

Bührmann, Andrea D. (2005): Das Auftauchen des unternehmerischen Selbst und seine gegenwärtige Hegemonialität. Einige grundlegende Anmerkungen zur Analyse des (Trans-)Formierungsgeschehens moderner Subjektivierungsweisen, in: Forum: Qualitative Sozialforschung 6.

Bührmann, Andrea D. (2007): Das Bild vom Normalunternehmer: Deutungsmuster in der Existenzgründerberatung. in: Ludwig-Mayerhofer, Wolfgang / Berend, Olaf / Sondermann, Ariadne (Hrsg.). Fallverstehen und Deutungsmacht. Akteure der Sozialverwaltung und ihre Klienten, Opladen, S.119–142.

Bührmann, Andrea D. (2012): Unternehmertum jenseits des Normalunternehmertums: Für eine praxistheoretisch inspirierte Erforschung unternehmerischer Aktivität, in: Berliner Journal für Soziologie 22, S.129–156.

Bührmann, Andrea D. (2015): Diversifizierungsprozesse unternehmerischer Akteure und ihre (möglichen) Folgen, in: Sozialer Fortschritt 64, S.215–220.

Bührmann, Andrea D. / Hansen, Katrin (2007): Die Erosion des Normalunternehmertums als Chance für eine notwendige Entrepreneurial Diversity, in: Sozialwissenschaften und Berufspraxis (SuB) 30. Jg., S.69–84.

Bührmann, Andrea D. / Hansen, Katrin (2012): Plädoyer für eine Diversifizierung des unternehmerischen Leitbildes in Forschung und Beratung, in: Arbeits- und Industriesoziologische Studien 21, S.291–305.

Bührmann, Andrea D. / Pongratz, Hans J. (Hrsg.) (2010a): Prekäres Unternehmertum. Unsicherheiten von selbstständiger Erwerbstätigkeit und Unternehmensgründung, Wiesbaden.

Bührmann, Andrea D. / Pongratz, Hans J. (2010b): Prekäres Unternehmertum. Einführung in ein vernachlässigtes Forschungsfeld. in: Bührmann, Andrea D. / Pongratz, Hans J. (Hrsg.). Prekäres Unternehmertum. Unsicherheiten von selbstständiger Erwerbstätigkeit und Unternehmensgründung, Wiesbaden, S.7–25.

Bührmann, Andrea D. / Schneider, Werner (2007): Mehr als nur diskursive Praxis? – Konzeptionelle Grundlagen und methodische Aspekte der Dispositivanalyse, in: Forum: Qualitative Sozialforschung, 2.

Bührmann, Andrea D. / Schneider, Werner (2008): Vom Diskurs zum Dispositiv. Eine Einführung in die Dispositivanalyse, Bielefeld.

Bukow, Wolf-Dietrich / Ottersbach, Markus / Tuider, Elisabeth / Yildiz, Erol (2006): Biographische Konstruktionen im multikulturellen Bildungsprozess. in: Bukow, Wolf-Dietrich / Ottersbach, Markus / Tuider, Elisabeth / Yildiz, Erol (Hrsg.). Biographische Konstruktionen im multikulturellen Bildungsprozess. Individuelle Standortsicherung im globalisierten Alltag, Wiesbaden, S.9–16.

Bundesagentur für Arbeit (2010): SGB II – Arbeitshilfe Einstiegsgeld § 16b.

Bundesagentur für Arbeit (2016): Arbeitsmarkt in Zahlen. Arbeitslosigkeit im Zeitverlauf. August 2016.

Burchell, Graham / Gordon, Colin / Miller, Peter (Hrsg.) (1991): The Foucault Effect. Studies in Governmentality, Hemel Hempstead.

Butler, Judith (1991): Das Unbehagen der Geschlechter, Frankfurt am Main.

Butler, Judith (2001): Psyche der Macht. Das Subjekt der Unterwerfung, Frankfurt am Main.

Butterwegge, Christoph (2014): Krise und Zukunft des Sozialstaates, Wiesbaden.

Butterwegge, Christoph / Lösch, Bettina / Ptak, Ralf (Hrsg.) (2007): Kritik des Neoliberalismus, Wiesbaden.

Caliendo, Marco / Kritikos, Alexander / Steiner, Viktor / Wießner, Frank (2007): Existenzgründungen. Unterm Strich ein Erfolg, in: IAB-Kurzbericht.

Caliendo, Marco / Künn, Steffen / Wießner Frank (2010): Die Nachhaltigkeit von geförderten Existenzgründungen aus Arbeitslosigkeit: Eine Bilanz nach fünf Jahren, in: ZAF, S.269–291.

Caliendo, Marco / Hogenacker, Jens / Künn, Steffen / Wießner, Frank (2011): Alte Idee, neues Programm. Der Gründungszuschuss als Nachfolger von Überbrückungsgeld und Ich-AG, in: IAB-Discussion Paper.

Candeias, Mario (2008): Die neuen Solo-Selbstständigen zwischen Unternehmergeist und Prekarität, in: PROKLA. Zeitschrift für kritische Sozialwissenschaft 38, S.65–81.

Çetin, Zülfukar (2014): Interaktion, Intervention, Interpretation: intersektionale Forschung zu binationalen, schwulen Partnerschaften. in: von Unger, Hella / Narimani, Petra / M'Bayo, Rosaline (Hrsg.). Forschungsethik in der qualitativen Forschung. Reflexivität, Perspektiven, Positionen, Wiesbaden, S.191–211.

Christoph, Bernhard (2016): Materielle Lebensbedingungen im Grundsicherungsbezug, in: WSI Mitteilungen, S.344–352.

Dahme, Heinz-Jürgen / Wohlfahrt, Norbert (2003): Aktivierungspolitik und der Umbau des Sozialstaates. Gesellschaftliche Modernisierung durch angebotsorientierte Sozialpolitik. in: Dahme, Heinz-Jürgen / Otto, Hans-Uwe / Trube, Achim / Wohlfahrt, Norbert (Hrsg.). Soziale Arbeit für den aktivierenden Staat, Opladen, S.75–100.

Dausien, Bettina (1996): Biographie und Geschlecht. Zur biographischen Konstruktion sozialer Wirklichkeit in Frauenlebensgeschichten, Bremen.

DGS / BDS (2014): Ethik-Kodex der Deutschen Gesellschaft für Soziologie (DGS) und des Berufsverbandes Deutscher Soziologinnen und Soziologen (BDS).

Egbringhoff, Julia (2004): Welche Lebensführung erfordert der Typus des Arbeitskraftunternehmers? in: Pongratz, Hans J. / Voß, Günter G. (Hrsg.). Typisch Arbeitskraftunternehmer? Befunde der empirischen Arbeitsforschung, Berlin, S.255–279.

Endress, Martin / Matys, Thomas (Hrsg.) (2010): Die Ökonomie der Organisation - die Organisation der Ökonomie, Wiesbaden.

Esping-Andersen, Gøsta (1998): Die drei Welten des Wohlfahrtskapitalismus. Zur politischen Ökonomie des Wohlfahrtsstaates. in: Lessenich, Stephan / Ostner, Ilona (Hrsg.). Welten des Wohlfahrtskapitalismus. Der Sozialstaat in vergleichender Perspektive, Frankfurt, New York, S.19–56.

Evers, Adalbert / Heinze, Rolf G. (Hrsg.) (2008): Sozialpolitik. Ökonomisierung und Entgrenzung, Wiesbaden.

Ewald, François (1993): Der Vorsorgestaat, Frankfurt am Main.

Fachinger, Uwe (2014): Selbstständige als Grenzgänger des Arbeitsmarktes. Fragen der sozialen Sicherung. in: Gather, Claudia / Biermann, Ingrid / Schürmann, Lena / Ulbricht, Susan / Zipprian, Heinz (Hrsg.). Die Vielfalt der Selbstständigkeit. Sozialwissenschaftliche Beiträge zu einer Erwerbsform im Wandel, Berlin, S.111–135.

Faik, Jürgen / Becker, Jens (2010): Subjektive und objektive Lebenslagen von Arbeitslosen, in: Sozialer Fortschritt, S.255–264.

Fine, Michelle (1994): Working the Hyphens. Reinventing Self and Other in Qualitative Research. in: Denzin, Norman K. / Lincoln, Yvonna S. (Hrsg.). Handbook of Qualitative Research, Thousand Oaks, S.70–82.

Fischer, Gabriele (2015): Anerkennung - Macht - Hierarchie. Praktiken der Anerkennung und Geschlechterdifferenzierung in der Chirurgie und im Friseurhandwerk, Bielefeld.

Fischer-Rosenthal, Wolfram / Rosenthal, Gabriele (1997): Narrationsanalyse biographischer Selbstpräsentation. in: Hitzler, Ronald / Honer, Anne (Hrsg.). Sozialwissenschaftliche Hermeneutik. Eine Einführung, Opladen.

Foucault, Michel (1994): Überwachen und Strafen. Die Geburt des Gefängnisses, Frankfurt am Main.

Foucault, Michel (2004a): Geschichte der Gouvernementalität I. Sicherheit, Territorium, Bevölkerung. Vorlesung am Collège de France 1977-1978, Frankfurt am Main.

Foucault, Michel (2004b): Geschichte der Gouvernementalität II. Die Geburt der Biopolitik. Vorlesung am Collège de France 1978 - 1979, Frankfurt am Main.

Fraser, Nancy / Honneth, Axel (2005): Umverteilung oder Anerkennung? Eine politisch-philosophische Kontroverse, Frankfurt am Main.

Fuchs-Heinritz, Werner (2009): Biographische Forschung. Eine Einführung in Praxis und Methoden, Wiesbaden.

Gather, Claudia / Biermann, Ingrid / Schürmann, Lena / Ulbricht, Susan / Zipprian, Heinz (Hrsg.) (2014a): Die Vielfalt der Selbstständigkeit. Sozialwissenschaftliche Beiträge zu einer Erwerbsform im Wandel, Berlin.

Gather, Claudia / Biermann, Ingrid / Schürmann, Lena / Ulbricht, Susan / Zipprian, Heinz (2014b): Einleitung: Sozialwissenschaftliche Perspektiven. in: Gather, Claudia / Biermann, Ingrid / Schürmann, Lena / Ulbricht, Susan / Zipprian, Heinz (Hrsg.). Die Vielfalt der Selbstständigkeit. Sozialwissenschaftliche Beiträge zu einer Erwerbsform im Wandel, Berlin, S.7–20.

Gather, Claudia / Schmidt, Tanja / Ulbricht, Susan (2010): Der Gender Income Gap bei den Selbstständigen – Empirische Befunde. in: Bührmann, Andrea D. / Pongratz, Hans J. (Hrsg.). Prekäres Unternehmertum. Unsicherheiten von selbstständiger Erwerbstätigkeit und Unternehmensgründung, Wiesbaden, S.84–110.

Graefe, Stefanie (2010): Effekt, Stützpunkt, Überzähliges? Subjektivität zwischen hegemonialer Rationalität und Eigensinn. in: Angermüller, Johannes D. / van Dyk, Silke (Hrsg.). Diskursanalyse meets Gouvernementalitätsforschung. Perspektiven auf das Verhältnis von Subjekt, Sprache, Macht und Wissen, Frankfurt am Main [u.a.], S.289–313.

Grimm, Natalie / Hirseland, Andreas / Vogel, Berthold (2013): Die Ausweitung der Zwischenzone. Erwerbsarbeit im Zeichen der neuen Arbeitsmarktpolitik, in: Soziale Welt 64, S.249–268.

Günther, Marga (2008): Ausgestaltung und Aushandlung. Die Analyse der Forschungssituation als Erkenntnisinstrument, in: Soziale Probleme 19, S.53–71.

Günther, Marga / Kerschgens, Anke (2016): Einleitung des Bandes: Forschungssituationen (re)konstruieren. Reflexivität zu intergenerativen Prozessen. in: Günther, Marga / Kerschgens, Anke (Hrsg.). Forschungssituationen (re-)konstruieren. Reflexivität in Forschungen zu intergenerativen Prozessen, Opladen, Berlin, Toronto, S.7–21.

Haller, Stefanie / Wolff, Joachim / Zabel, Cordula (2010): Einstiegsgeld als Gründungsförderung. Teilnehmerstrukturen und Determinanten der Förderleistung, in: IAB-Forschungsbericht, S.1–35.

Hanemann, Laura (2014): Solo-Selbstständigkeit zwischen Sicherheitsdefizit und Standardisierungsaversion. "Aber ich leb' lieber mit dieser Unsicherheit als mit dieser Sicherheit". in: Gather, Claudia / Biermann, Ingrid / Schürmann, Lena / Ulbricht, Susan / Zipprian, Heinz (Hrsg.). Die Vielfalt der Selbstständigkeit. Sozialwissenschaftliche Beiträge zu einer Erwerbsform im Wandel, Berlin, S.213–230.

Hanemann, Laura (2016): Zwischen Zeitsouveränität und Zeitpanik. Zum Lebensrhythmus der Solo-Selbstständigen, Konstanz und München.

Hauskeller, Christine (2000): Das paradoxe Subjekt. Widerstand und Unterwerfung bei Judith Butler und Michel Foucault, Tübingen.

Helfferich, Cornelia (2011): Die Qualität qualitativer Daten. Manual für die Durchführung qualitativer Interviews, Wiesbaden.

Hinz, Thomas / Jungbauer-Gans, Monika (1999): Starting a business after unemployment: characteristics and chances of success (empirical evidence from a regional labour market), in: Entrepreneurship & Regional Development, S.317–333.

Hirseland, Andreas (2016): Gefühlte Mitte - prekäre soziale Selbstverortung von Grundsicherungsbeziehenden, in: WSI Mitteilungen, S.365–372.

Hirseland, Andreas / Ramos Lobato, Philipp (2010): Armutsdynamik und Arbeitsmarkt. Entstehung, Verfestigung und Überwindung von Hilfebedürftigkeit bei Erwerbsfähigen, in: IAB-Forschungsbericht.

Hitzler, Ronald / Honer, Anne (1997): Einleitung: Hermeneutik in der deutschsprachigen Soziologie heute. in: Hitzler, Ronald / Honer, Anne (Hrsg.). Sozialwissenschaftliche Hermeneutik. Eine Einführung, Opladen, S.7–27.

Hodge, Derrick G. (2013): The Problem with Ethics, in: PoLAR 36, S.286–297.

Hoffmann-Riem, Christa (1980): Die Sozialforschung einer interpretativen Soziologie. Der Datengewinn, in: Kölner Zeitschrift für Soziologie und Sozialpsychologie 32, S.339–372.

Holtgrewe, Ursula / Voswinkel, Stephan / Wagner, Gabriele (Hrsg.) (2000a): Anerkennung und Arbeit, Konstanz.

Holtgrewe, Ursula / Voswinkel, Stephan / Wagner, Gabriele (2000b): Für eine Anerkennungssoziologie der Arbeit. Einleitende Überlegungen. in: Holtgrewe, Ursula / Voswinkel, Stephan / Wagner, Gabriele (Hrsg.). Anerkennung und Arbeit, Konstanz, S.9–26.

Honneth, Axel (1992): Kampf um Anerkennung. Zur moralischen Grammatik sozialer Konflikte, Frankfurt am Main.

Honneth, Axel (2009): Arbeit und Anerkennung. Versuch einer Neubestimmung. in: Schmidt am Busch, Hans-Christoph / Zurn, Christopher F. (Hrsg.). Anerkennung, Berlin, S.213–228.

Hopf, Christel (2000): Forschungsethik und qualitative Forschung. in: Flick, Uwe / Kardorff, Ernst von / Steinke, Ines (Hrsg.). Qualitative Forschung. Ein Handbuch, Reinbek bei Hamburg, S.589–600.

Industrie- und Handelskammern (1956): Gesetz zur vorläufigen Regelungen des Rechts der Industrie- und Handelskammern in der im Bundesgesetzblatt Teil III, Gliederungsnummer 701-1, veröffentlichten bereinigten Fassung, das zuletzt durch Artikel 254 der Verordnung vom 31. August 2015 (BGBl. I S. 1474) geändert worden ist. (https://www.gesetze-im-internet.de/ihkg/BJNR009200956.html, abgerufen am 14.06.2016.).

Jahoda, Marie / Lazarsfeld, Paul F. / Zeisel, Hans (1975): Die Arbeitslosen von Marienthal. Ein soziographischer Versuch über die Wirkungen langandauernder Arbeitslosigkeit, Frankfurt am Main.

Jensen, Olaf / Welzer, Harald (2003): Ein Wort gibt das andere, oder: Selbstreflexivität als Methode, in: Forum Qualitative Sozialforschung.

Kleemann, Frank / Krähnke Uwe / Matuschke Ingo (2009): Interpretative Sozialforschung. Eine praxisorientierte Einführung, Wiesbaden.

Kocyba, Hermann (2013): Aktivierung. in: Bröckling, Ulrich / Krasmann, Susanne / Lemke, Thomas (Hrsg.). Glossar der Gegenwart, Frankfurt am Main, S.17–22.

Kohli, Martin (Hrsg.) (1978): Soziologie des Lebenslaufs, Darmstadt, Neuwied.

Kohli, Martin / Robert, Günther (Hrsg.) (1984): Biographie und soziale Wirklichkeit. Neue Beiträge und Forschungsperspektiven, Stuttgart.

Koller, Lena / Neder, Nadja / Rudolph, Helmut / Trappmann, Mark (2012): Selbstständige in der Grundsicherung. Viel Arbeit für wenig Geld, in: IAB-Kurzbericht.

Kuhlmann, Sabine (2009): Ökonomisierung der deutschen Kommunen: „Neue Steuerung“ und Privatisierung. in: Foljanty-Jost, Gesine (Hrsg.). Kommunalreform in Deutschland und Japan. Ökonomisierung und Demokratisierung in vergleichender Perspektive, Wiesbaden, S.59–78.

Küsters, Ivonne (2009): Narrative Interviews. Grundlagen und Anwendungen, Wiesbaden.

Lehnert, Karin (2009): "Sozialschmarotzer" versus "Arbeitskraftunternehmer". Aktuelle Hintergründe der Sozialmissbrauchsdebatte. in: Herlyn, Gerrit / Müske, Johannes / Schönberger, Klaus / Sutter, Ove (Hrsg.). Arbeit und Nicht-Arbeit. Entgrenzungen und Begrenzungen von Lebensbereichen und Praxen, München, S.245–263.

Leicht, René (2016): In einem gänzlich anderen Licht: Unternehmertum von Migrantinnen und Migranten, in: Aus Politik und Zeitgeschichte. Beilage zur Wochenzeitung "Das Parlament" 66, S.32–38.

Leicht, René / Berwing, Stefan / Langhauser, Marc (2015): Heterogenität und soziale Position migrantischer Selbstständigkeit in Deutschland, in: Sozialer Fortschritt 64, S.233–240.

Lemke, Thomas (2000): Neoliberalismus, Staat und Selbsttechnologien. Ein kritischer Überblick über die governmentality studies, in: Politische Vierteljahresschrift 41, S.31–47.

Lemke, Thomas / Krasmann, Susanne / Bröckling, Ulrich (2000): Gouvernementalität, Neoliberalismus und Selbsttechnologien. Eine Einleitung. in: Bröckling, Ulrich / Krasmann, Susanne / Lemke, Thomas (Hrsg.). Gouvernementalität der Gegenwart. Studien zur Ökonomisierung des Sozialen, Frankfurt am Main, S.7–40.

Lessenich, Stephan (2003a): Der Arme in der Aktivgesellschaft - zum sozialen Sinn des "Förderns und Forderns", in: WSI Mitteilungen, S.214–220.

Lessenich, Stephan (2003b): Soziale Subjektivität. Die neue Regierung der Gesellschaft, in: Mittelweg 36 12, S.80–93.

Lessenich, Stephan (2008): Die Neuerfindung des Sozialen. Der Sozialstaat im flexiblen Kapitalismus, Bielefeld.

Lessenich, Stephan (2009): Aktivierungspolitik und Anerkennungsökonomie. Der Wandel des Sozialen im Umbau des Sozialstaats, in: Soziale Passagen, S.163–176.

Lucius-Hoene, Gabriele / Deppermann, Arnulf (2004a): Rekonstruktion narrativer Identität. Ein Arbeitsbuch zur Analyse narrativer Interviews, Wiesbaden.

Lucius-Hoene, Gabriele / Deppermann, Arnulf (2004b): Narrative Identität und Positionierung, in: Gesprächsforschung - Online-Zeitschrift zur verbalen Interaktion, S.166–183.

Ludwig-Mayerhofer, Wolfgang / Behrend, Olaf / Sondermann, Ariadne (2008): Disziplinieren und Motivieren: Zur Praxis der neuen Arbeitsmarktpolitik. in: Evers, Adalbert / Heinze, Rolf G. (Hrsg.). Sozialpolitik. Ökonomisierung und Entgrenzung, Wiesbaden, S.276–300.

Ludwig-Mayerhofer, Wolfgang / Behrend, Olaf / Sondermann, Ariadne (2009): Auf der Suche nach der verlorenen Arbeit. Arbeitslose und Arbeitsvermittler im neuen Arbeitsmarktregime, Konstanz.

Ludwig-Mayerhofer, Wolfgang / Promberger, Markus (2008): Einleitung: Qualitative Forschung zu den Arbeitsmarktreformen, in: Zeitschrift für Sozialreformen 54, S.3–10.

Lutz, Helma / Davis, Kathy (2009): Geschlechterforschung und Biographieforschung: Intersektionalität als biographische Ressource am Beispiel einer außergewöhnlichen Frau. in: Völter, Bettina / Dausien, Bettina / Lutz, Helma / Rosenthal, Gabriele (Hrsg.). Biographieforschung im Diskurs, Wiesbaden, S.228–246.

Mai, Christoph-Martin / Marder-Puch, Katharina (2013): Selbstständigkeit in Deutschland, in: Statistisches Bundesamt, Wirtschaft und Statistik, S.482–497.

Manske, Alexandra (2015): Selbstständigkeit als Patchwork-Existenz. Neue Muster von Selbstständigkeit in den Kulturberufen, in: Sozialer Fortschritt 64, S.241–246.

Matthes, Joachim / Pfeifenberger, Arno / Stosberg, Manfred (Hrsg.) (1981): Biographie in handlungswissenschaftlicher Perspektive. Kolloquium am Sozialwissenschaftlichen Forschungszentrum der Universität Erlangen-Nürnberg, Nürnberg.

Meißner, Hanna (2010): Jenseits des autonomen Subjekts. Zur gesellschaftlichen Konstitution von Handlungsfähigkeit im Anschluss an Butler, Foucault und Marx, Bielefeld.

Metzger, Georg (2016): KFW-Gründungsmonitor 2016, Frankfurt am Main.

Mey, Günter (2000): Erzählungen in qualitativen Interviews: Konzepte, Probleme, soziale Konstruktionen, in: Sozialer Sinn: Zeitschrift für hermeneutische Sozialforschung 1, S.135–151.

Mikl-Horke, Gertraude (2007): Industrie- und Arbeitssoziologie, München.

Miller, Peter / Rose, Nikolas (1995): Production, Identity, and Democracy, in: Theory and Society 24, S.427–467.

Morgenroth, Christine (2003): Arbeitsidentität und Arbeitslosigkeit - ein depressiver Zirkel, in: Aus Politik und Zeitgeschichte. Beilage zur Wochenzeitung "Das Parlament", S.17–24.

Mückenberger, Ulrich (1985): Die Krise des Normalarbeitsverhältnisses. Hat das Arbeitsrecht noch Zukunft?, in: Zeitschrift für Sozialreformen 31, S.415–434.

Nassehi, Armin / Saake, Irmhild (2002): Kontingenz: Methodisch verhindert oder beobachtet?, in: Zeitschrift für Soziologie 31, S.66–86.

Noll, Susanne / Nivorozhkin, Anton / Wolff, Joachim (2006): Förderung mit dem Einstiegsgeld nach § 29 SGB II. Erste Befunde zur Implementation und Deskription, in: IAB-Forschungsbericht.

Oevermann, Ulrich / Allert, Tilman / Konau, Elisabeth / Krambeck, Jürgen (1979): Die Methodologie einer "objektiven Hermeneutik" und ihre allgemeine forschungslogische Bedeutung in den Sozialwissenschaften. in: Soeffner, Hans Georg (Hrsg.). Interpretative Verfahren in den Sozial- und Textwissenschaften, Stuttgart, S.352–434.

Oschmiansky, Frank (2003): Faule Arbeitslose? Zur Debatte über Arbeitsunwilligkeit und Leistungsmissbrauch, in: Aus Politik und Zeitgeschichte. Beilage zur Wochenzeitung "Das Parlament", S.10–16.

Osterland, Martin (1990): "Normalbiographie" und "Normalarbeitsverhältnis". in: Berger, Peter A. / Hradil, Stefan (Hrsg.). Lebenslagen, Lebensläufe, Lebensstile, Göttingen, S.351–362.

Peirce, Charles S. (2004): Aus den Pragmatismus-Vorlesungen. in: Strübing, Jörg / Schnettler, Bernt (Hrsg.). Methodologie interpretativer Sozialforschung. Klassische Grundlagentexte, Konstanz, S.201–222.

Ploder, Andrea / Stadlbauer, Johanna (2013): Autoethnographie und Volkskunde? Zur Relevanz wissenschaftlicher Selbsterzählungen für die volkskundlich-kulturanthropologische Forschungspraxis, in: Österreichische Zeitschrift für Volkskunde 116, S.373–404.

Pongratz, Hans J. (2008): Eine Gesellschaft von Unternehmern. Expansion und Profanierung "schöpferischer Zerstörung" in kapitalistischen Ökonomien, in: Berliner Journal für Soziologie 18, S.457–475.

Pongratz, Hans J. / Abbenhardt, Lisa (2012): Implementationsstudie: Selbstständig statt hilfebedürftig? Die Gründungsförderung durch Einstiegsgeld. Zwischenbericht: Das Gründungsvorhaben, München.

Pongratz, Hans J. / Abbenhardt, Lisa (2014): Implementationsstudie: Selbstständig statt hilfebedürftig? Entwicklungen der Selbstständigkeit. Gründungsvorhaben Teil 2: Ergebnisse der zweiten Befragungswelle. Unveröffentlichter Forschungsbericht, München.

Pongratz, Hans J. / Abbenhardt, Lisa (2015): Selbstständigkeit, Unternehmertum oder Entrepreneurship? Differenzierungen der Felder unternehmerischen Handelns, in: Sozialer Fortschritt 64, S.209–215.

Pongratz, Hans J. / Bernhard, Stefan / Wolff, Joachim / Promberger, Markus (2013): Selbstständig statt leistungsberechtigt. Eine Implementationsstudie zur Handhabung des Einstiegsgeldes in den Jobcentern, Nürnberg.

Pongratz, Hans J. / Bernhard, Stefan / Abbenhardt, Lisa (2014): Fiktion und Substanz. Praktiken der Bewältigung zukunftsbezogener Ungewissheit wirtschaftlichen Handelns am Beispiel der Gründungsförderung, in: Berliner Journal für Soziologie 24, S.397–423.

Pongratz, Hans J. / Simon, Stefanie (2010): Prekaritätsrisiken unternehmerischen Handelns. in: Bührmann, Andrea D. / Pongratz, Hans J. (Hrsg.). Prekäres Unternehmertum. Unsicherheiten von selbstständiger Erwerbstätigkeit und Unternehmensgründung, Wiesbaden, S.27–61.

Pongratz, Hans J. / Voß, G. Günter (2004): Arbeitskraftunternehmer. Erwerbsorientierungen in entgrenzten Arbeitsformen, Berlin.

Promberger, Markus (2010): Hartz IV im sechsten Jahr, in: Aus Politik und Zeitgeschichte. Beilage zur Wochenzeitung „Das Parlament, S. 10-17.

Promberger, Markus / Ramos Lobato, Philipp (2016): Zehn Jahre Hartz IV - eine kritische Würdigung, in: WSI Mitteilungen, S.325–333.

Reckwitz, Andreas (2008): Subjekt, Bielefeld.

Ricken, Norbert (2013): Anerkennung als Adressierung. Über die Bedeutung von Anerkennung für Subjektivationsprozesse. in: Alkemeyer, Thomas / Budde, Gunilla / Freist, Dagmar (Hrsg.). Selbst-Bildungen. Soziale und kulturelle Praktiken der Subjektivierung, Bielefeld, S.69–99.

Ricken, Norbert (2009): Über Anerkennung - Spuren einer anderen Subjektivität. in: Ricken, Norbert / Röhr, Henning / Ruhloff, Jörg / Schaller, Klaus (Hrsg.). Umlernen. Festschrift für Käte Meyer-Drawe, München, S.75–92.

Rose, Nikolas (2000): Das Regieren von unternehmerischen Individuen, in: Kurswechsel. Zeitschrift für gesellschafts-. wirtschafts- und umweltpolitische Alternativen, S.8–27.

Rosenthal, Gabriele (1995): Erlebte und erzählte Lebensgeschichte. Gestalt und Struktur biographischer Selbstbeschreibungen, Frankfurt/Main, New York.

Rosenthal, Gabriele (2009): Biographie im Kontext der Familien- und Gesellschaftsgeschichte. in: Völter, Bettina / Dausien, Bettina / Lutz, Helma / Rosenthal, Gabriele (Hrsg.). Biographieforschung im Diskurs, Wiesbaden, S.46–64.

Rosenthal, Gabriele (2015): Interpretative Sozialforschung. Eine Einführung, Weinheim, München.

Rosenthal, Gabriele / Fischer-Rosenthal, Wolfram (2000): Analyse narrativ-biographischer Interviews. in: Flick, Uwe / Kardorff, Ernst von / Steinke, Ines (Hrsg.). Qualitative Forschung. Ein Handbuch, Reinbek bei Hamburg, S.456–468.

Saunders, Benjamin / Kitzinger, Jenny / Kitzinger, Celia (2014): Anonymising Interview Data: Challenges and Compromise in Practice, in: Qualitative Research, S.1–17.

Schäfer, Thomas / Völter, Bettina (2009): Subjekt-Positionen. Michel Foucault und die Biographieforschung. in: Völter, Bettina / Dausien, Bettina / Lutz, Helma / Rosenthal, Gabriele (Hrsg.). Biographieforschung im Diskurs, Wiesbaden, S.161–188.

Schimank, Uwe / Volkmann, Ute (2008): Ökonomisierung der Gesellschaft. in: Maurer, Andrea (Hrsg.). Handbuch der Wirtschaftssoziologie, Wiesbaden, S.382–393.

Schmidt, Dorothea (2014): Wiederkehr der Vergangenheit? Selbstständige um 1900. in: Gather, Claudia / Biermann, Ingrid / Schürmann, Lena / Ulbricht, Susan / Zipprian, Heinz (Hrsg.). Die Vielfalt der Selbstständigkeit. Sozialwissenschaftliche Beiträge zu einer Erwerbsform im Wandel, Berlin, S.21–36.

Schulze, Heidrun (2010): Biographische Fallrekonstruktion. in: Mey, Günter / Mruck, Katja (Hrsg.). Handbuch Qualitative Forschung in der Psychologie, Wiesbaden, S.569–583.

Schulze Buschoff, Karin (2004): Neue Selbstständigkeit und wachsender Grenzbereich zwischen selbstständiger und abhängiger Erwerbsarbeit - Europäische Trends vor dem Hintergrund sozialpolitischer und arbeitsrechtlicher Entwicklungen, in: WZB Discussion Paper.

Schulze Buschoff, Karin (2010): Sozialpolitische Perspektiven der 'neuen Selbstständigkeit'. in: Bührmann, Andrea D. / Pongratz, Hans J. (Hrsg.). Prekäres Unternehmertum. Unsicherheiten von selbstständiger Erwerbstätigkeit und Unternehmensgründung, Wiesbaden, S.167–192.

Schumpeter, Joseph Alois (1952): Theorie der wirtschaftlichen Entwicklung. Eine Untersuchung über Unternehmensgewinn, Kapital, Kredit, Zins und Konjunkturzyklen, Berlin.

Schumpeter, Joseph Alois (1987): Unternehmer. in: Böhm, Stephan (Hrsg.). Beiträge zur Sozialökonomik, Wien, S.137–157.

Schürmann, Lena (2014): Erfolgreiche Erwerbsteilhabe. Selbstständigkeit im Kontext moderner Lebensführung von Frauen. in: Gather, Claudia / Biermann, Ingrid / Schürmann, Lena / Ulbricht, Susan / Zipprian, Heinz (Hrsg.). Die Vielfalt der Selbstständigkeit. Sozialwissenschaftliche Beiträge zu einer Erwerbsform im Wandel, Berlin, S.231–250.

Schütt, Petra (2014): "Security first" - eine Handlungsstrategie von erwerbsfähigen Erwerbslosen, in: Arbeits- und Industriesoziologische Studien 23, S.179–192.

Schütz, Alfred (1971): Wissenschaftliche Interpretation und Alltagsverständnis menschlichen Handelns. in: Schütz, Alfred (Hrsg.). Gesammelte Aufsätze, Bd. 1, Den Haag, S.3–54.

Schütze, Fritz (1981): Prozeßstrukturen des Lebensablaufs. in: Matthes, Joachim / Pfeifenberger, Arno / Stosberg, Manfred (Hrsg.). Biographie in handlungswissenschaftlicher Perspektive. Kolloquium am Sozialwissenschaftlichen Forschungszentrum der Universität Erlangen-Nürnberg, Nürnberg, S.67–157.

Schütze, Fritz (1983): Biographieforschung und narratives Interview, in: Neue Praxis 13, S.283–293.

Schütze, Fritz (1984): Kognitive Figuren des autobiographischen Stegreiferzählens. in: Kohli, Martin / Robert, Günther (Hrsg.). Biographie und soziale Wirklichkeit. Neue Beiträge und Forschungsperspektiven, Stuttgart, S.78–117.

Shane, Scott / Venkataraman, Sankaran (2000): The Promise of Entrepreneurship as a Field of Research, in: The Academy of Management Review 25, S.217–226.

Siewert, Andrea (2016): Existenzgründung als biographische Chance. Berufliche Selbständigkeit im Kontext lebensgeschichtlichen Lernens, Wiesbaden.

Sozialgesetzbuch (SGB) Zweites Buch (II) - Grundsicherung für Arbeitssuchende. SGB II.

Spies, Tina (2009): Diskurs, Subjekt und Handlungsmacht. Zur Verknüpfung von Diskurs- und Biographieforschung mithilfe des Konzepts der Artikulation, in: Forum Qualitative Sozialforschung 10.

Spies, Tina (2010): Migration und Männlichkeit. Biographien junger Straffälliger im Diskurs, Bielefeld.

Spies, Tina (2015): "Ohne Geld kannst du draußen nicht überleben". Zur Analyse von Biographien als Positionierungen im Diskurs. in: Fegter, Susann / Kessl, Fabian / Langer, Antje / Ott, Marion / Rothe, Daniela / Wrana, Daniel (Hrsg.). Erziehungswissenschaftliche Diskursforschung. Empirische Analysen zu Bildungs- und Erziehungsverhältnissen, Wiesbaden, S.143–158.

Statistisches Bundesamt (2012): Mikrozensus. Bevölkerung und Erwerbstätigkeit. Stand und Entwicklung der Erwerbstätigkeit in Deutschland, Wiesbaden.

Statistisches Bundesamt (2015): Mikrozensus. Bevölkerung und Erwerbstätigkeit. Stand und Entwicklung der Erwerbstätigkeit in Deutschland, Wiesbaden.

Steinke, Ines (2000): Gütekriterien qualitativer Forschung. in: Flick, Uwe / Kardorff, Ernst von / Steinke, Ines (Hrsg.). Qualitative Forschung. Ein Handbuch, Reinbek bei Hamburg, S.319–333.

Sternberg, Rolf / Vorderwülbecke, Arne / Brixy, Udo (2015): Global Entrepreneurship Monitor. Unternehmensgründungen im weltweiten Vergleich. Länderbericht Deutschland 2014, Hannover, Nürnberg.

Strübing, Jörg (2013): Qualitative Sozialforschung, München.

Swiffen, Amy (2007): Research and Moral Law: Ethics and the Social Science Research Relation, in: Political and Legal Anthropology Review 30, S.210–228.

Thomas, William Isaac / Thomas, Dorothy Swaine (1928): The Child in America. Behavior Problems and Programs, New York.

Thomas, William Isaac / Znaniecki, Florian (1958): The Polish Peasant in Europe and America, New York.

Tilley, Liz / Woodthorpe, Kate (2011): Is it the end of anonymity as we know it? A critical examination of the ethical principle of anonymity in the context of 21st century demands on the qualitative researcher, in: Qualitative Research 11, S.197–212.

Tisch, Anita (2010): Arbeitsvermittlung im Urteil der ALG-II-Empfänger, in: IAB-Kurzbericht.

Tuider, Elisabeth (2007): Diskursanalyse und Biographieforschung. Zum Wie und Warum von Subjektpositionierungen, in: Forum: Qualitative Sozialforschung 8.

Uske, Hans (2000): "Sozialschmarotzer" und "Versager". Missachtung und Anerkennung in Diskursen über Massenarbeitslosigkeit. in: Holtgrewe, Ursula / Voswinkel, Stephan / Wagner, Gabriele (Hrsg.). Anerkennung und Arbeit, Konstanz, S.169–192.

van Dyk, Silke / Angermüller, Johannes D. (2010): Diskursanalyse meets Gouvernementalitätsforschung. Zur Einführung. in: Angermüller, Johannes D. / van Dyk, Silke (Hrsg.). Diskursanalyse meets Gouvernementalitätsforschung. Perspektiven auf das Verhältnis von Subjekt, Sprache, Macht und Wissen, Frankfurt am Main [u.a.], S.7–21.

van Langenhove, Luk / Harré, Rom (1999): Introducing Positioning Theory. in: Harré, Rom / van Langenhove, Luk (Hrsg.). Positioning Theory: Moral Contexts of Intentional Action, Oxford, Malden, S.14–31.

Villa, Paula-Irene (2012): Judith Butler. Eine Einführung, Frankfurt am Main.

Völter, Bettina / Dausien, Bettina / Lutz, Helma / Rosenthal, Gabriele (Hrsg.) (2009a): Biographieforschung im Diskurs, Wiesbaden.

Völter, Bettina / Dausien, Bettina / Lutz, Helma / Rosenthal, Gabriele (2009b): Einleitung. in: Völter, Bettina / Dausien, Bettina / Lutz, Helma

/ Rosenthal, Gabriele (Hrsg.). Biographieforschung im Diskurs, Wiesbaden, S.7–20.
von Unger, Hella (2014a): Forschungsethik in der qualitativen Forschung: Grundsätze, Debatten und offene Fragen. in: von Unger, Hella / Narimani, Petra / M'Bayo, Rosaline (Hrsg.). Forschungsethik in der qualitativen Forschung. Reflexivität, Perspektiven, Positionen, Wiesbaden, S.15–39.
von Unger, Hella (2014b): Partizipative Forschung. Einführung in die Forschungspraxis, Wiesbaden.
von Unger, Hella (im Erscheinen): Forschungsethik, digitale Archivierung und biographische Interviews. in: Lutz, Helma / Schiebel, Martina / Tuider, Elisabeth (Hrsg.). Handbuch Biographieforschung, Wiesbaden.
von Unger, Hella / Narimani, Petra / M'Bayo, Rosaline (2014): Einleitung. in: von Unger, Hella / Narimani, Petra / M'Bayo, Rosaline (Hrsg.). Forschungsethik in der qualitativen Forschung. Reflexivität, Perspektiven, Positionen, Wiesbaden, S.1–14.
Voß, G. Günter / Pongratz, Hans J. (1998): Der Arbeitskraftunternehmer. Eine neue Grundform der Ware Arbeitskraft?, in: Kölner Zeitschrift für Soziologie und Sozialpsychologie 50, S.131–158.
Voswinkel, Stephan (2000): Anerkennung der Arbeit im Wandel. Zwischen Würdigung und Bewunderung. in: Holtgrewe, Ursula / Voswinkel, Stephan / Wagner, Gabriele (Hrsg.). Anerkennung und Arbeit, Konstanz, S.39–61.
Voswinkel, Stephan (2001): Anerkennung und Reputation. Die Dramaturgie industrieller Beziehungen. Mit einer Fallstudie zum "Bündnis für Arbeit", Konstanz.
Voswinkel, Stephan (2011): Zum konzeptionellen Verhältnis von "Anerkennung" und "Interesse", in: Arbeits- und Industriesoziologische Studien 4, S.45–58.
Wagner, Gabriele (2004): Anerkennung und Individualisierung, Konstanz.
Wagner, Gabriele (2007): Ein "neuer Geist des Kapitalismus"? Paradoxien der Selbstverantwortung, in: Österreichische Zeitschrift für Soziologie 32, S.3–24.
Wagner, Gabriele (2008): „Ausschließlich zahlenorientiert, ausschließlich an Erträgen orientiert“. Vermarktlichung als Organisationsprinzip und Anerkennungsproblem, in: Österreichische Zeitschrift für Soziologie 33, S.20–42.
Welter, Friederike (2011): Contextualizing Entrepreneurship - Conceptual Challenges and Ways Forward, in: Entrepreneurship Theory and Practice 35, S.165–184.

Welter, Friederike / Gröschl, Jutta (2016): Unternehmer und Unternehmerinnen in Deutschland, in: Aus Politik und Zeitgeschichte. Beilage zur Wochenzeitung "Das Parlament" 66, S.3–11.

Welzer, Harald (1995): "Ist das ein Hörspiel?" Methodologische Anmerkungen zur interpretativen Sozialforschung, in: Soziale Welt 46, S.181–196.

Wenzel, Ulrich (2008): Fördern und Fordern aus Sicht der Betroffenen: Verstehen und Aneignung sozial- und arbeitsmarktpolitischer Maßnahmen des SGB II, in: Zeitschrift für Sozialreformen 54, S.57–78.

Westerwelle, Guido (2010): An die deutsche Mittelschicht denkt niemand, in: Die Welt.

Wießner, Frank (2000): Erfolgsfaktoren von Existenzgründungen aus der Arbeitslosigkeit. Eine multivariate Betrachtung vormals arbeitsloser Existenzgründer, die vom Arbeitsamt mit dem Überbrückungsgeld (§ 57 SGB III) gefördert wurden, in: Mitteilungen aus der Arbeitsmarkt- und Berufsforschung, S.518–532.

Wimbauer, Christine (2012): Wenn Arbeit Liebe ersetzt. Doppelkarriere-Paare zwischen Anerkennung und Ungleichheit, Frankfurt am Main.

Wolff, Joachim / Nivorozhkin, Anton (2008): Start me up. The effectiveness of a self-employment programme for needy unemployed people in Germany, in: IAB-Discussion Paper.

The manufacturer's authorised representative in the EU is Springer Nature Customer Service Centre GmbH, Europaplatz 3, 69115 Heidelberg, Germany. If you have any concerns regarding our products, please contact ProductSafety@springernature.com

Printed and bound by CPI Group (UK) Ltd, Croydon, CR0 4YY
21/10/2026
02237160-0009